Die deutschen Katastrophen

1914-1918 und 1933-1945
im Großen Spiel der Mächte

1. Auflage Januar 2015
2. Auflage Februar 2019 als Sonderausgabe
3. Auflage Juni 2021 als Sonderausgabe
3. Auflage Juli 2026 als Sonderausgabe

Umschlaggestaltung: Christine Ibele
Satz und Layout: Helmut Kunkel

ISBN: 978-3-86445-650-3

FSC www.fsc.org
MIX
Papier | Fördert gute Waldnutzung
FSC® C014496

Gerne senden wir Ihnen unser Verlagsverzeichnis
Kopp Verlag
Bertha-Benz-Straße 10
D-72108 Rottenburg a. N.
E-Mail: info@kopp-verlag.de
Tel.: +49 7472 9806-10
Fax: +49 7472 9806-11

Unser Buchprogramm finden Sie auch im Internet unter:
www.kopp-verlag.de

Andreas von Bülow

Die deutschen Katastrophen

1914-1918 und 1933-1945 im Großen Spiel der Mächte

KOPP VERLAG

Inhalt

Vorwort

Wie konnte Deutschland in die Katastrophen des Dreißigjährigen Krieges, des Ersten Weltkrieges (1914-1918) und der vernichtenden 12-jährigen Hitler-Diktatur inklusive des Zweiten Weltkrieges (1939-1945) geraten? Wer waren die treibenden Kräfte, die 1914 den Mord am österreichischen Thronfolger in den Ersten Weltkrieg münden ließen, der fünf Kontinente einspannte und je nach Schätzung zwischen 17 und 20 Millionen Todesopfer forderte? Wer und was haben die Weimarer Republik zum Scheitern und Hitlers Reich des Terrors erst zum Blühen gebracht – mit der Folge des Zweiten Weltkrieges mit mehr als 40 Millionen Toten? Wie konnte es zu dem an Widerwärtigkeit nicht zu steigernden Holocaust kommen?

Ich kann nicht behaupten, dass für mich, der ich 1937 in die bereits 5 Jahre alte Nazi-Diktatur hineingeboren wurde, das Erleben und Überleben der Bombennacht in Dresden am 13. Februar 1945 den unbedingten Drang verursacht hätte, dieses Buch zu schreiben. Dennoch, das Erlebnis hat mich als 7-Jährigen hellwach in die nun hereinbrechende Epoche großer Veränderungen geworfen. Die Frage nach dem »Wie konnte das überhaupt geschehen?« ist zum Bestandteil meines bewussten Lebens geworden.

An der Seite meiner liberalen, nicht nationalsozialistischen Eltern, kaum je in Gegensatz zu ihnen, erlebte ich die Flucht aus dem brennenden Dresden, dann hautnah die letzten Kämpfe zwischen Wehrmacht und U.S. Army vor den Türen und Fenstern des Fluchtquartiers bei Eisenach; das Auftauchen der bislang im Konzentrationslager gehaltenen »Fremdarbeiter«; die Flucht vor der Roten Armee, die nach Abzug der Amerikaner Thüringen besetzte; die Aufnahme in einem Pfarrhaus jenseits des neuen Grenzflusses Werra; das Treffen auf die funktionierende Großfamilie im völlig zerstörten Frankfurt; schließlich das Finden einer beengten Bleibe im unversehrten Heidelberg mit neuen Kontakten zu Amerikanern der Besatzungsmacht, die bei meinen Eltern Unterricht in Klavier und Cello nahmen. Das Treffen der Verwandten und Freunde in Heidelberg, im Kampf ums tägliche Überleben vereint. Das Glück der Familien über die unversehrt aus Krieg und Kriegsgefangenschaft heimkehrenden Männer. Die tapfer, nur verhalten gezeigte Trauer der Witwen, darunter meine geliebte Tante, deren Mann von den Nazis wegen seines Wissens um das bevorstehende Attentat des 20. Juli hingerichtet worden war.

Dann kamen die von Hitler verjagten Emigranten aus Amerika, Sozialdemokraten, die 1933, von der SA verfolgt, das Land hatten verlassen müssen und nun die amerikanische Militärregierung bei der Schaffung der neuen Bundesrepublik berieten oder Vorlesungen über vergleichende Verfassungsgeschichte Frankreichs, Englands und Deutschlands in der Heidelberger Universität hielten, die ich als Schüler mit 16 Jahren besuchen konnte.

Mich hat diese Zeit geprägt, sie hat meinen wohlwollenden bis kritischen Blick auf Verwandte, Freunde, Mitmenschen und deren Einstellung, Haltung, Charakter geschärft. Früh wollte ich mitwirken, um derartige Katastrophen für die Zukunft auszuschließen.

Die 25 Jahre als Bundestagsabgeordneter eines schwäbischen Wahlkreises haben mich vieltausendfach in den Dialog mit der Bevölkerung gebracht. Wie konnte je ein derart tüchtiges, ehrliches, kreuzbraves Volk nicht nur der Dichter und Denker, sondern fleißiger Handwerker, Arbeiter, Unternehmer, Bauern, Gewerkschafter und Soldaten in derartige Abgründe hineingesteuert werden oder sich hineinsteuern lassen?

In der Politik, als Parlamentarischer Staatssekretär des Bundesministers der Verteidigung, dann als Bundesminister für Forschung und Technologie, danach in der Opposition, bin ich immer wieder auf Problemfelder gestoßen, die bei näherer Analyse ein im kollektiven Wissen und Bewusstsein verankertes, schiefes, ja nicht selten total verkehrtes Bild zeigten. Das gilt auch für die beiden Weltkriege, über deren Entstehungsgeschichte und Auswirkungen nach außen wie innen ich mir durch das Niederschreiben dieses Buches versucht habe, Klarheit zu verschaffen.

In der Öffentlichkeit scheint 100 Jahre nach Beginn des Ersten Weltkrieges immer noch unklar zu sein, wer die Verantwortung für die das Jahrhundert bestimmende Urkatastrophe Europas trägt. Die Alleinschuld Deutschlands wird inzwischen nur noch selten behauptet. Die europäischen Staatsmänner seien in den Ersten Weltkrieg geschlittert, so lautete eine seit Langem kritische Fragen übertünchende Sprachregelung. Inzwischen wird das Bild von den politischen und militärischen Schlafwandlern ins Spiel gebracht. Ein englischer Historiker spricht vom »falschen Krieg«, den England geführt habe, statt sich mit Deutschland zu arrangieren.

Das erste Opfer des Krieges sei die Wahrheit, lautet eine Erkenntnis des griechischen Dichters Aischylos. Wer genau hinschaut, wird beobachten, dass Kriege stets mit Lügen beginnen. »Im Krieg wird die Wahrheit so kostbar, dass sie allzeit mit einer Leibwache von Lügen umstellt werden muss«, meinte Winston Churchill mit seiner Lebenserfahrung als britischer Premierminister, vormals Lord der Admiralität und Finanzminister, ein Insider in Bezug auf den Ersten wie den Zweiten Weltkrieg und ein unverdrossener Kämpfer für die Interessen des britischen Weltreiches. Wer aus Geschichte lernen will, muss versuchen, das von Churchill angesprochene und immer mit Raffinesse eingesetzte Lügendickicht der Kriegspropaganda zu durchschauen. Napoleon Bonaparte und Voltaire ergänzen die genannten Aussagen mit dem für Historiker bedeutsamen Hinweis, Geschichte sei das Bündel von Lügen oder Fabeln, auf die man sich habe verständigen können. Fehlt nur noch die Erkenntnis aus dem Alten Rom, dass Sieger die Geschichte schreiben.

Die Frage nach dem Warum hat mich zeit meines Lebens begleitet, auch auf den vielen Reisen in die USA, nach Frankreich, England, in die Türkei, nach Israel und Polen, später auch nach Russland. Ich habe versucht, die Geschichte der besuchten Länder aus deren Erleben zu verstehen, und das oft ganz anders geartete kollektive Gedächtnis beobachten können. Es bleibt die Aufgabe, Logik und Zwanghaftigkeit der jeweils aus ihren politischen und historischen Perspektiven heraus handelnden Personen und Nationen aufzuklären. Grundlage jeder Analyse bleibt das Durchschauen des »Great Game«, ein Begriff, den der das Britische Empire idealisierende Dichter Rudyard Kipling in seinem Roman *Kim* berühmt gemacht hat und der auf den immerwährenden Kampf um Aufstieg, Sicherung und Abstieg von Mächten anspielt. Nicht ausgeschlossen bleibt, dass sich die eine oder andere Lüge der Churchill'schen Leibwache doch noch in die Analyse einschleicht.

KAPITEL 1

Die Ursachenkette deutschen Scheiterns

Ohne Hitler weder Holocaust noch Zweiter Weltkrieg

Wer die Katastrophe der 12-jährigen nationalsozialistischen Diktatur von 1933 bis 1945 begreifen will, darf sich nicht nur mit der Person des Diktators Adolf Hitler und dessen Umgebung beschäftigen. Dass sich ein in äußerster Armut in Österreich aufwachsender Jugendlicher ohne längere Ausbildung zum Postkartenmaler emporarbeitet, dann ohne feste Unterkunft in Wien in einem Obdachlosenheim haust, sich bei Ausbruch des Ersten Weltkrieges bei der bayerischen Armee als Kriegsfreiwilliger meldet, dort als Botenläufer hinter der Front eingesetzt wird, von seinen Kameraden verachtet, von seinem Vorgesetzten als Psychopath eingeschätzt wurde, dann 1933 nach langem Kampf zum Reichskanzler des Deutschen Reiches ernannt wird, findet in der Geschichte der Völker wohl kaum seinesgleichen. Hitler ist neben Mussolini, Horthy, Franco, Salazar und Pétain einer der faschistischen Diktatoren Europas, die in den Jahrzehnten nach dem Ersten Weltkrieg die europäische politische Bühne betreten.

Die Machtergreifung der Nationalsozialisten mit Adolf Hitler als Kanzler wurde 1933 nur möglich durch eine Koalition der rechtsgerichteten Parteien unter Einschluss des katholischen Zentrums. Diese Koalition verabschiedete mit Zweidrittelmehrheit das Ermächtigungsgesetz »zur Behebung der Not von Volk und Reich«, das Demokratie und Rechtsstaat der Weimarer Verfassung beseitigte und dem Terror gegen den linken Teil der Bevölkerung Tür und Tor öffnete. Dem war am Ende der Weltwirtschaftskrise die Flucht eines wesentlichen Teils der bürgerlichen Wähler aus den bürgerlichen Parteien in die Arme der NSDAP vorangegangen. In Reichstagswahlen hatten die Nationalsozialisten selbst nie eine Mehrheit der Wähler hinter sich scharen können. Die höchste Stimmenzahl erzielte die NSDAP bei der Reichstagswahl vom Juli 1932 mit 37,4 Prozent. Bei der erneuten Reichstagswahl im November desselben Jahres fiel sie bereits wieder auf knapp 34 Prozent der Stimmen zurück.

Es bedurfte des Reichstagsbrandes, um die Reichstagsfraktionen der Hitler-Koalition einschließlich des Zentrums zur Verabschiedung des Ermächtigungsgesetzes zu treiben.

Noch in der Nacht des Brandanschlags auf den Reichstag begann eine Wochen im Voraus geplante Verhaftungswelle von Kommunisten, Sozialdemokraten, Gewerkschaftsfunktionären und zum Teil auch von eher dem Arbeitnehmerflügel zugehörenden Mitgliedern des Zentrums. Es folgten die Konzentrationslager, in die alle Persönlichkeiten Deutschlands gesteckt wurden, denen die Nationalsozialisten die Organisation des Widerstands zutrauten. Die schon nicht mehr freien Wahlen im März 1933 brachten dann immer noch keine Mehrheit für die Vollstrecker der darauffolgenden 12 Jahre hemmungsloser Diktatur bis 1945. Das Ergebnis der Reichstagswahl nach Verhaftung der kommunistischen Abgeordneten, auch Teilen der Sozialdemokraten, und Beseitigung der Presse- und Versammlungsfreiheit erbrachte nicht mehr als 43 Prozent der abgegebenen Stimmen. Auf die in Wort und Bild öffentlich so stark erscheinende stürmische Begeisterung für Hitler durch große Teile des Volkes in Deutschland wie auch Österreich wird später einzugehen sein. Dass die bürgerlichen Parteien bereit waren, nicht nur Hitler die totale Regierungsgewalt bis zur Ermordung der Gegner im linken Lager zu übertragen, sondern sich als begleitende Garanten der neuen Ordnung selbst aufzulösen und sich damit jedes politischen Einflusses zu berauben, ist letztlich nur zu verstehen vor dem Hintergrund des Scheiterns der Weimarer Republik in der Zeit von 1919 bis 1933.

Ohne Scheitern der Weimarer Republik kein Hitler

Doch warum endete die Politik der Regierungen zwischen 1919 und 1933 in der Verzweiflungstat des Ermächtigungsgesetzes mit all seinen grauenhaften Folgen? Es wird vom Scheitern Weimars oder der Weimarer Verfassung gesprochen. Doch es lag nicht an der neuen demokratischen Verfassung und deren Institutionen wie dem Reichstag, dem Reichspräsidenten oder dem Reichsrat als Vertretung der Länder. Entscheidend war, dass es den Reichsregierungen, unter welcher Führung auch immer, nicht gelang, nach Kriegsende der Bevölkerung auch nur annähernd materiell gesicherte Lebensverhältnisse zu verschaffen. Rund 6 Millionen Soldaten strömten bei Kriegsende von der West- und Ostfront nach Hause, um ein normales, menschenwürdiges Leben inmitten ihrer Familien aufzunehmen. Sie suchten Arbeitsplätze, die zu großen Teilen nicht oder nicht mehr vorhanden waren. Offiziere fanden keine ihren Fähigkeiten angemessene Beschäftigung. Ganze Jahrgänge der jungen Wehrpflichtigen waren noch ohne Berufsausbildung. Die Kriegswirtschaft musste erst umgestellt werden. Devisen für die Einfuhr von Rohstoffen konnten noch nicht erarbeitet werden. Die Bevölkerung hungerte, weil die Alliierten die seit Kriegsbeginn verhängte Seeblockade selbst Monate nach dem Waffenstillstand bis zur erzwungenen Unterzeichnung des diktierten Vertrages von Versailles noch aufrechterhielten. Die Republik übernahm die gewaltigen, in den 4 Kriegsjahren angehäuften Schulden des Kaiserreiches und war bereits damit überfordert. Dazu kamen die jede wirtschaftliche Zukunft verbauenden Reparationsforderungen der Siegermächte. Große Teile des Reichsgebietes, darunter leistungsfähige Industrieregionen, wurden dem Reich und seiner Wirtschaftskraft entzogen. Die Inflation von 1923 vernichtete die Ersparnisse der Bürger, soweit sie nicht in Aktien oder Grund und Boden angelegt waren. Die Altersversorgung großer Teile des Mittelstandes versank in dieser Wertevernichtung, die wiederum auch Folge der Besetzung des Ruhrgebietes durch französische Truppen und des auf Staatskosten finanzierten kollektiven Widerstands der Ruhrbevölkerung war. Nicht zu unterschätzen der Schaden durch massive Wechselkursspekulation einiger deutscher Großindustrieller.

Hinzu kam 6 Jahre später die Weltwirtschaftskrise von 1929 ff., die die Bevölkerung mit über 6 Millionen Arbeitslosen aufs Neue in eine schier ausweglose wirtschaftliche Lage brachte. Ein großer Teil der Wähler des sogenannten bürgerlichen Lagers, noch aus der Kaiserzeit skeptisch gegen jedes Funktionieren einer Demokratie in Deutschland erzogen, schob auf der Suche nach Schuldigen und einem Ausweg aus der verzweifelten Lage den demokratischen Parteien die Verantwortung zu. Auch die gutwilligsten Demokraten von 1919 verzweifelten an der Zwangsjacke, in der die neue Republik festgehalten wurde. Ein Großteil der bürgerlichen Wähler wendete sich nun der neuen radikalen Partei zu. Dies waren die Nationalsozialisten, denen auf der linken Seite die ebenso verfassungsfeindlichen Kommunisten gegenüberstanden. Beide das »Weimarer System« ablehnenden Parteien von links wie rechts erhielten inzwischen bei Wahlen zusammengezählt mehr als die Hälfte der abgegebenen Stimmen. Gegen diese sich im Niederreißen des demokratischen Rechtsstaates wechselseitig stützenden Lager der extremen Rechten und Linken anzuregieren war nur noch mithilfe von Notverordnungen des Reichspräsidenten möglich, die allerdings vom Reichstag mit Dreiviertelmehrheit aufgehoben werden konnten.

Erfolg hätten die demokratischen Parteien der Weimarer Republik nur haben können, wenn der Friede nach Beendigung des Ersten Weltkrieges auf der Grundlage der 14 Punkte des amerikanischen Präsidenten Wilson geschlossen worden wäre. In einer totalen Abkehr hiervon setzten die Siegermächte in der Versailler Friedensvertragsregelung durch, dass Deutschland die gesamten aufgelaufenen Kriegskosten aller Siegernationen als Reparationen abzutragen habe. Die Belastung hatte zur Folge, dass Deutschland nur mithilfe kurzfristiger amerikanischer Kredite seine Wirtschaft in Gang bringen, aber auch nur auf Pump die ersten Tranchen der Reparationen bezahlen konnte. Hohe Zölle der Siegermächte wiederum verhinderten, dass Deutschland auch nur den Ansatz der geforderten Reparationen erwirtschaften konnte. Die Siegermächte verwehrten der jungen Republik nahezu jeden Erfolg, bestraften das deutsche Volk für Taten, die, wenn überhaupt, den abtretenden Führungseliten des Kaiserreiches hätten angelastet werden müssen.

Deutsche Kriegsschuld, Versailles und das Scheitern der Weimarer Republik

Doch der Dreh- und Angelpunkt der Deutschland nach 1919 niederdrückenden Bestimmungen des Versailler Vertrages war die Klausel über die angeblich alleinige deutsche Kriegsschuld. Hieraus folgte die Überbürdung der Weltkriegskosten aller am Krieg beteiligten Nationen auf den deutschen Steuerzahler, der der erst noch zu findenden neuen Staatsform mehrheitlich wohl mehr als skeptisch gegenüberstand. Die Kriegsschuld wurde ohne jede Anhörung und Erörterung der deutschen Delegation einseitig diktiert. Fassungslosigkeit, Enttäuschung, Wut und angedrohte Verweigerung der Unterschrift beantworteten die Alliierten mit der Androhung des Einmarsches ihrer Truppen mit dem Ziel der Besetzung ganz Deutschlands. Dabei hätte es sich vornehmlich um französische Truppen gehandelt. Der bereits erteilte Befehl an die Truppen zum Einmarsch in das Reichsgebiet sollte 48 Stunden nach Verstreichen der gesetzten Annahmefrist vollzogen werden.

Die amtierende deutsche Regierung Scheidemann weigerte sich, das Diktat von Versailles anzunehmen, und trat zurück. Die ihr folgende Regierung nahm unter Protest an und wurde fortan von erheblichen Teilen des alten kaiserlichen Establishments des Landesverrats beschuldigt. In der Zeit zwischen Waffenstillstand und der Annahme des Versailler Vertrages verstärkte sich die bereits bestehende bittere Hungersnot in Deutschland, deren Ende sich das Volk von den Friedensverhandlungen erhofft hatte. Die Kindersterblichkeit schnellte in die Höhe.[1] Ein Großteil der Jugend war krank und unterernährt. Der Typhus wütete in nahezu allen Regionen. Ursache war die Aufrechterhaltung der britischen Seeblockade gegen Deutschland, die gleich zu Kriegsbeginn angelegt worden war und ihre militärische wie politische Wirkung gezeigt hatte. Doch nach Kriegsende wirkte sie sich noch verheerender gegen die angefeindete neue Demokratie aus, gab es doch keine die Ernährung Deutschlands sicherstellenden Einfuhren aus ehemals verbündeten oder zwangsweise zur Lieferung herangezogenen Ländern wie Rumänien oder der Ukraine. Die Demokraten der Siegermächte ließen die Demokraten des sich nach westlichen Idealen neu aufstellenden Deutschlands geradezu ins Verderben laufen. Der Versuch des deutschen Brückenschlags hin zur Demokratie wurde nicht honoriert, die Zusagen vor allem des amerikanischen Präsidenten Wilson erwiesen sich im Nachhinein als schlichte Propaganda, die das Papier nicht wert waren, auf dem die Flugblätter gedruckt worden waren, die dann über den Schützengräben der Soldaten abgeworfen wurden. Die Antwort der Wähler ließ nicht lange auf sich warten. Hatten die Deutschen in den ersten Wahlen nach Kriegsende noch denjenigen Parteien, die den Weg in eine demokratische, rechtsstaatliche Verfassung beschreiten wollten – dem Zentrum, der Sozialdemokratie und der Deutschen Volkspartei – die Mehrheit der Sitze verschafft, so ging diese neue Gestaltungsmehrheit bereits 7 Monate danach in den Wahlen zur Weimarer Nationalversammlung, noch vor Gründung der Weimarer Republik, wieder verloren.

Die überwiegende Mehrheit der Deutschen war im Kaiserreich im Sinne der Monarchie erzogen worden: das Offizierskorps, die Polizei, die Richterschaft, ein Großteil der Gelehrten, die Mittelschicht, die protestantischen Pfarrer, die Lehrerschaft. Sie waren, auf ihre anerzogene und eingeübte monarchische Einstellung vertrauend, in ihre Ämter gelangt. Sie standen für die alte kaiserliche, nichtdemokratische Grundordnung. Demokratie war für sie Macht des Pöbels, Parlamente stellten für sie Schwatzbuden dar. Sie hatten Angst vor dem Unbekannten, dem möglichen Abdriften in eine radikale Staatsform wie die der Sowjetunion. Nun fanden sie sich wider Willen in einer Demokratie, die bis zum Ende des Kaiserreiches nur Minderheiten wie die Sozialdemokraten, ein Teil der Liberalen oder auch das katholische Zentrum für erstrebenswert gehalten hatten. Und die aus dieser ehemaligen Minderheit hervorgehende Führung der Weimarer Republik war durch eine bis heute nur als verantwortungslos einzuschätzende Politik der demokratisch gewählten Vertreter der Siegermächte letztlich in den Abgrund unbeherrschbarer Turbulenzen geschoben worden, bis hin zur Verzweiflungstat der Ermächtigung eines Psychopathen zum Diktator. Auf die Details wird später einzugehen sein. Was aus dem Verhalten der Siegermächte und den

Bestimmungen des Versailler Vertrages an künftigen Gefahren für Europa und die Welt zu erwarten war, wagten bereits damals westliche Beobachter und Kritiker des Alliierten-Lagers zu prophezeien.

Der heute noch die wirtschaftspolitische Diskussion beherrschende britische Ökonom John Maynard Keynes, damals Berater der englischen Regierungsdelegation bei den Verhandlungen in Versailles, hielt das Vorgehen der Alliierten gegen Deutschland aus wirtschaftlichen, finanziellen und allgemein politischen Gründen für verheerend. Er sagte bereits 1919 den Niedergang nicht nur Deutschlands, sondern ganz Europas voraus und forderte den Verzicht der Vereinigten Staaten auf die Rückzahlung der gewaltigen, den europäischen Alliierten gewährten amerikanischen Kredite. Ohne eine derartige Geste seien die Finanzminister Englands wie Frankreichs letztlich gezwungen, den Konkurs ihrer Staaten anzumelden. Nur durch die in den Staatshaushalten der beiden Länder veranschlagten Einnahmen aus deutschen Reparationsleistungen könnten Einnahmen und Ausgaben wenigstens zum Schein ausgeglichen werden.[2] Viele Kritiker des Vertragswerkes sahen bereits einen weiteren großen europäischen Krieg voraus, den Deutschland anstrengen müsse, um aus der jeden Wiederaufstieg verhindernden Lage auszubrechen.

Friedensdiktate führen Deutschland und Österreich in den Faschismus, die Sieger teilen sich die Beute, Sowjetrussland wird zum neuen Feind

Da das Aufsteigen des Österreichers Adolf Hitler zum politischen Führer des monarchischen bis rechtsbürgerlichen Deutschland unbestritten nicht möglich gewesen wäre ohne den Friedensvertrag von Versailles und dieser wiederum nicht ohne den Ersten Weltkrieg, so liegt in der Vorbereitung, dem Ausbruch und der Durchführung dieses Ersten Weltkrieges wiederum das eigentliche, die Welt umgestaltende Jahrhundertereignis. Das weltweite Ringen dieses Krieges stürzte Deutschland ebenso wie Österreich über die Niederlage in eine Finanz-, Wirtschafts- und Gesellschaftskrise, aus der sich ein Großteil der deutschen bürgerlichen und adeligen Eliten wiederum nur über einen Schulterschluss mit dem Faschismus glaubte retten zu können. Doch der Erste Weltkrieg führte auch zur Russischen Revolution von 1917 und zu dem Versuch, eine alternative Staats-, Wirtschafts- und Gesellschaftsform aus dem Boden zu stampfen, die erst nach 70 Jahren der Erprobung im letzten Jahrzehnt des vergangenen Jahrhunderts vor den Augen der Weltöffentlichkeit in sich zusammenbrach.

In der Folge des Sieges über Deutschland und Österreich verkleinerten die Siegermächte Deutschland etwa um ein Fünftel, zerschlugen das alte Österreich-Ungarn und schufen aus den früheren österreichischen Provinzen die Staaten Polen, Tschechoslowakei, Ungarn und Jugoslawien. Ferner teilten sie größte Segmente des ehemaligen Osmanischen Reiches als Beute unter sich auf. Dazu gehörten die ölbesitzenden Länder des Nahen Ostens sowie die nordafrikanischen Provinzen, die nun den Siegermächten zur Ausbeutung anvertraut wurden. Dazu wurde der Traum der zionistischen Bewegung, das Versprechen einer neuen Heimstatt der Juden, der Staat Israel, als Implantat der westlichen Mächte in die arabische Welt, auf den Weg gebracht. Die heute so krisenanfälligen muslimischen Staaten des Nahen Ostens wie der Libanon, der Irak, Kuwait, Saudi-Arabien, Syrien, Abu Dhabi, die Vereinigten Arabischen Emirate, all diese Staatskonstrukte waren Nachkriegsschöpfungen der Siegermächte.

Ein Großteil der heute von Politikern und Politologen mit dem Begriff des gescheiterten Staates (»failed state«) gekennzeichneten Gebilde geht auf die damaligen Entscheidungen zurück. Das angebliche fundamentalmuslimische Terrorgeschehen in diesen Staaten scheint nun immer energischer die westlichen Staaten als die Schöpfer ihres Scheiterns zu bedrohen. Und diese wiederum drohen den meist an ihrer Inhomogenität scheiternden Staaten neuerdings mit militärischer Intervention, mit »regime change«, vermeintlich mit dem Ziel, Demokratie und Rechtsstaatlichkeit zum Sieg zu verhelfen.

Über die Entstehungsgeschichte des Ersten Weltkrieges sind Bibliotheken geschrieben, die handelnden Figuren im Lichte der Ereignisse bespiegelt und erörtert worden. Alle wichtigen Mächte haben ihre Weiß-/Grün-/Blau- und Rotbücher aus ihren nationalen Akten zur Entstehungsgeschichte des Krieges veröffentlicht, nicht selten verfälscht durch Weglassen des belastenden Materials.

Besiegte suchen sich zwar vor der Nachwelt zu rechtfertigen, doch letztlich schreiben die Sieger die Geschichte. Diese Erkenntnis gilt mit einiger Sicherheit auch für die beiden Weltkriege, nicht zuletzt den Ersten. Sieger sind nicht nur in der Lage, dem und den Besiegten die Bedingungen des Friedens zu diktieren, sie können auch als Reparationsgläubiger des besiegten Staates noch auf lange Zeit die Auseinandersetzung beeinflussen. So war es kaum verwunderlich, dass die nach der bolschewistischen Revolution von 1917 in Moskau der Weltöffentlichkeit vorgestellten geheimen Abreden der westlichen Siegermächte und des früheren zaristischen Russlands über die nach dem Krieg zu verteilende Beute (Kriegsziele) in der Zeit nach 1919 in Deutschland nicht oder nur unter Pseudonym und äußerst versteckt veröffentlicht werden konnten. Deutschland war nach 1919 auf das Wohlwollen der Westmächte angewiesen und hoffte, den finanziellen Würgegriff des Versailler Vertrages mildern und auf Dauer beseitigen zu können. Das Aufdecken der geheim gehaltenen Kriegsziele der Alliierten konnte dem Verhandlungsklima in Sachen Reparation nur schaden.

Um des lieben Friedens willen einigten sich die meisten Zeitgenossen nach dem Ersten Weltkrieg, wie bereits erwähnt, auf die Formel vom angeblichen Hineinschlittern der europäischen Mächte in den zuvor in Entstehung und Ausmaßen nicht voraussehbaren Konflikt. Heute wird das Bild von den Schlafwandlern in die Diskussion geworfen.

Dagegen steht die wohl ehrliche Erkenntnis Franklin D. Roosevelts, des die Vereinigten Staaten von Amerika in den Zweiten Weltkrieg führenden Präsidenten, der meinte, in der Politik geschehe nichts durch Zufall. Was geschehe, darauf könne man setzen, sei, so wie abgelaufen, zuvor auch so geplant worden.

Die Geschichtsschreibung über Ursachen, Schuld und Verantwortung für Ausbruch und Ablauf des Ersten Weltkrieges führt in ein erschlagendes Labyrinth von Zeittafeln, Dokumenten, Memoiren, Zitaten und dicken Büchern. Um sich einen Überblick zu verschaffen und diesen in der Detailflut zu erhalten, kommt es im Wesentlichen darauf an, das Gesamtbild der Politik aller am Konflikt beteiligten Staaten zu zeichnen, einen Blick des weiten Winkels anzulegen, dem dann die Vielzahl der Einzelbeobachtungen unterzuordnen ist. Ein aus unendlich vielen Detailbildern zusammengesetztes Gesamtbild kann schnell zu grundlegenden Fehleinschätzungen führen, die sich für die während eines Krieges, aber auch danach noch tobende Propagandaschlacht nutzen lassen.

Die Weitwinkelbetrachtung muss auch den Jahrzehnte, wenn nicht Jahrhunderte dauernden geschichtlichen Vorlauf der Ereignisse einbeziehen. Weltmächte mit ihrer geografischen Lage, ihren über den Globus verteilten Besitztümern, Interessen, Verbündeten, Verbindungswegen und Militärstützpunkten verfolgen mit beeindruckender Stetigkeit ihre im historischen Zusammenhang berechenbare, ja voraussehbare Politik. Dabei folgen die zur Durchsetzung von Macht eingesetzten Instrumente und Methoden fast immer eher den brutalen Regeln des italienischen Fürstenberaters Machiavelli als den Zehn Geboten christlichen Glaubens beziehungsweise den hehren Geboten der jeweiligen Staatsverfassung oder auch des Völkerrechts.

»Deep Politics«, dieser moderne Begriff, treibt die über die Generationen miteinander verbundenen Träger des »permanent government« an. Die auf Zeit gewählten Politiker geben durchweg die für den öffentlichen Gebrauch moralverträglichen Erklärungen ab, der auf Stetigkeit und Dauer angelegte Regierungsapparat folgt sehr häufig den das Licht der Öffentlichkeit scheuenden Interessen der Mächtigen des Landes.

Doch zurück zur politisch-historischen Weitwinkelbetrachtung. Dem Anschein nach zunächst rein regional erscheinende Konflikte wie der Mordanschlag auf den österreichischen Thronfolger im Sommer 1914 können nur dann derart einschneidende, mehrere Kontinente der Welt in den Umsturz führende Konflikte auslösen, wenn das Kraftfeld der Machtpolitik dies aus Sicht der einen oder anderen Konfliktpartei dringend bis zwingend macht. Nur dann können die über die militärischen, finanziellen, wirtschaftlichen und geopolitischen Mittel verfügenden Akteure es wagen, die Instrumente zum Erringen ihrer Ziele einzusetzen.

In der Folge soll der Machtentwicklung der am Ersten Weltkrieg maßgeblich beteiligten Staaten nachgegangen werden. Dabei können die Abläufe meist nur kursorisch dargestellt werden.

KAPITEL 2

England als Weltmacht Nummer eins, Ausrichtung des Gleichgewichts auf dem Kontinent

Großbritanniens Kampf um die Weltmacht

Internationale Spannungen treiben nur dann zum Kriege, wenn das langfristige Kalkül der im Hintergrund agierenden Großmächte die Zeit für gekommen hält. Dabei kommt der Haltung der Nummer eins unter den Großmächten in der Regel die entscheidende Rolle zu. Dies war 1914 ohne Zweifel immer noch Großbritannien. Spätestens ab 1918 wurde es in dieser Rolle von den Vereinigten Staaten von Nordamerika abgelöst.

Zur politischen Lagebeurteilung der Ereignisse des Jahres 1914 kann die historische Rückschau auf das Entstehen der ordnenden Kraft britischer Macht hilfreich sein. Zu unterscheiden sind dabei die Entwicklung und der jahrhundertelange Kampf um die unvergleichliche Stellung der Weltmacht von der darauffolgenden Phase der Absicherung dieser Rolle gegenüber tatsächlichen oder auch nur vermeintlichen Gefährdungen durch konkurrierende Mächte vor allem auf dem europäischen Kontinent.

Bis zum Sieg über das napoleonische Frankreich hatte London sich über Jahrhunderte in Kontinente umspannenden Kriegen sein Weltreich gegen den und die Konkurrenten erkämpft. Im Ergebnis gehörten um 1900 ein Fünftel der Landoberfläche und ein Viertel der Weltbevölkerung dem Britischen Empire an, diesem größten Weltreich aller Zeiten. In der kriegerischen Auseinandersetzung mit Frankreich blieb den anderen europäischen Staaten und Machtgebilden nur die gewinnbringende, aber auch höchst gefährliche Rolle eines Zulieferers von Kampfkraft an die politischen und militärischen Strategen Englands. Die Regierungen Österreichs, Russlands, Schwedens, Preußens sowie der deutschen und italienischen Kleinstaaten unterhielten ihre Truppen, zum Teil auch ihre Marine, mit Geldern, die jeweils aus den Staatskassen der Machtkonkurrenten in London oder Paris zur Verfügung gestellt wurden.

Die britischen Inseln, vom Festland durch Kanal und Nordsee getrennt, konnten sich über lange Zeiträume auf ihre Inbesitznahmen in Übersee konzentrieren, solange sie mögliche Herausforderer vom Kontinent schwach halten konnten. Ihre weltweiten Interessen verfolgten sie mithilfe ihrer Kriegsflotte, die alle sonstigen Seestreitkräfte überragte. Im Gegensatz zu Frankreich, den Niederlanden und Deutschland hatte England keine Landgrenze gegen benachbarte Staaten zu verteidigen. Die Unterhaltung einer kostspieligen Armee konnte folglich zugunsten der Marine vernachlässigt werden.

Im Windschatten der fortwährenden Kriege der europäischen Staaten auf dem Festland konnte Großbritannien seine Kräfte zu Eroberungen in Übersee nutzen.

Die Machteliten Englands, seine führenden Familien, seine Kaufleute und Bankiers, hatten seit Jahrhunderten unendlichen Gewinn aus dieser sich aufbauenden Machtstellung bezogen. Die Angehörigen der adligen und aus der Kaufmannschaft aufsteigenden Familien widmeten sich der wirtschaftlichen, finanziellen, militärischen und administrativen Durchsetzung, Erhaltung und Pflege dieser Macht und konnten auf diese Weise beachtliche Vermögen bilden. Den Aufbau einer dynamischen, Europa nahezu beherrschenden Industrie verdankt England der eigenen Tüchtigkeit, allerdings auch den gewaltigen Mitteln, die aus den Kolonien einschließlich des Sklaven- und Drogenhandels gezogen werden konnten. Die Insel verfügte neben der eigenen Kohle weltweit über bedeutende Bodenschätze. Gesellschaftlichen Fortschritt und Großzügigkeit auf nahezu allen Gebieten konnte sich England leisten, die europäischen Kontinentalmächte und deren Gesellschaften schauten mit einem gewissen Neid auf das sich entfaltende Wunder.

Um jedoch als die kleine, Europa vorgelagerte Insel mit Griff auf Länder wie Indien, damals noch ungeteilt mit Pakistan und Bangladesch, auf Australien, Südafrika und Nordamerika gegen Gefährdung vom europäischen Kontinent gefeit zu sein, galt für die britische Politik das oberste Gebot, unter allen Umständen auf dem europäischen Kontinent das Entstehen einer England gefährdenden Machtstruktur im Ansatz zu verhindern. Der Albtraum für die über den Tag hinaus denkenden und planenden Eliten war eine für Großbritannien nicht mehr zu beherrschende Kontinentalmacht im Rücken, mit entsprechend großer Bevölkerung, mit der Fähigkeit, ein Riesenheer für Landkriege zu unterhalten, dazu aber auch noch eine Flotte zur Beherrschung der Weltmeere, der Straßen des Welthandels, aufbauen zu können. Eine solche Struktur, erst einmal entstanden, würde England die Herrschaft zur See weltweit streitig machen, die Insel – wie seinerzeit die Normannen aus der Normandie – in Besitz nehmen und sich unterwerfen können. Daher war das stete Ausgleichen der Machtbalance zwischen den sich gegenseitig in Schach haltenden kontinentaleuropäischen Mächten über die Jahrhunderte oberstes Gebot aller englischen Machtpolitik.

1815: letzte Justierung des europäischen Gleichgewichts

Die Revolution von 1789 beseitigte die französische Monarchie, schwächte zunächst die französische Macht infolge der inneren Auseinandersetzungen, brachte dann jedoch die neue Kraftquelle des sich als Nation verstehenden Volkes hervor. Dieses identifizierte sich mehrheitlich mit den Ergebnissen der Revolution und war bereit, die Errungenschaft gegen Angriffe von außen zu verteidigen. Das zeigte sich eindrucksvoll im ersten Koalitionskrieg, geführt von Preußen und Österreich zur Wiederherstellung der monarchischen Ordnung.

Dem ersten Koalitionskrieg folgten weitere sechs Kriege unter der Führung Napoleons. England konnte auf dem Kontinent russische, österreichische, schwedische und italienische Truppen mieten, die halfen, das französische Weltreich niederzukämpfen. Der Krieg war ein Weltkrieg auf und zwischen mehreren Kontinenten. Dank englischer Finanzierung der eingesetzten Truppen ging mit dem letzten der Koalitionskriege, in Deutschland Befreiungskrieg genannt, die Auseinandersetzung siegreich für die mit England verbündeten Staaten zu Ende. England erreichte den unangefochtenen Status der Weltmacht Nummer eins. Dies nicht zuletzt dank der Seeschlacht von Trafalgar, in der die französisch-spanische Flotte von der englischen unter Admiral Nelson vernichtet wurde. Die Beherrschung der Weltmeere, der Seewege und der Küsten lag nun eindeutig bei Großbritannien.

Die Folgen der europäischen Machtverschiebungen aufgrund der napoleonischen Niederlage wurden 1815 auf dem 9 Monate lang tagenden Wiener Kongress verhandelt und in einem Vertragswerk festgelegt. Offiziell war es der aus dem Rheinland stammende Fürst Metternich, Kanzler des Kaiserreiches Österreich, der die Verhandlungen führte. Die eigentlichen Fäden hinter den Kulissen jedoch hielten die anwesenden Vertreter der englischen Regierung in der Hand. Zum Erstaunen der politischen Beobachter durfte das besiegte und erschöpfte Frankreich nahezu gleichberechtigt an der Konferenz teilnehmen. Dem Land blieben die vorrevolutionären Grenzen von 1789 erhalten. Frankreich war geschwächt, innerlich zerstritten, ins zweite oder gar dritte Glied europäischer Machtabstufung zurückgetreten. Doch zur Steuerung des Gleichgewichts der Mächte in Europa blieb es ein Trumpf, möglicherweise gegen Russland, später aber auch gegen ein zu stark werdendes Deutschland.

Russland, in Anbetracht der für den Kampf gegen die napoleonischen Truppen der mit Abstand wichtigste kontinentale Bündnispartner Englands, erhielt auf dem Kongress als Beute den größten Teil des bislang mit Frankreich verbündeten Polen. Österreich gewann einen kleineren und Preußen den kleinsten Teil des Landes, die Provinz Posen.

Das Königreich Westfalen – bislang von einem Bruder Napoleons regiert, der mit einer württembergischen Prinzessin verheiratet war – wurde in wesentlichen Teilen Preußen zugeschlagen, das sich nun im Westen bis zur niederländischen und französischen Grenze erstreckte und die Städte Düsseldorf, Aachen, Trier, Saarbrücken und Mainz umfasste. Mit dem Ruhrgebiet und dem Saarland im Westen sowie Schlesien im Osten wurde so die Grundlage für die nach und nach einsetzende, dann hochschnellende Industrialisierung Preußen-Deutschlands geschaffen.

Alles in allem hatte England folgende Gewichte zum Ausgleich gebracht: Das bislang gefährliche, das Gleichgewicht Europas stürzende und England bedrohende Frankreich blieb zwar erhalten, konnte fortan jedoch von dem beträchtlich gestärkten Preußen in Schach gehalten werden.

Polen, das als Ausgleichsfaktor englischerseits gegen das mächtiger werdende Russland hätte eingesetzt werden können, wurde aufgeteilt. Dafür wuchs nun Österreich und Preußen die Rolle zu, eine weitere Ausdehnung russischer Herrschaft nach Westen einzudämmen.

Die begehrten Meerengen des Öresund und des Bosporus waren nicht Gegenstand der Verhandlungen. Über sie konnte die Ausdehnung russischer Seemacht in Richtung Nordsee/Atlantik und Mittelmeer/Atlantik beschränkt werden. Sie blieben im Norden in dänischer, im Süden in osmanischer Hand. Für die britische Beherrschung des Seeverkehrs im Atlantik und im Mittelmeer war dies von alles entscheidender Bedeutung. Die Meerengen als Drosselklappen des Handels, aber auch maritimer Macht durften nicht in die Hand starker Staaten fallen. Bis zum heutigen Tage gilt ihnen die ganze Aufmerksamkeit britischer und amerikanischer Geopolitik. An diesen Punkten sicherte englische, dann angelsächsische Politik mit Diplomatie, Militär und Geld ihren Einfluss.

KAPITEL 3

England und das Große Spiel der Mächte von 1815 bis 1914

Die Supermacht England konnte sich nach dem Sieg über Frankreich zunächst auf sich selbst und die eigenen Probleme konzentrieren. Schließlich mussten die riesigen Schulden aus den großen europäischen Kriegen zunächst gegen das monarchische und dann das napoleonische Frankreich bedient werden. Ferner war es nötig, die verauslagten Gelder für den Soldatenhandel mit den kontinentaleuropäischen Fürstenhäusern durch Einnahmen der Staatskasse, Abbau der Schulden und die Bestimmung des entsprechenden Zeitablaufes auszugleichen.

England hatte im Kampf um die Weltmachtstellung bereits einen ersten größeren Rückschlag hinnehmen müssen. Der Abfall der von Frankreich kraftvoll unterstützten nordamerikanischen Kolonien führte zur Entstehung der Vereinigten Staaten von Nordamerika. Frankreich hatte lange die Erschließung des amerikanischen Westens jenseits der sich von Kanada bis zum Golf von Mexiko erstreckenden Kolonie Louisiana mit dem Mississippi als größtem Fluss behindern können. Doch Frankreich war im Kampf um die Weltmacht derart geschwächt, dass Napoleon Louisiana an die Vereinigten Staaten von Nordamerika verkaufte. Der Landnahme und Erschließung des Westens und damit der Ausweitung nordamerikanischer Macht in Richtung Pazifik stand nun nichts mehr im Wege. Die künftige, auf Atlantik wie Pazifik gleichermaßen ausstrahlende Großmacht der USA war auf den Weg gebracht. Das Land jenseits des Mississippi konnte nun unter Verdrängung und Vernichtung der noch steinzeitlich lebenden Indianervölker erschlossen und besiedelt werden. Die Pazifikküste wurde erreicht. Die Industrialisierung des Riesenlandes ließ über die kommenden Jahrzehnte einen Giganten entstehen, der nach und nach Großbritannien als Supermacht ablösen sollte.

Gleichwohl blieb eine starke Gemeinschaft der alten angelsächsischen Machteliten diesseits und jenseits des Atlantiks bestehen. Engste Verbindungen der Vermögen Englands mit den reich und reicher werdenden Latifundien-, Industrie- und Finanzfamilien der amerikanischen Ostküste blieben bestehen. Die mit Sklaven betriebenen Zuckerrohr- und Baumwollplantagen des Südens befanden sich nicht selten in den Händen der in London lebenden

Eigentümer. Die Finanzplätze London und New York waren und blieben eng miteinander verbunden, wobei London neben New York bis zum heutigen Tage für die Weltfinanzen bestimmend blieb.

England versperrt Russland den Weg zu Mittelmeer und Atlantik

Großbritannien trat 1914 im Bündnis mit Russland in den Ersten Weltkrieg ein. Es ist daher von Interesse, die Geschichte der Politik Englands zum östlichen Partner zu betrachten.

Russland war 1815 und in den darauffolgenden Jahrzehnten eine Macht, die die Geschicke der europäischen Staaten wesentlich mitbestimmte. England war darauf angewiesen, auf dem Kontinent keine überragende Landmacht entstehen zu lassen, vor allem aber keinen Herausforderer der Herrschaft über die Weltmeere. Das Motto »Britannia rules the waves« durfte nie zur Disposition gestellt werden. England konzentrierte seine Machtmittel auf die überragende Flotte und wollte und konnte sich darüber hinaus eine den Mächten auf dem Kontinent Paroli bietende eigene Armee nicht leisten. Daher der Rückgriff auf Bündnisse und Geldzahlungen an die Mächte des Kontinents, die sich mit Unterstützung Londons gegenseitig in Schach hielten. So war Russland neben Österreich und später Preußen der im Kampf gegen das napoleonische Frankreich und zur Durchsetzung englischer Machtpolitik nützliche, wenn auch etwas groß geratene »Festlandsdegen«.

Das Zarenreich hatte sich im Windschatten der globalen Auseinandersetzungen Englands und Frankreichs als Landmacht ungehindert in Richtung Asien und hin zur pazifischen Küste, aber auch in Richtung des Osmanischen Reiches und des Iran ausdehnen können. Mehr als 200 Jahre lang eroberten russische Armeen in acht Feldzügen im zeitlichen Abstand von jeweils rund 30 Jahren die Ländereien der »Tartarei«, die das osmanische beziehungsweise türkische Reich Jahrhunderte zuvor erobert hatte.

Als propagandistischer Vorwand für die russischen Angriffe diente die Gefährdung der Christen im Osmanischen Reich, nicht zuletzt auf dem Balkan, in Palästina und bei den heiligen Stätten der Christenheit. Hinzu kam im Zuge des damals weltweit um sich greifenden Rassenwahns der Glaube an die Vorzüglichkeit und das Recht auf Herrschaft der slawischen Rasse, was die Inschutznahme der Slawen auf der Balkanhalbinsel durch das Großreich Russland geboten erscheinen ließ. Beide Schutzziele, das der Christen wie das der Slawen, dienten als Vorwand für die Verfolgung der eigentlichen geopolitischen Ziele, des freien Zugangs der russischen Handelsflotte und der Kriegsmarine aus den warmen Schwarzmeerhäfen über Bosporus und Dardanellen ins Mittelmeer und darüber hinaus in den Atlantik.

Allerdings gab es nicht nur militärische, sondern auch gewichtige kommerzielle Gründe. So hatte es London als Börsenplatz und Umschlagzentrum des weltweiten Getreidehandels immer wieder verstanden, Angebot und Nachfrage für sich gewinnbringend zur Deckung zu bringen, indem Schiffsladungen mit Getreide aus der Kornkammer der Ukraine Piratenangriffen entlang der Küsten des Bosporus, der Dardanellen und des Mittelmeeres ausgesetzt wurden, sodass die Durchfahrt nicht mehr sicher beziehungsweise nicht zu zumutbaren Kosten zu versichern war. Das Angebot von Getreide aus den Hauptanbaugebieten konnte so »just in time« an der Londoner Börse manipuliert, der »angemessene Preis« gesichert, ein vernichtender Preisverfall verhindert und der Gewinn auch bei Überschuss produzierenden Ernten garantiert werden. Dann jedoch blieben die Großgrundbesitzer und Bauern der russischen und ukrainischen Kornkammer auf ihrem Getreide sitzen, bitterste Armut in weiten Teilen des Landes war die Folge, was wiederum die innere Stabilität des Zarenreiches auf Jahre erschüttern konnte.

Über die Balkanprovinzen des Osmanischen Reiches versuchte Russland in Richtung Konstantinopel vorzudringen, teils im Zusammenspiel, teils in eifersüchtiger Konkurrenz zur Politik des österreichischen Habsburg, das über Besitzungen entlang der Adriaküste verfügte und sich beiderseits der Donaumündung ins Schwarze Meer Einfluss zu verschaffen suchte. Österreich verband sich mit Ungarn zur »Doppelmonarchie«. Konkurrierend zum Panslawismus Russlands gab es in Wien die (wenn auch sehr umstrittene) Vorstellung, als K.-u.-k.-Monarchie in Konkurrenz zum Zarenreich auf dem Balkan die Rolle der Schutzmacht der dortigen Slawenvölker zu übernehmen.

England musste nach 1815 das über asiatische und europäische Fronten vordringende Russische Reich als das mächtigste Imperium auf dem europäischen Kontinent betrachten, das entlang der langen Grenzen die britischen Kolonien in Asien berührte und Indien, dem Hauptausbeutungsland britischer Kolonialpolitik, gefährlich nahekam. Die russische Expansion hatte in Zeiten der weltweiten Auseinandersetzungen zwischen England und Frankreich den Pazifik erreicht, drängte weiter in Richtung China und Korea, wo es wiederum den Interessen Englands in die Quere kommen musste. Es war daher aus englisch-imperialer Sicht nun an der Zeit, der Expansion Russlands im Interesse des »Gleichgewichts der Mächte« Grenzen zu setzen. Noch in den Napoleonischen Kriegen hatte England die starken Landstreitkräfte des Zarenreiches in Nord- und Süditalien im Kampf gegen die dort versammelten französischen Armeen zum Einsatz bringen können. Die Zeiten hatten sich gründlich geändert.

Nun unterstützte Großbritannien im »Krimkrieg« (1853-1856) das Osmanische Reich mit eigenen Truppen gegen das in Richtung Bosporus, Dardanellen und Mittelmeer vordringende Russland. Englische und französische Truppen landeten auf der ins Schwarze Meer ragenden Halbinsel Krim. Frankreich konnte nach der Neugestaltung des europäischen Gleichgewichts durch den Wiener Kongress offensichtlich wieder eine Rolle als Partner Englands übernehmen, indem es für den Feldzug eigene Truppenkontingente stellte. Der sogenannte Krimkrieg, der seine Namensgebung, wie so oft irreführend, einem kleinen Landstrich verdankt, war wie schon der Siebenjährige oder Schlesische Krieg nichts anderes als Teil eines Weltkrieges: Die militärischen Auseinandersetzungen zwischen England, unterstützt von dem nun sekundierenden Frankreich, und Russland fanden nicht nur auf der Krim, in und um das Schwarze Meer, sondern mit gewaltigen englischen und französischen Seestreitkräften auch in der Ostsee statt. Dort griff die vereinte Flotte die mit Gibraltar vergleichbare Seefestung des Russischen Reiches unmittelbar vor den Toren Helsinkis an, wenige hundert Seemeilen von St. Petersburg entfernt. Die Festung fiel, und so konnte nun sogar die russische Hauptstadt von den Seestreitkräften der Alliierten bedroht werden.

Im Schwarzen Meer gelang es der russischen Marine zwar, die Flotte des Osmanischen Reiches zu vernichten und die Krim für sich zu erobern, doch die Kämpfe der englischen und russischen Truppen fanden im sibirischen Kamtschatka, in Armenien und dem heutigen Irak statt. Das Vorgehen Englands, sekundiert von Frankreich, kam einem gewaltigen Schuss vor den Bug Russlands gleich. Die zum Teil skandalösen militärischen Pannen auf englischer Seite führten zum Sturz des britischen Kabinetts und zur Reorganisation des englischen Militärs. Die Weltmacht Nummer eins war gezwungen, ihre militärischen Fähigkeiten zu steigern, wollte sie sichergehen, künftige Konflikte nicht nur zur See, sondern auch zu Lande bestehen zu können. Der den Krimkrieg besiegelnde Friede wurde in Paris geschlossen. Russland musste die Unversehrtheit der Türkei anerkennen. Die Meerengen und Konstantinopel gelangten nicht in die Hände des Zarenreiches.

Europäisches Gleichgewicht und Reichseinigung unter Preußen

England hatte Preußen auf dem Wiener Kongress zu einer größeren Mittelmacht auf dem europäischen Kontinent werden lassen. Dies dürfte die Entlohnung für die nach langem Schwanken auf englischer Seite geleisteten Militärdienste gewesen sein, diente jedoch aus der Sicht britischer Politik vor allem auch dazu, dem unter Napoleon noch gefährlichen Frankreich ebenso wie dem nach Osten wie Westen vordringenden Russland ein Gegengewicht zu bieten. Österreich und Preußen schienen in etwa gleichgewichtet zu sein mit einer leichten Schwächetendenz aufseiten Österreichs, das sowohl militärisch als auch aus finanziellen und politischen Gründen immer weniger mithalten konnte. Schließlich hatte das Land 1811 einen Staatsbankrott zu bewältigen gehabt. Der Versuch Wiens, durch Verehelichung einer Tochter des habsburgischen Kaisers mit Napoleon Bonaparte noch einmal in der ersten Weltklasse mitspielen zu können, war durch die Ereignisse überholt. Die Ehe war nicht mehr ebenbürtig. Nach dem Sturz Napoleons verschwand der gemeinsame Sohn in der hochadeligen Versenkung.

Die Schwäche des österreichischen Vielvölkerstaates wiederum ließ durchaus noch Spielraum für eine führende Rolle Preußens im Norddeutschen Bund. Es folgten die drei zur kleindeutschen Einigung unter Preußen führenden Kriege. Der erste war ein Krieg des Deutschen Bundes, den Preußen und Österreich 1864 noch gemeinsam gegen Dänemark führten, um die Zugehörigkeit Schleswig-Holsteins zum Deutschen Bund gegen dänische Ansprüche zu sichern. Zankapfel war Schleswig, das zwar dem dänischen Königshaus zugeordnet war und das Dänemark sich nun einverleiben wollte, obgleich es vertraglich »up ewig ungedeelt« mit Holstein dem Deutschen Bund verbunden war.

Dänemark beherrschte mit dem Öresund, der die Nord- mit der Ostsee verbindenden Meerenge, einen der geopolitischen »Choke Points« der Weltmeere, ebenso wie das Osmanische Reich die Mittelmeer und Schwarzes Meer verbindenden Meerengen des Bosporus und der Dardanellen. Beide Engpässe müsste auch heute noch im Konfliktfall die russische Flotte überwinden, um mit Seestreitkräften in den Atlantik zu gelangen, will sie sich nicht nur auf die Häfen von Murmansk oder des pazifischen Wladiwostok verlassen. Dieser geopolitische Drosselpunkt durfte aus englischer Sicht weder in die Hände Russlands noch eines erstarkenden Deutschlands fallen. In den Händen einer schwachen Macht, in der Not abhängig von der Schutzmacht England, bleiben die Meerengen indirekt unter britischer, heute amerikanischer Kontrolle.

Die britische Flotte wiederum hatte im Jahr 1801 die dänische Flotte vor Kopenhagen in Grund und Boden geschossen. Dänemark hatte sich damals infolge fehlender englischer Gelder Frankreich angenähert, wie alle anderen nordischen Staaten. Der Vorgang wiederholte sich 1807, als die neu aufgebaute dänische Flotte nochmals von britischen Seestreitkräften vernichtet wurde. »To copenhagen« heißt seit dieser Zeit der Fachausdruck, der von britischen Marinepolitikern verwandt wird, wenn es um die Vernichtung einer gegnerischen Flotte aus heiterem, scheinbar friedlichem Himmel geht. So schlug der britische Admiral Fisher zwei Jahre vor Ausbruch des Ersten Weltkrieges vor, die britische Marine könne doch die deutsche Flotte in Kiel einfach »copenhagen«.

Im deutsch-dänischen Konflikt um Schleswig drängten bereits 1863 in der britischen Politik die angeblich um das europäische Gleichgewicht besorgten Freunde Dänemarks auf das Eingreifen Englands. Doch Premierminister Disraeli wehrte im Unterhaus ab und meinte, auf der Welt seien nur drei Menschen in der Lage, die schleswig-holsteinische Frage in ihrer Komplexität zu durchschauen. Der erste, Prinz Albert, habe das Zeitliche gesegnet, der zweite, ein deutscher Professor, sitze im Irrenhaus, und er selbst sehe sich gegenwärtig außerstande, die Gesichtspunkte so zu ordnen, dass ihm eine angemessene Darstellung des Konfliktes gelingen könne. Dennoch, wenn gewollt, wäre der Vorwand für eine britische Intervention schnell zu finden gewesen, zumal die Zarenfamilie, das englische und das dänische Königshaus untereinander versippt und verschwägert waren. Dänemark fühlte sich von England, der Weltmacht Nummer eins, im Stich gelassen. Doch England sah sich nicht zum Engagement veranlasst, zumal Holstein in deutscher Hand keine Beherrschung der Zufahrtswege aus der und in die Ostsee mit sich bringen konnte. Diese blieben in den erprobt schwachen Händen Dänemarks. Ein möglicherweise nicht unwesentlicher persönlicher Grund wird dabei gewesen sein, dass die englische Königin Victoria – mit dem deutschen Prinzen Albert von Sachsen-Coburg und Gotha, Neffe des belgischen Königs Leopold I., verheiratet – einem massiveren Eingriff in deutsche Angelegenheiten abgeneigt war.

Es folgte 1866 der Krieg Preußens gegen Österreich mit dem Ziel, den bisher unter Österreichs Führung stehenden Deutschen Bund aufzulösen. Die süddeutschen Staaten kämpften aufseiten Österreichs. Die Gelegenheit nutzte das sich vereinigende Italien, um seinerseits Österreich anzugreifen und sich das bislang österreichisch beherrschte Venetien angliedern zu können. Der König von Preußen drängte nach dem Sieg seiner Armee zum Marsch auf die österreichische Hauptstadt Wien. Das konnte Bismarck als preußischer Ministerpräsident verhindern. Großbritannien im Verbund mit Frankreich hätte sich der sich abzeichnenden großdeutschen Reichseinigung vermutlich widersetzt. Die Tendenz, einen Staat zu errichten, der von der Nord- und Ostsee über die Alpen und die Po-Ebene Teile des Balkans umfasst und bis zur Adria und zum Mittelmeer reicht, hätte das Gleichgewicht der Kräfte auf dem Kontinent aus englischer Sicht viel nachhaltiger berührt als die Einigung der kleinen norddeutschen Staaten unter der Führung Preußens.

Der erste Reichskanzler und preußische Ministerpräsident Otto von Bismarck hatte seine Absicht einer kleindeutschen Reichseinigung unter Preußens Führung lange im Voraus dem britischen Premierminister Disraeli dargelegt und von dort keinen Widerspruch erfahren. Da sich England gegen diese politische Entwicklung trotz beachtlicher Opposition eines Teils seiner Machtelite nicht sträubte, fehlte Frankreich und Russland der Partner für eine aussichtsreiche Gegenstrategie.

Auf dem Weg der Umgewichtung der kontinentaleuropäischen Machtverhältnisse folgte 1870/71 der Krieg Preußens unter Gefolgschaft diesmal auch der süddeutschen Staaten gegen Frankreich. Wiederum fehlten Frankreich die europäischen Partner. England hielt sich zurück, Russland und Österreich griffen nicht ein, obgleich das Entstehen des neuen deutschen Staates nach dem Sieg unter preußischer Führung zwangsläufig das Gewicht Deutschlands im europäischen Machtgefüge weiter steigerte, das Frankreichs mit der Niederlage und dem Verlust Elsass-Lothringens hingegen entsprechend verringerte. Österreich war aus dem deutschen Staatenverbund nun endgültig ausgeschieden. Mit der gewaltsamen Besetzung und Abtrennung Elsass-Lothringens schuf sich das preußisch geführte Deutschland den gefährlichen Dauerzankapfel mit dem gedemütigten, als Großmacht angeschlagenen Frankreich.

Infolge der kleindeutschen Lösung ohne die alte deutsche Führungsmacht Österreich entstand ein Reich, in dem Preußen mit 70 Prozent sowohl der Fläche als auch der Bevölkerung, mit den Industriegebieten Schlesiens, der Ruhr und der Saar zwangsläufig die Führung zufiel und das, ergänzt um das wirtschaftlich starke Sachsen, nun seine Stellung als mittlere Großmacht weiter ausbauen konnte.

Die aus dem Deutschen Bund herausgedrängte Doppelmonarchie Österreich-Ungarn wandte sich auch aufgrund ihrer Zusammensetzung aus deutschen, ungarischen, polnischen und tschechischen Bevölkerungsteilen nun noch mehr dem Balkan zu, wo ihr auf dem berühmten Berliner Kongress mit Billigung Englands 1878 das Protektorat über die völkerrechtlich immer noch dem Osmanischen Reich zugehörige Provinz Bosnien-Herzegowina zugesprochen wurde. 1908 eignete sich Österreich-Ungarn dann das Protektorat als ureigenstes Staatsgebiet an, ohne sich zuvor um internationale Zustimmung bemüht zu haben. Allerdings hatte es durchaus positive Absprachen mit Russland gegeben.

Die globalen Interessen Großbritanniens

Die Politik der den Globus umspannenden englischen Supermacht des 19. Jahrhunderts war mit Sicherheit mit anderen Dingen beschäftigt als mit der Vereinigung einiger süddeutscher Staaten mit Preußen und dessen Norddeutschem Bund. Gleiches musste für die Vereinigung der Kleinstaaterei zu einem modernen Italien gelten. Nach der Neuordnung des europäischen Gleichgewichts durch den Wiener Kongress widmete sich England der Erschließung, vor allem aber Ausbeutung Indiens und richtete seine Blicke auf das verschlossene China. Die dortigen Einnahmequellen und Raubobjekte waren riesig im Vergleich zu dem noch weitgehend ländlich bis handwerklich geprägten Mitteleuropa. So ließ die in London registrierte ostindische Handelskompanie in Indien Mohn zur Herstellung von Opium anbauen und setzte für sich ein Monopol des Opiumhandels durch. Rasant steigende Gewinne wurden in die Kassen der Gesellschaft wie der Kolonialverwaltung gespült. Exportmarkt für die Droge war das bevölkerungsreiche China, dessen Regierung sich gegen die Verseuchung seiner Bewohner mit Einfuhrverboten und hohen Strafen zu wehren begann. Doch England zwang China in den zwei Opiumkriegen von 1839 bis 1842 und 1856 bis 1860, den chinesischen Markt dem englisch-indischen Opiummonopol uneingeschränkt zu öffnen. Der Deal hatte für die Ostindien-Kompanie den Vorteil, die in Europa begehrten chinesischen Waren wie Porzellan (in Englisch »China« genannt), Seide und Tee mit den Einnahmen aus dem Opiumhandel ankaufen und in England beziehungsweise Europa mit hohem Gewinn weiterverkaufen zu können.

England drang in den Kriegen, wiederum unterstützt von französischen Truppen, bis Peking, der Hauptstadt Chinas, vor, besetzte alle wichtigen Hafenstädte entlang der chinesischen Küste, erzwang die Übergabe der chinesischen Hafenstadt Hongkong auf 99 Jahre als Kronkolonie und die Öffnung Chinas für britische Einfuhren.

In Absprache mit England drang auch Russland auf chinesischen Boden vor. All diese Aktivitäten lagen wenige Jahre vor der deutschen Einigung und beschäftigten gerade auch wegen der Ausbeutungschancen in Indien und China die britische Führung und Gesellschaft weit mehr als der weitere

Aufstieg des alten, im Weltmaßstab kleinen, potenziellen englischen Bündnispartners Preußen. Englands Aufmerksamkeit war zeitweilig auch gebannt von den Ereignissen in den USA, wo die entfernte Chance bestanden hatte, Nordstaaten und Südstaaten im Zuge des amerikanischen Bürgerkrieges wieder zu teilen und damit den Kontinent im weltweiten Spiel der Kräfte doch noch für das kleine England handhabbar zu machen.

England genoss die Vorzüge seiner unangefochtenen Stellung in der Welt und gönnte sich für längere Zeit eine »splendid isolation«, die ja keineswegs ausschloss, hie und da per Intervention wie im Krimkrieg einzugreifen, um den eigenen Interessen zum Durchbruch zu verhelfen. Eine Seemacht, gestützt auf eine Insel wie England, kann nicht von Land aus mit blitzkriegsartigen Invasionen und Feldzügen bedroht werden, kann folglich den Zeitpunkt des militärisch-maritimen Eingreifens gegen Feinde oft über Jahrzehnte hinweg aufschieben, bis günstige Bedingungen und Machtkonstellationen das Ergreifen der Initiative geboten erscheinen lassen.

Wo die Grenzen britischer Duldsamkeit im Verfolgen des europäischen Gleichgewichts der Mächte in etwa lag, wusste ganz offensichtlich Bismarck, der Konstrukteur der deutschen Einheit. Bereits als Botschafter Preußens am Zarenhof in St. Petersburg wird er sich mit dem Großen Spiel Englands als Weltmacht Nummer eins vertraut gemacht haben, lag doch der Krimkrieg, die gemeinsame Intervention Englands und Frankreichs aufseiten der Türkei gegen das vordringende russische Reich, erst wenige Jahre zurück und beherrschte daher die innerrussische Diskussion um die einzuschlagende Richtung der Außen- und Militärpolitik nach der Niederlage. Bismarck war der Einfluss Englands und Frankreichs auf die deutschen Teilstaaten sehr wohl bewusst. Er konnte ermessen, wo die Grenzen Deutschlands im englisch gesteuerten Gleichgewicht der Mächte lagen. Das mag wiederum England bewogen haben, den deutschen Kanzler auf der Berliner Konferenz 1878 zum Vermittler der erneuten Feinsteuerung dieses Gleichgewichts auf dem Balkan zu machen. Die deutsch-preußische Propaganda ließ und lässt Bismarck als den »ehrlichen Makler« erscheinen. In Wirklichkeit wurde jede Sitzung des Berliner Kongresses von deutscher Seite sorgfältig in Rücksprache mit dem englischen Premier Disraeli und der britischen Delegation nach deren Wünschen vorbereitet. Und so fiel dann auch das Ergebnis aus.

Die Türkei in Gestalt des Osmanischen Reiches war über die Jahrhunderte so schwach geworden, dass sie allseits als der »kranke Mann am Bosporus« bezeichnet wurde. Die an Territorien des Osmanischen Reiches interessierten europäischen Mächte spekulierten auf den Zusammenbruch des Riesengebildes und versuchten, sich für den Ernstfall oder schon im Voraus den passenden Teil der Beute zu sichern. Dabei waren die zahllosen Völkerschaften preiswerte Instrumente, die nur mit Waffen und Geld unterstützt werden mussten, um von innen über Aufstände das Zerschlagen des Reiches voranzutreiben zu helfen.

Das alle Völker erfassende Ideal des Nationalstaates half als Brechstange zur Schwächung und Aufteilung des Reiches, als nützliches Treibmittel für die propagandistische Erregung der Massen. In allen Regionen des Balkans blühten nationalistische, aus der Sicht des osmanischen Großreiches separatistische Bewegungen auf. So entstanden Ziele wie die eines Großarmenien, eines Großgriechenland, Großbulgarien und Großserbien, fast durchweg in Landstrichen, die in Wirklichkeit seit alters her von den unterschiedlichsten Ethnien beziehungsweise Nationalitäten besiedelt waren. Das rücksichtslose Durchsetzen eines Nationalstaates unter der Führung meist einer sich als Elite fühlenden Minderheit oder Mehrheit forderte zwangsläufig die hiervon bedrohten Ethnien zum Widerstand heraus. Das Ergebnis waren blutigste Bürgerkriege.

Mit- und Gegenspieler Englands bei der Aufteilung des Osmanischen Reiches

In der weiteren Umsetzung seiner kolonialen Weltmachtinteressen war Großbritannien bestrebt, seine afrikanischen Besitzungen um Ägypten und den Sudan zu vervollständigen und eine Nord-Süd-Verbindung von Kairo zum Kap der Guten Hoffnung zu schaffen. Eisenbahntrassen waren bereits projektiert. Noch wichtiger war, die Schiffsverbindung vom Mittelmeer über den Sueskanal in den Indischen Ozean unter Kontrolle zu bringen und abzusichern. England kaufte Frankreich die Aktien der Sueskanal-Gesellschaft ab. So konnte der für Englands Schifffahrt und Handel extrem wichtige kurze Seeweg nach Indien und China gesichert werden. Die Insel Zypern hatte sich London auf der Berliner Konferenz unter Führung Bismarcks zusprechen lassen, ein weiterer Stützpunkt in der Kette der zahlreichen Kohlestationen für die Dampfschifffahrt nach Asien.

Russland wiederum unterstützte in den osmanischen Provinzen des Balkans die slawischen Unabhängigkeitsbewegungen. Dazu gehörten Serbien, Rumänien, Bosnien und Bulgarien. Die dort angezettelten Aufstände wurden von den osmanischen Truppen niedergeworfen, was das Zarenreich zum Anlass nahm, mit Truppen gegen Istanbul vorzugehen.

Die Ziele Russlands auf dem Balkan lagen im Konflikt mit den Bestrebungen des österreichischen Kaiserhauses. Die K.-u.-k.-Monarchie wollte ihren Einflussbereich nach Süden in Richtung Donaumündung/Schwarzes Meer und Adria erweitern, auch unter der Propagandaformel, die slawischen Völker gegen das unterdrückende und nur langsam weichende muslimische Besatzungsregime des Osmanischen Reiches schützen zu müssen.

Im Krieg von 1877/78, kaum eine Generation nach dem Krimkrieg von 1853 bis 1856, schlugen die russischen Armeen erneut zu und befreiten die aufständischen Völker auf dem Balkan vom Joch der Türkei. Die russischen Truppen erreichten mit ihrer Vorhut gar die Außenbezirke der osmanischen Hauptstadt Istanbul. St. Petersburg hatte nahezu seine Traumziele Konstantinopel und die Beherrschung der Meerengen erreicht.

Der handstreichartige Zugriff Russlands in Richtung Bosporus und Dardanellen erregte erneut, wie aus der bisherigen Geschichte nicht anders zu erwarten, den Widerstand Englands. Dem Riesenreich des Zaren konnte England nur schwerlich die Herrschaft über einen der wichtigen geostrategischen Punkte der Erde zugestehen. In der britischen Politik hatten sich bereits seit längerer Zeit Stimmen zu Wort gemeldet, die dem russischen Vordringen auf die Balkanhalbinsel und in Richtung Türkei Einhalt gebieten wollten. Zu den Drängenden zählten Königin Victoria ebenso wie Premierminister Disraeli, dem allerdings eine starke Opposition in Parlament und Öffentlichkeit gegen größere kriegerische Interventionen entgegenstand. Gladstone, der innenpolitische Herausforderer des britischen Premiers, war deren Wortführer. Doch die Politik Disraelis landete einen genialen Coup. Auf dem bereits erwähnten Berliner Kongress gelang es dem »ehrlichen Makler« Bismarck, Russlands Sieg samt bereits abgeschlossenem Friedensvertrag mit dem Osmanischen Reich nachträglich in eine Niederlage zu verwandeln. Russland musste sich dem Druck der Briten beugen und die eroberten Gebiete räumen. Die Drohung mit einem ins Marmarameer eingelaufenen britischen Flottenverband reichte, um Russland den Rückzug nahezulegen. Das von russischer Seite geplante großbulgarische Reich wurde nicht geschaffen. Die russische Führung, nicht zuletzt der Zar, fühlten sich hereingelegt, hatte doch Bismarck als preußischer Ministerpräsident vor den Kriegen um die deutsche Einheit in Geheimverhandlungen die Zusage russischer Neutralität erreicht. Die Gegenleistung war das Versprechen Bismarcks gewesen, die russischen Wünsche in Richtung Konstantinopel, Meerengen und Palästina zu unterstützen.

Wie bereits die weitreichende Auseinandersetzung des Krimkrieges gezeigt hatte, war England bis zur Jahrhundertwende nicht bereit, ein weiteres Vordringen Russlands aus dem Schwarzen Meer in Richtung Mittelmeer, Afrika, Atlantik und Sueskanal zu dulden. Der Zusammenbruch des Osmanischen Reiches hätte der russischen Politik im Falle des Besitzes der Meerengen ja auch ungeheure zusätzliche Einflussmöglichkeiten in Richtung Kleinasien, Persien, Indien und letztlich auch Nordafrika ermöglicht.

Der Zar war erbittert und sandte Kaiser Wilhelm I., seinem Onkel, den berühmten »Ohrfeigenbrief«, in dem er das Verhalten des deutschen Kanzlers auf der Berliner Konferenz als treu- und absprachewidrig rügte. Russland habe bei allen gefährlichen Wegstrecken Preußens zur deutschen Einigung stillgehalten, erst im Deutsch-Dänischen, dann im Preußisch-Österreichischen und schließlich im Deutsch-Französischen Krieg. Diese Haltung sei jedoch deutscherseits nicht honoriert worden.

Aus britischer Sicht blieb die Bismarck'sche Außenpolitik für das neu geschaffene kleinere Deutschland letztlich im Rahmen dessen, was als mit den auf das Gleichgewicht der Mächte in Europa gerichteten Interessen Englands vereinbar schien. Bismarck selbst kannte sich aus in dem von England geleiteten Spiel der Mächte. Das geht unter anderem deutlich aus den sogenannten Kissinger Protokollen Bismarcks hervor, in denen er die Einbettung Deutschlands in die Interessensphären Großbritanniens, Russlands und Österreichs erörtert mit dem Ziel, Deutschland angesichts der unterstellten fortgesetzten Rachsucht Frankreichs vor einem Zweifrontenkrieg zu bewahren.

KAPITEL 4

Englische Außenpolitik nach der Erholung in »splendid isolation«

Dynamische Kraftfelder: Vereinigte Staaten, Russland, Deutschland

Im Jahre 1890, zur Zeit von Bismarcks Entlassung durch Kaiser Wilhelm II., hatte sich an der bisherigen Rangordnung der Mächte in Europa und der Welt wenig geändert. Großbritannien stand nach wie vor unangefochten als die erste Weltmacht an der Spitze und war auf die Sicherung und Ausweitung dieser Stellung bedacht. Jedoch zeichneten sich Entwicklungen ab, die die englische Politik als Gefahr wahrzunehmen begann.

Da waren zunächst die Vereinigten Staaten von Nordamerika, wo hinter Schutzzöllen eine gewaltige, den Kontinent bis zum Pazifik erschließende Macht mit einer die Welt beliefernden, neuen Industrie aus dem Boden gestampft wurde. Diese Industrie war drauf und dran, sich aufgrund des Riesenmarktes im eigenen Lande gegenüber der britischen und europäischen Konkurrenz einen gewaltigen Vorsprung in Größe, Technik und Rentabilität zu erarbeiten. Darüber hinaus wuchsen die USA zu einer neuen pazifischen Macht heran. Beide Küsten waren durch leistungsfähige Eisenbahnen miteinander verbunden. Später kam der Panamakanal hinzu, auf einem Gelände erbaut, das im Zuge eines angezettelten Aufstandes[3] von Kolumbien abgetrennt werden konnte. Der Kanal ermöglichte die schnelle Verlegung der gewaltig anwachsenden amerikanischen Flotte vom Atlantik in den Pazifik und zurück.

Die Versenkung des amerikanischen Schlachtschiffes Maine im damals spanischen Kolonialhafen von Havanna, die der amerikanische Präsident gegen den Rat des Kapitäns spanischen Minenlegern und damit Spanien in die Schuhe schob, diente zum Vorwand, sich im Krieg von 1898 einen erheblichen Teil der spanischen Kolonien anzueignen. So wurden Kuba, Guam und die Philippinen besetzt. Unter Vertreibung des eingesessenen Königshauses und Einsetzung eines amerikanischen Gouverneurs wurde ferner der Inselstaat Hawaii den USA angegliedert. So entwickelten sich die Vereinigten Staaten um die Jahrhundertwende zu einer auch mitten im Pazifik angesiedelten Macht.

In der britischen Außenpolitik wurde die Frage des Umgangs mit den USA kritisch erörtert. Eine kriegerische Auseinandersetzung vor allem zu Lande wurde als mit britischen Kräften nicht durchführbar angesehen. Bündnispartner hierfür ließen sich weder anwerben noch bezahlen, weder Frankreich noch Deutschland kamen hierfür in Betracht.

Doch für solche Lagen hält die angelsächsische politische Klasse die Weisheit bereit: »If you can't beat them, join them«. »Wen du nicht schlagen kannst, mit dem verbünde dich.« Schließlich waren die angelsächsischen Bindungen zwischen dem ehemaligen Mutterland und der früheren Kolonie nach wie vor auch personell außerordentlich stark.

Die politischen, finanziellen, wirtschaftlichen und kulturellen Eliten Englands waren um 1900 nach wie vor eng mit denen der Neuen Welt verflochten. Die wechselseitigen Heiraten in der Oberschicht zeigten dies deutlich. In England waren Töchter aus reichen amerikanischen Familien eine hervorragende Partie für den ärmer werdenden Adel der High Society. England blickte nun auf eine ununterbrochene Erfolgsgeschichte als Supermacht, als Kolonialmacht, als Beherrscherin eines Riesenreiches zurück. Die Transportstraßen der Meere wurden militärisch wie kommerziell beherrscht. »Britannia rules the waves.«

Dieses auf die Basis der kleinen britischen Inseln gestützte Riesenreich hatte zwar in den vergangenen Jahrzehnten immer wieder Wirtschaftskrisen zu überstehen gehabt und war aus Anlass der weltweiten Auseinandersetzung mit Frankreich und den sich gründenden Vereinigten Staaten an den Rand seiner finanziellen Leistungsfähigkeit gelangt; dennoch war England um 1900 unstrittig die Nummer eins im Finanzsystem der Welt, die Londoner City war die Adresse zur Finanzierung von Großprojekten auf allen Kontinenten. Großbritannien hatte es hingenommen, dass die USA sich große Teile des spanischen Kolonialreiches angeeignet oder sich als Protektorat unterworfen hatten.

Eine weitere Ausdehnung des Britischen Empires in Richtung Lateinamerika war ausgeschlossen, nicht zuletzt im Hinblick auf die Monroe-Doktrin, die bereits 1823 selbstbewusst und herausfordernd zur Abschreckung Europas erklärt worden war. Europa hatte in Nord- und Lateinamerika, dem »Hinterhof« der Vereinigten Staaten von Amerika, nach dem Gebot Washingtons und der Wall Street nichts zu suchen.

Doch weitete man den Blick auf das gemeinsame angelsächsische Erbe in den Vereinigten Staaten wie in Großbritannien und dem Britischen Empire, dann schien offensichtlich zu sein, dass diese angelsächsische Rasse, wie man damals in Amerika wie England formulierte, alles in allem genommen doch im Vergleich zu anderen konkurrierenden »Rassen der Welt« achtunggebietend erfolgreich war. Stellten Angelsachsen diesseits wie jenseits des Atlantiks rückwirkend die durchaus ernst gemeinte Frage nach dem Grund für den grandiosen Erfolg, so wurde stets die angeborene, ja geradezu genetisch angelegte Tüchtigkeit ins Feld geführt, die sich unschlagbar nicht nur im Mut der Eroberung und Unterwerfung eines großen Teils der Erde gezeigt habe, sondern gerade auch in der Weisheit des Umgangs mit den ihr zur Unterweisung und Fortbildung anvertrauten beziehungsweise unterworfenen Rassen.

Über 6 Millionen Sklaven waren es, die in Afrika im Tauschhandel eingekauft und den Besitzern der Baumwoll-, Tabak- und Zuckerrohrplantagen der Südstaaten der USA, der Karibik, Mittel- wie Südamerikas mit hohem Gewinn verkauft worden waren. Die Besitzer der Großplantagen legten ihre Gewinne wiederum zu Teilen in New York und London an. Der Sklavenhandel war englischerseits nach der Industrialisierung und dem Aufkommen leistungsfähiger landwirtschaftlicher Maschinen abgeschafft worden. Das hieß allerdings noch lange nicht, dass die Sklaverei in den Betrieben der amerikanischen Südstaaten untersagt war. Dort vermehrten sich die Sklaven auch unter Beimischung der »Herrenrasse« inzwischen von selbst. Vermutlich drohten den neu erworbenen Kolonien Englands in Afrika nun die schwarzen Arbeitskräfte für das zu kolonialisierende Land auszugehen, falls die Jagd auf Sklaven das Potenzial weiter verminderte. Der Makel des aus Sklaven- oder Opiumhandel erworbenen Wohlstands verflüchtigte sich schnell. Die so gebildeten Vermögen kamen im Zuge der Industrialisierung nun auf anderen Feldern zum Einsatz.

Doch es blieb die Frage nach der moralischen Rechtfertigung der Ausbeutung ganzer Kontinente zulasten der von den besten Böden verjagten, versklavten oder schlecht entlohnten Eingeborenen. Und da war es wieder der letztlich rassisch begründete angebliche Erziehungsauftrag, der das Gewissen der christlichen Ausbeuter beruhigen sollte. Man nannte es seufzend »The white man's burden«, die »Last des weißen Mannes«, die dieser sich im Interesse des Fortschritts der Menschheit so selbstlos auferlegt hatte. Unter dem Strich, nach Abzug aller anerkennenswerten Bemühungen, die Infrastruktur, den geistigen, religiösen und technischen Horizont der Menschen in den eroberten und militärisch besetzten Landstrichen zu verbessern, blieb doch die den Wohlstand der englischen Eliten mehrende Ausbeutung die alles entscheidende Größe.

Englands Großes Spiel in Afrika und Asien bis zum Ersten Weltkrieg

In der Zeit um die Jahrhundertwende bis hin zum Ersten Weltkrieg konnte Großbritannien seinen Kolonialbesitz weiter vervollständigen. Nach dem Schwerpunkt seiner kolonialen Ausbeutung vor allem Indiens ergänzte es nun seinen Besitz um Protektorate und Kolonien in Ägypten, dem Sudan und Rhodesien. Die sogenannte Kongo-Konferenz 1884/85 in Berlin unter Bismarcks Leitung hatte die Grenzen und Zugangsrechte für eine Reihe afrikanischer Territorien festgelegt. Die privaten deutschen Handelsniederlassungen in Ost- und Südwestafrika wurden als deutsche Protektorate anerkannt. Das rohstoffreichste Territorium Afrikas, rund um den Fluss Kongo gelegen, wurde damals dem eingeheirateten belgischen König Leopold II. aus dem deutschen Fürstenhaus Sachsen-Coburg und Gotha, dem Cousin Königin Victorias von England, zugesprochen. Den anderen interessierten Staaten waren Zugangsrechte über die ungehinderte Schifffahrt auf dem Kongo zugesichert worden.

Spanien und Portugal verfügten seit Jahrhunderten über Besitzungen entlang der afrikanischen Küsten, auch um die Schifffahrtsrouten in Richtung Indien, Indonesien und China zu unterhalten und zu sichern. Die Kapkolonie wiederum hatte England dem militärisch nicht mehr mithaltenden Holland abgejagt. Die dortigen niederländischen Siedler, Buren genannt, zogen sich fluchtartig in die afrikanischen Provinzen Transvaal, Natalia und Oranje-Freistaat zurück. Dort jedoch wurden nun große Gold- und Diamantenlager entdeckt, die wiederum zwangsläufig britische Investoren anzogen, namentlich den späteren Gouverneur der Kapkolonie, Cecil Rhodes. Da das afrikanische Gold angesichts der Golddeckung der Währungen Europas wie der Vereinigten Staaten von entscheidender Bedeutung für den Finanzplatz London war, wollte Großbritannien das Land unter seine Vorherrschaft bringen. Daher wurden in den afrikanischen Provinzen Ausschreitungen der ortsansässigen Buren gegen die frisch ins Land kommenden, meist britischen Minenarbeiter inszeniert und finanziert. Die britische Presse bauschte die Angriffe gegen ihre Landsleute entsprechend auf und forderte das militärische Eingreifen Großbritanniens zum Schutze der eigenen Staatsbürger. Es folgte 1899 bis 1902 der Einsatz von rund 300 000 britischen Soldaten gegen die sich im Guerillakampf gegen die Übermacht wehrenden Buren. Die Guerillataktik beantwortete London wiederum mit der Politik der verbrannten Erde und des Wegsperrens aufsässiger Elemente in die neu geschaffenen Konzentrationslager. Der Kampf führte der englischen politischen Klasse die dem Empire drohenden Gefahren vor Augen. Der deutsche Kaiser Wilhelm II., nun nicht mehr in Schranken gehalten von einem Kanzler Bismarck, der die Abhängigkeit deutscher Kolonialpolitik vom Wohlwollen Englands durchschaute, gratulierte in einer Depesche dem Präsidenten der Republik Transvaal zum erfolgreichen und mutigen Kampf der Buren. Das Telegramm ließ einen emotionale Sympathien zeigenden Monarchen erkennen, der sich mit seinen Einlassungen als Partner der global angelegten Ausbeutungspolitik Großbritanniens offensichtlich nicht zu eignen schien. Die im Netzwerk von Cecil Rhodes eingebundene englische Presse unterdrückte in ihrer Berichterstattung die Hintergründe des in Wirklichkeit getürkten Aufstandes und spielte dagegen nun die Böswilligkeit des deutschen Kaisers gegenüber britischen Interessen in den Vordergrund. Ihm und Deutschland wurde der Griff nach der Weltmacht unterstellt. Die Gewitterwolken im deutsch-britischen Verhältnis begannen sich zusammenzubrauen oder wurden gezielt in Wallung gebracht.

1905: Japanisch-Russischer Krieg, England im Bündnis mit Japan

Das Vordringen Russlands in Richtung der Meerengen des Bosporus und der Dardanellen war von England wie oben erwähnt mehrfach kriegerisch und diplomatisch verhindert worden. Doch nicht nur in Richtung Mittelmeer versuchte Russland über die Jahrzehnte hinweg vorzudringen. Auch in Asien, China und Korea dehnte es auf dem Landweg seinen Einfluss in Konkurrenz zu den über Seehäfen und Flüsse nach China eindringenden westlichen Mächten aus. Auch dort nahm das Große Spiel seinen Fortgang. England hatte nicht nur in zwei Opiumkriegen (1839-1842 und 1856-1860) das Riesenreich China zum ungehinderten Vertrieb des in Indien angebauten Opiums gezwungen, es hatte inzwischen dem wehrlos gewordenen Reich der Mitte den Zugang ins Landesinnere über die vierzehn wichtigsten Seehäfen abgetrotzt und die chinesischen Schutzzölle gegen die Einfuhr westlicher Waren auf Minimalwerte herabsetzen lassen. In den Häfen wurden Konsulate westlicher Staaten errichtet, deren Mitarbeiter der chinesischen Strafgerichtsbarkeit entzogen waren und denen Freizügigkeit in einem Umkreis von 50 Kilometern um das Zentrum der Hafenstädte gewährt wurde. Den christlichen Missionaren wurde die ungehinderte Ausübung ihrer Missionstätigkeit zugesagt. Das ehemals so mächtige China war dem Diktat der westlichen Nationen wehrlos ausgeliefert.[4] Dabei ging es vor allem um die Eroberung und Durchdringung des chinesischen Marktes. Solange Großbritannien die so unvergleichlich leistungsfähige und führende Industriemacht Europas war, die sich der Konkurrenzfähigkeit ihrer Produkte sicher sein konnte, war die Harmonie unter den westlichen Staaten bis um die Jahrhundertwende einigermaßen ungestört. Das zeigte sich, als eine Aufstandsbewegung in China sich gegen den unkontrollierten Einfluss der europäischen Mächte zu wehren begann und gegen Christen und Missionare, Handelsvertreter und Militärs mit den Methoden des Terrors vorging. In den westlichen Nationen wurden die Ereignisse unter dem Begriff »Boxeraufstand« bekannt. Die europäischen Nationen organisierten multinationale Militärfeldzüge – unter Beteiligung auch der Vereinigten Staaten –, die die Bewegung niederzuschlagen suchten und tief ins Inland vordrangen.

Nach der Ermordung eines deutschen Missionars wurde eine dieser Expeditionen von Deutschland unter Beteiligung mehrerer ausländischer Militärkontingente angeführt. Deutschland konnte sich so entsprechend dem Selbstverständnis großer Teile der Bevölkerung als gleichberechtigt unter den großen Kolonialnationen zeigen und seine Bedeutung im internationalen Geschäft unterstreichen.

Bei der Verabschiedung der deutschen Truppe nach China hielt Kaiser Wilhelm II. seine berüchtigte Hunnenrede, in der er in Anspielung auf das grausame Vorgehen der Hunnen unter König Attila meinte, bei der Abrechnung mit den chinesischen Freiheitskämpfern sei nun auch deutscherseits kein Pardon zu geben, Gefangene dürften nicht gemacht werden. Dies war nicht die feine englische Ausdrucksweise für ein unzweifelhaft brutales Vorgehen gegen China und die chinesische Bevölkerung. Seit dieser Rede reservierte die englische Propaganda für die Deutschen den Begriff »Hunnen«, um damit die angeborene Brutalität des aggressiven deutschen Charakters dem englischen Publikum nahezubringen.

Russland war aus englischer Sicht inzwischen zur europäischen und mit der Ausdehnung nach Asien auch asiatischen, ja eurasischen Weltmacht herangewachsen, deren Ausmaß im Interesse des Gleichgewichts der Mächte beschnitten werden musste. Um dem expansiven zaristischen Russland nun auch in Fernost Paroli bieten zu können, schloss England 1902 ein Bündnis mit Japan. Britische Marineoffiziere unterstützten die japanische Marine bei der Ausbildung. Vor allem aber halfen Kredite aus London bei der Modernisierung der Flotte. Es folgte 1905 der Ausbruch des Japanisch-Russischen Krieges. Die russische Pazifikflotte wurde von japanischen Marineeinheiten eingeschlossen. Die zur Befreiung entsandte baltische Flotte stieß in der Nordsee beim Passieren der Doggerbank auf britische Fischereifahrzeuge, glaubte jedoch in dunkler Nacht, angeblich japanische Torpedoboote entdeckt zu haben. Es kam zu Schießereien, Fischerboote wurden beschädigt, es gab Verwundete und Tote. Die Erregung in Großbritannien war groß, Teile der Öffentlichkeit drängten auf Krieg gegen Russland. Das wurde zwar vermieden, doch die britische Marine verfolgte die russische Flotte auf dem Weg nach Japan. Vor allem wurde das Bunkern von Kohle auf britischen Flottenstützpunkten verweigert. Da halfen mit Kohle beladende deutsche Trawler den russischen Kriegsschiffen. Die russische Flotte blieb bis zum Treffen auf den japanischen Gegner stets aufgeklärt. Die Auseinandersetzung mit Japan endete mit der Versenkung der russischen Flotte bei Tsushima. Dem Fiasko auf See folgten äußerst demütigende Niederlagen des russischen Heeres auf dem Festland, und dies trotz bis zu fünffacher Überlegenheit.[5]

Schwächung von innen: Lenin und Trotzki zur Revolution nach Russland

Zeitgleich mit der russischen Niederlage, die die militärische Schwäche des Zarenreiches offenbarte und in diesem Ausmaß nicht vorauszusehen war, brach von innen in St. Petersburg die Revolution des Jahres 1905 aus. Zieht man zum Vergleich die später so erfolgreiche Revolution des Jahres 1917 heran, so fällt auf, dass 1905 im Gegensatz zu 1917 der Revolutionär Lenin nicht mit deutscher Hilfe aus Zürich, sondern aus London, der Zentrale des britischen Weltreiches, anreiste, und dies in Begleitung des gleichfalls in London sich aufhaltenden, mindestens ebenso bedeutenden Leo Trotzki. Die Tatsache dürfte dem britischen Geheimdienst nicht unbekannt gewesen sein. Die Schwächung des russischen Riesenreiches von außen wie von innen dürfte hinter den Kulissen Bestandteil des verdeckten britischen Spiels gewesen sein. Lenin und Trotzki kehrten nach dem Scheitern des Aufstandes zurück in die Emigration nach Westeuropa. Bemerkenswert wieder, dass die britische Politik ganz im Sinne des Gleichgewichts der Kräfte auf dem Kontinent nun dafür sorgte, dass Japan das militärisch versagende Russland nicht weiter schwächen und Beute nur sehr begrenzt machen durfte.

Theodore Roosevelt, der Präsident der Vereinigten Staaten, vermittelte den Frieden. Auch die Revolution kam schnell zum Erliegen. Im Interesse der Erhaltung seiner Weltmacht war es für England geboten, dem Vordringen Russlands in Richtung China beziehungsweise Korea und an die Küsten des Pazifiks zwar Einhalt zu gebieten, doch durfte die Schwächung nicht so weit gehen, dass Russland im geopolitischen Spiel zum Ausgleich deutscher, vielleicht auch französischer Macht künftig hätte ausfallen können. Auf diese Weise wurde Japan in seinen Hoffnungen auf Gebietsgewinne zulasten Russlands enttäuscht. Als Ausgleich konnte das Inselreich bis auf Weiteres seine auf das chinesische Festland greifende imperiale Politik fortsetzen. Dem Treiben setzten erst sehr viel später im Zweiten Weltkrieg die Vereinigten Staaten zuletzt mit den atomaren Schlägen von Hiroshima und Nagasaki ein Ende.

Wir auch! Das verspätete Deutschland beansprucht vergleichbare Chancen

Zwangsläufig beneidete die nach gewinnbringenden Geldanlagen suchende deutsche Oberschicht die infolge der Ausbeutung von Kolonien reich gewordenen Nachbarn Holland, Belgien, Frankreich, vor allem aber die englische Nation mit ihren weltweiten fetten Pfründen. Der breite Wohlstand, die schnelle Industrialisierung Englands machten das Land zum Mekka der Kontinentaleuropäer und somit enorm attraktiv. Schließlich brachte der Wohlstand auch eine Liberalität mit sich, dazu einen Spielraum für den Ausgleich zwischen Reich und Arm. Hinzu kamen die Horizonterweiterung und Bildung der in den Kontinenten jenseits der Meere diensttuenden Oberschicht, die sich mit den Herrschaftsverhältnissen fremder Länder und Völkerschaften auseinanderzusetzen hatte, ohne den geraubten Kolonialbesitz in Gefahr zu bringen.

Mit Blick auf die erfolgreichen Briten kamen nun auch die Germanen, die Slawen, die Juden, die Armenier und die Türken zum naheliegenden Schluss, dass die eigene Rasse in der Selbsteinschätzung mindestens so viel wert sein müsse wie die der beneideten Angelsachsen. Wer wollte schon rassisch minderwertig sein und damit seinerseits geradezu zur Versklavung durch die Überlegenen einladen? Und so übernahmen die eher konservativ-bürgerlichen Vordenker die Darwin'sche Lehre vom Überleben des Tüchtigsten. Zum Ideal wurde der Kämpfer, der nach der Maxime des Wachsens oder Weichens ohne Rücksicht auf moralische oder rechtliche Bindungen handelte.

Wer nicht wächst, schrumpft, wird schwach und hat im Kampf der Nationen dem Stärkeren zu weichen. Dieses Gemisch aus rassistisch-darwinistisch-militärischen Vorstellungen in Verbindung mit den lockenden Ausbeutungszielen auf Kosten eingeborener, rassisch angeblich »minderwertiger« Bevölkerungen anderer Erdteile führte nach dem Kolonialvorlauf der

Portugiesen, Spanier, Holländer, Russen, Italiener und Engländer zu einer Art Schlussverkaufsrennen um die letzten noch kolonisierbaren Lande.

England hatte bereits die Filetstücke erkundet und seinem Empire einverleibt. Das verbleibende Beutegut in Afrika und Asien konnte kaum noch lohnende Deckungsbeiträge für den Handel einspielen, vor allem aber die riesigen Kosten für Militär und Flotte nicht decken. Das wusste Bismarck ebenso wie die grundsätzlicheren Gegner einer deutschen Kolonialpolitik. Und der Reichsgründungskanzler wusste auch um die Grenzen britischer Duldsamkeit gegenüber einer Expansion des Deutschen Reiches in Konkurrenz und Nähe zu britischen Kolonialgebieten.

Die Bagdadbahn und der Landweg nach Asien

Um 1900 waren weltweit die Eisenbahnnetze gebaut und in Betrieb genommen. Es war der Wunsch des Osmanischen Reiches, die moderne Verkehrsinfrastruktur auch für seine weit auseinanderliegenden Landesteile nutzbar zu machen. Der Sultan des schwächelnden Imperiums in Istanbul und der Kaiser des industriell mit England konkurrierenden Deutschen Reiches vereinbarten den Bau der die Kontinente Europa und Asien von Hamburg über Konstantinopel bis Bagdad verbindenden Bahn mit der Option einer Erweiterung zum Persischen Golf in das heutige Kuwait. Die spätere Fortführung der Strecke Richtung Indien hätte sich angeboten. Die Wirtschaftlichkeit der von Istanbul über 3500 Kilometer nach Bagdad zu bauenden Bahn war finanziell nicht gesichert, weshalb weder die deutschen Banken noch Siemens oder ein anderes rein deutsches Konsortium das Finanzierungsrisiko zu tragen bereit waren. Es sollten daher von vornherein neben deutschen auch englische und französische Gelder eingeworben werden, mit entsprechender Teilung der Verantwortung.

Die Federführung lag zwar bei Deutschland, das vom Sultan die Konzession erhalten hatte. Verhältnismäßig früh wurde auf Initiative der Deutschen Bank ein Konsortium mit französischen und englischen Banken gebildet. Als die Pläne dann aber weiter fortgeschritten waren und mit dem Bau begonnen werden sollte, wurde vor allem in England, aber auch in Frankreich eine wütende Pressekampagne gegen den deutschen Zugriff auf Regionen, in denen Deutschland nichts zu suchen habe, vom Zaun gebrochen.[6] Die britische Seeherrschaft im Mittelmeer, aber auch in Nahost und auf dem Weg nach Indien werde in Gefahr gebracht. Es war vor allem die britische *Times*, in der Hand der Cecil-Rhodes-Gruppe, die die Negativkampagne gegen das deutsche Vorhaben betrieb. Das Projekt wurde zu Fall gebracht. In England ebenso wie in Deutschland war längst bekannt, wo in Nahost die Ölfelder auf Erschließung warteten. Das Privileg musste und wollte sich Großbritannien unter allen Umständen sichern, das nächste Jahrhundert war bereits als das Jahrhundert des Öls ausgemacht.

KAPITEL 5

Seemacht schlägt Landmacht – das Gespenst einer eurasischen Macht

Mahan über Seemacht und Geschichte

Um Weltmacht Nummer eins zu bleiben oder als Herausforderer in den Kreis der Weltmächte aufzusteigen und sich dort zu halten, war die Herrschaft über die Meere von entscheidender Bedeutung. Der amerikanische Militärhistoriker Alfred Thayer Mahan (1840–1914) war es, der die Seemacht Englands und später der USA als die alles entscheidende Kraft im Kampf um die Weltherrschaft darstellte. Sein 1890 erschienenes Buch über den Einfluss der Seemacht auf die Geschichte[7] besagt sinngemäß:

Im Laufe der Jahrhunderte ist das Glück des Machtausbaus und Machterhalts stets dem Staate zugefallen, der konsequent auf die Marine setzte. Die Beherrschung der Transportstraßen der Welt über die unendlichen Wassermassen der Ozeane entscheidet über den Wohlstand der Nationen und damit über ihren Einfluss nach innen wie nach außen. Wer diese Wege beherrscht, kontrolliert nicht nur die Küsten und Häfen der an die See grenzenden Staaten, sondern auch deren tief ins Hinterland führende schiffbare Flüsse, über die Import und Export der Güter des Welthandels, nicht zuletzt der Rohstoffe, ermöglicht wird. Gegen diese Ausstrahlung der Macht zur See sind die Landnationen in aller Regel hilflos. So können Seemächte zum eigenen Vorteil konkurrierenden Nationen bereits durch die Blockade der Häfen die Bedingungen des Handels diktieren. Voraussetzung sind geografisch begünstigte Staaten wie England oder die Vereinigten Staaten, aber auch Japan, die den Einfall angrenzender Nachbarn über Land nicht zu befürchten haben, sich deshalb den Unterhalt kostspieliger Armeen ersparen und sich so auf den Aufbau schlachtentscheidender Flotten beschränken können. Eine machtvolle Staatsführung muss sich daher vorrangig um das Instrument der Marine kümmern. Dabei gilt es, große Schlachtschiffe zu bauen, mit denen Gefechte zur See vorteilhaft entschieden werden können. Großbritannien, die USA und Japan sind die großen Seemächte. Sie sollten sich zusammenschließen, um die Landmächte, nicht zuletzt Russland, in ihre Schranken zu verweisen.

Die Erkenntnisse und Lehrsätze Mahans, 1892 veröffentlicht, schlugen in Kreisen der Politik wie des Militärs aller größeren Nationen gleichermaßen als der Weisheit letzter Schluss ein. Das galt für das seit Jahrhunderten nach den Regeln Mahans operierende England, nun aber auch für das nach einer neuen Rolle in der Welt suchende kaiserliche Deutschland. Kaiser Wilhelm II. wurde zum glühenden Anhänger der Thesen dieses amerikanischen Marineoffiziers und versuchte, dessen Ratschläge nun auch für Deutschland in die Tat umzusetzen. Deutschlands Zukunft liege auf dem Wasser, so die neue Fanfare.

Ähnliches gilt für die Politik der amerikanischen Regierungen, die nach 1890 exakt den Vorgaben Mahans folgten. Mit großen Schlachtschiffen schwangen sie sich noch vor 1900 zur Seeherrschaft in weiten Gebieten des Atlantiks und Pazifiks auf, konnten so große Teile des Kolonialreiches der Spanier übernehmen und verfügten mit Hawaii – Tausende von Seemeilen von den eigenen Küsten entfernt – mitten im Pazifik über ein Gebiet, von wo aus ihre Seemacht auf die Länder Asiens ausstrahlte.

Mahans Lehre von der Seeherrschaft als der geschichtsentscheidenden politischen Kraft für das Überleben der Völker im Darwin'schen Kampf bestätigte die bereits in Großbritannien vorhandene Tendenz, als Insel Landstreitkräfte auch aus innenpolitischen Gründen eher zu vernachlässigen, hingegen mit den knappen Staatsgeldern eher die Kriegsflotte zu erneuern und zu vergrößern. Man wollte stärker sein und bleiben als die vereinte Kraft der zweit- und drittstärksten Marine der im Rang folgenden Staaten. Der englische Ehrgeiz traf auf die maritim ebenfalls fortwährend aufrüstenden Vereinigten Staaten, aber auch das Flottenbauprogramm der kaiserlichen Marine unter Admiral Tirpitz.

Da sich das zersplitterte Deutschland erst spät und nach Siegen über Nachbarn und Konkurrenten zu Land zum doch mittelgroßen Nationalstaat hatte formieren können, blieb es im Wettlauf mit England um Teilhabe an der Kolonialbeute nahezu hoffnungslos zurück. Das lag auch an dem mit Rücksicht auf England zögerlichen ersten Kanzler Bismarck, der zwar der Aneignung von Kolonien skeptisch gegenüberstand, dem aber dennoch der Erwerb der meisten deutschen Kolonien zuzuschreiben ist. Wie erwartet waren diese über den Globus verstreuten Kolonialgebiete entgegen der lautstarken Propaganda der deutschen Schifffahrts-, Marine- und Stahl-Lobby schon damals ein fiskalisches Fass ohne Boden, das sich auch nicht annähernd aus sich selbst heraus finanzierte. Mit Kolonien in Südwestafrika, Ostafrika, im Kamerun und im Kongo, nicht zu vergessen Neuguinea und

Samoa sowie die Marshallinseln im Pazifischen Ozean, erhielt Deutschland Stützpunkte, die es zu weiteren Eroberungen nutzen konnte. England mit seiner im Vergleich riesigen Flotte war jedoch ohne Weiteres in der Lage, mit der aufwachsenden kaiserlichen Flotte Schritt zu halten, zumal Deutschland noch lange nicht über die erforderlichen Stützpunkte verfügte, die seine neuen Kriegsschiffe entlang der Seewege in Richtung Atlantik, Indischer Ozean und Pazifik mit Kohle hätte versorgen können. Man war eher auf die Duldung und Kooperation der englischen Marine angewiesen.

Dennoch war man in England auf der Hut. 1901 starb Victoria, die britische Königin und »Kaiserin Indiens«, und nach ihrer lang anhaltenden Politik der »splendid isolation«, die dem Machtaufbau Deutschlands zugute gekommen war, mehrten sich nun Stimmen, die zur energischen Absicherung des Britischen Empires gegen neue, den Rang der Weltmacht gefährdende Konkurrenten aufrief.

Die Seeherrschaft der angelsächsischen Nationen und die Gefahr der Herausforderung durch eine eurasische Landmacht

Wie wir gesehen haben, beruhte die über Jahrhunderte aufgebaute Seemacht Englands vornehmlich auf zwei Punkten: zum einen auf der geopolitisch besonderen Insellage des britischen Reiches und zum anderen auf dem ständigen Austarieren der mittleren und größeren Mächte des europäischen Kontinents, die sich zudem wechselseitig im Zaum hielten. Russland blieb maritim eingesperrt hinter den Meerengen Dänemarks und des Bosporus. Die Häfen von Murmansk am Rande der Arktis und Wladiwostok am Pazifik konnten nur begrenzt aushelfen. Frankreich war auf mittlere Größe zurückgeschnitten und potenziell von Deutschland bedroht. Die Küsten Europas zum Atlantik waren in der Hand kleinerer Nationen wie Holland, Belgien, Dänemark, Norwegen, Schweden und im Süden Portugal, die im Ernstfall auf britische Unterstützung zählen konnten.

Die Neuschöpfung des Deutschen Reiches war zunächst im Osten durch Russland und im Westen durch Frankreich gebunden.

Russland wiederum ließ sich über Deutschland und Japan, aber auch über das Osmanische Reich in Schach halten.

Noch war der Wohlstand Englands beneidenswert, seine Industrie gab den Ton an, die Eliten der Welt schauten auf London und die englischen Industriezentren, der Wunsch nach Nachahmung war geweckt. Marx und Engels untersuchten in London die Entwicklung des englischen Kapitalismus mit seinen Hintergründen und Gesetzmäßigkeiten. Doch immer wieder kam die bange Frage hoch, ob die britische Weltgeltung und Weltausbeutung sich in der weiteren Zukunft allein über die Beherrschung der Meere sichern ließe. Wo lagen die Schwachstellen, und was konnte man unternehmen, um nicht abzufallen, zweitrangig zu werden und den nacheifernden Konkurrenten das Feld überlassen zu müssen?

Diesen Zweifeln widmete sich um die Wende vom 19. zum 20. Jahrhundert Halford Mackinder, Präsident der Geographical Association (GA) und Mitbegründer der London School of Economics. Die Vereinigten Staaten wurden von der englischen Politik als eine im Aufbau nicht mehr zu verhindernde Großmacht betrachtet. Dabei spielte nicht nur die geografische Lage der USA eine Rolle – ein separater Kontinent mit Hafenstädten am Atlantik wie am Pazifik –, sondern auch deren ins Uneinholbare wachsende Industrie und Bevölkerung.

Auf dem europäischen Kontinent blickte England mit einiger Beklemmung auf das ungeheuer rasch wirtschaftlich, finanziell, wissenschaftlich und militärisch aufblühende Deutschland. Dahinter die riesige und dazu bevölkerungsreiche Landmacht Russland, die inzwischen ihre Machtbasis bis zum Pazifik vorangetrieben hatte, über gewaltige Bodenschätze verfügte und zudem in Asien mit Tausenden Meilen Länge an das englische Kolonialreich grenzte.

Auch Russland hatte seine Lehren aus den Vorstellungen Captain Mahans gezogen und sich neben der Baltischen und der Schwarzmeer- noch eine Pazifische Flotte geschaffen. So konnte das Zarenreich China nicht nur von Land, sondern nun auch von See her bedrohen, konnte auf Japan und dessen Unterwerfung und Kolonialisierung Chinas einwirken und unter Umständen Englands Rolle im Pazifik einengen oder gar infrage stellen. Reibereien mit Russland hatte es entlang der Grenzen des britischen Weltreiches in der Türkei, in Persien, Afghanistan beziehungsweise Indien gegeben. Hier drängte Großbritannien auf die Errichtung von Pufferstaaten und -zonen als Glacis, meist Wüsten und Gebirge, die Russlands Armeen beim Vordringen in Richtung des Persischen Golfs und des Indischen Ozeans erst einmal überwinden mussten.

Doch langfristig gesehen erwuchs nach Mackinder die größte Gefahr für die englische Weltherrschaft aus dem Zusammengehen des potenziell zur Weltmacht aufsteigenden Deutschland mit dem von der Ostsee über das Schwarze Meer bis an den Pazifik reichenden Russland. So könnte das Zusammenspiel geografischer, ja geopolitischer Macht aus dem hoch entwickelten, westlich gelegenen Deutschland über ein ihm gefügiges Mitteleuropa mit Russland und dessen Landmassen bis hin zur Japanischen See und zum Pazifik zu einer riesigen Bedrohung britischer Weltherrschaft werden. Eine solche Machtkonstellation würde über ausreichend Bevölkerung verfügen, um eine von See her nicht mehr zu bekämpfende, überragende Landarmee zu schaffen, die durch den Aufbau leistungsfähiger Eisenbahnverbindungen eine Konkurrenz zu den britisch beherrschten Seewegen eröffnen könnte. Eine solche Machtkonstellation sei zudem mit ihrem Menschenpotenzial, ihren Bodenschätzen, ihrer Wirtschaftsleistung und Finanzkraft in der Lage, eine Großbritannien mindestens ebenbürtige, wenn nicht überlegene Flotte aufzubauen.

Dieser Albtraum, so die Schlussfolgerung des ersten britischen Geografen und Geopolitikers Halford Mackinder, könnte, ja werde Großbritannien dereinst unweigerlich als Nummer eins ablösen. Die Beherrschung der eurasischen Landmasse unter einer politischen Führung sei in der Lage, sich von der Zufuhr der Rohstoffe über Seehäfen unabhängig zu machen, seinen eigenen Verkehr über Landwege sicher und schnell abzuwickeln, sodass eine Seemacht die Küsten und Häfen samt Flussverbindungen von und zum Inland nicht mehr mit Aussicht auf Erfolg blockieren könne. Eurasien würde nicht nur über riesige, bildungsfähige, arbeitsbereite Menschenmassen, sondern auch über alle nur erforderlichen Rohstoffe in ausreichendem Maße verfügen.

Nach Mackinder sind die Landmassen der Erde aufzuteilen in eine »Weltinsel (World-Island) mit einem »Herzland«. Zur Weltinsel gehörten die miteinander verbundenen, aneinandergrenzenden Kontinente Europa, Asien und Afrika. Hier liege die größte, bevölkerungsreichste und wirtschaftlich stärkste aller denkbaren Kombinationen. Drumherum lagerten große periphere Inseln wie Nord- und Südamerika, Australien, Japan und Großbritannien. Inmitten der aus Europa, Asien und Afrika bestehenden Weltinsel liege das »Herzland«, das sich von der Wolga zum Jangtse und vom Himalaja zum Arktischen Meer erstrecke und im Wesentlichen von Russland beherrscht werde. Um dieses Kernland herum lägen sichelartig Landmassen, die den Seevölkern wie England und den USA zugänglich seien. Historisch habe das innerasiatische Volk der Mongolen unter Dschingis Khan bereits einmal mit seinen schnellen Reitpferden die Randländer vom Zentrum her bedroht und zum Teil jahrhundertelang beherrscht. Dies könne zulasten der Seemächte erneut geschehen. Dabei komme es nie auf die stets wechselnde Mentalität einer Bevölkerung oder deren politischer Führung an. Die geografische Lage eines Landes und Volkes entscheide über dessen Schicksal. Der Einfluss der geopolitischen Lage auf die Geschichte eines Volkes liefere den Schlüssel für die Einschätzung künftig denkbarer Entwicklungen. Mackinder karikierte die Lage Englands als eines Klumpens Kohle, umgeben von Fischschwärmen. England gehöre nicht zum Bestand Europas, sei vielmehr Europa vorgelagert.

Mackinders Einfluss auf die britische Politik des Jahres 1902 und die Bedeutung des Erscheinens seines Buches *Britain and the British seas* werden in der angelsächsischen Literatur als nicht sehr hoch eingeschätzt. Möglicherweise soll jedoch britische Politik nicht anhand der Blaupausen Mackinders offenbar werden. Mackinder war noch vor dem Ersten Weltkrieg Mitglied des britischen Parlaments und galt als »imperialer Liberaler«. Später gehörte er der Konservativen Partei an. Seine Vorstellungen über die geografische Bedingtheit von Macht, seine Betrachtungen zur Besonderheit britischer Seeherrschaft und zu deren Abhängigkeit vom Gleichgewicht der sich gegenseitig in Schach haltenden Kräfte auf dem Kontinent passten nahtlos zu den geostrategischen Gewissheiten eines Mahan oder auch zu den höchst lebendigen Erfahrungen jahrhundertelanger britischer Weltpolitik.

Ob dieser Einfluss sich dem Historiker in Form von Memoranden, Aktenvermerken oder politischen Reden mitteilt, kann dahingestellt bleiben. Im Zweifel haben die britischen Machteliten derartige Weisheiten nicht auf dem Weltmarkt der politischen Literatur ausgebreitet. Sie waren und sind bis heute Bestandteil von »Deep Politics«, der Richtschnur strategischen Handelns, über die man nicht spricht, die jedoch stets zur strategischen Grundlage taktischen Vorgehens gemacht wird.

In Deutschland finden die geopolitischen Überlegungen ihre Entsprechung in den Schriften Friedrich Ratzels, der über die Weitsicht und Kühnheit von Seemächten im Gegensatz zu der meist anzutreffenden Engstirnigkeit von Landmächten schreibt, der über das Ideal der Expansion eines dynamischen Volkes und Staates auf Kosten der stagnierenden Nachbarn reflektiert. Letztlich findet sich auch hier die Übertragung der Vorstellung Darwins vom Überleben des Tüchtigsten, des »survival of the fittest«, auf die Grundsätze politisch-militärischen Handelns. Die Alternativoption des Aufbaus einer Weltherrschaft über die tief gestaffelte Landmacht Eurasiens, die durch eine Seemacht wie England nicht mehr wirksam von den Küsten aus blockiert und gesteuert werden könne – also die von Mackinder beschriebene Gefahr für England –, dringt in Deutschland öffentlich erst nach dem Ersten Weltkrieg in die Köpfe von Geopolitikern wie Karl Haushofer, einem der engsten Berater Adolf Hitlers, der auch mit Rudolf Heß befreundet war.

Nicht unwichtig bleibt im Übrigen der Ausblick auf die heutige Zeit, in der die Vereinigten Staaten, wenn auch wirtschaftlich und finanziell angeschlagen, die einzige noch verbliebene Weltmacht darstellen. Man schaue sich die strategischen Überlegungen Zbig Brzezińskis, des polnisch-amerikanischen Geopolitikers und Sicherheitsberaters amerikanischer Präsidenten, an, der in seinem Buch *Die einzige Weltmacht* für die USA die Forderung erhebt, Eurasien zu beherrschen und nicht in fremde Hände fallen zu lassen. Auch er kommt zu dem Ergebnis: Wer das zwischen Atlantik und Pazifik gelegene Eurasien beherrscht, hat nicht nur den Zugriff auf riesige Bodenschätze, sondern beherrscht zwangsläufig auch über das Mittelmeer, den Persischen Golf und den Golf von Oman hinweg Afrika.

Den Vereinigten Staaten, so Brzeziński, stehe ein Recht auf die in Eurasien, besser gesagt im »Balkan Eurasiens«, im Nahen Osten gelegenen Bodenschätze zu. Jede Gefährdung dieses Rechts müsse aktiv bekämpft werden. England als inzwischen abgeschlaffter Spieler der Geopolitik könne nun mit seiner ganzen reichhaltigen Erfahrung den USA beistehen, die Beute aus dem Sieg über die Sowjetunion einzufahren. Als Konkurrent der USA in Europa komme nur noch Frankreich mit seinem historisch gewachsenen Verstand einer Weltmacht infrage, sei allerdings wirtschaftlich und finanziell zu schwach, um diese Rolle aktiv wahrzunehmen.

Deutschland sei zwar wirtschaftlich stark, jedoch mit minderem geopolitischem Verstand ausgestattet, habe zudem nach wie vor unter den Verbrechen seiner Hitler-Zeit zu leiden. Dem könne erforderlichenfalls auch immer wieder nachgeholfen werden.

Frankreich und Deutschland zusammengenommen seien zwar stark und auch gewitzt genug, den Part zu wagen. Doch gegen diese beiden Großen in Europa könne man jederzeit die eifersüchtigen kleineren Nationen des Kontinents in Stellung bringen.

Natürlich gehört aus Brzezińskis Sicht auch Japan zu den die USA potenziell gefährdenden Staaten, sollte es sich seinerseits mit Russland oder China verbünden.

Inzwischen wird China in einer Weltmachtrolle gesehen, die die heutige Nummer eins künftig in die Schranken werde weisen können. Der Aufbau US-amerikanischer Militärstützpunkte in den Staaten des Nahen Ostens, vor allem aber entlang der Seidenstraße in Afghanistan, fügt sich mit zahllosen verdeckten Operationen der Geheimdienste in diese geostrategische Sicht der Dinge, entstanden vor über 100 Jahren und noch heute aktuell wie eh und je.

Deutschland erst Partner, dann Gegner der Weltmacht Nummer eins

Um die Jahrhundertwende begann nun das deutsch-britische Verhältnis in der Öffentlichkeit tendenziell in Feindschaft umzuschlagen. Dies lag auch an persönlichen Konstellationen. Königin Victoria, die Kaiserin von Indien, starb 1901. Sie war Bismarck nicht gewogen gewesen, denn dieser hatte als preußischer Ministerpräsident deutsche Teilstaaten, deren Herrscherhäuser mit dem englischen verwandt waren, mit Krieg überzogen: zuerst Dänemark, dann Österreich im Bündnis mit den Kleinstaaten Bayern, Sachsen, Hessen, Baden und Württemberg. Ihr geliebter, längst verstorbener Ehemann Albert aus dem Hause Sachsen-Coburg und Gotha war seinerzeit wohl in Übereinstimmung mit den süddeutschen Herrscherfamilien der Auffassung gewesen, dass die deutsche Einigung unter preußischer Führung statt militärisch erzwungen auch auf friedlichem Weg hätte vereinbart werden können. Und Victoria fand ihren Enkel Wilhelm II. arrogant, anmaßend und gefährlich.[8] So war Eduard VII., mit einer dänischen Prinzessin verheirateter Sohn und ab 1901 Nachfolger Victorias, kein sonderlicher Freund des Neffen in Berlin, der zu allem Überfluss zu den jährlichen Segelregatten stets mit dem im Vergleich größeren deutschen Kriegsschiff anreiste.[9]

In Großbritannien wurde unter Eduard VII. das Machtgleichgewicht auf dem europäischen Kontinent und dessen Auswirkungen auf die Weltszene äußerst kritisch beobachtet, und es bildete sich eine in der Tendenz wieder interventionsbereite Stimmung.[10] Diese galt zunächst noch der russischen Expansion im Fernen Osten.

Die Figuren auf dem Schachbrett des »Great Game« wurden daher von Großbritannien um die Jahrhundertwende neu gesetzt. Als Partner dieser Weltmacht waren einerseits Mächte erwünscht, die als Herausforderer um die Rolle der Nummer eins nicht infrage kamen. Andererseits waren diejenigen Mächte, auf deren Schätze, welcher Art auch immer, es britische Politik und Handelsinteressen abgesehen hatten, ängstlich um ein gutes Verhältnis zur Nummer eins bemüht. War die britische Begehrlichkeit seitens der möglichen Opfer jedoch nicht zu beseitigen, waren diese Staaten in aller Regel gezwungen, beim Feind des Feindes, dem denkbaren oder tatsächlichen Herausforderer und Konkurrenten Großbritanniens, dem Gegenpol, Schutz zu suchen. Das schwache, kranke Osmanisch-Türkische Reich mit seinen riesigen Ländereien von Nordafrika über den Nahen Osten bis hin zum Schwarzen Meer lockte zur Zertrümmerung und Aufteilung. Großbritannien war daran interessiert, die Passage nach Indien über Gibraltar, das

Mittelmeer und den Sueskanal in Richtung Indischer Ozean verlässlich unter seine Kontrolle zu bringen. Dies fing mit dem Aufkauf der Aktien der Sueskanal-Gesellschaft an und führte dann zur Besetzung Ägyptens. Von Ägypten aus wollte Großbritannien eine Bahnverbindung bis zur Kapkolonie, der Südspitze Afrikas, bauen und die dazwischenliegenden Territorien seiner Kontrolle unterwerfen. Daher auch das britische Interesse an dem südlich an Ägypten angrenzenden Sudan, in dem später große Baumwollplantagen angelegt werden sollten. Nun wurde ein Ausgleich der in Ägypten und Afrika mit den englischen Interessen konkurrierenden französischen Kolonialbestrebungen notwendig. 1904 einigten sich Frankreich und England im Zuge der Entente cordiale über die Aufteilung der gesamten nördlichen Mittelmeerküste Afrikas. Frankreich hatte Algerien bereits kolonisiert und erhielt nun Marokko zum Protektorat. Das Deutsche Kaiserreich war am Schnüren der kolonialen Verteilungspakete nicht beteiligt und hatte Sorge, als Industrie- und Handelsland von wichtigen Märkten ausgeschlossen zu bleiben.[11]

1905: Russland schwach, Deutschland der künftige Herausforderer? Wechsel der englischen Festlandsdegen?

Die geopolitische Lage Russlands legte immer schon eine Ausdehnung nach Westen in Richtung Polen, Skandinavien und Deutschland nahe. Dies jedoch hätte das Gleichgewicht auf dem Kontinent durcheinanderbringen können, hätte den Widerstand Englands heraufbeschworen. In St. Petersburg drängte die Politik auf die Gewinnung der Meerengen des Bosporus und der Dardanellen, dem Schiffsweg hin zum Mittelmeer. Das Zarenreich hatte Interesse an Persien und dem ölhaltigen Mesopotamien, das zum Osmanisch-Türkischen Reich gehörte. Den Schlüssel zu den russischen Expansionsvorstellungen hielt seit über einem Jahrhundert letztlich die Supermacht England in der Hand, die auch von daher für jede russische Regierung der Ansprechpartner sein musste, mit dem, wenn überhaupt, jemals diese Ziele erreicht werden konnten.

Die deutsche Politik verfolgte neben der Suche nach weiterem Kolonialland in Afrika und Asien den Bau der Bagdadbahn. Über den verhältnismäßig schwachen Bündnispartner Österreich-Ungarn waren mit Bosnien-Herzegowina bereits die ersten Trittplatten für das Vordringen über den Balkan gelegt. Dort bot sich die Verbindung mit dem schwach gewordenen Osmanisch-Türkischen Reich an. Im Krimkrieg war dieses Reich noch durch britisch-französische Intervention gegen den russischen Griff auf die Dardanellen und den Bosporus geschützt worden. Auch der nächste russische Versuch während der Balkankriege 1879 war diplomatisch abgewehrt worden. Der Sultan in Istanbul hatte im Zuge des englisch-französischen Interessenausgleichs die Aufteilung seiner Territorien von Nordafrika über Palästina bis Bagdad zu fürchten. Das Ölzeitalter hatte begonnen. Und England war dabei, die Ausbeinung des kranken Mannes am Bosporus vorzunehmen und sich dabei die seinen geopolitischen Zielen dienenden Filetstücke anzueignen. Um dies zu verhindern, war die Hohe Pforte in Istanbul aus Mangel an Alternativen bereit, sich der deutschen statt der nicht erreichbaren britischen Unterstützung anzuvertrauen. Die osmanische Armee erhielt Ausbildungs- und Waffenhilfe von Berlin, türkische Einheiten wurden zum Teil von deutschen Kommandeuren befehligt.

Das lief nun eindeutig den britischen Interessen zuwider. Da Großbritannien sich Ägypten aus der osmanischen Landmasse herausschneiden wollte und dazu das erdölreiche Mesopotamien – den heutigen Irak – war es am dauerhaften Fortbestehen des militärischen Schwächezustandes der Türkei interessiert, nicht an deren Ertüchtigung durch deutsche Reformen. Von daher war es auch zu verstehen, dass Großbritannien ebenso wie Russland die nichttürkischen Völker zur Schwächung des Osmanischen Reiches instrumentalisierten und zu diesem Zweck Aufstände von Minderheiten wohlwollend unterstützten, während Deutschland am Abwiegeln bis Niederringen derartiger Konfliktpotenziale interessiert war. Das Schweigen Preußen-Deutschlands gegenüber den armenischen, griechischen oder serbischen Pogromen hing mit diesen widerstreitenden Interessen ebenso zusammen wie das brutale Vorgehen des osmanischen Systems selbst.

KAPITEL 6

Bündnisse Englands mit Frankreich und Russland, Frankreichs mit Russland

Entente cordiale, das herzliche Einvernehmen Englands mit Frankreich

England konnte ein Jahrzehnt vor dem Ersten Weltkrieg mit nahezu allen Nationen auf dem Kontinent Vereinbarungen über den Ausgleich von Konflikten und Interessensphären herbeiführen. Mit Frankreich findet sich ein formloses, nicht schriftlich gefasstes »herzliches Einvernehmen«, die Entente cordiale. Diese betrifft zunächst den englisch-französischen Interessenausgleich in Nordafrika. Frankreich werden Marokko, Algerien und Tunesien als französische Interessengebiete zugestanden, während Großbritannien das alleinige Sagen in Ägypten mit dem sich nach Süden anschließenden Sudan erhält.

Die Interessen am Sueskanal und an der Meerenge von Gibraltar werden so gesteuert, dass sie beiden Staaten gerecht werden. Spanien erhält Ceuta, das Gegenstück zum englischen Gibraltar, das sich direkt gegenüber an der marokkanischen Küste befindet.

Die Entente cordiale verpflichtet zunächst auf dem europäischen Kontinent zu nichts. Es folgen jedoch materiell nach und nach das »herzliche Einvernehmen« mit Inhalt füllende und geheim gehaltene Gespräche zwischen den Führungsstäben von Heer und Marine beider Staaten. Dabei legt England stets Wert darauf, dass es sich nicht um feste Verpflichtungen handelt, die dem Parlament zur Entscheidung vorgelegt werden müssten. Auch die Kabinettsmitglieder blieben, wie sich 1914 zeigen sollte, bis auf wenige Ausnahmen von jeder Information ausgeschlossen.

Die Entente cordiale, im Jahr 1904 verabredet, sah den militärischen Beistand vor, sollte eine der Parteien von dritter Seite angegriffen oder aus sonstigen Gründen in einen Krieg verwickelt werden. Von Bedeutung war die Verabredung, dass es im Kriegsfalle die Aufgabe der britischen Marine sei, die französische Kanalküste zu schützen, während sich die französische Marine als Gegenleistung um die Sicherheit des Mittelmeeres im Interesse beider Staaten kümmern sollte.

Militärkonvention Frankreich – Russland

Frankreich wiederum, mit England nun über die Entente cordiale verbunden, hatte sich bereits 1892, mehr als ein Jahrzehnt zuvor, mit Russland über den gleichzeitigen Aufmarsch beider Landarmeen an den Grenzen zu Deutschland für den Fall einer deutschen, österreichischen oder italienischen Mobilmachung verständigt. In Artikel 2 der Militärkonvention[12] heißt es: »Falls der Dreibund (Deutschland, Österreich, Italien) oder eine der an ihm beteiligten Mächte mobilmachen sollte, werden auch Frankreich und Russland auf die erste Kunde von diesem Ereignis, ohne dass es noch einer besonderen vorhergehenden Verständigung bedarf, sofort und gemeinsam ihre gesamten Streitkräfte mobilmachen und so nahe wie möglich an die deutsch-russische beziehungsweise deutsch-französische Grenze werfen.

In Artikel 3 der Konvention wird näher bestimmt, was gemeint ist: »Diese Streitkräfte (Frankreich 1300000 Mann, Russland 700000 bis 800000 Mann) werden mit Nachdruck und aller Schnelligkeit derart vorgehen, dass Deutschland zugleich sowohl nach Osten wie nach Westen hin zu kämpfen hat.«

So wurde für die deutsche Seite die Lage für einen hochgefährlichen Zweifrontenkrieg vorbereitet. Die Militärkonvention wurde dann 1912 durch die französisch-russische Marinekonvention ergänzt, wonach die Seestreitkräfte Frankreichs und Russlands aufeinander abgestimmt operierten. Die Pläne wurden bereits in Friedenszeiten vorbereitet.[13]

Als Gegenleistung für die Bereitschaft zum sofortigen Aufmarsch russischer Truppen im Falle der Mobilmachung Deutschlands gab nun Frankreich Russland die Zusage, im Zuge einer allgemeinen kriegerischen Auseinandersetzung in Europa dafür einzutreten, dass das Zarenreich die Meerengen des Bosporus und der Dardanellen samt Konstantinopel beziehungsweise Istanbul erhalten und darüber hinaus mit dem Protektorat, dem Schutz der christlichen Religionen, in Palästina betraut werden solle. (Diese Verpflichtung unterlag ebenso der Geheimhaltung wie die einstige Zusage Bismarcks an die englische Regierung, ein weiteres russisches Vordringen auf Bosporus und Dardanellen unterbinden zu helfen.)

Als weitere Gegenleistung sagte Russland Frankreich im Kriegsfall zu, nicht nur die Rückeroberung der im Krieg 1870/71 an Deutschland verlorenen Provinzen Elsass und Lothringen unterstützen zu wollen, sondern darüber hinaus den Rhein entlang seiner ganzen Länge zum Grenzfluss Frankreichs zu Deutschland zu machen. Das bedeutete, dass die Pfalz, die Saar und das Rheinland Frankreich entweder als Separatstaaten oder zum Anschluss an das französische Staatsgebiet zur Disposition gestellt wurden.

Um den Aufmarsch der russischen Armeen gegen Deutschland zu beschleunigen, gewährte Frankreich dem Zarenreich umfangreiche Kredite. Dabei ging es vor allem um den mehrspurigen Ausbau des Eisenbahnnetzes hin zur ostpreußischen Grenze mit Russland, genau genommen bis zur östlichen Grenze der preußischen Provinz Posen, die vor 1793 noch zu Polen gehört hatte. Hinzu kamen Kredite an das Zarenreich im Umfang von knapp einer Milliarde Francs jährlich, die die französische Regierung ihren Bürgern als sichere Geldanlage zur Zeichnung empfahl. Zwar versuchte die innerrussische Opposition, das französische Publikum davon abzuhalten, dem Zaren weitere Kredite zu gewähren, die nur dazu dienten, die fortwährende und menschenverachtende Knebelung des russischen Volkes aufrechtzuerhalten oder gar zu verschärfen. Berühmte Schriftsteller und Künstler wie Maxim Gorki und Anatole France versuchten, die französische Öffentlichkeit zu mobilisieren und zu warnen.[14] Doch da aus den französischen Krediten vorab die Bestechungsgelder für Journalisten und Verleger der wichtigsten französischen Zeitungen bezahlt wurden, blieb ab 1904 jede Kritik am Zarenreich über den Ausbruch des Ersten Weltkrieges hinaus bis zur Revolution 1917 in der französischen Öffentlichkeit unterdrückt.[15] Eine der wenigen französischen Stimmen, die die Warnungen der russischen Opposition samt den Gefahren für den europäischen Frieden sehr früh an die Wand malten, war die des Sozialdemokraten Jean Jaurès, eines Verfechters der Verständigung mit Deutschland.

Im Übrigen war Russland bereits 1905 hoffnungslos überschuldet. Die Schulden machten das Siebeneinhalbfache der jährlichen Einnahmen aus.[16]

Entente cordiale England – Deutschland?

Noch in der Zeit, als England das im Jahr 1902 geschlossene Bündnis mit Japan verhandelte, um Russlands Expansionsstreben in Asien entgegenzuwirken, fanden auch Verhandlungen zwischen England und Deutschland statt. Die Zielrichtung der englischen Politik war gegen Russland gerichtet. Das Deutsche Reich sollte sich für diese Politik »einspannen« lassen, wie man in Berlin unterstellte. Es wird in der Literatur aus der Kenntnis des Ersten Weltkrieges nachträglich bedauert, dass diese Option einer engeren Anlehnung an England nicht zum Zuge kam. Doch Englands Interesse nach der fulminanten Niederlage des Zarenreiches 1905 gegen die japanischen

Streitkräfte galt nicht mehr dem Eindämmen Russlands, sondern von nun an eher dem Erhalt des im »Großen Spiel der Mächte« so erstaunlich schwach auftretenden Partners Russland gegen das nun gefährlich stark werdende Deutschland. Daher fiel auch das potenzielle Angebot an Deutschland sehr schnell wieder unter den Tisch, etwa der Vorschlag, die Kolonialgebiete des inzwischen verarmten Portugal Deutschland zur Verfügung zu stellen. Umgekehrt bot nun die britische Politik Portugal Unterstützung zur Sicherung der portugiesischen Kolonien in Afrika vor denkbaren deutschen Übergriffen an.

Die Offenbarung der militärischen Schwäche Russlands im Krieg gegen Japan wurde ergänzt durch die Erkenntnis von der mangelnden Stabilität des Zarenreichs im Inneren, die die Revolution von 1905 gezeigt hatte. Umso gefährlicher mussten der englischen politischen Klasse das Vordringen Deutschlands mit den Produkten seiner jungen Industrie auf den Weltmärkten und das Streben nach einer gewichtigeren Rolle im Konzert der Weltmächte aufstoßen. Es war also nicht mehr so sehr der tönerne Koloss Russland als vielmehr das Kaiserreich Deutschland, dessen Macht durch Gegenmächte ausbalanciert werden musste.

Die Marokkokrise: Aufteilung Nordafrikas ohne Beteiligung Deutschlands

Kaiser Wilhelm und die von ihm berufenen Reichskanzler meinten in Übereinstimmung mit weiten Teilen der konservativen und nationalliberalen Oberschicht, auch für Deutschland das Anrecht auf Kolonien beanspruchen zu müssen. Man war spät gestartet, meinte jedoch, rassisch, militärisch, technisch und wirtschaftlich so bedeutend zu sein wie die bisherigen Kolonialmächte. Die wichtigsten und wertvollsten Kolonialgebiete der Welt waren zwar längst zur Ausbeutung verteilt, doch an künftigen Deals wollte nun auch Deutschland beteiligt werden. So wurde Marokko zum Zankapfel der Kolonialmächte, weil Frankreich dort ebenso wie im benachbarten Algerien und Tunesien politisch, finanziell wie auch militärisch die »friedliche Durchdringung« voranzutreiben versuchte. Dieses Vorgehen in den immer noch osmanischen Territorien war Frankreich in der Entente cordiale unter Aufgabe der zuvor üblichen Konferenzdiplomatie von England zugebilligt worden. Die Beschwerden über die Behinderung des Handels zulasten nichtfranzösischer Unternehmen hatten schon 1880 zu einer internationalen Konferenz geführt, an der die USA, das Deutsche Reich, Österreich-Ungarn,

Belgien, Dänemark, Spanien, Frankreich, Großbritannien, Italien, die Niederlande, Portugal, Schweden und auch Marokko selbst teilnahmen. Die führende Rolle Frankreichs in Marokko wurde zwar allseits anerkannt, doch Frankreich musste sich verpflichten, den Handel für alle Nationen offenzuhalten und die Meistbegünstigungsklausel einzuhalten. Der herrschende Sultan wurde unter Frankreichs Führung mehr oder weniger unter die Kuratel der europäischen Mächte gestellt. Jedoch machte sich sehr schnell erneut der französische Protektionismus zugunsten der eigenen Industrie- und Finanzinteressen bemerkbar, der den deutschen Interessen an den Bodenschätzen Marokkos zuwiderlaufen konnte. England beanstandete das französische Vorgehen nicht, war vielmehr im Zuge der Entente cordiale bereit, Frankreich letztlich freie Hand in Nordafrika zu lassen. Als Gegenleistung hatte ja Frankreich seinen Einfluss auf Ägypten und den Sudan aufgegeben.

Deutschland war kein Mittelmeeranrainer, hatte von daher eine schwache Position. Es protestierte gegen die weitere Entmachtung des Sultans zugunsten Frankreichs und verlangte die Einberufung einer Konferenz wie zuvor 1880, die das weitere Vorgehen nicht in der Hand der beiden Entente-cordiale-Mächte lassen sollte. Mit der schwachen Geste eines Besuchs beim Sultan von Marokko anlässlich seiner Mittelmeerreise versuchte Kaiser Wilhelm, den deutschen Forderungen Nachdruck zu verleihen. Wilhelm II. gab dem Sultan den Rat, selbst die internationale Konferenz zur Klärung der Lage einzuberufen. Diese Konferenz fand dann auch statt, brachte jedoch keine wesentlichen Änderungen zugunsten des Deutschen Reiches. Der auf Kolonien in aller Welt fixierten Politik des Kaiserreiches wurde so von Frankreich und England das Signal »bis hierher und nicht weiter« gezeigt. Das wurde zwar nicht eindeutig ausgesprochen, war jedoch die zu beobachtende Haltung englischer und, dem folgend, französischer Politik. In Paris war das erste Ergebnis der neuen Entente cordiale durchaus umstritten. Der Sozialist Jean Jaurès warf der Regierung vor, sich in Fragen des Protektorats über Marokko nicht mit Berlin abgestimmt und den Kaiser vor den Kopf gestoßen zu haben. Der Außenminister Delcassé musste zurücktreten. Europa schrammte knapp am Krieg vorbei, Russland fühlte sich als Partner Frankreichs infolge der erst kürzlich erlittenen Niederlage im Krieg gegen Japan noch nicht zu gefährlicheren Operationen in Europa bereit.

Im Jahre 1911 kam es erneut zu einer dramatischen Situation. Frankreich nutzte Berberaufstände im Hinterland Marokkos, um unter dem Vorwand, Europäer vor Übergriffen schützen zu müssen, Truppen ins Land zu schaffen. Das musste zur weiteren Entmachtung des Sultans und zu einem französischen Protektorat führen. Die Reichsregierung protestierte erneut gegen das wiederum einseitige französische Vorgehen. Als dann das für den Einsatz auf Flüssen und Binnenseen gebaute kleinere Kanonenboot Panther auf der Heimreise von Kamerun nach Deutschland zum Bunkern von Kohle in Agadir Station machte, bauschte die englische Presse den Vorgang zu einer gewaltigen militärischen Konfrontation auf. Deutschland wurde die Absicht unterstellt, in Agadir einen Stützpunkt für die deutsche Flotte errichten zu wollen. Wie dem auch sei, die deutsche Regierung schien nicht so sehr an einer stärkeren Beteiligung Deutschlands an der französischen Ausbeutung Marokkos interessiert zu sein. Sie nahm Anstoß an den einseitig zwischen England und Frankreich im Rahmen der Entente cordiale getroffenen Absprachen. Wichtigstes Ziel der kaiserlichen Politik über den schwachen Hebel Marokko war ein Mitspracherecht bei der weiteren Verteilung kolonialer Territorien in Afrika. Der die Macht innehabende Teil des politischen Spektrums einschließlich des Kaisers und seiner Berater sahen Deutschland nahezu vom Untergang bedroht, sollte es dem Land verwehrt bleiben, in die Reihe der tatsächlichen Großmächte mit umfangreicherem Kolonialbesitz vorzustoßen. Wer nicht den Widerstand der Entente cordiale Englands und Frankreichs überwinde, von Italien und Spanien ganz zu schweigen, sei zum Abstieg verdammt. Doch die anderen europäischen Kolonialmächte teilten diese Auffassung nicht, wollten dem kolonialen Nachzügler Deutschland nicht nachgeben. Die deutsche Kolonialpolitik wurde abgeblockt, wusste man doch nicht, wie weit der weitere Machtzuwachs des immer mächtiger werdenden vereinten Deutschlands sich noch ausdehnen würde.

Frankreich lenkte ein. Deutschland wurde in der fast zum Krieg führenden Pokerpartie um Marokko durch Abtretung eines verhältnismäßig kleinen Territoriums im Kongo aus dem Besitz Frankreichs abgefunden. Dafür war nun auch Deutschland bereit, die Alleinherrschaft Frankreichs über Marokko anzuerkennen.

Zwangsläufig erregten die unversöhnlich scheinenden Gegensätze der Mächte die deutsche Wählerschaft. Die kolonialkritischen Parteien erzielten in Reichstagswahlen die Mehrheit, der konservative Block verlor deutlich an Stimmen. Deutschland hatte seine internationale Position nach Meinung der Kritiker überreizt. In Frankreich forderte die Rechte ein härteres Vorgehen gegen Deutschland, während die Linke zu Friedensdemonstrationen und gegen das Aufheizen der Gegensätze zwischen beiden Ländern aufrief. In Deutschland fanden landauf, landab Demonstrationen für Frieden und gegen Krieg statt. Jean Jaurès sollte in Deutschland auf einer Kundgebung der SPD sprechen, die Reichsregierung verweigerte das Visum. Die nationalkonservativen Parteien des Reichstages forderten ein forscheres Vorgehen gegen Frankreich.

Entente cordiale England – Russland, Abgrenzung der Interessensphären Iran, Afghanistan und Tibet

England hatte ein dringendes Interesse, auch mit Russland zu einem Ausgleich der Interessen entlang der britischen Verbindungslinien nach Indien und darüber hinaus zu kommen. Und da England das Zarenreich inzwischen nur noch als die zweitstärkste Macht auf dem Kontinent betrachtete, die man als Festlandsdegen gegen die stärkste oder demnächst stärkste in Stellung bringen konnte, wurde nach der Entente cordiale mit Frankreich 1904 nun 1907 das Gewicht des Zarenreichs durch die Vereinbarung über die Aufteilung des Iran in eine russische, eine britische und eine gemeinsame Interessensphäre aufgewertet, wobei die riesigen Ölvorräte in der britischen Zone zu finden waren.[17] Afghanistan wurde als außerhalb der russischen Einflusssphäre liegendes englisches Protektorat anerkannt, England verzichtete jedoch auf das Recht der Annexion. Seinen Einfluss in der Region sollte England nur mit friedlichen Mitteln ausüben dürfen. Schließlich erkannten Russland und England die ausschließlichen Hoheitsrechte Chinas in Tibet an. Beide verpflichteten sich zum Verzicht jeder Einmischung in die inneren Angelegenheiten Tibets und vereinbarten, mit Tibet selbst nur über die Vermittlung Chinas in Beziehung zu treten. Im Ergebnis wurde so eine gemeinsame Grenze der Einflusssphären zwischen Russland und Großbritannien entlang Tausender von Meilen sich gegenüberliegender Grenzregionen geschaffen.

Im imperialen Deutschland entstand das Gefühl der Einkreisung im Großen Spiel der Mächte. Eine ausbaufähige Annäherung an Russland fand ihre Begrenzung in dem Umstand, dass allein Großbritannien als die damals einzige Großmacht dem Zarenreich Wünsche erfüllen konnte, die außerhalb der Einflussmöglichkeit deutscher Politik lagen. Frankreich hatte dem Zarenreich bereits die politische Unterstützung des Vordringens zu den Meerengen des Bosporus und der Dardanellen in Aussicht gestellt. Dafür hatten sich Russland und Frankreich für den Fall des großen Schlagabtausches in Europa zur Eröffnung des Zweifrontenkrieges gegen Deutschland verpflichtet. Frankreich wiederum war England über das »herzliche Einvernehmen«, die Entente cordiale, verbunden. Und England war sich der wechselseitigen Verpflichtungen Frankreichs und Russlands im Kriegsfall bewusst. So schien sich für Russland dank dieser herzlichen Einvernehmlichkeiten doch noch die Aussicht zu ergeben, in den Besitz der Meerengen und eines Protektorates im Nahen Osten zu gelangen. Das war ihm ja bislang von Großbritannien im Bündnis mit dem Osmanischen Reich verweigert worden. Der Krimkrieg markierte die bisherige abwiegelnde britische Position. Diese war zuletzt bestätigt worden durch den Berliner Kongress, der auf Veranlassung Großbritanniens dem Zarenreich die eroberten Landgewinne auf dem Balkan und in den Vororten von Istanbul wieder entwunden hatte.

Alles in allem hatte Großbritannien 1907 mit den großen Partnern auf dem europäischen Kontinent den Ausgleich gesucht und gefunden. Russland, Frankreich und England waren in einer für England offiziell bewusst vage gehaltenen Entente cordiale miteinander verbunden. Russlands Druck auf China war vermindert. China selbst war schwach. Seine Hafenstädte und die tief ins Inland führenden Flüsse wurden von westlichen Mächten mit ihren Konsulaten und Kanonenbooten kontrolliert.

Frankreich als Herausforderer Deutschlands war mächtig, jedoch auf sich allein gestellt zu schwach, um in einen Krieg gegen Deutschland zur Rückeroberung der verlorenen Provinzen Elsass und Lothringen eintreten zu können. Doch im Spiel mit Russland waren weitreichende Ziele zu realisieren. Deutschland blieb als letzter und einziger Bündnispartner lediglich Österreich-Ungarn und mit großem Abstand Italien übrig.

Bosnien-Herzegowina: von der osmanischen Provinz zum Zankapfel

Durch die englische Entente cordiale erst mit Frankreich und dann zusätzlich mit Russland, die auch dem Einhegen deutschen Kolonialdrangs gewidmet war, fühlte sich Deutschland auf Österreich-Ungarn als den einzigen Partner in Europa zurückgeworfen. Doch verbunden mit der K.-u.-k.-Monarchie drohte Deutschland in das Konfliktfeld mit Russland zu geraten. Österreich-Ungarn war 1878 auf dem Berliner Kongress mit der Verwaltung der damals noch osmanischen Provinz Bosnien-Herzegowina betraut worden. Das geschah im damaligen Einverständnis mit England, das seinerzeit Russland beim Vordringen in Richtung Balkan, Konstantinopel und Mittelmeer, die Politik des Krimkrieges fortsetzend, erneut blockieren konnte. Die russischen Truppen waren 1878 bis in Sichtweite von Konstantinopel vorgedrungen. Russland hatte den Balkan nach seinen Wünschen in von ihm abhängige Staaten aufgeteilt. Doch auf dem Berliner Kongress wurde Russland von Bismarck im Auftrag Großbritanniens zurückgepfiffen und sah sich gezwungen, die Eroberungen wieder preiszugeben. Ein Schachzug war dabei die Übertragung der Verwaltung Bosnien-Herzegowinas an Österreich-Ungarn, das insofern aus englischer Sicht als Instrument zur Eindämmung russischer Expansion eingesetzt wurde. Das von Österreich gewonnene Protektorat war nach dem verlorenen Krieg Österreichs gegen Preußen 1866 und angesichts des Verzichtes auf die Position des deutschen Kaisers nach Auflösung des Deutschen Bundes ein gewisser Ausgleich. Nun ging Österreich einige Jahre später, 1908, ohne Rücksprache mit England einen Schritt weiter, annektierte das Protektorat und gliederte es dem österreichischen Staatsgebiet an. Das war nun erneut der Schuss einer Mittelmacht vor den Bug des stolzen zaristischen Russlands und des mit diesem verbündeten Serbiens. Russland erstrebte die Führung der slawischen Völker auf dem Balkan und verfolgte unter dem Mantel des Panslawismus das Ziel eines beherrschten Zugangs zum Mittelmeer. Dieser Politik schoben die österreichischen Interessen einen geopolitisch nicht unbeachtlichen Riegel vor. Das einseitige Vorgehen Österreichs brachte für Russland einen signifikanten Prestigeverlust, und dies wenige Jahre nach der Niederlage gegen Japan. Frankreich hatte, inzwischen mit England eng verbunden, Russland die Unterstützung einer Eroberung der Meerengen um Konstantinopel nachhaltig zugesagt. Der russische Außenminister machte 1912 das Thema zum Gegenstand der Verhandlungen auch mit London.

Diese Entwicklung, wenn ernst gemeint, kam einer dramatischen Kehrtwende britischer Geopolitik gleich. Sie signalisierte damit aber auch den Willen, in Absprache mit den beiden anderen Entente-Mächten eine denkbare Landverbindung Deutschlands/Österreichs nach Asien zu verhindern.

Denn für die britische Politik zeichnete sich die Gefahr ab, dass über österreichische Territorien auf dem Balkan Deutschland sich im Verbund mit Österreich den Landweg nach Istanbul und von dort in Richtung Nahost bis hin zum Persischen Golf und darüber hinaus nach Indien hätte sichern und ausbauen können. Dem diente das Projekt der Bagdadbahn, die eine Schienenverbindung von Hamburg über Berlin nach Kuwait am Persischen Golf hätte werden können.[18] Auch gegen dieses Projekt gab es nach anfänglicher Passivität massivste Querschüsse aus England, aber auch aus Russland und Frankreich. Die britische Politik musste früher oder später auf diese Vorstöße in Richtung Balkan und Nahost reagieren. Schließlich war das Osmanische Reich, der »Kranke Mann am Bosporus«, kaum noch in der Lage, sich der Fledderei durch die Großmächte, nicht zuletzt Großbritanniens im Verbund mit Frankreich, Spanien und Italien, zu erwehren.

Das diametral entgegengesetzte Konzept begann die deutsche Politik zu entwickeln, die statt auf die Ausbeutung der vorhandenen Schwäche auf die Stützung und Stärkung des alten islamischen Weltreiches setzte, Militär- und Ausbildungshilfe leistete und den Sultan als Gesprächspartner für die Gestaltung einer gemeinsamen Zukunft bis hin zum Schutz der heiligen Stätten in Palästina im Verbund mit Deutschland zu gewinnen trachtete. Kaiser Wilhelm II. hatte mehrfach den Großwesir in Istanbul und die heiligen Stätten der Christenheit in Palästina besucht und damit deutsche Interessen bekundet. 1913 entsandte das deutsche Kaiserreich einen hohen Offizier, der zum Kommandeur türkischer Truppen in und um Konstantinopel ernannt wurde und damit Großbritannien mit dessen Interesse an der Kontrolle der Meerengen zum Widerstand reizen musste. England stellte zwar längst den Admiral der türkischen Flotte und Frankreich den Chef der türkischen Gendarmerie, doch der deutsche Einfluss auf das die Meerengen schützende türkische Heer, der Wiederaufbau militärischer Macht am Bosporus musste von England als die eigenen Interessen störend wahrgenommen werden.

Als Österreich-Ungarn eigenmächtig das ihm auf der Berliner Konferenz 1878 zugebilligte Protektorat über Bosnien-Herzegowina 1908 zum Stammland der Krone umwandelte, vereinbarten Italien und Russland, gegen Veränderungen und die Einführung des Nationalitätenprinzips auf dem Balkan vorzugehen und jeder Fremdherrschaft entgegenzutreten. Italien versprach, die russischen Interessen an den Meerengen wohlwollend zu behandeln, und umgekehrt sagte Russland zu, die italienischen Interessen in Nordafrika, das heißt Tripolis und Cyrenaika, zu unterstützen.

In St. Petersburg beschäftigte sich 1910 der große Slawenkongress mit der Lage auf dem Balkan. Es wurde beschlossen, auf den Moment zu warten, »wo Russland im Verein mit den übrigen Slawenvölkern in Aktion treten muss, um die ›slawischen Ideale‹ zu verwirklichen und zu verhüten, dass der Austro-Germanismus die Liquidation der Türkei zu seinem Vorteil ausnutzt«. Sicher werde längstens »in 2 bis 3 Jahren die Zeit gekommen sein, wo die Slawenwelt unter der Führung Russlands den großen Streich führen« müsse.

Der Balkanbund 1912

Es war Italien, das den nächsten Schlag zur Aufteilung des Osmanischen Reiches führte. Italienische Truppen rückten in Tripolis und die Cyrenaika ein, zwangen die osmanischen Verbände zum Rückzug und die Türkei 1913 zur Abtretung des Landes an Italien. Die türkische Schwäche wiederum nutzten nun die künftigen Balkanstaaten zum Abfall. Es kam unter Führung Russlands zu einem Bündnis zwischen Bulgarien, Serbien, Montenegro und Griechenland und schließlich zum Krieg gegen das Osmanische Reich. Der serbische Außenminister träumte davon, zugleich mit der Liquidation der europäischen Türkei den Zerfall Österreich-Ungarns herbeizuführen mit dem Ziel, dann auch Bosnien-Herzegowina in Besitz zu nehmen. Der Pakt (mit Russland) sei aus einem Krieg entstanden und als Vorbereitung zu einem weiteren zu bewerten, meinte der serbische Geschäftsträger in Sofia in einem Brief an den russischen Außenminister. Der Krieg endete mit der Aufteilung der europäischen Türkei entlang der vereinbarten Grenzen, mit Ausnahme eines kleinen, türkisch verbleibenden europäischen Brückenkopfes um Istanbul. Ein vorläufiger Friede wurde in London geschlossen. Der russische Außenminister Sasonow meinte damals in einem Brief an seinen Gesandten in Belgrad, Serbien habe erst das erste Stadium seines historischen Weges durchlaufen. Zur Erreichung seines Zieles müsse es noch einen furchtbaren Kampf aushalten, bei dem seine ganze Existenz infrage gestellt werde. Serbiens verheißenes Land liege auf dem Gebiet des heutigen Österreich-Ungarn und nicht dort, wohin es jetzt strebe und wo ihm die Bulgaren im Weg stünden … Die Zeit arbeite für Serbien und zum Verderben seiner Feinde, die schon deutliche Zeichen der Zersetzung zeigten.[19]

Das Spiel hinter den Kulissen wird bereits 1912 einigermaßen klar. Der russische Geheimagent Arthur Raffalovich berichtet aus Paris seinem Außenminister in St. Petersburg, dessen französischer Kollege sei sehr verärgert über die Kampagne der französischen Radikalsozialisten mit ihrer Behauptung, sie würden verhindern, dass aus den östlichen Affären, insbesondere aus dem Verhältnis zwischen Serbien und Österreich, ein Krieg entstehe. Um die Kampagne ins Leere laufen zu lassen, sei einiges Geld vonnöten. Die Operation sei zwar gelungen, der Krieg dennoch um 2 Jahre verschoben worden. Inmitten des Balkankrieges habe der russische Botschafter in Paris, Iswolski, 300 000 Francs zur Bestechung der französischen Presse angefordert. Poincaré habe die Summe gebilligt und Vorschläge zur Verteilung gemacht.[20]

Eine kommunistische und eine amerikanische Stimme zur Konfliktlage vor Ausbruch des Weltkrieges

Wer im Nachhinein über Schuld und Verantwortung der Kriegsparteien urteilen will, sollte die Beurteilung unparteiischer Beobachter der Szene noch vor Ausbruch des Krieges erwägen. Diese Zeugen des Geschehens legten ihre Einschätzung schriftlich nieder und haben nichts mit den üblichen Geschichtsklitterungen zur Rechtfertigung im Nachhinein zu tun. So beschreibt der kluge, marxistisch geschulte Karl Radek, österreichischer Jude aus Lemberg, der später in Polen, Deutschland und der Sowjetunion zu erheblichem Einfluss gelangte, 1911 die europäischen Konfliktlinien wie folgt:

Der deutsche Imperialismus und die Arbeiterklasse

Im Zeitalter der akuten Kriegsgefahr

Von Waffengeklirr hallt die Welt. Vierzig Jahre sind vorüber, seitdem der Deutsch-Französische Krieg das Ende der kampfreichen Periode der Bildung nationaler Staaten in Westeuropa gebracht hat. Friede, hieß es, drückte der Zeit den Stempel auf, wenn auch ein bewaffneter Friede. Und diesen Zustand erklärend, verstiegen sich viele bürgerliche Politiker zu der Behauptung, der Krieg sei unter zivilisierten Völkern nicht mehr möglich. Zwar bedeuteten diese vier verflossenen Jahrzehnte eine Periode sprunghafter Ausbreitung des europäischen Kolonialbesitzes, der Unterjochung von ganzen Völkern in verschiedenen Erdteilen. »Vom Hundert der Fläche gehörten nämlich den europäischen Kolonialmächten, wozu wir auch die Vereinigten Staaten rechnen«, schreibt der Geograph A. Supan,

> »in Afrika 1876: 10,8 %, 1900: 90,4 %, also + 79,6 %;
> Polynesien 1876: 56,8 %, 1900: 98,9 %, also + 42,1 %;
> Asien 1876: 51,5 %, 1900: 56,6 %, also + 5,1 %«.

Und diese Ausbreitung, die in erster Linie die Aufteilung Afrikas und Sprengung der Abgeschlossenheit Chinas bedeutet, schritt vor sich unter ununterbrochenen kolonialen Kriegen. Im Jahr 1873 ziehen die Russen nach China, die Engländer nehmen die Fidschi-Inseln ein, im Jahr 1874 folgt der Zug der Japaner nach Formosa, im Jahr 1876 wird Fergana russisch, Ketta englisch, im Jahr 1877 Transvaal britisch, im Jahr 1878 bricht der Krieg um Afghanistan aus, im Jahr 1879 wird Bosnien besetzt, im Jahr 1881 wird Transvaal unabhängig, Tunis französisch, die Italiener besetzen Massawa, im Jahr 1882 besetzen die Engländer Ägypten, im Jahr 1884 beginnt offiziell die deutsche Kolonialpolitik, die Franzosen kämpfen gegen China, im Jahr 1885 wird Oberbirma englisch, im Jahr 1887 wird Rhodesien gegründet usw. usw., um nur die wichtigsten Ereignisse zu nennen, die im Kriege Japans mit China im Jahr 1894 und dem Kriege Englands mit den Buren im Jahr 1899 sowie dem Russisch-Japanischen Kriege von 1905 ihren markantesten Ausdruck fanden. Aber das hochmütige kapitalistische Europa, für das alle noch nicht kapitalistischen Völker nur Objekt der Politik sind … wurde durch diese blutigen Kriege, diese tiefgreifenden Umwälzungen, nicht in seiner Meinung gestört, es handle sich hier nicht um Kriege, die europäische Völker gegeneinander auf das Schlachtfeld bringen könnten. Diese Legende vom friedlichen Kapitalismus wurde nicht einmal durch die Tatsache zerstört, dass die koloniale Ausbreitung der kapitalistischen Staaten in Afrika und Asien Gegensätze zwischen europäischen Mächten hervorrief, wie den englisch-russischen, den französisch-englischen, die zeitweise mit einem Kriege enden konnten. Dieser Glaube an den unzerstörbaren europäischen Frieden, der nur vom französisch-deutschen Gegensatz bedroht zu sein schien, wich dem Bewusstsein, dass Europa in ein Zeitalter akuter Kriegsgefahr eingetreten ist, als das Einschwenken Deutschlands ins Fahrwasser des Imperialismus sich im Bau einer Kriegsflotte äußerte, als England, die älteste Kolonialmacht, vor der ihr seitens Deutschland drohenden Gefahr zu zittern begann. Der deutsch-englische Gegensatz, der Gegensatz zwischen dem alten, satten kapitalistischen Räuber und dem jungen, wolfshungrigen, zerstörte in einem Augenblick die unsinnige Mär vom kapitalistischen Lämmlein.

Als die Niederlage Russlands im Kriege mit Japan den englisch-russischen Gegensatz in Asien schwächte, weil sie die Vorstoßkraft Russlands gelähmt hat, kam der deutsch-englische Gegensatz mit einem Ruck in die vordere Linie. Und seit diesem Moment weicht die Kriegsgefahr auf keinen Augenblick. Wo nur eine Feuersbrunst entsteht oder auszubrechen droht, sei es in Marokko oder in der Türkei, da zeigen sich auf der Vorderszene die zwei zivilisierten Mächte, Deutschland und England, bis auf die Zähne gerüstet, und man weiß nicht, ob der Kampf wilder Berberstämme gegen ihren Sultan, der sie ans Ausland wie alte Hosen verhandelt, oder der Kampf der türkischen Truppen gegen die Araber, denen die Höhe der jungtürkischen Kultur durch die Vortrefflichkeit der Krupp'schen Kanonen vordemonstriert werden soll, nicht mit dem englisch-deutschen Kriege endet. Durch ein weitverzweigtes System von Bündnissen sorgen Deutschland und England dafür, dass ihre Auseinandersetzung sich in einen Weltkrieg auswächst. Der deutsch-österreichisch-italienische Dreibund und der englisch-französisch-russische Dreiverband, das sind die Lager, in die die kapitalistische Welt geteilt ist und die sich tagtäglich in Kriegslager verwandeln können. Einmal zerstreut, kehren die Kriegswolken wieder zurück, und von Zeit zu Zeit beweist ein Wetterleuchten, dass verwüstende Stürme im Anzuge sind. Zweimal hielt der Marokkostreit Europa in Atem, das zweite Mal schon drohte

> ein Weltbrand aus den Wirren in der Türkei zu entstehen, und viele andere Kriegsherde gibt es noch.
>
> Mit unverhüllbarer Angst sieht die kapitalistische Welt den Gefahren entgegen, die sie heraufbeschworen hat; aber sie ist nicht imstande, sie zu bannen. Wie blind wandelt sie an den Abgründen. Mit lodernder, wachsender Entrüstung blickt das Proletariat auf das verruchte Treiben, das seine Not noch vergrößern, seine Leiden ins Unermessliche steigern soll. Aber es will nicht, wie die Bourgeoisie, den Dingen freien Lauf gewähren. Im Kampfe gegen den Kapitalismus lernte es, sein eigenes Los zu schmieden, und es sucht auch der Kriegsgefahr Herr zu werden. Aus seinem Kampfe gegen den Kapitalismus weiß es, dass man nur die Elemente zu überwältigen und zu beherrschen imstande ist, deren Quellen und Triebkräfte man kennt. Darum sucht es zuerst den Grund der nicht nachlassenden Kriegsgefahr kennenzulernen. Auch der oberflächlichste Blick auf die Geschichte der letzten Jahrzehnte sagt ihm, dass der Gegenstand der Konflikte, die den Frieden bedrohten, das Streben nach Besetzung von unentwickelten Ländern (Kolonien) war, die fern von Europa, von ganz fremden Völkern bewohnt, den Appetit der kapitalistischen Regierungen reizten. Nicht um eine Angliederung eigener Volksteile, die sich unter fremder Herrschaft befinden, ging es den Staaten, sondern um Unterjochung fremder Völker, um Verwandlung ihres freien Bodens in ein Gebiet, auf dem der europäische Kapitalismus schalten und walten konnte.

Diese Analyse aus dem Jahr 1911 eines aus dem österreichischen Galizien stammenden Sozialdemokraten, der dann Kommunist und diplomatischer Vertreter der Sowjetunion in Deutschland wurde, um später von Stalin in den Schauprozessen verfolgt und nach Sibirien verbannt zu werden, ist an Tiefenschärfe kaum zu übertreffen.

Zu ganz ähnlichen Einschätzungen kommt nur wenige Wochen vor Ausbruch des Ersten Weltkrieges die liberale, antikolonial eingestellte, also antiimperialistische amerikanische Zeitschrift *The Nation*, die über das Geschehen unter den europäischen Nationen sehr sorgfältig und gerade auch aus heutiger Sicht bewundernswert objektiv Woche für Woche berichtet. Dort werden bereits Jahre vor Ausbruch des Ersten Weltkrieges die sich aufbauenden Spannungen in Europa beobachtet. Es wird über die Ungeduld deutscher Kolonialpolitik, über die Niederlagen der deutschen Diplomatie im Spiel gegen das den Weg versperrende England berichtet. In *The Nation* vom 14. Mai 1914, also wenige Wochen vor den Schüssen von Sarajewo, wird die Lage wie folgt geschildert:

Die Verbesserung der englisch-deutschen Beziehungen – Ergebnisse der Balkankriege – die Haltung Russlands

Berlin zeigte sich unbeeindruckt von der Herzlichkeit des Empfangs für König Georg in Paris. Deutschland hat sich an die Entente cordiale gewöhnt und England an die deutsche Flotte. In Deutschland stirbt die Vorstellung, dass John Bull Krieg ohne Ankündigung aus purem Neid auf Deutschlands anschwellende Außenhandelsgewinne vom Zaun brechen könnte, aus Mangel an Nahrung. Die britischen Werften haben immer noch Arbeit aufgrund der Aufträge aus einem erfreulich spendablen Ausland. Doch die deutschen Werften, die von den Kriegsschiffsaufträgen der eigenen Regierung abhängen, sehen einer Periode magerer Jahre entgegen. Sie bauen derzeit zwei Großschiffe statt deren vier, und selbst wenn das Marinegesetz verabschiedet sein wird, werden sie nur die Aufträge für zwei Schlachtschiffe und einen Kreuzer pro Jahr erhalten.

Hauptgrund für diese verbesserten Bedingungen war unzweifelhaft der Balkankrieg. Die anglo-deutsche Rivalität bescherte der Menschheit das erhabene Spektakel zweier miteinander im Konflikt liegender Egoismen. Deutschland sagte: »Ich will es!«, England antwortete: »Du sollst es nicht haben!« Keiner von beiden tat dem anderen in irgendeiner Weise ein Leid an. England konnte einfach nicht verstehen, wie Deutschland etwas »haben« wollte, ohne die Mittel in der Hand zu haben, es sich zu »nehmen«, was nicht zu seinen Vereinbarungen passte. Das junge Deutschland war völlig überzeugt davon, dass die Welt lang genug verangelsachst worden und die Zeit gekommen war, moderne Methoden auszuprobieren, die jedoch keine Chance hatten, solange der Globus weiterhin nur als eine Erweiterung Londoner Vororte zu betrachten war.

Der Balkankrieg störte die großartige Schlichtheit dieses Gegensatzes. Solange England an den Krieg mit Deutschland um die Seeherrschaft glaubte und Deutschland den bevorstehenden Kampf als das Tor zum Kolonialreich ansah, von dem so viele Deutsche träumen, konnte sich die Feindseligkeit beider Länder ins Uferlose entwickeln. Als sich jedoch herausstellte, dass der Krieg die Frage entscheiden sollte, ob die Montenegriner oder die Albaner Skutari bekommen sollten, war die Perspektive weniger verlockend. Es wurde beiden Völkern bewusst, dass sie sich beide nicht angreifen würden. Doch wenn sie miteinander kämpfen, dann wird der englisch-deutsche Konflikt Teil eines allgemeinen europäischen Krieges werden, der nur aus einem Streit zwischen Russland und Österreich entstehen kann; und das wird unmittelbar weder deutsche noch britische Interessen berühren und kann in keinem Fall wirkliche Vorteile für eines der beiden Länder bringen.

Sollte der Sieg bei der Triple-Entente (Frankreich – Russland – England) liegen, so wird das Hauptergebnis eine gewaltige Erweiterung des russischen Einflusses auf Europa und Asien sein, was nicht zum Inhalt englischer Gebete zu gehören pflegt. Sollte die Dreierallianz (Österreich-Ungarn – Deutschland – Italien) gewinnen, würde Deutschland die Last des Kampfes tragen müssen, würde seine Industrie ganz unverhältnismäßig leiden unter den Verlusten der weniger hoch entwickelten Verbündeten, und der Kriegsgewinn würde hauptsächlich bei Österreich-Ungarn liegen. Die Doppelmonarchie würde eine Lebensverlängerung erhalten. Doch Deutschland will Russland nichts »nehmen«, und seine Beteiligung würde den unerbittlichen Hass des russischen Volkes auf sich ziehen, das zu jung und zu zahlreich ist, um auf Ewigkeit unter einem verlorenen Krieg zu leiden.

Somit sind England und Deutschland auf der Seite des Friedens, und während der Balkanturbulenzen, die ja ihr Ende noch keineswegs gefunden haben, haben beide einen mäßigenden und bremsenden Einfluss auf ihre Freunde ausgeübt, Deutschland auf Österreich und England auf Russland. Der offensichtliche Widerwille Englands, die Entente in eine feste Allianz umzuwandeln, ist ein weiteres Element des Ausgleichs der beiden Mächte. Es scheint in Frankreich vergessen zu sein, dass ein englisches Angriffs- und Verteidigungsbündnis England wenig bringt, es sei denn, England verpflichtet sich, seine Hauptwaffe, die Flotte, fortdauernd in unmittelbarer Nähe zum Feind zu halten, das heißt in europäischen Gewässern. Tatsächlich besteht dieser Zustand derzeit schon; doch die endgültige Verpflichtung, die Flotte in der Nordsee zu halten, würde die Lage für England verschlechtern. Das würden andere Mächte zur Kenntnis nehmen und könnte einen sehr beachtlichen Einfluss auf die Haltung Japans ausüben, wenn die anglo-japanische Allianz zur Erneuerung ansteht. Auf jeden Fall ist dies eine Erwägung, die den Frieden zwischen England und Deutschland befördern könnte. Auf solchen Grundlagen sind internationale Freundschaften gebaut.

Die Zeit und unzählige Umstände haben zugunsten Englands gewirkt, wie es ein ewiges Gesetz zu sein scheint, auf Inseln gegründete Seemächte zu bevorzugen. Diese insularen Seemächte haben zu jeder Zeit in aller Regel nur einen Feind, während dieser Feind es seinerseits mit neidischen Landnachbarn zu tun hat, die eine zusammenhängende Grenze mit ihm teilen. Dieser Grundsatz hat sich in den vergangenen 5 Jahren eindeutig zugunsten Englands ausgewirkt. Als die englisch-deutsche Flottenrivalität akut wurde, hatte Deutschland so etwas wie freundliche Beziehungen zu Russland. So half Deutschland Russland während des Krieges mit Japan. Infolge deutscher Zusicherungen konnte Russland seine Truppen an der Westfront abziehen, obgleich Russland zugleich Bündnispartner Frankreichs war, doch das wurde als Vorsichtsmaßnahme verstanden – ein Instrument der Verteidigung, nicht des Angriffs, das Russland vereinbart hatte, ein Dutzend Jahre nachdem zwei Mächte der Dreierallianz ihm gedroht hatten für den Fall von Auseinandersetzungen mit Österreich.

Im Übrigen war Russland geschwächt durch die Niederlage in einem Krieg, litt unter einer Revolution im eigenen Land und lag in der Hand von Gläubigerbanken. Das alles hat sich geändert. Die Revolution ist unterdrückt, eine Reihe guter Ernten hat der Regierung die finanzielle Unabhängigkeit beschert, und die blauen Flecken in der Mandschurei sind verheilt. Russland hat immer noch keine Flotte, doch der Grund für eine neue ist gelegt, und in 10 Jahren wird Russland eine beachtliche Flotte in der Ostsee liegen haben. Ob die dann wirksamer sein wird als die auf den Grund der Meerenge von Korea versenkte Flotte oder als die, die jetzt unter anderem Namen dem gelben Feind Dienst leistet, wird sich erweisen. Doch vermutlich hat auch Russland dazugelernt, und im Falle des Krieges mit der Dreierallianz würde ein kampfkräftiges russisches Geschwader in der Ostsee zur ernsthaften Bedrohung für Deutschland werden. Nun ist es sicher, dass in wenigen Jahren das russische Geschwader dort stationiert sein wird, und es ist ebenso sicher, dass Russland, sollte Deutschland einen Kampf mit England zwischen der Küste von Kent und den Friesischen Inseln suchen, an die Seite Englands treten wird.

Es gibt derzeit auch nicht den Schein einer Freundschaft zwischen Russland und Deutschland. Der Krieg auf dem Balkan hat die letzten Spuren von Sympathie auf der russischen Seite beseitigt. Die Russen haben mit unsäglicher Bitterkeit vergangenes Jahr erfahren, dass es die deutsche Armee war, mit der sie an sich keinen unmittelbaren Streit auszufechten hatten, die ihre Balkanpolitik zum Scheitern gebracht hat. Mit Österreich hätten sie schnell abrechnen können, doch für Deutschland waren sie noch nicht bereit. Sie sind immer noch nicht bereit, machen jedoch fieberhafte Anstrengungen, ihre Armee in einen Zustand der Bereitschaft zu versetzen, der es ihnen ermöglicht, die österreichisch-deutsche Allianz herauszufordern, und auf russischer Seite bleibt der Vorteil geradezu unerschöpflicher Reserven.

So weit der Bericht der amerikanischen Zeitschrift aus dem Frühjahr 1914, der bereits alle Bestandteile des Interessengeflechts einschließlich der Abwägungen des Für und Wider einer großen europäischen Auseinandersetzung zwischen letztlich England und Deutschland enthält. Die grundlegende Haltung Englands gegenüber einem weiter aufsteigenden, nach ausbeutbaren

Kolonien gierenden Deutschland kommt gut zum Ausdruck. Das deutsche »Ich will!« entsprang der von den deutschen konservativen Eliten aufgenommenen darwinistischen Vorstellung des Wachsens oder Weichens als Nation und Rasse. Dazu kam der allseits bewunderte amerikanische Marinehistoriker Mahan mit seiner Beweisführung für die Regel: Seemacht schlägt Landmacht. Daher die kaiserliche Forderung nach einer den Machtzuwachs sichernden Flotte, noch bevor die erstrebten Kolonien zur Hand waren, deren Ausbeutung gesichert werden musste. Angesichts des englischen Verdiktes »Du sollst nicht!« wäre es für die deutsche Führung klug gewesen, innezuhalten und sich zu fragen, ob denn für das so verspätet startende Deutschland überhaupt noch wertvolle koloniale Beutestückchen zu gewinnen waren. Die deutschen Kolonialplaner dachten an den belgischen Kongo, zunächst nur Privatkolonie des belgischen Königs Leopold II., der des Deutschen Reiches würdig sei. Dazu im Kompromiss mit Frankreich auszuhandelnde Teile des französischen Kongobesitzes. All das scheitert am »Thou shalt not have« der englischen Supermacht. Es bleibt beim wütenden Bellen der im Käfig gehaltenen deutschen Kolonialpolitiker, die in ihrer offen zutage tretenden Impotenz den Gegner nur noch zu weiterer Unnachgiebigkeit reizten.

Wir sehen, dass in der auf den Krieg hinlaufenden Zeitachse alle Nationen massiv aufrüsten. Das gilt für Deutschland, noch mehr jedoch für Russland, Frankreich und nicht zuletzt Großbritannien. Neben Großbritannien und Deutschland rüsten die USA ihre Flotte, ohne einen Gegner zu haben, gegen den man sich als weit entfernter Kontinent verteidigen müsste. Die USA sind bereits die kommende Weltmacht. Nicht nur hatten sie große Teile des spanischen Kolonialreiches unterworfen, sie würden auch über den in Kürze zu eröffnenden Panamakanal ihre Flotten vom Atlantik in den Pazifik verlegen können, um dort auf die Interessen der alten Weltmacht Großbritannien wie auch die Japans, Russlands und Chinas zu stoßen.

KAPITEL 7

Pulverfass Europa und Kriegsbeginn 1914

Zünden der Schnüre und Minen, der Anschlag von Sarajewo

Nun kam es, wie vorausgesagt, auf dem Balkan zum Auslösen der Weltkriegsautomatik. Der Scheiterhaufen war von allen Nationen mit Hoffnung auf ein siegreiches Bestehen der jeweils eigenen Seite errichtet worden. Es mussten nur noch die Lunten durch einen gewichtigen, die Öffentlichkeit überzeugenden Anlass gezündet werden. Das war der Anschlag auf den österreichischen Thronfolger Franz Ferdinand, der sich zum Besuch des Heeresmanövers in der seit 6 Jahren von Österreich annektierten Provinz Bosnien-Herzegowina angemeldet hatte.

Die Regierung in Wien war vor Anschlägen auf den Truppenbesucher aus dem Kaiserhaus gewarnt worden, unternahm jedoch erstaunlich wenig, um ihn zu schützen. Das Attentat wurde von einer Gruppe serbischer Terroristen ausgeführt, die ihre Waffen vom serbischen Geheimdienst bezogen hatten und unter Mithilfe der serbischen Grenzpolizei nach Bosnien-Herzegowina eingesickert waren. Der Anschlag war vom Geheimbund der Schwarzen Hand in Belgrad vorbereitet worden. Organisator war ein Oberst des serbischen Generalstabs, der auch die Mittel für das Attentat bereitstellte. Ein serbischer Eisenbahnangestellter übergab den Mördern Bomben und Revolver und soll nach dem Attentat mit einem von serbischen Diensten gefälschten Pass in die Vereinigten Staaten geflohen sein. Die drei jungen Mörder wurden angeblich als Tuberkulosekranke angeheuert und konnten beziehungsweise sollten bald sterben.[21] Die serbische Regierung war über die Attentatsvorbereitungen genauestens informiert, gab diese Informationen jedoch nur sehr spät und ungenau an die Wiener Behörden weiter.

Doch auch die Sicherheitsvorkehrungen zum Schutz des Thronfolgers am Anreisetag waren österreichischerseits auffällig unprofessionell. Von der Bahnstation war die kilometerlange Anfahrt in das Zentrum von Sarajewo trotz vorliegender Warnmeldungen nicht bewacht. In Sarajewo wurde der Thronfolger beim Verlassen des Rathauses beschossen. Der Chauffeur konnte zwar mit dem Thronfolgerpaar zunächst entkommen, lenkte das Gefährt jedoch über eine parallel verlaufende Straße erneut in das Schussfeld der Attentäter. Der Hintergrund scheint bis heute nicht voll aufgeklärt zu sein.

Der Ermordete war in Wien in Regierungskreisen nicht sonderlich beliebt. Er trat für eine Erweiterung der kaiserlich-österreichischen und königlich-ungarischen zu einer österreichisch-deutsch-ungarisch-slawischen Monarchie ein. Dieses Ziel war insofern nicht ohne Sinn, als das slawische Element in der K.-u.-k.-Monarchie zwar weit verbreitet, jedoch an der Regierungsgewalt nicht beteiligt war.

Ein Teil Polens gehörte damals zu Österreich-Ungarn, dazu die Slowakei und die Tschechei. Sollte der Vielvölkerstaat Österreich bei wachsendem Nationalismus Zukunft haben und nicht wie das Osmanische Reich an den Selbstständigkeitsbestrebungen seiner Teilvölker zugrunde gehen, so musste die politische Basis in ihrer Struktur verbreitert und den Völkern eine Vertretung ihrer Interessen zugestanden werden, vergleichbar mit den Bestrebungen des angelsächsischen Cecil-Rhodes-Kreises, welcher die Zukunft des Britischen Empires nur dann gewährleistet sah, wenn die dazugehörenden Völker über ein gewähltes Parlament die Politik des »Common Wealth of Nations« mitbestimmen konnten. Doch derartige Vorstellungen galten in Wien wie in Budapest für den ungarischen und deutschen Teil als nicht hinnehmbar.

Serbien

Auf dem Balkan war Serbien der wichtigste slawische Gegenspieler Österreichs und wurde in dieser Rolle von Russland unterstützt und instrumentalisiert. Die serbischen Streitkräfte ebenso wie der serbische Geheimdienst waren von russischen Kräften ausgebildet und mit russischen Offizieren durchsetzt. Serbien konnte es sich, von einer hinter ihm stehenden Großmacht gestützt, leisten, gegen die schwächelnde Großmacht Österreich aufzutrumpfen, sie in Bosnien-Herzegowina mit Nadelstichen zum Schlag zu reizen und die Akzeptanz österreichischer Herrschaft in der Bevölkerung zu untergraben. Dementsprechend machte die serbische Presse alle gegen Österreich vorgehenden Attentäter zu Volkshelden, die sich vaterländisch in den Dienst der serbischen Sache stellten, während sie eigentlich nicht nur Hass, sondern auch Mord und Totschlag verbreiteten.

Die serbische Regierung beanspruchte Bosnien-Herzegowina als Bestandteil eines eigenen Großserbien und war deshalb daran interessiert, die österreichische Landnahme von 1909 rückgängig zu machen. Darauf lief auch die serbische Propaganda mit dem Ziel der Destabilisierung österreichischer Herrschaft in Bosnien-Herzegowina hinaus.

Die Regierung in Wien gedachte, den Mord am Thronfolger zum Anlass für eine grundsätzliche Abrechnung zu machen, um so vor weiteren serbischen Aktivitäten abzuschrecken.

Die serbische Regierung verurteilte offiziell das Attentat, doch wurden die Hintermänner unter der Hand geschützt, soweit sie in Serbien lebten. Nach Kriegsende stiegen sie in wichtige Ämter des von den Alliierten neu gegründeten Jugoslawien auf.

Der Aufregung in der Weltöffentlichkeit über den Anschlag folgten zunächst 3 Wochen des Abwartens und Erörterns der denkbaren Maßnahmen, ohne dass energischere serbische Bemühungen zur Aufklärung des Vorgangs zu verzeichnen gewesen wären.

Österreichisches 48-Stunden-Ultimatum

Die 3 Wochen waren wohl auch erforderlich, um intern im komplizierten politischen Verhältnis zwischen dem ungarischen und dem österreichischen Reichsteil das Einvernehmen über die nun einzuschlagende Politik zu finden. Die ungarische Seite war eher skeptisch gesinnt, wenn es um außenpolitische Abenteuer ging. Vor allem wollte der ungarische Teil dem Slawentum der Doppelmonarchie nicht die Gleichberechtigung und Mitbestimmung neben dem österreichisch-deutschen und ungarischen Volksteil zugestehen. Dies hätte eine Verminderung des ungarischen Einflusses in Reichsangelegenheiten zur Folge haben müssen. Doch genau hierfür trat der am Wiener Hof umstrittene Thronfolger ein.

Nun, nach Ablauf der 3 Wochen, stellte Österreich der serbischen Regierung das Ultimatum – mit einer wenig diplomatisch kurzen Frist von nur 48 Stunden. Der Wortlaut der Note ist im Kommandoton einer Supermacht gegenüber einer kleinen, nicht ebenbürtigen Regionalmacht verfasst. Weder im Umgang mit Russland oder Frankreich noch dem Osmanischen Reich hätte Wien sich vermutlich einer derartigen Wortwahl bedient. Der gewählte Ton ist, die Komplizenschaft Serbiens mit den Terroristen unterstellend, in der Sache diplomatisch frech und herausfordernd.

Schon bei der Wortwahl des Ultimatums dürfte die Entscheidung, eine militärische Strafexpedition gegen Serbien zu unternehmen, bereits gefallen sein. So ungeheuerlich der Mord wie auch dessen Hintergrund und Einbindung in die serbische Szene gewesen sein mochten, eine Intervention österreichischer Truppen in Serbien musste Russland, den Schutzpatron der Slawen im Allgemeinen und Serbiens im Besonderen, ins Feld rufen. Und dies musste die österreichische wie die mit ihr beratschlagende deutsche Seite auch so sehen.

Österreich – letzter Bündnispartner Deutschlands

Doch Österreich meinte in Serbien sein Exempel statuieren zu müssen, um das fortlaufende Infragestellen und Untergraben seines neuen Besitzes auf dem Balkan abzustellen und seinen Anspruch als zumindest regionale Großmacht zu untermauern. Dass sich diese Politik nicht nur gegen Serbien, sondern auch gegen die konkurrierenden Bestrebungen der Weltmacht Russland auf dem Balkan richtete, wusste man also in Wien sehr wohl. Doch wer jetzt nachgab, verspielte seinen Ruf als Garant der bestehenden Ordnung, zeigte Schwäche und drohte auf eine abschüssige Bahn der Schwächung und Auflösung zu geraten. Das deutsche Kaiserreich stützte die österreichische Regierung in ihrer Haltung, wohl auch in der nicht ganz sicheren Hoffnung, dass ein Krieg auf den Balkan lokalisiert bleiben könne. Zur Beschwichtigung hatte Österreich internationale Erklärungen abgegeben, wonach sein Bestreben nicht auf eine Ausweitung seiner Macht auf serbisches Territorium gerichtet sei.

Auch in Berlin war man sich der Gefahr der Ausweitung zu einem großen Krieg durchaus bewusst. Doch da Frankreich sich mit Russland verbündet hatte, beide Länder sich bereits über viele Jahre auf einen Krieg mit Deutschland intensiv vorbereitet hatten und die schnellen Aufmärsche der beiden Heere an der deutsch-französischen beziehungsweise deutsch-russischen Grenze zum Zweifrontenkrieg vereinbart und durchgeplant waren, drohte nun der Albtraum der deutschen Heeresführung in Windeseile Wirklichkeit zu werden.

Nach der europäischen Lageeinschätzung der Militärs in Wien wie Berlin musste man, ohne einen Blick auf die Potenziale Englands oder gar der USA geworfen zu haben, gegen die Kontrahenten Frankreich und Russland aus einer Position der zahlenmäßigen Unterlegenheit antreten.[22] Die Gegner waren, zusammengenommen, stärker und arbeiteten fortwährend an der Vervollständigung ihrer militärischen Strukturen, ganz in der mehrfach im diplomatischen Verkehr untereinander geäußerten Erwartung einer großen europäischen Auseinandersetzung, die beiden Partnern die Hoffnung auf fette Beute bringen werde.

Frankreich hatte gerade die Dauer der Wehrpflicht gegen die Stimmen der Sozialisten auf 3 Jahre ausgedehnt.

Die serbische Antwort

Serbien beantwortete das Ultimatum äußerst geschmeidig, nahm in der Sache den größten Teil des österreichischen Ultimatums und der dort enthaltenen Forderungen positiv auf. Der Wortlaut war im französischen Außenministerium in Abstimmung mit der russischen Regierung entworfen worden. Darin wurden alle Bedingungen außer einer einzigen angenommen. Österreich hatte gefordert, dass auch österreichische Vertreter an der Untersuchung der Hintergründe des Attentats beteiligt werden sollten. Doch Serbien lehnte eine Beteiligung der österreichischen Seite als Beeinträchtigung seiner Souveränität ab. Mit Sicherheit hätte Österreich bereits damals die Behauptung von der Verbindung der Attentäter zum serbischen Geheimdienst stützen oder gar nachweisen können. Diese Offenbarung hätte die serbische Seite in ein angreifbares Licht gestellt und die geplante militärische Strafaktion Österreichs rechtfertigen können.

Eine Parallele zum Spanisch-Amerikanischen Krieg von 1898 bietet sich zum Vergleich an. Spanien hatte seinerzeit eine internationale Kommission zur Untersuchung der Ursachen für das im Hafen von Havanna versenkte neutrale amerikanische Kriegsschiff Maine angeboten, von dem der amerikanische Präsident McKinley behauptete, es sei durch spanische Minen zur Explosion gebracht worden, während Spanien jede Verantwortung von sich wies. Damals verweigerte der amerikanische Präsident die unabhängige Untersuchung unter Beteiligung Spaniens und nutzte vielmehr den Vorfall als Vorwand, Spanien den Krieg zu erklären. Und dies trotz der dringenden Warnung des Kommandanten des untergegangenen amerikanischen Kriegsschiffes, nicht vor Abschluss einer gründlichen Untersuchung des Vorfalls militärische Maßnahmen zu ergreifen. Der Präsident behielt das Telegramm der Regierung in Madrid, mit dem den USA die Übernahme der spanischen Kolonien angeboten wurde, in der Tasche, um vor dem Kongress das exakte Gegenteil zu erklären. Der Krieg nutzte seiner Partei im anstehenden Wahlkampf.[23]

Mobilmachungen und Kriegserklärungen

Die militärischen Maßnahmen begannen sofort nach Bekanntwerden des österreichischen Ultimatums und noch vor Ablauf der Frist mit der Mobilmachung von vier großen russischen Militärbezirken und der russischen Flotte im Schwarzen Meer und in der Ostsee. Dem folgte 3 Stunden vor

Absendung der serbischen Antwort auf das Ultimatum die serbische Mobilmachung.[24] Nach Eingang der serbischen Antwort erklärte Österreich Serbien den Krieg, gefolgt von der österreichischen Mobilmachung. Die russische Mobilmachung beschränkte sich nicht nur, wie behauptet, auf die der österreichischen Seite gegenüberliegenden Armeekorps, sondern galt darüber hinaus der gesamten nördlichen Front gegen Deutschland. Deutschland erklärte sich in Kriegsgefahr befindlich.[25] Die Aufforderung des Kaisers an den Vetter Nicky, die russische Mobilmachung an allen Fronten wieder rückgängig zu machen, fand auch nicht in Teilen Gehör. Daraufhin machte Deutschland mobil und erklärte Russland den Krieg. Bereits am gleichen Tag drangen russische Truppen über die Grenze nach Ostpreußen. Frankreich folgte, wie mit Russland vereinbart, der deutschen Mobilmachung. Deutschland erklärte Frankreich den Krieg, nachdem die Anfrage an die französische Regierung, ob sie gedenke, neutral zu bleiben, in Paris mit dem Hinweis, man werde seine Interessen zu wahren wissen, unbeantwortet geblieben war.[26]

Das Manövrieren der britischen Seite blieb bis kurz vor Ausbruch des Krieges undeutlich. Der Versuch einer Begrenzung des Konfliktes auf die Strafaktion gegen Serbien war gescheitert. Der russische Generalstabschef Dobrowolski erklärte später, ab dem 24. Juli 1914 sei aus der Sicht des russischen Generalstabs der Krieg zur Gewissheit geworden. Das wäre einen Tag nach dem Besuch des französischen Staatspräsidenten Poincaré in St. Petersburg gewesen. Am 29. Juli gegen Abend erklärte der britische Außenminister Edward Grey dem deutschen Botschafter, Großbritannien werde in einem Krieg Deutschland – Frankreich nicht untätig bleiben können. Es könne die Neutralität nicht wahren, werde vielmehr Deutschland sofort mit der Flotte angreifen.[27] Das wurde in Berlin als nicht mehr umkehrbare Entscheidung, ja bei den meisten als der schlimmste denkbare Fall angesehen. Die deutsche Kriegserklärung folgte nach der Weigerung Frankreichs, sich für neutral zu erklären, am 1. August 1914.

Deutsche Verbände drangen nun in Luxemburg und das neutrale Belgien ein. Zur Begründung führte die Berliner Regierung an, Belgien nur als Durchgangsland zur Front nach Frankreich nutzen zu wollen; nach Kriegsende werde man das Land räumen und Schadensersatz zahlen. Die Zweifrontenlage gegen Russland und Frankreich mache es unabdingbar, die stark befestigte französisch-deutsche Grenze zu umgehen und über die deutsch-belgische Grenze in den nicht mit Festungen geschützten französischen Grenzraum einzudringen und dort die aufmarschierenden französischen Verbände zu stellen. Die deutsche Seite hatte schon im Vorfeld des Krieges belgischen Diplomaten zu verstehen gegeben, dass man unter allen Umständen einen großen europäischen Krieg vermeiden wolle. Diese Diplomaten fanden die deutsche Haltung überzeugend und berichteten entsprechend an ihre Regierung. So sollte wohl Belgien dafür gewonnen werden, die Verletzung belgischer Neutralität zu dulden und den befürchteten Eingriff Englands zu verhindern. Vergeblich, wie man weiß.

Belgiens Neutralität

Die europäischen Mächte hatten sich 1830 zur Wahrung der Neutralität Belgiens verpflichtet. Das lag schon damals in Englands Interesse, um die Häfen der Kanalküste nicht in die Hände eines starken Festlandstaates fallen zu lassen.

Deutschland hatte zwar bei Kriegsbeginn erklärt, Belgien nicht über den Krieg hinaus besetzt halten zu wollen, doch die Verletzung des Völkerrechts durch Deutschland war nicht zu bestreiten. Die Verletzung der Neutralität Belgiens hatte zwar für die britische Propaganda nach innen und außen eine nicht zu unterschätzende Rolle gespielt, für die grundsätzliche Haltung der englischen Regierung in dem sich nun entwickelnden Weltkrieg war sie aber nicht von entscheidender Bedeutung. Das britische Kabinett stellte sich im August 1914 zunächst mit großer Mehrheit gegen den von Außenminister Grey geforderten Kriegseintritt des Landes. Die Minister waren über die Verpflichtungen Englands im Rahmen der Entente cordiale mit Frankreich und Russland nicht informiert worden, dementsprechend weigerte sich die überwiegende Mehrheit, der Forderung des Premiers Asquith und des Außenministers Grey auf Kriegseintritt Englands zuzustimmen, zumal auch die Öffentlichkeit von einem Krieg an der Seite Russlands und Frankreichs auf dem Kontinent nicht sonderlich begeistert war. Der Regierungschef sah sich gezwungen, dem Kabinett die Vertrauensfrage zu stellen, und drohte mit Rücktritt. Nach langen, auch öffentlichen Auseinandersetzungen blieben letztlich drei Kabinettsmitglieder bei ihrer Ablehnung und verweigerten dem Premierminister die Gefolgschaft. Ein Bericht über die Auseinandersetzung findet sich in dem noch 1914 von John Viscount Morley, einem der opponierenden Minister, verfassten Memorandum, das dessen Neffe erst 1928, nach dem Tod des Onkels, veröffentlichte.[28] Aus der Abhandlung ergibt sich, dass die immer wieder ins Feld geführte belgische Neutralität und deren Verletzung durch den deutschen Aufmarsch bei den Auseinandersetzungen des

Kabinetts über den Kriegseintritt Englands keine wesentliche Rolle gespielt hatten. Auch die Flottenkonkurrenz, die Frage der angemessenen Größe der deutschen Flotte im Vergleich zur englischen, war nicht von größerem Gewicht. Beide Gesichtspunkte waren jedoch Gegenstand der gigantischen Medienkampagne, mit der die englische Öffentlichkeit für den Kriegseintritt eingestimmt wurde. Die eigentlichen Gründe, so das Memorandum, bestanden in dem aus damaliger Sicht gefährlich werdenden industriellen, militärischen und dann auch geopolitisch sich auswirkenden Machtzuwachs des geeinten Deutschlands. Es spielte dabei durchaus auch die Gefahr eine Rolle, dass bei einem Sieg Russlands und Frankreichs Russland einen gewaltigen Machtzuwachs erringen würde, der wiederum das Gleichgewicht der Mächte auf dem Kontinent und darüber hinaus bis nach Asien nachhaltig hätte beeinträchtigen können. Mindestens so unerwünscht war der Sieg Deutschlands über seine Gegner mit der dann beherrschenden Rolle über Europa.

Was den Erörterungen im englischen Kabinett laut dem Memorandum völlig abgeht, ist das Erkennen der Gefahr eines englischen Abstiegs aus der Machtfülle der die Kontinente beherrschenden Supermacht in die einer mittleren europäischen Macht, der Verabschiedung des europäischen Jahrhunderts zugunsten des neuen Sterns am Firmament der Mächte, der Vereinigten Staaten von Nordamerika.

Netzwerke der Einflussnahme und Propaganda

Wie in allen kriegerischen Auseinandersetzungen spielte auch im Ersten Weltkrieg von Beginn an die Propaganda eine entscheidende Rolle. Die Fähigkeit vernünftiger Geister, die Weltlage nicht nur aus Sicht der eigenen Seite, sondern auch aus der möglichst objektiv zu ermittelnden Sicht des Gegners zu betrachten, ist bei kriegsführenden Regierungen bereits in der Vorbereitung eines militärischen Konflikts aufs Äußerste unerwünscht. Um das zu verhindern, muss der jeweilige Gegner als Kriegstreiber, ja als Verbrecher und die eigene Position als die des leidenden Opfers, der Verkörperung des Guten und Edlen, dargestellt werden. Und im Inneren wird jede abweichende Meinung als die der fünften Kolonne des Gegners dargestellt. Das Schicksal der sich gegen einen Kriegseintritt der USA aufseiten Englands stellenden Abgeordneten, Journalisten und Professoren liefert eindrückliche Beispiele.

In Großbritannien wie im gesamten Empire fanden sich bereits um die Jahrhundertwende Politiker, Unternehmer, Verleger, Professoren und Journalisten, die begannen, sich um den Fortbestand des englischen Weltreiches Sorgen zu machen, und die die Errungenschaften dieses Reiches unter allen Umständen bewahrt und ausgebaut wissen wollten. England mit seiner damals einzigartigen Stellung in der Welt, seinem unvergleichlich großen Wohlstand, seiner hohen zivilisatorischen Leistung, seiner Liberalität und Attraktivität für die Eliten der Welt sollte eher weltumfassend ausgebaut und die gefährlich aufstrebenden, zivilisatorisch noch zurückgebliebenen Konkurrenten wie Russland oder Deutschland in die Schranken verwiesen werden.

Es war der in England geborene südafrikanische Unternehmer und Politiker Cecil Rhodes, der mithalf, ein Netzwerk aufzubauen, das sich um Fortbestand, Ausbau und Verteidigung des Britischen Empires kümmerte. In sieben testamentarischen Verfügungen hatte er sein aus Diamanten-, Gold- und Rohölförderung entstandenes Vermögen gestiftet, um die Bildung einer informellen Elite in Politik, Wirtschaft, Finanzen, Wissenschaft, Journalistik und Gesellschaft zu fördern. In der praktischen Umsetzung sollte sich die Stiftung am Vorgehen der Jesuiten ein Beispiel nehmen.[29]

Mit den zur Verfügung gestellten Geldern wurden Vorkämpfer und Denker eines britisch-angelsächsischen Imperiums gewonnen, ausgebildet und in ihren Karrieren gefördert, mit dem Ziel, in der britischen wie amerikanischen Politik und Gesellschaft Einfluss zu nehmen. Dazu gehörte die Ausbildung junger Studenten als Potenzial für führende Stellungen in Staat, Wirtschaft und Gesellschaft. Zum Verwalter des Stiftungsvermögens hatte Cecil Rhodes den langjährigen Gouverneur Südafrikas, Lord Alfred Milner, ernannt.

Ziel war es letztlich, die angelsächsische Weltherrschaft unter Einbeziehung der britischen Kolonien, aber auch der Vereinigten Staaten mithilfe von Netzwerken einflussreicher Persönlichkeiten in allen machterheblichen Positionen abzusichern.[30]

Zu den wichtigsten Angehörigen dieser informellen Gruppe zählte der britische Premierminister Herbert Henry Asquith, der die britische Politik in den für die Vorbereitung und den Beginn des Ersten Weltkrieges entscheidenden Jahren 1908 bis 1916 leitete. Der britische Außenminister und überzeugte Anhänger des britischen Weltreiches Curzon gehörte zu dieser Gruppierung. Dazu Außen- und Premierminister Balfour, Kolonialminister Joseph Chamberlain und andere. In dieser informellen Gruppe vollzogen sich die Meinungsbildungen über die Zukunft des britischen Weltreiches und wirkten auf politische Entscheidungen ebenso ein wie auf die personelle

Auswahl und Förderung der in Stellung zu bringenden Politiker und Beamten. Eines der Hauptanliegen des Netzwerkes war die fortlaufende Rückkoppelung mit der akademischen Szene und dem dort heranzubildenden Nachwuchs.[31]

Die Londoner *Times* war jahrelang Eigentum der Gruppe, teilweise wurde sie von dort beherrscht. Nachdem man sich entschieden hatte, den Kampf gegen das gefährlich aufwachsende Deutschland aufzunehmen, wurden nur noch deutschlandkritische Korrespondenten nach Berlin wie in die wichtigsten Hauptstädte der Welt entsandt. So blieb der deutschen Politik und dem Auswärtigen Amt dieses wichtige Sprachrohr hinein in die angelsächsische Welt systematisch versperrt. Der einzige über Deutschland neutral berichtende Journalist der *Times* wurde auf einen bedeutungslosen Posten abgeschoben.[32] Über Jahre wurde infolge der fortwährend negativen Berichterstattung über Deutschland der an sich große anglophile Freundeskreis in Deutschland mehr und mehr zur Resignation und zum Schweigen gebracht, während zugleich die der Ablehnung bis zum Hass gegen das »perfide Albion« sich hingebenden Gruppierungen ihr tägliches Futter geliefert bekamen.[33]

Die englischen Brückenbauer zwischen den Nationen wurden als Verräter an der eigenen Sache oder als leichtgläubige Opportunisten dargestellt. Englische Professoren hatten lange vor 1914 gemahnt, man möge doch das gemeinsame, verbindende kulturelle Erbe der europäischen Nationen nicht der Engstirnigkeit des neuerlichen Nationalismus unterwerfen. Und deutsche Professoren hatten mit dem Hinweis auf die gemeinsame Verantwortung geantwortet. Doch beide Gruppen fanden kaum Gehör, weder in England noch in Deutschland.

Carroll Quigley, Historiker an der Georgetown-Universität in Washington und Ausbilder von Generationen amerikanischer Studenten und Diplomaten, hat das Netzwerk im Gefolge der Testamente und Stiftungen Cecil Rhodes' im Detail beschrieben.[34] Die Quellen hierfür seien ihm, so seine Darlegung, 1949 vertraulich übergeben worden.[35]

Dass das monarchische Treiben um den deutschen Kaiser, die Überbetonung des Militärischen, das Aufbegehren gegen das englische »Thou shalt not have«, dazu ein Mangel an Humor und ein Übermaß an Eitelkeit und Maulheldentum der angelsächsischen Presse ausreichend Gelegenheit zur Karikatur in Wort und Bild an die Hand gaben, bleibt nicht zu leugnen. England und Amerika waren im zivilen Umgang der Gesellschaft untereinander weiter fortgeschritten als Deutschland. Dennoch, ohne die ständig negativ aufgeladene Presseberichterstattung wären die Massen beiderseits des Kanals nicht zum Krieg zu motivieren gewesen.

Nun kam ja die reine Kriegspropaganda hinzu. Die Gräuelmärchen von den Kinder erschießenden und Frauen vergewaltigenden Truppen schürten Hass und Verachtung. Nach dem Krieg bekannten sich einige der Erfinder zu ihren Verfälschungen, doch die zu Verachtung und Hass aufgepeitschten Massen waren so schnell nicht zur Ruhe zu bringen.[36]

Der Konkurrent Deutschland war auszuschalten

Die grundsätzliche Arbeit über die denkbare Gefährdung der britischen Weltherrschaft durch eine aus der Mitte Eurasiens heranwachsende Landmacht hatte bereits um die Jahrhundertwende Halford Mackinder verfasst. Doch noch vor der Veröffentlichung seiner grundlegenden Thesen finden wir kurz vor der Jahrhundertwende ganz offensichtlich amtlich bestellte oder lancierte Abhandlungen von Autoren in der britischen Presse, deren Forderungen die englische Außenpolitik wesentlich bestimmt haben. So erschien im Jahr 1895 in der *Saturday Review* ein Aufsatz zum Thema »Die für uns Engländer richtige Außenpolitik«.[37] Dort wird noch vor der Jahrhundertwende ausgeführt:

> Unsere Außenpolitik hat an erster Stelle mit der verbissenen Feindschaft Frankreichs zu rechnen. Man mag diese Feindschaft unklug und unzeitgemäß nennen, aber bezweifeln lässt sie sich nicht. Ein Teil unserer englischen Presse empfiehlt jetzt, Lord Salisbury solle mit dem deutschen Kaiser ein Bündnis zur gegenseitigen Hilfe eingehen. Uns gefällt solche Politik nicht, so viel Sicherheit sie zu bieten vermöchte, und zwar aus mancherlei Gründen. Vor allem gilt doch, dass wir Engländer bisher stets gegen unsere Wettbewerber in Handel und Verkehr Krieg geführt haben. Und unser Hauptwettbewerber in Handel und Verkehr ist heute nicht länger Frankreich, sondern Deutschland. Bei einem Krieg mit Deutschland kämen wir in die Lage, viel zu gewinnen und nichts zu verlieren. Ein Krieg mit Frankreich dagegen, ende er, wie er wolle, schlösse immer mit schweren Verlusten für uns ab.

Es folgt wenige Monate später der Artikel »Eine biologische Betrachtung unserer englischen Außenpolitik, von einem Biologen«, der ebenfalls in *The Saturday Review*[38] veröffentlicht wird. Der britische Biologe kommt als Zeitgenosse und Anhänger Darwins zu folgendem Ergebnis:

Das Wissen um die bisherige Geschichte des Lebens auf dieser Erde hat uns in dem großen Drama der Entwicklung mit einer Erscheinung vertraut gemacht. Wir haben erkannt, dass durch ungezählte Geschlechterfolgen hindurch eine Anzahl Arten von einigermaßen gleichwertigem Rang sich kämpferisch zu erhalten vermochten. Dann gewann bald die eine, bald die andere Art einen Vorsprung, bis plötzlich eine Wende im Weltgeschehen der einen Art das entscheidende Übergewicht verschaffte … Die großen Nationen der Erde sind solche Spielarten und sind jede für sich eine neu ins Leben tretende Art. Es ist nicht nötig, dass sich bei ihnen gleich anatomische Unterschiede bemerkbar machen. Doch ein anderer Durchschnittscharakter hat sich bei Engländern, Deutschen, Franzosen, Russen, Amerikanern, Chinesen und Japanern bereits herausgebildet … Die Welt wird schnell ein Zeitalter der alles entscheidenden letzten Kriege erreichen, die nicht mehr in einem ehrenhaften Frieden enden werden und bei denen auch die Kriegsgefahr nicht durch lächerliche Schiedssprüche wird gebannt werden können. Die Tatsachen liegen für jeden auf der Hand. Schwache Rassen werden eine nach der anderen vernichtet, und die wenigen großen Arten bewaffnen sich zum Kampf gegeneinander. England ist die größte unter ihnen, die größte, was geografische Verteilung angeht, die größte an Ausdehnungskraft, die größte an Stolz auf die Rasse. England hat Jahrhunderte hindurch den letzten, den einen, wirklich gefährlichen Krieg vermieden. Jetzt, wo die ganze Erde besetzt ist, gleichwohl der Ausdehnungsdrang fortdauert, wird England den Kampf auf Leben und Tod kämpfen müssen gegen einen Nebenbuhler nach dem anderen … Unter den europäischen Völkern sind sich die Deutschen und die Engländer am ähnlichsten. Weil die Deutschen den Engländern so ähnlich sind im Wesen, im religiösen und wissenschaftlichen Denken, im Gefühlsleben und in der Begabung, sind sie unsere vorbestimmten natürlichen Nebenbuhler. Überall auf der Welt, bei jedem Unternehmen, im Handel, in der Industrie, bei allen Institutionen in der weiten Welt stoßen Engländer und Deutsche aufeinander. Die Deutschen sind ein wachsendes Volk, ihre Wohnsitze sind über die Reichsgrenzen hinaus verstreut. Deutschland muss neuen Raum gewinnen oder wird bei dem Versuch untergehen … Wäre morgen jeder Deutsche beseitigt, es gäbe kein englisches Geschäft, noch irgendein englisches Unternehmen, das nicht expandieren würde. Verschwände jeder Engländer morgen, die Deutschen hätten im gleichen Verhältnis ihren Gewinn davon. Hier also wird der erste große Artenkampf der Zukunft sichtbar; hier sind zwei wachsende Nationen, die sich rund um die Erde bedrängen. Eine von beiden muss, eine von beiden wird das Feld räumen … Einfache Lehren ergeben sich (für uns Engländer) aus der biologischen Betrachtung der auswärtigen Politik.

Erstens: Schweißt unsere Kolonien in einem Bund zusammen, eine gegeneinander gerichtete, räumliche Zersplitterung der angelsächsischen Rasse muss verhindert werden.

Zweitens: Macht euch bereit zum Kampf gegen Deutschland, denn *Germania est delenda* (Deutschland muss zerstört werden). Drittens: Haltet euch bereit zu einem kommenden Kampf mit Amerika, wenn der Augenblick gekommen ist. Schließlich: Führt keine kraftvergeudenden Kriege mit Völkern, von denen wir nichts zu befürchten haben.

Etwa ein weiteres halbes Jahr später folgte unter dem Titel »England und Deutschland« eine weitere Betrachtung über das englisch-deutsche Verhältnis mit verwandt klingender, rassistisch-kommerziell-kriegerischer Tendenz:[39]

Fürst Bismarck erkannte vor Langem, was das Volk Englands endlich zu begreifen beginnt, dass nämlich in Europa zwei unversöhnliche, gegnerische Kräfte am Werk sind; es sind das zwei große Nationen, die sich (am liebsten) die ganze Welt einverleiben würden, um an ihr zu verdienen. Diese Nationen sind England, mit der langen Geschichte erfolgreicher Angriffskunst und der wunderbaren Gewissheit, zugleich mit dem Eigennutz den in ihrer Düsternis lebenden Völkern das Licht zu bringen, und das ist Deutschland, Bein vom selben Bein, Blut vom selben Blute, von geringerer Willenskraft, aber vielleicht von lebendigerem Geiste. In jedem Winkel der Erde stehen die beiden im Wettbewerb, in Transvaal am Kap, in Zentralafrika, in Indien, in Ostasien, auf den Inseln der Südsee und im fernen Nordwesten, überall, wo die englische Flagge der Bibel und der Handel der Flagge gefolgt sind – und wo war das etwa nicht so? –, bekämpft der deutsche Handelsmann den englischen Krämer. Wo es gilt, ein Bergwerk anzulegen, eine Eisenbahn zu bauen oder Eingeborene von der Brotfrucht ans Büchsenfleisch, vom Wasser an den Handelsschnaps zu gewöhnen, versuchen der Deutsche und der Engländer einander zuvorzukommen. Aus einer Million von Streitereien um Kleinigkeiten fügt sich die größte Kriegsursache zusammen, von der die Welt jemals gehört haben wird. Würde Deutschland morgen ausgelöscht, gäbe es übermorgen rund um die Welt keinen Engländer, der davon nicht profitierte. Staaten haben jahrelang Krieg um eine Stadt oder um das Recht auf Thronfolge geführt; und da sollten sie nicht Krieg führen, wenn ein jährlicher Handel von fünf Milliarden auf dem Spiele steht? [...] Haben wir unsere eigene Arbeit geleistet, so fände ein altes Bismarck-Wort an [den französischen Ministerpräsidenten] Ferry sinngemäß Anwendung. Wir könnten dann entsprechend

> zu Frankreich und Russland sagen: »Sucht euch die Entschädigung selbst aus, nehmt euch aus Deutschland, was ihr wollt, ihr sollt es haben.«

Die an Deutschenfeindlichkeit kaum zu überbietenden Artikel in der *Saturday Review* gaben offensichtlich nicht die Auffassungen einer Gruppe von Spinnern wieder.[40] Die Autoren sind bekannt. Sie gruppierten sich um den für die Deutschlandpolitik im Foreign Office verantwortlichen Sir Eyre Crowe, der sich die unerbittliche Auseinandersetzung mit Deutschland zur Aufgabe gemacht hatte. Er hatte entscheidenden Einfluss auf den britischen Außenminister Edward Grey ebenso wie auf den der Königin Victoria nachfolgenden König Eduard VII. Die personelle Kontinuität im Foreign Office bis in die Zeiten der Weimarer Republik und des Dritten Reiches stellte Robert Vansittart dar, an dessen Ablehnung der deutsche Widerstand gegen Hitler noch verzweifeln sollte.[41] Im Übrigen zählten auch Winston Churchill und Rudyard Kipling zu den Autoren der Zeitung. Allein der ebenfalls in der Zeitschrift schreibende George B. Shaw trat gegen die hier zum Ausdruck gebrachte Tendenz an.[42] Seine Warnung an den deutschen Botschafter Eckardstein mit Hinweis auf die Artikel traf auf ungläubige Ohren. Dem Botschafter waren von offizieller Seite bis zuletzt immer wieder gegenteilige Einstellungen signalisiert worden; denn in der Berliner Friedenspartei, zu der letztlich auch der schwankende Kaiser gehörte, hegte man die Hoffnung auf eine lokale Begrenzung des Konfliktes, während die den Krieg als unvermeidbar ansehende Gruppierung sich nicht täuschen lassen wollte.

Kriegsbegeisterung 1914

Bekanntlich soll es 1914 in Deutschland eine ungeheure, das ganze Land erfassende Begeisterung über den ausgebrochenen Krieg und ein allseits freudiges Eilen zu den Waffen gegeben haben. Solche Hochstimmung gab es in Deutschland tatsächlich, sogar noch mehr als in den anderen Nationen. Es war wohl das nach Jahrzehnten des Friedens nicht mehr verspürte Gemeinschaftsgefühl, das eigene Land verteidigen zu müssen. Und die Kriegspropaganda in konservativer Hand verbreitete diese Bilder des Jubels, des Einsseins mit den ausrückenden Soldaten. Fast unbeachtet blieben dabei allerdings die rund tausend Friedensdemonstrationen im ganzen Reich, durchweg von Sozialdemokraten und Gewerkschaftern organisiert. Die Stimmung auf dem Land, bei den Bauern wie auch bei den kleinen Gewerbetreibenden, war nachdenklicher. Das galt auch für große Teile der Arbeiterschaft.

Im Übrigen hatten wir es im Kaiserreich nicht mit einer Massendemokratie zu tun. 70 Prozent des Staatsgebietes und ein ebenso großer Teil der Bevölkerung gehörten zu Preußen. Der Staat war eine Monarchie unter einem König, der zugleich aufgrund der Erbfolge der Hohenzollern seit 1871 von den deutschen Fürsten zum Kaiser des Deutschen Reiches proklamiert, nicht gewählt worden war. Die Bismarck'sche Reichsverfassung legte den Schwerpunkt auf das Gottesgnadentum des Königs und Kaisers, der nicht abhängig sein durfte von einer wie auch immer gearteten demokratischen Legitimation.[43]

Der Reichstag, als Schwatzbude lächerlich gemacht, hatte nur geringen Einfluss, wenn auch die Verabschiedung des jährlichen Haushaltes ein bestimmtes Mitwirkungsrecht eröffnete. Das Dreiklassenwahlrecht in Preußen sorgte dafür, dass die wohlhabenden Schichten das Sagen behielten. Das Frauenwahlrecht war weder in Preußen noch im Reich eingeführt. In öffentliche Ämter wurde nur berufen, wer königstreu war und liberalen oder gar sozialdemokratischen Ideen ablehnend gegenüberstand. Das galt für Beamte, Militärs, Richter, einen Großteil der Professoren und letztlich auch für die protestantische Geistlichkeit. Die katholische Kirche kämpfte von Beginn an gegen Liberalismus, Sozialismus und Sozialdemokratie.

Kriegsverlauf: Überlegenheit der Entente – der Schlieffenplan – Zweifrontenkampf

Der Verlauf des Krieges im Einzelnen ist für die Frage, wer am Weltkrieg, der Urkatastrophe des 20. Jahrhunderts, die Verantwortung trägt, nicht von ausschlaggebender Bedeutung. Die deutsche Seite hatte zwei wichtige Änderungen der Vorkriegsplanung vorzunehmen. Sie betrafen den Schlieffenplan. Der frühere Generalstabschef der preußischen Armee konnte bei seinen Planungen des Zweifrontenkrieges trotz wachsender Zweifel an dessen Umsetzbarkeit noch davon ausgehen, dass Italien seinen Bündnisverpflichtungen nachkommen und im Falle des Falles drei ganze Armeekorps an den Oberrhein, also an die Grenze zwischen Elsass-Lothringen und Frankreich, entsenden werde. Die italienischen Truppen hätten dort die Aufgabe des defensiven Haltens der Grenzlinie gehabt und damit die deutschen Verbände zum Aufmarsch gegen Frankreich über die belgische und luxemburgische Grenze entlastet. Da es England gelungen war, die italienischen Kolonialwünsche in Nordafrika und Äthiopien zu befriedigen, und Frankreich die alte Konfrontation mit Italien um das Territorium des Vatikanstaates zum

Abklingen gebracht hatte, entfiel für Italien jedes Interesse am Fortbestand des Dreibundes mit Österreich und Deutschland. Schließlich wurde Rom von der Entente die Aneignung Südtirols mit der Brennergrenze gegen Österreich in Aussicht gestellt. Auch die österreichischen Provinzen Oberitaliens standen bei Verlassen der Koalition zur Eroberung zur Verfügung. Das Wegbrechen der Geschäftsgrundlage des Dreibundes für Italien machte die Erwartung italienischer Truppen im Elsass gegenstandslos. Der Schlieffenplan war verwässert. Entsprechend wurden statt der eingeplanten italienischen Korps nun bayerische, mecklenburgische, württembergische und badische Truppen zur Verteidigung erst der Rheinebene, dann der Vogesenkämme eingesetzt. Diese fehlten im Aufmarsch des deutschen Heeres zum Sichelschnitt durch Frankreich.

Eine weitere Rechnung ging nicht auf: Schon am ersten Kriegstag standen russische Truppen an der Grenze zu Ostpreußen und begannen in deutsches Gebiet einzudringen. Damit war demonstriert, dass das Nacheinander einer Bekämpfung zunächst Frankreichs und danach Russlands durch die frühzeitige Mobilisierung der russischen Truppen vereitelt worden war. Eine zeitweilige Aufgabe Ostpreußens und anderer Gebiete im Osten meinten Kaiser und oberste Heeresleitung nicht verantworten zu können. Schließlich wirtschaftete dort auf den Gütern ein Großteil der einflussreichen Adelsschicht Preußens.

Es wurden daher schnell drei deutsche Korps, die für den lückenlosen Aufmarsch gegen Frankreich eingesetzt worden waren, aus ihren Kampfabschnitten abgezogen und per Bahn nach Ostpreußen verfrachtet, wo Generalfeldmarschall Hindenburg und dessen Stabschef Ludendorff die russischen Truppen schließlich in der Schlacht von Tannenberg entscheidend schlagen konnten. Die beiden Heerführer wurden in der deutschen öffentlichen Meinung als die eigentlichen Helden des Krieges gefeiert, deren Ruhm bis zum Ende der Weimarer Republik wirksam bleiben sollte. Bezahlt wurden die Heldenleistungen im Osten mit einer gewaltigen Lücke im geplanten Sichelschnitt der deutschen Truppen West. In diese Lücke konnten nun französische Verbände eindringen, den deutschen Aufmarsch durchkreuzen und zum Stillstand bringen. Es entstand das sich über Jahre hinziehende militärische Patt der französisch-englischen gegen die deutschen Truppen. Der Schlieffenplan war durch die erfolgreichen Schachzüge der Entente undurchführbar geworden. Es war ein Sieg über die auf Kante genähte Strategie des zeitlichen und militärischen Nacheinanders eines Zwei-Fronten-Blitzkrieges.

Der Streit, ob bei konsequenter Verfolgung der ursprünglichen Planung Schlieffens nicht doch der Erfolg hätte erzwungen werden können, hält bis heute an. General Helmuth von Moltke, der Nachfolger Schlieffens, hatte in einem Memorandum unmittelbar nach Ausbruch des Krieges von der Unmöglichkeit gesprochen, einen Zweifrontenkrieg mit derart geringen Kräften siegreich ausfechten zu können. Es wäre Aufgabe von Politik und Diplomatie gewesen, so Moltke, den Soldaten diese Lage zu ersparen. Nun gab es keinen Ausweg. Erst Jahre später wurde bekannt, dass die russischen Truppen infolge von Korruption und Schlamperei zum Teil extrem schlecht bewaffnet und mangelhaft auf den Kampf vorbereitet waren. So reichte der Bestand an Gewehren und Munition nur zur Ausrüstung jedes sechsten Soldaten,[44] sodass die heldenhaften Siege der deutschen Generale auf zweifelhafter Grundlage errungen wurden.

Schwächen der K.-u.-k.-Armee

Wie schwach die Heeresstärke deutscher und österreichischer Truppen im Vergleich mit denen aus Russland und Frankreich war, zeigt die Erfolglosigkeit eines großen Teils der österreichischen Kriegsführung. Und dies hing wiederum mit wesentlich geringeren Ausgaben für militärische Aufgaben in der Zeit vor dem Ausbruch des Ersten Weltkrieges zusammen. Im deutschen Generalstab wie der Armee sprachen die kritischen Köpfe davon, mit Österreich habe man sich mit einer Leiche verbunden.

Neben den geringen Ausgaben für das Militär gab es auf deutscher und österreichischer Seite das Problem, in einem Vielvölkerstaat Gegnern gegenüberzustehen, die von einem Teil der Soldaten eher als Blutsverwandte denn als Feinde angesehen wurden. Das galt für die deutsche Armee in Bezug auf die Elsässer und Lothringer, die mit den Franzosen sympathisierten und deshalb gegen ihren Willen im Osten gegen russische Truppen und hier wiederum vereinzelt und nicht in landsmannschaftlich einheitlichen Verbänden eingesetzt wurden.

Die Wehrpflichtigen der österreichischen Armee bestanden neben Österreichern aus Polen, Slowenen, Kroaten, Italienern, Ungarn, Tschechen und Slowaken, die zum Teil in hellen Scharen zum Feind überliefen und dort teils gefangen genommen, zum Teil auch gegen die K.-u.-k.-Truppen eingesetzt wurden.[45] Die K.-u.-k.-Monarchie stand dem aufbrausenden Nationalismus ihrer Völkerschaften ebenso hilflos gegenüber wie das Osmanische Reich, dessen europäische Provinzen sich schon vor 1914 in weiten Teilen hatten selbstständig machen können. Nach der sowjetischen Revolution vom November 1917 werden wir diesen übergelaufenen Soldaten erneut begegnen, die nun von Offizieren der Zarenarmee im Bürgerkrieg nach 1917 geführt, gegen die verhasste, neu gegründete Sowjetunion eingesetzt und von amerikanischer, englischer und französischer Seite bewaffnet und finanziert wurden.

KAPITEL 8

USA: Kredite, Waffen, Propaganda

US-Banken aufseiten der Entente

Erst sehr spät setzte sich bei den deutschen Entscheidungsträgern der Kriegszeit die Erkenntnis durch, dass sich der Eintritt der Riesennation USA mit ihrer Wirtschaftskraft und ihrem Reichtum an Bevölkerung sich zum letztlich kriegsentscheidenden Moment entwickeln musste. Die USA waren erst 1917 aufgrund des deutschen uneingeschränkten U-Boot-Krieges dem englisch-französisch-russischen Bündnis beigetreten. Doch der finanzielle, materielle, aber auch propagandistische Beitrag setzte bereits 1914 wenige Tage nach Kriegsbeginn ein. Dies fing mit dem Auftrag der britischen Regierung an das amerikanische Bankhaus J. P. Morgan in New York an, auf dem amerikanischen Anleihenmarkt Kredite für die Belieferung Englands mit Kriegsmaterial aus den USA aufzunehmen.[46]

Es hatte in der Regierung des Präsidenten Wilson kurze Zeit Zweifel und Streit gegeben, ob Kriegskredite durch amerikanische Banken mit der Neutralität der USA zu vereinbaren wären. Doch diese Bedenken wurden von Wilson nach kurzem Schwanken beiseitegeschoben. So wurden praktisch von Kriegsbeginn an gewaltige Summen erst an Großbritannien, bald jedoch direkt und indirekt an Frankreich, aber auch an Russland ausgeliehen.[47]

Es dauerte nur wenige Wochen, da wurde das Bankhaus Morgan nicht nur mit dem Auflegen von Anleihen, sondern auch der Materialbeschaffung in den Vereinigten Staaten für den Kriegseinsatz der Entente beauftragt.[48] Als i-Tüpfelchen übernahm das Bankhaus dann auch noch Führung und Organisation der englischen Kriegspropaganda in den USA gegen Deutschland mit dem Ziel des Kriegseintritts der USA aufseiten der Entente. Der Banker Morgan stellte sich schon bei Kriegsausbruch hinter die Kriegsführung der Entente, machte daraus keinen Hehl, waren die Morgans doch, wie fast alle großen Investmentbanker, eingebunden in die Cecil-Rhodes-Gruppe, die sich das Unterbinden des Aufstiegs Deutschland zur Weltmacht zur Aufgabe gemacht hatte und dafür auch beachtliche Summen in die Beeinflussung der öffentlichen Meinung in England wie in den USA einsetzte.

Der Kongressabgeordnete Callaway aus Texas versuchte 1917 durch einen Untersuchungsausschuss feststellen zu lassen, dass bereits im März 1915 die

Gruppe J.P. Morgan zwölf einflussreiche US-Journalisten beauftragt hatte, die Zeitungen mit der größten Ausstrahlung auf die öffentliche Meinung ausfindig zu machen. Auf diese Blätter sollte politisch Einfluss genommen werden. Die Experten seien zu dem Ergebnis gekommen, dass nur bei 25 der größten Zeitungen Geldzuwendungen geboten seien. Daraufhin seien dann monatliche Zuwendungen geflossen. Für jede dieser Zeitungen sei ein Redakteur angeheuert worden, der Aufsicht üben und die Berichterstattung über Fragen der Alarmbereitschaft, des Militärwesens, der Finanzpolitik und über sonstige Angelegenheiten der nationalen wie internationalen Politik im Interesse der Geldgeber steuern sollte.[49] In einem persönlichen Brief vom 4. September 1914 schrieb der Banker Jack Morgan an Präsident Wilson, der kommende Krieg müsse zu einer gewaltigen Chance für die Vereinigten Staaten von Amerika gemacht werden.[50]

So kam es, dass ein Monat für Monat anschwellender Strom amerikanischer Militär- und Industriegüter in Richtung Europa auf die Seite der Entente gelangen konnte, die so von der Materialausstattung und den Munitionsmengen her gegenüber den nur beschränkten Mitteln des Zweibundes eine totale Überlegenheit erreichte. Nun hätte sich ja auch Deutschland um Kredite und Materiallieferungen bemühen können. Doch das hätte ganz abgesehen von der auf Hass manipulierten Stimmung in den Vereinigten Staaten die Freiheit der Zufahrtswege von und nach Deutschland beziehungsweise Kontinentaleuropa zur Voraussetzung gehabt. Die wurden jedoch von der alle Zufahrtswege überwachenden englischen, aber auch amerikanischen Marine äußerst wirksam blockiert. Nicht nur Deutschland, sondern auch der gesamte europäische Kontinent einschließlich der Niederlande, Norwegens und Dänemarks waren weiträumig abgeriegelt.

Die deutsche Hochseeflotte, der Stolz der wilhelminischen Rüstungspolitik, lag auf ihrem vermeintlichen Weg zur Weltgeltung angekettet in den deutschen Seehäfen fest. Wie wenig die deutsche Seite bei Kriegsbeginn auf den Einsatz ihrer Flotte überhaupt vorbereitet war, ergibt sich aus dem ständigen Streit zwischen dem Kaiser und hohen Marineoffizieren. Im Gegensatz zu einigen führenden Admirälen wollte Wilhelm II. die deutsche Flotte bis hin zum bald erwarteten Friedensschluss möglichst nicht in Kampfhandlungen führen.[51] Die englische Flotte hatte den längeren Hebel, sie brauchte nicht in die Schlacht zu ziehen, ließ vielmehr über die Blockade den Kontinent über die 4 Jahre in Hunger und Rohstoffknappheit treiben.[52] Die Unternehmen der Vereinigten Staaten lieferten folglich von vornherein einseitig nur an die Entente. Proteste gegen die Beeinträchtigung ihres

Handelsverkehrs mit Deutschland oder den neutralen Ländern in Europa, die in gleicher Weise durch die britische Seeblockade vom Überseehandel abgeschnitten waren, fanden weder in der amerikanischen Regierung noch im Kongress politisch wirksames Gehör.

Friedensinitiativen scheitern

Im Ergebnis nahm die Kampfkraft der Entente dank des pausenlos liefernden Amerikas und der immer wirksamer werdenden Fernblockade der britischen Marine Monat für Monat weiter zu, während die der Mittelmächte sich fortlaufend verringerte. Die Pattsituation an der West- wie Ostfront mit den eingegrabenen Heeresverbänden zeigte, dass Europa aus eigener Kraft am Ende war. Die aufgenommenen Schulden der Kriegsbeteiligten stiegen in den Himmel und konnten nach menschlichem Ermessen von der kriegsgebundenen Wirtschafts- und Finanzkraft der europäischen Staaten nicht mehr zurückgezahlt werden. Ohne den Kampf- und Finanzkraftverstärker USA wäre Europa, allein auf sich gestellt, letztlich gezwungen gewesen, in Friedensverhandlungen einzutreten, um dem mörderischen, zerstörenden, kostspieligen Treiben ein Ende zu bereiten.[53]

Der US-amerikanische Präsident Woodrow Wilson war im Herbst des Jahres 1916 wiedergewählt worden mit der Botschaft, ihm allein sei es zu verdanken, das Land aus dem Krieg herausgehalten zu haben. Dass Wirtschaft und Bankenwelt der USA für die Entente arbeiteten, wurde im Wahlkampf nicht thematisiert, schließlich waren die über die Kriegswirtschaft geschaffenen Arbeitsplätze und die entsprechenden Gewinne ja nicht ganz unerwünscht.[54]

Hinter den Kulissen hatte schon frühzeitig der engste Berater des Präsidenten, Colonel House, aufseiten der Entente Partei ergriffen und die Vorbereitungen für ein Eingreifen der USA mit der britischen Regierung besprochen.[55] Colonel House gehörte zu den Anhängern des Cecil-Rhodes-Kreises, der lange vor dem Krieg für das politische, militärische und wirtschaftliche Zusammengehen der Angelsachsen Englands und Amerikas eintrat. House hatte Präsident Wilson bereits im Mai 1914, lange vor dem Attentat in Sarajewo, und nach einem Besuch in Paris, Berlin und London die Einschätzung übermittelt: »Whenever England consents, France and Russia will close on Germany.«[56] Wann immer England seine Zustimmung gibt, werden Frankreich und Russland Deutschland in die Zange nehmen. Und das hatte 1914 begonnen.

Inzwischen hatte Deutschland in seiner Not, die Lieferungen amerikanischen Kriegsmaterials von der Front fernzuhalten, den uneingeschränkten U-Boot-Krieg gegen alle Schiffe erklärt, die englische Häfen ansteuerten. Das gab dem Präsidenten Anlass, die USA nun auch offiziell am Krieg aufseiten der Entente zu beteiligen.[57] Dies verschärfte weiter die von Grund auf verzweifelte deutsche Lage. Wollte man den Kriegsverlauf zumindest im Patt der beiden Parteien halten, war das Aufhalten des Nachschubs aus den USA von kriegsentscheidender Bedeutung. Wollte man auf die U-Boot-Waffe verzichten, wäre die Überlegenheit auf der gegnerischen Seite noch schneller ausschlaggebend geworden.

Mit dem U-Boot-Krieg handelte sich die deutsche Seite die Kriegserklärung der USA ein, die daraufhin den U-Boot-Krieg für kurze Zeit unterbrach und den amerikanischen Präsidenten bat, die Initiative für Friedensverhandlungen zu ergreifen. Doch England und Frankreich lehnten ab, was aus ihrer Sicht in Anbetracht des sich abzeichnenden Sieges dank amerikanischer materieller wie personeller Unterstützung nahelag.

Die Rechnung der deutschen und österreichischen Seite war schon bei Kriegsbeginn in den ersten Wochen des Aufmarsches der Truppen nicht aufgegangen. Statt im schnellen Sichelschnitt die französische Armee zu umfassen, lagen sich die Verbände zum Schutz vor dem zermalmenden Artilleriefeuer in eingegrabenen Stellungen gegenüber. Jeder Befehl zum Angriff zwang die Soldaten zum Verlassen der schützenden Gräben mit der Folge, dass sie dank des massenhaft einsetzenden Maschinengewehrfeuers zu Tausenden niedergemäht wurden. Dies galt für beide Seiten. Die Moral der Soldaten hüben wie drüben litt unter den extrem widrigen Bedingungen. In der zweiten Hälfte des Krieges begannen auf französischer Seite Wehrpflichtige zu meutern, ja ganze Regimenter verweigerten den Dienst. Der französische Oberbefehlshaber Nivelle wurde durch Marschall Pétain ersetzt. Dieser gab die Losung aus: stillhalten, bis die Amerikaner kommen und die Tanks eingesetzt werden können. Das brachte sofort Ruhe in die französischen Linien.[58]

Die deutsche Seite hatte der materiellen Überlegenheit der Entente, unterstützt vom Industriepotenzial des Riesenlandes USA, nur wenig entgegenzusetzen, was auch nur annähernd die Hoffnung auf einen Sieg hätte rechtfertigen können. Die USA waren längst dabei, die maßgebende Weltmacht zu werden, die sich die geopolitische Aufteilung der Welt durch einen deutsch-österreichischen Sieg über Russland und Frankreich nicht aus der Hand nehmen lassen konnte und wollte. Dennoch hoffte die deutsche Seite lange auf eine Friedensvermittlung durch Präsident Woodrow Wilson, der ja gerade über die amerikanischen Kriegskredite und Materiallieferungen an die Entente über die alles entscheidenden Druckmittel hätte verfügen können. Wilson schlug zwar einen Frieden ohne Sieger und Besiegte vor, doch dem folgten keinerlei konkrete Schritte. So kam es zu einem im Inneren hoch umstrittenen, unsicheren und unspezifischen deutschen Friedensangebot, das die Mächte der Entente sofort brüsk als angeblich nicht verhandelbar zurückwiesen. Nicht unwichtig war das Kalkül der amerikanischen Banker, dass bei einem vorzeitigen Frieden ohne Sieger und Besiegte vor allem England, Frankreich und Russland ihre aufgelaufenen Schulden nicht zurückzahlen könnten. Zu belastende Sicherheiten gab es nicht mehr. Im Übrigen war die Belieferung der Kriegführenden mit amerikanischem Material eine nicht zu unterschätzende Quelle des Wohlstandes der Unternehmen, aber auch der Beschäftigten. Die Kriegswirtschaft der USA machte 10 Prozent der jährlichen Wertschöpfung aus. Das konnte die Frage eines vorzeitigen Aussteigens aus dem Kampf zum Thema der politischen Wahlen machen.

Die Haltung der Alliierten, unnachgiebig auf Sieg statt auf Frieden zu setzen, ergibt sich von Beginn an aus den geheimen Verhandlungen Englands, Frankreichs und Russlands mit dem Königreich Italien. Offenbar hatte man schon zu Kriegsbeginn Sorge, der Papst könne als die über allen Völkern stehende Friedensmacht öffentlichkeitswirksam für Friedensverhandlungen unter den Kriegsparteien eintreten, gar den Frieden unter Christen vermitteln. Um dies zu verhindern, trafen die Alliierten in Artikel 15 des Londoner Geheimvertrages eine Sondervereinbarung. Frankreich, England und Russland sollten Italien darin unterstützen, den Heiligen Stuhl daran zu hindern, irgendwelche diplomatischen Schritte zu unternehmen, die auf einen Friedensschluss abzielten oder mit der Regelung von Fragen in Bezug auf den gegenwärtigen Krieg zusammenhingen. Das Dokument zeigt das Interesse der Alliierten, den Krieg für ihre geopolitischen und wirtschaftlichen Ziele bis zum bitteren Ende zu nutzen und die Politik eines vorzeitigen Friedensschlusses zu torpedieren.

Zu wenig U-Boote gegen immer raffiniertere Aufklärung und Abwehr

Wie so vieles war der Einsatz der deutschen U-Boote von einer maßlosen Selbstüberschätzung der deutschen militärischen und politischen Führung begleitet. Allerdings gab es hierüber fortwährende Auseinandersetzungen zwischen dem Reichskanzler, dem Kaiser sowie der Marine- und Heeresführung. Zum Einsatz kamen kaum mehr als 100 Boote, von denen ein Drittel in der Werft zur Reparatur, Inspektion und Aufmunitionierung lag. Ein weiteres Drittel befand sich jeweils auf Hin- oder Rückfahrt zu bzw. von den Einsatzgebieten. Das kampfbereite Drittel konnte die riesigen Konvois aus Handelsschiffen, begleitet und geschützt von weiträumig operierenden Schlachtschiffen Großbritanniens und der USA, niemals ernsthaft in die Knie zwingen.

Kaum je in einem Monat des Krieges sank die Zahl der von den Gegnern neu gebauten Schiffe beziehungsweise die zur Verfügung stehende Schiffstonnage unter die der versenkten, ganz im Gegenteil. Zudem war bereits kurz nach Kriegsbeginn den Angelsachsen der Kode bekannt geworden, mit dem sich die deutschen U-Boote bei ihrer Zentrale meldeten, um von dort die Einsatzbefehle entgegenzunehmen.

Es begann eine gnadenlose Jagd auf die auf hoher See operierenden Boote. Der Handelsschifffahrt gelang es, unter Geleitschutz der englischen und amerikanischen Marine mit Volldampf die Sperrgebiete zu durchlaufen und so in großem Umfang den U-Booten zu entkommen. Diese waren dann doch nicht die Wunderwaffe, die der deutschen Öffentlichkeit bis zuletzt die Hoffnung auf das Niederringen Englands und die Aussicht auf den Endsieg geben sollte.

Lusitania, Meisterwerk der Täuschung und Propaganda

Der Untergang des Luxusdampfers Lusitania der britischen Cunard Line kann als Musterbeispiel dienen, wie die Öffentlichkeit über Hintergründe getäuscht und auf Bereitschaft zum Krieg getrimmt werden kann. Das Schiff war mit Zuschüssen der britischen Admiralität nicht nur als transatlantischer Passagierdampfer, sondern zugleich auch als Hilfskreuzer mit zahlreichen Kanonen an Deck gebaut worden. Der Luxusliner zählte folglich nach den Regeln des Kriegsvölkerrechts zu den Kriegsschiffen. Die Lusitania stach im Frühjahr 1915, wenige Monate nach Kriegsbeginn, von New York aus in See und hatte zuvor, verdeckt vor Öffentlichkeit und Passagieren, Munition, Gewehre, Granaten und mehr als zehn Tonnen Sprengstoff an Bord genommen.[59]

Die zivile Hauptladung bestand aus 1200 Passagieren und über 700 Besatzungsmitgliedern. Unter den Passagieren befanden sich mehr als 100 Amerikaner, einschließlich Frauen und Kinder. Zuvor hatte das deutsche Generalkonsulat New York in Zeitungsanzeigen dringend davor gewarnt, den in der Schiffsliste der Admiralität in London als bewaffneter Hilfskreuzer aufgeführten Dampfer für Überfahrten nach England zu buchen, da ein Schutz vor Beschuss durch deutsche U-Boote nicht gewährleistet werden könne.

Bereits Monate zuvor hatte der britische Außenminister in einem Brief an Colonel House, den Berater Präsident Wilsons, gefragt, was geschehen werde, wenn ein englischer Passagierdampfer mit US-amerikanischen Staatsbürgern an Bord durch deutsche Kampfschiffe versenkt werde. House antwortete, ein derartiger Vorfall werde den Eintritt der USA in den Krieg bewirken.

Nun war es so weit. Der Kapitän steuerte die Lusitania auf Weisung seiner Reederei in ein Seegebiet vor der irischen Küste, in dem, was der britischen Admiralität bekannt war, deutsche U-Boote auf Lauer lagen. Auch für die Lusitania galt die allgemeine Weisung, U-Boot-gefährdete Seegebiete mit Höchstgeschwindigkeit zu durchfahren, um sich die wesentlich langsameren Unterwasserschiffe vom Leibe zu halten. Dieser Vorschrift zuwider ließ der Kapitän die Lusitania mit deutlich verringerter Geschwindigkeit durch das Gefahrenareal gleiten. Obgleich wie vereinbart ein Kreuzer der britischen Marine die Lusitania durch das gefährdete Seegebiet hätte geleiten sollen, befahl die Admiralität unter ihrem Chef Winston Churchill just an diesem Tag dem Marinekreuzer die Umkehr in den Heimathafen. So blieb der Riesendampfer ohne Schutz und bot sich bei geringer Geschwindigkeit als Zielscheibe geradezu an.

Das deutsche U-Boot, das der Lusitania den Fangschuss gab, war der Admiralität mit seinem Standort bekannt, Churchill selbst hatte sich die Koordinaten geben lassen. Eine Warnung an den Kapitän wurde nicht abgesetzt. So kam das U-Boot, wie es der Zufall so wollte, zum Schuss gegen den bewaffneten Hilfskreuzer. Dem ersten Einschuss folgte eine gewaltige Explosion, deren Auslöser bis heute nicht einwandfrei geklärt werden konnte.[60] In den eisigen Wassern des Atlantiks kam es zu schrecklichen Menschenopfern, zumal es dem Kapitän und seiner Mannschaft nicht gelang, die Rettungsboote zu Wasser zu lassen. Rund 1200 Tote, darunter nahezu 100 Kinder und zahlreiche Frauen, waren zu beklagen.

Der Vorfall führte zur nachhaltigen Vergiftung des Verhältnisses zwischen den USA und Deutschland, aber auch zur weltweiten Verurteilung Deutschlands durch neutrale Staaten. Der Schaden für die deutsche Sache hätte größer nicht ausfallen können. Winston Churchill hatte schon vor dem Krieg, im Februar 1913, in einem Schreiben an die Cunard Line darauf hingewiesen, dass sich von der Admiralität mitfinanzierte Schiffe wie die Lusitania bald bewähren müssten, denn »der Krieg gegen Deutschland sei sicher« – er werde spätestens im September 1914 ausbrechen.[61]

Wilhelm II., ein der Aufgabe nicht gewachsener Monarch

Ob jemand anders als Wilhelm II. an der Spitze des Deutschen Reiches den Ersten Weltkrieg hätte verhindern können, bleibt sehr zweifelhaft. Sieger sind Helden, Besiegte stehen vor dem Scherbenhaufen ihres Verhaltens und ihrer Reden. In der Politik zählt der Erfolg, nicht der gute Wille. Der Kaiser stand einem steil aufstrebenden, kraftvoll werdenden Staatswesen vor, das jedoch noch weit entfernt war vom Wohlstand Großbritanniens, Frankreichs, Hollands oder auch der Vereinigten Staaten, die den Kontinent zwischen Atlantik und Pazifik mit gewaltigem Kraftaufwand erschlossen. Der Kaiser forderte mit seinem Kanzler Bernhard von Bülow den Platz an der kolonialen Sonne. Mit oft taktlosen Einwürfen verlangte er das Mitspracherecht in Weltmachtfragen, um Deutschlands Teilhabe wenigstens am Rest der noch zu verteilenden Kolonialbeute zu sichern.

Um sein vorhandenes und künftig noch zu erweiterndes Kolonialreich rund um den Globus auch militärisch absichern zu können, setzte er wie England und die USA auf den Aufbau einer Flotte, die die Verbindungswege eines solchen »Weltreiches« mit der Heimat hätte sichern können. Die in der englischen Öffentlichkeit heraufbeschworene Gefahr eines Niederringens der englischen See- und damit Weltherrschaft durch die viel schwächere deutsche Flotte – und dies, ohne über eine Kette weltweiter Stützpunkte zu verfügen – lag nie in der Perspektive und Reichweite der kaiserlichen Politik. Die herausfordernde Sprache des Kaisers, der von den englischen Onkeln und Vettern nicht übermäßig geschätzt wurde und deshalb umso mehr meinte auftrumpfen zu müssen, war das gefundene Fressen der englischen Propaganda. Allerdings hätte man von einem weniger forsch und unbedacht auftretenden deutschen Monarchen allenfalls eine Verlangsamung der sich bereits über ein Jahrzehnt hinweg aufbauenden Konfrontation erwarten können.

Aus den Randbemerkungen des Kaisers an der diplomatischen Korrespondenz des Auswärtigen Amtes in den Wochen vor Ausbruch des Ersten Weltkrieges erkennen wir einen impulsiven, das Stammtischniveau durchschnittlicher Zeitungsleser kaum überbietenden Charakter. Dort feuert er dem Anschein nach die Krise eher an, als das Feuer einzudämmen. Dass Österreich gegen Serbien möglichst schnell eine Strafaktion in Gang setzen müsse, um so künftigen Übergriffen einen Riegel vorzuschieben, ist für ihn im Sinne des Bündnispartners das Gebot der Stunde. Er weiß, dass ein Eingreifen gegen Serbien Russland als Schutzmacht Serbiens und des Slawentums auf den Plan rufen würde, ja musste. Allerdings hoffte er, durch schnelles Handeln Österreichs könne der Konflikt doch noch auf den Balkan begrenzt werden.

Wie erschrocken Kaiser Wilhelm II. noch wenige Jahre zuvor, 1909, auf die damalige einseitige Verwandlung Bosnien-Herzegowinas in ein Stammland Österreichs reagierte, lassen seine Randbemerkungen auf die seinerzeitigen Berichte der deutschen Botschaft aus Wien erkennen, an deren Rand er das Vorgehen Wiens als »Fähnrichstreich« bezeichnete, der alle gegen sich aufgebracht habe. Gemeint waren die russische, die englische, die osmanische ebenso wie die italienische Regierung – Mächte, von deren fortdauerndem Wohlwollen oder auch Stillhalten der Friede auf dem Balkan abhängen musste. Jedoch zeigte sich damals, dass der »Fähnrichstreich« doch nicht zu einer kriegerischen Auseinandersetzung geführt hatte. Dies hing, wie wir heute wissen, nicht mit der mangelnden Kriegsbereitschaft in St. Petersburg zusammen. Der russische Außenminister hatte damals seinem Zaren zu bedenken gegeben, nur eine große europäische Auseinandersetzung könne Russland die Meerengen, Konstantinopel und darüber hinaus weitere Liegenschaften einbringen. Damals kam die dann 1914 explodierende allseitige Konfrontation nicht zustande, weil der in Frankreich für die Verständigung mit Deutschland eintretende Premierminister Joseph Caillaux noch am Ruder war. Er hatte die deutsche Einwilligung in die mit England vereinbarte Alleinregierung Frankreichs über Marokko ausgehandelt und dafür Deutschland einen Teil des französischen Kolonialbesitzes im Kongo abgetreten.

Zu Beginn des Jahres 1914 musste Caillaux jedoch nach einer langen Kampagne des *Figaro* sein Amt niederlegen, nachdem dessen Ehefrau, empört über die Drohung, ihre vorehelichen Liebesbriefe mit dem noch in erster Ehe verheirateten Caillaux zu veröffentlichen, den zuständigen Redakteur mit dem Revolver in der Hand niedergestreckt hatte.[62]

Noch 1912 war das Signal für Österreich und Deutschland Frieden in Europa gewesen, 1914 jedoch reichte bereits die in Aussicht genommene Rache am Mord des österreichischen Thronfolgers, um die Urkatastrophe des Jahrhunderts, den Ersten Weltkrieg, loszutreten. Suchte man heute nach vergleichbaren Anlässen, so käme allenfalls der Krieg Großbritanniens gegen Argentinien um die Falklandinseln in Betracht, aber auch der Antiterrorkrieg der Vereinigten Staaten gegen potenziell sechzig den Terror angeblich Vorschub leistende Staaten nach den Anschlägen des 11. September 2001.

Die 1914 immer noch überragende Weltmacht England, um die fortlaufende Sicherung des Gleichgewichts der Mächte auf dem Kontinent besorgt, hätte sich nach dem Mord am österreichischen Thronfolger mühelos einmischen und das Ausmaß der auch von England hinnehmbaren Abstrafung Serbiens mitbestimmen können. Doch die Signale blieben bis unmittelbar vor Kriegsausbruch unklar und verwirrend.

Die geheimen Kriegsziele Frankreichs, Russlands und Englands

Die geheimen Kriegsziele Frankreichs, Russlands und letztlich auch Englands als Grundlage für die politischen Abläufe bis 1914 sind in dieser Darstellung vom Ausbruch und Ablauf des Krieges berücksichtigt. Diese Ziele wurden der Weltöffentlichkeit jedoch erst 1917, nach der russischen Novemberrevolution, von der Sowjetregierung bekannt gegeben. Die in der Krisenbewältigung steckende deutsche Regierung des Jahres 1914 war sich dieser gemeinsamen Ziele der anderen Seite ganz offensichtlich nicht bewusst. Man wusste von den Bestrebungen Russlands, die Meerengen in die Hand zu bekommen. Doch dass nicht nur Frankreich, sondern auch Großbritannien bereit war, die bisherige Sperrhaltung gegen das Vordringen Russlands aufzugeben und damit geradezu die Entschlossenheit zum Krieg in St. Petersburg auszulösen, war wohl nicht zu erahnen.

Was Frankreich in den geheimen Gesprächen vorhatte, mit Deutschland zu unternehmen – die Rückholung Elsass-Lothringens und die Inbesitznahme des linken Rheinufers –, dürfte für die weltweite Großmacht Großbritannien nicht von Belang gewesen sein. Schließlich war die Beschränkung und Minderung der Rolle Deutschlands auf dem Kontinent Ziel britischer Politik geworden. Doch die französischen und die russischen, lange im Voraus fixierten Ziele konnten nur gemeinsam und nur in einem größeren europäischen Krieg erreicht werden. Daher die Vereinbarung der gemeinsamen und automatischen Mobilisierung der Streitkräfte beider Länder. In der Konstellation gab es für England nur die Entscheidung, sich hinter die Partner des herzlichen Einvernehmens, Frankreich und Russland, zu stellen oder beiden das Signal zu geben, den großen Krieg jetzt zu vermeiden. Spätestens 1911/12 jedoch hatte auch England mit Russland über die Kriegsziele des Zarenreiches verhandelt.

Die Datierung der Vereinbarungen auf das Frühjahr 1915, wie sie aus der sowjetischen Präsentation hervorgeht, dürfte der Verheimlichung vor dem britischen Kabinett geschuldet sein und hätte ja auch die Frage nach der Kriegsschuld aufwerfen müssen. Die von den Sowjets der Öffentlichkeit vorgestellten Kriegsziele der Alliierten enthielten ja schon die Aufteilung des Osmanischen Reiches; Italien sollte nicht nur Tripoli, sondern Ostanatolien erhalten, Griechenland die südliche Küste der Türkei. Ebenso war Österreich-Ungarn zur Aufteilung vorgesehen. Italien sollte die österreichischen Provinzen Oberitaliens bekommen, dazu das deutschsprachige Südtirol mit der Brennergrenze. Mehr Beute konnte kein Kriegsbündnis der damaligen Zeit ausloben.

Die Erschrockenheit, einer derartigen Machtkombination aus Anlass eines Mordes binnen weniger Wochen gegenüberzustehen, war auf deutscher Seite so kaum vorauszusehen. Auch eine Gegenstrategie war nur schwer zu entwerfen. England war die Weltmacht, die als Gegner wie als Partner jeder größeren Veränderung von Machtverhältnissen zu beachten war. Das galt schon nicht mehr für die Vereinigten Staaten von Nordamerika, sehr wohl aber auf dem europäischen, eurasischen Kontinent. Berlin bemühte sich um die Gunst Englands und hoffte auch darauf, erhielt jedoch kurz nach der Jahrhundertwende fortlaufend eher negative Signale. Dem nach dem Empire größten Land Europas, Russland, konnte deutscherseits nahezu nichts im Vergleich zur englisch ausgelobten Beute in Aussicht gestellt werden. Frankreich war ein in sich zerstrittenes Land, mit dessen linkem Flügel der Politik, unter Caillaux und Jaurès, man hätte Politik machen können, doch dem stand dort spinnefeind der Teil des politischen Spektrums entgegen, der bereits seit Jahrzehnten die Verbindung mit Russland geknüpft hatte. Aus den deutschen Akten, vor allem den Tagebuchnotizen der an der Entscheidung beteiligten Persönlichkeiten, ergibt sich neben den Klagen über die gewaltigen Defizite der Persönlichkeit des Kaisers Erstaunen und Erschütterung über die Ausweglosigkeit der Lage.[63]

Als 1907 der englisch-russische Vertrag mit dem weltweiten Ausgleich der Interessengegensätze beider Imperien geschlossen wurde, schrieb Wilhelm II. in einem Randvermerk auf den Bericht des Auswärtigen Amtes: »Man kann also in Zukunft mit der Alliance Franco-Russe, der Entente cordiale Franco-Anglaise und der Entente Anglo-Russe rechnen.« Diese Lagebeurteilung galt der neuen britischen Strategie, die Deutschland nach der Niederlage Russlands gegen Japan nun als die Hauptgefahr auf dem Kontinent ausgemacht hatte.

England räumte im Zuge dieser Politik weltweit alle Unstimmigkeiten mit den künftigen Weltkriegsgegnern Deutschlands beiseite und stellte diesen Mächten als Supermacht Nummer eins die Erfüllung ihrer politischen Expansionswünsche in Aussicht. So gelang der englischen Diplomatie das international organisierte Abblocken deutscher Expansionsbestrebungen. Bosnien-Herzegowina und Marokko waren Signale der »bis hierher und nicht weiter« geduldeten deutsch-österreichischen Machtausübung. Verwerflich war diese englische Politik nicht, sie war und ist typisch für eine Führungsmacht, die sich der Bündnispartner im Kampf gegen den Aufstieg eines Konkurrenten vergewissert, indem sie die aus ihrer Sicht zweitrangigen Staaten durch Begünstigungen an sich zu binden sucht. So duldete England den Zugriff Frankreichs, Russlands, Italiens und Spaniens auf das zu zerlegende Osmanische Reich, dann aber auch die Zersplitterung der K.-u.-k.-Monarchie Österreich-Ungarn. Die konservativ-bürgerliche Politik des Kaiserreiches hätte, da ein Arrangement mit Großbritannien nicht in Aussicht stand,[64] wenn möglich, eine angemessene Antwort auf die britische Haltung finden müssen.

Der Kaiser hätte sich nüchtern die Frage stellen müssen, ob es denn überhaupt einen Sinn ergeben konnte, so spät noch auf das gewaltsame, brutale und gegen jede Moral verstoßende Geschäft der Kolonialisierung rassisch vermeintlich nachrangiger Völker zu drängen. Die innerdeutsche Opposition im Reichstag hatte die Frage längst mit Nein beantwortet. Das Verfolgen der kolonialen Träume musste ja zwangsläufig einhergehen mit dem Einsatz von Truppen zur Vertreibung einheimischer Bauern und Hirten von ihrem Grund und Boden, der Anwerbung und Ansiedlung von deutschen Auswanderern sowie der Sicherung des neuen Zustandes samt Versklavung und Unterdrückung der rebellierenden Urbevölkerung. Der Staat als Lieferant der militärischen und polizeilichen Gewalt, der die Handelswege über Tausende von Meilen sichern musste, konnte mangels ins Gewicht fallender Abgaben der Kolonien niemals auf seine Kosten kommen. Die Steuerzahler in der Heimat hatten die Lasten zu tragen. Gleiches galt für die Hebung von Bodenschätzen, die den privaten Investoren zwar beachtliche Gewinne versprachen, die Steuereinnahmen des Heimatlandes jedoch kaum vermehrt hätten.

Wilhelm II. empfand die Politik Englands als Riegel vor dem imperialen Ausdehnungsdrang Deutschlands und damit als den Anfang vom Ende des neuen Reiches nach dem Gesetz des Wachsens oder Weichens. Es sei denn, der angeblich Schwächere stellte sich dem Kampf mit dem Stärkeren. Da das nicht gutgehen konnte, hoffte er, sich am britischen Widerstand letztlich vorbeimogeln zu können. Das jedoch war bei der erhöhten Wachsamkeit der Supermacht gegenüber dem auch noch bramarbasierend dahertönenden Herausforderer letztlich ausgeschlossen. Als Neffe des englischen Königs und Vetter des russischen Zaren fühlte sich Wilhelm II. von der Verwandtschaft verraten, allein gelassen.[65] Überall ging offensichtlich die Staatsraison den familiären Banden der Herrscherhäuser vor. Allerdings war in England mit Eduard VII. ein König an die Macht gekommen, der höchst eigenständig die Ententes cordiales mit Frankreich und dann Russland selbst vorantrieb.

Zu Hause hatte der Kaiser Angst vor dem Anwachsen der Sozialdemokratie, Angst vor einem Umsturz, der Einführung der Demokratie, für die ja damals bereits Sozialdemokraten wie Teile des Zentrums und des liberalen Bürgertums (Fortschrittliche Volkspartei) warben. Wachsen oder Weichen, die Lehre Darwins, die Bestimmung der Rasse, die göttliche Gnade des Kaisers, all diese Elemente hatten in der Haltung des Kaisers eine Rolle gespielt, dazu die Verherrlichung der Instrumente staatlicher Macht, der Armee und der Flotte. Es war die in Amerika wie England gleichermaßen bei den imperial gesinnten Eliten einschlagende Theorie Mahans von der Überlegenheit der Seemacht, die auch den Kaiser und eine bedeutende Lobby in ihren Bann gezogen hatte. Daher rührte wohl auch die Bereitschaft, einen Anlass wie den Mord am österreichischen Thronfolger zu nutzen, um aus der gefühlten wie tatsächlichen Einkreisung möglicherweise ausbrechen zu können, auf jeden Fall aber nicht durch das Obsiegen der russisch-serbisch-französischen Seite auf die abschüssige Bahn fortlaufenden, prestigegefährdenden Machtverlustes zu geraten.

Der Vorabend des Krieges und auch sein Ablauf zeigten, dass Wilhelm II. der überragenden Stellung, die ihm die Verfassung einräumte, nicht gewachsen war. Nicht nur war die Beurteilung der Ausgangslage vor Ausbruch des Krieges leichtfertig. Die Konstellation eines Kampfes aller europäischen Mächte unter Führung Englands gegen Deutschland war die Katastrophe, die die deutsche Diplomatie unter allen Umständen hätte vermeiden müssen. Das war die Meinung des Generalstabschefs von Moltke, der das politisch-diplomatische Zulassen einer derartigen Ausgangslage in einem Memorandum als die militärische Katastrophe für Deutschland und die ihm anvertraute Armee einschätzte.[66] Der Krieg war mit dem schnellen Aufmarsch nicht nur der französischen Truppen, die im Elsass gar sofort auf deutsches Territorium eindringen konnten, sondern auch der russischen Armee und deren Eindringen in Ostpreußen kaum zu gewinnen. Das blitzkriegsartige

Niederwerfen zuerst Frankreichs im Westen und dann Russlands im Osten erwies sich als glatte Überforderung der deutschen Kräfte. Der Krieg war folglich wenige Wochen nach Beginn nicht mehr zu gewinnen, so gewaltig die deutschen Anstrengungen auch gewesen sein mögen. Das zu erkennen und entsprechend mutig zu handeln war nicht Sache des Kaisers. Der gemäß der Bismarck'schen Reichsverfassung nahezu uneingeschränkt herrschende, von Gottes Gnaden bestimmte und bestimmende Monarch war während des ganzen Krieges kaum in Berlin, am Sitz der Regierung, der Verwaltung, des Auswärtigen Amtes anwesend. Er hielt sich über Monate in seiner Residenz in Bad Homburg auf, von wo er per Sonderzug einmal wöchentlich zur Lagebeurteilung des Hauptquartiers nach Bad Kreuznach fuhr. Ab Frühjahr 1918 verweilte er im Hauptquartier im belgischen Spa, unternahm von dort Truppenbesuche und ließ sich über den Fortgang der Dinge unterrichten. Den Reichskanzler Bethmann-Hollweg hatte er wegen dessen angeblicher Ahnungslosigkeit in militärischen Angelegenheiten als »Zivilkanzler« verhöhnt.

Da der Kaiser sich bei der Truppe aufhielt, am Regierungssitz in Berlin aber nur selten auftauchte, fehlte den mehr gegeneinander als miteinander arbeitenden Staatsinstitutionen das amtsübergreifende politische und militärische Zentrum. Hinzu kam ein geradezu abenteuerliches Intrigantentum der von Wilhelm II. ins Amt gesetzten Funktionsträger untereinander.[67] Das Militär ließ sich von niemandem hineinreden, und da der Kaiser es nicht tat und sich auch keine fundierte Meinung bilden wollte oder konnte, hatten militärische Gesichtspunkte nicht selten die Überhand gegen außenpolitische oder diplomatische. Dringende Entscheidungen blieben im Nebel der Nichtentscheidung hängen. Hinzu kam, dass die mit dem Kriegseintritt Englands ganz offensichtlich werdende gewaltige deutsch-österreichische Unterlegenheit der Öffentlichkeit nicht vermittelt werden durfte. Um das Volk bei Laune zu halten, aber auch, um auf die militärischen Leistungen der einzelnen Truppenführer und ihrer Armeen aufmerksam zu machen, ergoss sich ein fortwährender Strom militärischer Erfolgsmeldungen durch die Presse. Die taktischen Erfolge waren oft entweder nicht gegeben oder im Verhältnis zur Gesamtfrontlage vernachlässigenswert.

Dem Kaiser fehlte der Gesamtüberblick über die sich verheerend entwickelnde Lage, auch das Hauptquartier mit seinem Generalstab war in aller Regel alles andere als vollständig unterrichtet.[68] Dies hing auch mit der großen Selbstständigkeit der Armeekorps zusammen, denen gemäß deutscher Auftragstaktik ein großer Freiraum bei der Umsetzung ihres militärischen Auftrags belassen wurde und die sich weitgehend freihalten konnten vom operativen Übersteuern durch das Große Hauptquartier. Der Vorteil der Auftragstaktik besteht in der Kürze der Nachrichten- und Befehlswege, der raschen Nachsteuerung in der Führung der Verbände und der schnellen Regelkreisläufe. Von Nachteil ist, dass das Eigeninteresse der Truppe dazu führt, die eigene Gefechts-, Material- und Personallage je nach Bedarf auf dem Dienstweg nach oben zu schönen oder als übertrieben mangelhaft bis katastrophal darzustellen. Versuchte das Hauptquartier, Truppen von der West- an die schwach besetzte Ostfront zu verlegen, so suchten dies die Heerführer des Westens zu verhindern, indem sie die eigene Lage als gefährdeter darstellten, als sie tatsächlich oder möglicherweise war. So konnte die Zentrale nie strategische Entscheidungen auf der Grundlage einer unabhängigen, eigenständigen und umfassenden Lageeinschätzung treffen. Operationsschwerpunkte oberhalb der Armee-Ebene konnten nur außerordentlich schwer durchgesetzt werden.

Es waren nur wenige Köpfe in Führungsfunktionen, die hinter die Kulissen schauten. Dazu gehörten militärische Kommandoebenen, die mit Querschnittsaufgaben für das gesamte Heer betraut waren, zum Beispiel jene, die den Personalersatz und den Nachschub von Material per Eisenbahn zu besorgen hatten. So zeichnen beispielsweise die Erinnerungen des Generalquartiermeisters Groener, früher Mitarbeiter, später Nachfolger General Schlieffens, ein eindringliches Bild von einer oft außerordentlich verworrenen, unübersichtlichen Lage mit einem uninformierten Kaiser als oberstem Kriegsherrn.[69]

Die Schönfärberei der deutschen Propaganda in den Medien hielt bis kurz vor dem Zusammenbruch an. Die Hoffnung auf den Endsieg trotz eigentlich hoffnungsloser Lage erfüllte den Kaiser ebenso wie einen großen Teil der Abgeordneten des Reichstags.

Immerhin konnten die deutschen Truppen den Einbruch der überlegenen Alliiertenverbände bis wenige Monate vor Kriegsende verhindern. Die eingegrabene Front war bis 1916 einigermaßen stabil geblieben. Doch die Überlegenheit der Gegenseite bezüglich Personal, Verpflegung, Waffen, Treibstoff und Munition fiel immer stärker ins Gewicht; die Verhältnisse wurden mit dem ab 1918 von Westen her anrückenden frischen amerikanischen Millionenheer geradezu hoffnungslos. Die Illusionen über einen dennoch erkämpfbaren »Siegfrieden« brachen im Sommer 1918 zwar völlig zusammen, um jedoch nach dem Friedensschluss 1919 als »Dolchstoßlegende« im politischen Kampf wieder aufzublühen. Den die Weimarer Republik tragenden

Demokraten wurde in die Schuhe geschoben, sie hätten mit ihrer verfrühten Forderung nach Frieden die Widerstandskraft der Truppe im Felde vorzeitig untergraben.

Doch wie immer Charakter, Auftreten und Einfluss des Kaisers auf die deutschen Geschicke beurteilt werden mögen, er hat Kanzler ernannt, die im Falle Bernhard von Bülows die Forderung nach Teilhabe an der europäischen Kolonialbeute erhoben, jedoch versuchten, dies im Einvernehmen, nicht im Krieg mit der unbestrittenen Supermacht England zu erreichen.[70] Dies gilt erst recht für den Nachfolger Bethmann-Hollweg, der nicht mit dem Kopf durch europäische Wände, sondern der lieber heute als morgen den Krieg beenden beziehungsweise ohne Eroberungen einvernehmlich beilegen wollte.[71] Und dieser Kanzler kämpfte bis kurz vor Kriegsende zusammen mit der Mehrheit des Reichstages gegen die Heißsporne von rechts und aus dem Militär, die lautstark Faustpfänder zur Bedingung eines Friedens machen wollten. Wenn England gewollt hätte, wäre mit Bethmann-Hollweg der Brückenschlag zum Frieden ohne deutsche Siegestrophäen durchaus möglich gewesen. Doch der vorzeitige Friede ohne Totalniederlage der Mittelmächte hätte nicht zur anschließenden Aufteilung der Vielvölkerstaaten, des Osmanischen Reiches und Österreich-Ungarns, aber auch nicht zu der von Frankreich erstrebten Rückversetzung Deutschlands in den Zustand vor 1871 geführt.

KAPITEL 9

Revolution in Russland – Zusammenbruch der Westfront – Kampf gegen Chaos

Verzweiflung der russischen Massen und Revolution

Angeführt von Großbritannien, verloren die europäischen Staaten im Zuge des Krieges ihre bislang hervorragende, ja im Falle Englands weltbeherrschende wirtschaftliche, finanzielle, politische und militärische Stellung. Sie hatten einen Krieg begonnen, den sie aus eigener Kraft nicht mehr finanzieren und allein nicht siegreich beenden konnten. Die Frontlinien blieben bis auf einige zig Kilometer über Jahre fixiert. Die Soldaten lagen in den Gräben, kamen nicht voran, und wenn sie zum Stürmen nach vorn befohlen wurden, blieben sie im feindlichen Artillerie- und Maschinengewehrfeuer liegen. Das änderte sich im Westen im Zuge der aus den Vereinigten Staaten herangeschafften Kampfkraft, nicht jedoch im Osten.

In Russland hatte sich bereits vor und nach der Niederlage im Krieg gegen Japan eine gewaltige Missstimmung aufgebaut. Das Land war voller Spannungen. Der Zar ebenso wie die Großgrundbesitzer hielten Arbeiterschaft, Intellektuelle und den kleineren Landadel in abhängiger Stellung. Das Land lechzte nach Reformen, die die Zentralregierung zu gewähren nicht bereit war. Unruhen wurden mit Waffengewalt niedergeschlagen.

Nicht zuletzt führte auch Russland einen seine Verhältnisse weit übersteigenden Krieg. Hatten alle europäischen Staaten aufgrund bisheriger Erfahrungen mit einer Kriegsdauer von wenigen Wochen oder Monaten gerechnet, so ging ein derart langer, der Bevölkerung über Jahre Opfer auferlegender Krieg über das hinaus, was aus Steuern zu finanzieren war. Folglich wurde Geld gedruckt. In Russland betrug die kriegsbedingte Inflation bereits 1916 ganze 400 Prozent. Die Einkommen der arbeitenden Bevölkerung sanken, die Preise für landwirtschaftliche Güter stiegen, die Spannungen und Ungerechtigkeiten des Wirtschaftssystems waren nicht mehr auszugleichen. Die Truppen im Felde wurden schlecht versorgt, litten unter Misswirtschaft, Korruption und Munitionsmangel und wollten vor allem eines: Frieden. Die vielen Landarbeiter in der Armee forderten dazu eine Aufteilung des Landes aus dem Bestand des Großgrundbesitzes. Im Heer brachte die Diskrepanz zwischen den adeligen militärischen Führern und dem einfachen »Fußvolk« Spannungen mit sich. So kam es, dass die Truppen zu meutern begannen und sich zur Bekämpfung von Streiks und Aufständen im Inneren nicht mehr verwenden ließen.

Es kam zunächst zur Februarrevolution 1917. Die Duma, das russische Parlament, erzwang unter dem Druck von Soldatenverbänden und streikenden Arbeitern den Rücktritt des Zaren. Die bürgerlich-sozialdemokratische Regierung Kerenski versuchte zunächst, an den Vereinbarungen mit England und Frankreich festzuhalten, den Krieg bis zum gemeinsamen Sieg über Deutschland und Österreich fortzusetzen. Um das nervös werdende und nach Frieden rufende Volk zu beruhigen, forderte Kerenski die Bündnispartner auf, die gemeinsamen Kriegsziele, für die auch Russland zu kämpfen sich verpflichtet habe, öffentlich bekannt zu geben.

Doch dann hätte erklärt werden müssen, dass zu den Kriegszielen für Russland die Kontrolle über den Bosporus, die Dardanellen und Konstantinopel/Istanbul zählte, dazu Mesopotamien, der heutige Irak und Teile Persiens. Die westlichen Alliierten verschlossen sich den Wünschen dieser neuen, gemäßigten Regierung. Sie forderten von Kerenski und dessen Regierung den weiteren, uneingeschränkten Einsatz seines kriegsüberdrüssigen Heeres. Den Abschluss eines Friedens ohne Bedingungen, in Russland außerordentlich populär, lehnten London und Paris rundweg ab. Mit diesen hinhaltenden bis ablehnenden Erklärungen war die Stimmung nicht mehr zu retten, und die Chance eines Dammbruches an der russischen Front war eröffnet. Bereits seit der Februarrevolution im Frühjahr 1917 waren in den militärischen Einheiten Soldatenräte und in den Fabriken Arbeiterräte gewählt worden. Sie bildeten im Kongress der Arbeiter- und Soldatenräte und darauf aufbauend dem Vollzugsrat der Sowjets eine Machtalternative zur bisherigen Volksvertretung, der Duma, und zum Kabinett unter Ministerpräsident Kerenski. Die Masse der Soldaten folgte den von Lenin und Trotzki geführten Soldaten- und Arbeiterräten. Diese versprachen Frieden, Heimkehr der Soldaten und Zuteilung von Land.

Lenin reist aus Zürich an, Trotzki aus New York

Dass der deutsche Generalstab den Transport des Emigranten Lenin in einem gesonderten Eisenbahnwaggon von Zürich aus zum Hafen nach Sassnitz auf Rügen und von dort über Helsinki nach St. Petersburg organisiert und die Operation auch finanziell unterstützt hatte, ist allseits bekannt. Nach dem Muster »Der Feind meines Feindes ist mein Freund« nutzte Berlin den bereits erprobten russischen Revolutionär des Jahres 1905, um so das Zarenreich, den Feind im Osten, mit seinen frustrierten Soldatenmassen in Turbulenzen zu bringen, die Zweifrontenlage für Deutschland und Österreich zu beenden und durch Überführung der frei werdenden Truppen die Westfront zu stärken.

Aus dem deutschen Vorgehen wird der Vorwurf abgeleitet, die deutsche Seite habe dem Kommunismus in Russland zum Durchbruch verholfen, da ohne Lenin die Revolution erfolglos geblieben wäre. Doch mindestens so bedeutend für das Gelingen der Revolution wie Lenin mit seiner Intelligenz, Erfahrung und revolutionären Unerbittlichkeit war Leo Trotzki. Beide hatten, aus London anreisend, bereits an der ersten Revolution von 1905 teilgenommen. 1917 reiste Trotzki nun nicht aus London nach St. Petersburg. Trotzki hatte mit Lenin mehrere Jahre in London verbracht, hatte dort eine Zeitung herausgegeben, hatte an großen exilrussischen Kongressen teilgenommen und war nach Aufenthalten in der Schweiz, in Österreich, Deutschland und Frankreich schließlich von der spanischen Regierung in die USA abgeschoben worden.

Das amerikanische FBI wusste vom Treiben Trotzkis in New York ebenso, wie der MI5/6 in London seine dortigen Aktivitäten überwachte. Trotzki brach auf dem Schiff S. S. Kristianiafjord, das eine Mannschaft von 275 Revolutionären an Bord hatte, von New York nach St. Petersburg auf. Doch bereits in kanadischen Gewässern in der Höhe von Neufundland wurden die Revolutionäre von der kanadischen Marine von Bord geholt und festgesetzt. Die Regierung Kanadas wandte sich an ihre Verbündeten in Washington und London und bat um Weisung, was mit den sichergestellten Feinden des Zarenreiches zu geschehen habe.

Die USA standen wenige Tage vor dem Eintritt in den Krieg mit Deutschland. Das noch zaristische Russland war Bündnispartner Englands und Frankreichs, folglich demnächst auch der USA. Von daher hätte es nahegelegen, die den Umsturz einer verbündeten Regierung betreibenden Revolutionäre nicht weiterreisen zu lassen, sie vielmehr zu internieren oder gar an Russland auszuliefern. Doch Präsident Wilson forderte die kanadischen Behörden auf, die Weiterfahrt der Revolutionäre zuzulassen. Ganz ähnlich reagierte London, das dem Mitgliedsland des Britischen Empires sogar die Weisung zur Freilassung erteilte. Und so kam es, dass Lenin aus Zürich mit deutscher Hilfe und Trotzki aus New York mit Billigung der Alliierten zum Revolutionieren nach Russland gelangen konnten.

Kaum angekommen, bereiteten Lenin und Trotzki, durch Erfahrungen aus der Revolution von 1905 geschult, dem von den Alliierten nicht sehr freundlich behandelten sozialdemokratischen Ministerpräsidenten Kerenski und dessen adelig-bürgerlich besetzter, eher konservativer Regierung den Garaus der Oktoberrevolution. Zu deren Erfolg trugen entscheidend der eiserne Wille und die Gestaltungskraft Lenins bei. Trotzki ordnete sich trotz ganz anders gearteter politischer Vorstellungen der Führung Lenins unter, half dem Theoretiker sogar bei der Beseitigung der innenpolitischen Feinde, wenn nötig durch Mord und Totschlag. Ihm gelang es in kürzester Frist, die neue Rote Armee aus dem Boden zu stampfen, eine Meisterleistung, die ihresgleichen sucht.

Dies war insofern erforderlich, als das Reich in einem alle Teile erfassenden Bürgerkrieg unterzugehen drohte. Ehemalige Generale der zaristischen Armee führten Truppenverbände an, die von den Großmächten England, Frankreich, USA und Japan mit Geld, Waffen, Munition und Personal unterstützt wurden. Insgesamt entsandten 14 Nationen Expeditionstruppen nach Russland, um das neue Regime zu beseitigen, aber auch, um wertvolle Beute zu machen. Die von Trotzki geschaffene Sowjetarmee nahm den Kampf mit den Bürgerkriegsarmeen und den intervenierenden Kräften aus dem Ausland auf. Letztendlich siegte die Rote Armee, auch weil Trotzki einen größeren Teil der Offiziere der alten Zarenarmee für die Verteidigung des eigenen Landes gegen den sich abzeichnenden Griff ausländischer Armeen und damit auch nichtrussischer Wirtschaftsinteressen auf das Land gewinnen konnte. Die Überzeugung breitester Bevölkerungsschichten, dass Struktur und Verfassung Russlands dringend eines durchgreifenden Umbaus mit dem Ziel größerer Freiheit und Gerechtigkeit bedurften, war Allgemeingut. Die an den alten Verhältnissen jedoch festhaltenden Bürgerkriegskommandeure trieben die Bevölkerung in die Arme der Sowjets.

Sehnsucht nach Frieden

Die Stimmung der Soldaten aller kriegführenden Nationen war spätestens ab Anfang 1917 depressiv bis aufgewühlt. Die Friedensinitiativen liefen ins Leere. Die Angebote des Kaiserreiches waren von der Entente zurückgewiesen worden, waren innenpolitisch bereits umstritten und wenig aussagekräftig, hatten jedoch bislang die Unruhe über die sich abzeichnende Entwicklung einigermaßen in Schach halten können. Noch konnte die dröhnende Propaganda vom Siegfrieden das gemeine Volk wie die bürgerlichen und adeligen Schichten in Sicherheit wiegen. Immerhin sangen in Frankreich frisch eingezogene Rekruten bereits auf ihrem Weg zur Front die Internationale, das Fanal der russischen Revolution. Ja, die Einheiten weigerten sich, in die Schlacht zu ziehen. In Deutschland protestierten die Arbeiter mit Streiks gegen den tiefer und tiefer sinkenden Lebensstandard, den sich massenhaft ausbreitenden Hunger, die Not des »Steckrübenwinters«.

In den Mannschaften der deutschen Kriegsschiffe rumorte es. Die auf Distanz wirkende Blockade der britischen Marine verhinderte seit der Seeschlacht vor Jütland im Frühling 1916 das Auslaufen der deutschen Kriegsschiffe aus ihren Häfen. Die Mannschaften erhielten nur selten Genehmigung zum ersehnten Landgang, fühlten sich in den auf Reede liegenden Schiffen eingesperrt. Unter den Matrosen machte sich die Forderung nach einem Frieden ohne Eroberung breit. Als die Bitte für das Verlassen der Schiffe zum Füßevertreten auf dem Deich immer wieder von Offizieren untersagt wurde, gingen die Besatzungen zum ersten Mal ohne Befehl eigenmächtig an Land. Daraufhin wurden die als Rädelsführer erkannten Soldaten erschossen, im Rheinland, fern der Küste und der Kameraden.

Die Russische Revolution faszinierte die Massen. In Russland wurde eine neue Ordnung geschaffen, von der viele glaubten, sie könne zum Frieden unter den Völkern, vor allem aber zum schnellen Ende des Krieges führen. Lenin und Trotzki traten für einen Frieden ohne Gebietsabtretungen und ohne Bestrafung ein. Das kam an. Die sogenannten bürgerlichen Gesellschaftsschichten Deutschlands wie der westlichen Entente fürchteten sich vor einem die Produktions- und Eigentumsverhältnisse gewaltsam auf den Kopf stellenden Umsturz nach sowjetischem Muster.

In den Vereinigten Staaten meinte einer der einflussreichsten Banker, man müsse nun dringend nach Wegen suchen, die unruhig gewordenen Massen des einfachen Volkes einzufangen und wieder zur Ruhe und unter Kontrolle zu bringen.

Aus St. Petersburg meldete sich Edgar Sisson, Vertreter des Kriegspropaganda gegen Deutschland betreibenden Committee of Public Information (Creel Committee), bei Präsident Wilson mit dem Vorschlag, ein Flugblatt zu entwerfen, das die Bedürfnisse der gemeinen Soldaten ansprach, und über den Grabensystemen der russischen und deutschen Soldaten abzuwerfen. Der Text mit dem Aufruf zum Frieden müsse kurz und in der Wirkung mindestens so eindrucksvoll sein wie die Kampagne der sowjetischen Regierung zur sofortigen und bedingungslosen Einstellung der Kampfhandlungen an allen Fronten.

Dies war die Geburtsstunde der berühmten 14 Punkte, die Präsident Wilson in seiner Jahresbotschaft an den amerikanischen Kongress Anfang Januar 1918 der Welt als Weg zum Frieden unterbreitete.[72] Der Vorschlag war weder mit dem englischen noch dem französischen Bündnispartner abgestimmt, weshalb er später in den Friedensverhandlungen, auch infolge des mangelnden Engagements Wilsons, keinerlei Rolle mehr spielte. London und Paris ließen den Präsidenten zunächst widerspruchslos gewähren. Wilsons Punkte enthielten folgende Forderungen:

① Vollkommene Freiheit der Seeschifffahrt
② Aufhebung sämtlicher Wirtschaftsschranken
③ Rüstungsabbau (soweit verantwortbar)
④ Schlichtung aller kolonialen Ansprüche
⑤ Souveränität Russland und dessen Anerkennung als vollwertiger Staat
⑥ Belgien muss geräumt und wiederhergestellt werden.
⑦ Alle französischen Gebiete sollen geräumt und wiederhergestellt werden, Rückgabe von Elsass-Lothringen.
⑧ Italienische Grenzziehung nach dem Nationalitätenprinzip
⑨ Autonomie der Völker der Doppelmonarchie Österreich-Ungarn, keine Unterdrückung mehr
⑩ Wiederherstellung Rumäniens, Montenegros und Serbiens, welches einen Zugang zum Meer erhalten solle (politische/wirtschaftliche Unabhängigkeit)
⑪ Autonomie der osmanischen Völker (jedoch ohne Unterdrückung der Minderheiten), Durchfahrt durch die Dardanellen und den Bosporus
⑫ Errichtung eines polnischen Staates, unabhängig von Deutschland oder Russland mit Zugang zum Meer
⑬ Gründung einer »allgemeinen Gesellschaft der Nationen« zur friedlichen Regelung von Streitigkeiten (erg.: Grundlage des Völkerbundes)
⑭ Öffentliche Friedensverträge und Abschaffung der Geheimdiplomatie

Eine deutsche Antwort auf den 14-Punkte-Vorschlag gab es zunächst nicht, hoffte man doch, im Osten mit den vom Bürgerkrieg bedrängten Sowjets einen Separatfrieden schließen und mit den frei werdenden Kräften im Westen eine für Deutschland günstige Entscheidung herbeiführen zu können. Die sowjetische Führung zögerte die Annahme eines von Deutschland geforderten Separatfriedens so lange wie möglich hinaus, in der Hoffnung auf den Durchbruch der Revolution in den westlichen Industriestaaten, vor allem in

Deutschland. Dann hätten die sowjetischen Truppen gemeinsam mit ihren Kameraden der Gegenseite den Systemwechsel in den Industriestaaten Europas erzwingen können. Die deutsche Seite, blind für die eigenen schwindenden Kräfte, lehnte das sowjetische Friedensangebot ohne Annexionen ab und verlangte ihrerseits umfängliche Abtretungen von Territorien, die unter russischer Hoheit standen. Das waren Weißrussland, die Ukraine und die in die Selbstständigkeit zu entlassenden baltischen Staaten. Auch Finnland sollte aus dem russischen Staatsverband ausscheiden. Die Bedingungen stießen auf den erbitterten Widerstand der Mehrheit des Politbüros. Doch als die Revolution weder in Deutschland noch in den anderen Kriegsstaaten zum Durchbruch gebracht werden konnte, außerdem die deutschen Truppen ihren Vormarsch in die Ukraine fortsetzten und dort auch noch auf Sympathie der Bevölkerung zu stoßen schienen, setzte sich Lenin mit dem Vorschlag durch, den Frieden in Brest-Litowsk anzunehmen, das Wagnis der Entwicklung einer kommunistischen Gesellschaftsordnung, allein auf Russland beschränkt, einzugehen und die Ausbreitung auf andere Länder je nach Gelegenheit auf später zu verschieben. So geschah es. Die politische und militärische Führung Deutschlands kam zu dem Ergebnis, dass ein Durchhalten im Westen bei Verstärkung durch die aus dem Osten frei werdenden Truppen immer noch möglich sei. Dies scheiterte dann aber daran, dass die bislang im Osten kämpfenden deutschen Soldaten nach Auffassung ihrer militärischen Führer bereits vom Gedankengut der sowjetischen Revolution angesteckt waren und sich aus Kampfesmüdigkeit vor allem den Wunsch auf einen sofortigen Frieden zu eigen gemacht hatten.

Ende des Kaiserreichs, drohendes Chaos in Deutschland

In Verkennung der Kräfteverhältnisse, oder auch in der nicht untypischen deutschen Hoffnung auf Wunder in letzter Minute, versuchte die Oberste Heeresleitung durch eine Reihe von Offensiven das Kriegsglück 1918 noch zu wenden. Das Zusammenkratzen der materiellen und moralischen Reserven zur letzten Offensive führte nach wenigen Kilometern des Vormarsches und 230 000 Toten zum Zusammenbruch der Kampfmoral insbesondere der einfachen Soldaten. Hätten die Verantwortlichen sich auf die Defensive versteift, wäre das Halten der Front allenfalls bis zum umfassenden Eintreffen der amerikanischen Verbände und deren moderner Ausrüstung mit noch größeren Munitionsmengen möglich gewesen. Nun aber setzte der schnelle Verfall der Kampfkraft ein. Die Divisionen meldeten der Obersten Heeresleitung, dass die Soldaten nun schon von Mai bis September, also bis zu 5 Monate lang, ohne Ablösung in den Gräben gelegen hätten und durch das unablässige Artilleriefeuer weder ein ordentliches Entlausen noch eine schnelle Versorgung der Verletzten mehr möglich sei. Im Reichsgebiet herrschten Hunger und Unterernährung. Die Nahrungsmittel allein aus deutscher Produktion reichten zur Ernährung nicht aus. Es kam zu umfangreichen Streiks, die Städte entlang des Rheins waren in der Hand der Streikenden. Die Abschnürung durch die englische Blockade traf inzwischen nicht nur die Zivilbevölkerung, sondern auch die Truppe. Die Lage war bei nüchterner Betrachtung völlig aussichtslos.

Die Unzufriedenheit wurde weiter geschürt durch das Verhalten von Großindustriellen wie Stinnes, die sich erfolgreich gegen eine Beschränkung der Gewinne aus der Produktion von Kriegsgerät zur Wehr setzten, während in England ein Konsens zwischen Wirtschaft und Regierung hatte gefunden werden können. In Deutschland konnte sich der mit dieser Aufgabe betraute General Groener nur auf eine Minderheit der Industriellen stützen, wurde dann jedoch seines Postens enthoben.

Front überrannt, Heeresleitung in Panik, Matrosen meutern

Weder der Kaiser noch die obersten Militärs waren bereit und in der Lage, sich beizeiten die Niederlage einzugestehen. Sie hatten alles auf die letzte Offensive gesetzt, und nachdem man den verheerenden Nachrichten von der Front nicht mehr ausweichen konnte, forderten die wie Diktatoren herrschenden Generale Hindenburg und Ludendorff ohne jede Vorankündigung Kaiser und Reichsregierung auf, binnen 24 bis 48 Stunden mit der anderen Seite einen Waffenstillstand zu vereinbaren, andernfalls sei die Front nicht mehr zu halten und es werde zu umfassenden Durchbrüchen der Alliiertenverbände kommen. Angesichts dieser Lage könnten sie, die kommandierenden Generale, die Verantwortung für die Fortsetzung des Kampfes nicht länger tragen.

Die katastrophale Lage der deutschen und noch viel mehr der österreichischen Armee war nüchternen Beobachtern längst bekannt. Matthias Erzberger, Reichstagsabgeordneter des katholischen Zentrums, war bei einem Truppenbesuch an der Ostfront auf die extrem ernüchternde Analyse der kommandierenden Generale gestoßen. Nach Berlin zurückgekehrt, forderte er eine vorurteilsfreie Feststellung der Lage mit dem Ziel, sofort Schritte in Richtung Waffenstillstand und Frieden einzuleiten.

In Berlin war mit Zustimmung des Kaisers insofern eine neue Verfassungslage geschaffen worden, als die Reichsregierung fortan dem Reichstag gegenüber rechenschaftspflichtig werden sollte, nicht allerdings das Militär als das oberste Machtinstrument des Kaisers. Die erschöpften Soldaten verloren, im Gegensatz zu einem erheblichen Teil der Offiziere und Kommandeure, jedes Vertrauen in die oberste politische und militärische Führung und forderten immer mehr das Ende des Krieges. In der Heimat hungerten und streikten die Angehörigen, und niemand wusste, wie es weitergehen sollte. Als kein Ersatz mehr für die Gefallenen und Verwundeten aufzutreiben war, vermeldete der preußische Kriegsminister der Heeresleitung, durchaus noch weitere 500 000 Soldaten ausheben zu können. Doch der in Aussicht gestellte Personalersatz bestand aus Männern, die in kriegswichtigen Industrieproduktionen unabkömmlich waren. So kam es im Patt aus Orientierungslosigkeit und Entscheidungsunfähigkeit der obersten Staatsorgane zu einer brandgefährlichen Verfassungskrise. In dieser Lage ernannte der Kaiser Anfang Oktober 1918 im Einvernehmen mit den seit geraumer Zeit auf Frieden drängenden Parteien des Reichstages seinen Vetter, Prinz Max von Baden, einen Gegner des uneingeschränkten U-Boot-Krieges, zum Reichskanzler.

Ein erheblicher Teil des deutschen Offizierskorps konnte sich mit der Vorstellung eines Friedens aus unterlegener Position nicht anfreunden. Die deutsche Marine hatte mit Ausnahme der U-Boot-Flotte in den vergangenen 4 Jahren nichts Entscheidendes gegen die äußerst wirksame Fernblockade der britischen Seestreitkräfte ausrichten können. Trotz der bereits beschlossenen Aufnahme von Waffenstillstandsverhandlungen meinte deshalb die Marineführung, zur Ehre rettenden letzten Schlacht gegen die englische Flotte auslaufen zu müssen. Das Unternehmen gegen einen haushoch überlegenen Gegner war nüchtern betrachtet ein Selbstmordkommando ohne jede Aussicht auf Erfolg. Ohne die Reichsregierung zu fragen, ohne Rücksprache mit der Umgebung des Kaisers wurden streng geheim die Befehle zum Auslaufen erteilt. Als die Mannschaften hiervon erfuhren, kam es auf einigen Schiffen zur Meuterei. Die einfachen Soldaten sahen sich von einem sinnlosen, ihr Leben aufs Spiel setzenden Einsatz bedroht und waren kurz vor dem Waffenstillstand nicht mehr bereit, den sogenannten Ehrentod für Kaiser und Vaterland mit ihren Offizieren zu teilen. Sie vereitelten das Auslaufen der Schiffe. Die Marineleitung gab ihren Plan auf, setzte jedoch die »Rädelsführer« hinter Schloss und Riegel. Ihnen drohte nun die Todesstrafe wegen Meuterei. Vergeblich forderten die Mannschaften die Freilassung ihrer Kameraden. Vom Erschießen wegen Meuterei bedroht, wandten sie sich an Vertreter der Sozialdemokraten, der Gewerkschaften, aber auch der USPD mit der Bitte um Unterstützung. Es wurden Soldatenräte gewählt, die ihre Forderungen wie folgt zusammenfassten:

- Freilassung sämtlicher inhaftierten und politischen Gefangenen
- Uneingeschränkte Rede- und Pressefreiheit
- Aufhebung der Briefzensur
- Sachgemäße Behandlung der Mannschaften durch Vorgesetzte
- Straffreie Rückkehr sämtlicher Kameraden an Bord und in die Kasernen
- Die Ausfahrt der Flotte hat unter allen Umständen zu unterbleiben.
- Jegliche Schutzmaßnahmen mit Blutvergießen haben zu unterbleiben.
- Zurückziehung sämtlicher, nicht zur Garnison gehöriger Truppen
- Alle Maßnahmen zum Schutze des Privateigentums werden sofort vom Soldatenrat festgesetzt.
- Es gibt außer Dienst keine Vorgesetzten mehr.
- Unbeschränkte persönliche Freiheit jedes Mannes von Beendigung des Dienstes bis zum Beginn des nächsten Dienstes
- Offiziere, die sich mit den Maßnahmen des jetzt bestehenden Soldatenrates einverstanden erklären, begrüßen wir in unserer Mitte. Alles Übrige hat ohne Anspruch auf Versorgung den Dienst zu quittieren.
- Jeder Angehörige des Soldatenrates ist von jeglichem Dienste zu befreien.
- Sämtliche in Zukunft zu treffenden Maßnahmen sind nur mit Zustimmung des Soldatenrates zu treffen.

Wohin fällt die Führung Deutschlands?

Im deutschen Hauptquartier in Belgien wurde beratschlagt, ob die Streiks im Reich, vor allem entlang der Rheinschiene, mit den eigenen Truppen niedergeschlagen werden könnten. Doch die Einschätzung der Truppenführer, dass eher die Mannschaften zu den Streikenden überlaufen würden, als sich weiter einem aussichtslosen Kampf zur Verfügung zu stellen, machten ihnen einen Strich durch die Rechnung. In der Reichsregierung wurde erörtert, ob dem Kaiser der Rücktritt nahezulegen sei. Wilson hatte offen den Rücktritt des Kaisers gefordert. Später kam die Forderung nach Auslieferung der deutschen »Kriegsverbrecher« hinzu. Die Sozialdemokraten traten für einen demokratisch gewählten Reichstag, die Aufhebung des Dreiklassenwahlrechts in Preußen, die Zulassung von Frauen zur Wahl ein, dies alles unter Beibehaltung der Monarchie nach englischem Vorbild. Unter Führung des

Reichstagsabgeordneten Friedrich Ebert forderten sie den Rücktritt des Kaisers und den Verzicht des bisherigen Thronfolgers, um den Weg für einen auch nach Einschätzung der Alliierten unbelasteten Prinzen des Hauses Hohenzollern als Nachfolger zu eröffnen.[73] Ihnen war die Haltung der konservativen Hälfte der Bevölkerung bewusst, die tief geschockt vom Ablauf der Ereignisse nur für einen gemäßigten Übergang in ein Regime etwa nach englischem Muster zu gewinnen war, wo das Königs- beziehungsweise Kaiserhaus auf eine repräsentative Rolle beschränkt bleibt, die eigentliche politische Entscheidungsgewalt jedoch beim Parlament und bei der dem Parlament verantwortlichen Regierung liegt.

In Berlin spitzten sich die Ereignisse zu. Die Kommunisten unter Karl Liebknecht bereiteten sich auf die Ausrufung der Republik vor, um mit dem Schwung der bereits anlaufenden Revolution, unterstützt von revolutionsbereiten Einheiten der Armee, die »Diktatur des Proletariats« durchzusetzen.

Der Kaiser wiederum dachte daran, zwar die Kaiserkrone niederzulegen, jedoch als König von Preußen nach Abschluss des Waffenstillstandes an der Spitze seiner Armee zurück in die Heimat zu marschieren. Bei der Gelegenheit sollte dann auch mit den die Rheinbrücken kontrollierenden Streikenden »aufgeräumt« werden.[74] Die Idee scheiterte an der Einstellung der Soldaten, deren Offiziere nicht glaubten, sie für derartige Operationen noch gewinnen zu können. Dann wurde erwogen, sich mit der Masse der preußischen Truppen ins preußische Kernland zurückzuziehen, um von dort zu gegebener Zeit den Kampf gegen die Alliierten wieder aufzunehmen. Diese Überlegung ging einher mit Vorstellungen im Umfeld des Kaisers, die westlichen Provinzen des Reiches, das heißt das Rheinland, Baden, Württemberg, Bayern, das Saarland, dem Feind zu überlassen. Dabei spielte die romantisch-verzweifelte Vorstellung eine Rolle, man könne sich notfalls sogar bis nach Ostpreußen zurückziehen, von wo zu Zeiten der Flucht Napoleons aus Russland 1812 der Befreiungskrieg zum Abschütteln des französischen Jochs erfolgreich hatte in Gang gesetzt werden können.

Aus heutiger Sicht erkennt man die hoffnungslose Verranntheit nicht nur der den Kaiser umgebenden Führungsriege, sondern weiter Teile der preußisch-deutschen Elite. Reine Wunschvorstellungen beherrschten die Köpfe. Die verengten historischen Erinnerungen ließen außer Acht, dass sich das Land seinerzeit dem Kampf gegen Napoleon nur deshalb erfolgreich hatte stellen können, weil es von der Finanz- und Weltmacht England unterstützt wurde und im Zusammenspiel mit den ebenfalls englisch finanzierten Riesenheeren Russlands und Österreichs. Der Traum von einem Rückzug der preußischen Armee nach Ostpreußen und der Rückeroberung von dort aus hätte die vorübergehende Preisgabe des industriellen Rückgrats Preußens bedeutet, die Aufgabe der Saar und des Ruhrgebiets, aber auch Schlesiens. Es wäre dies eine kopflose Operation der preußischen Führung geworden, in der das Land elendiglich zugrunde gegangen wäre. Diese Überschätzung des eigenen Potenzials, die Unterschätzung des Gegners, die Scheu vor der Mathematik der Macht, das Hoffen auf Wunder, die Provinzialität des ganzen Denkens im Vergleich zum angelsächsischen Machtkalkül ist in seiner Ungeheuerlichkeit aus heutiger Sicht kaum zu fassen.

Der Kaiser erklärte schließlich nach langen Telefonaten mit Reichskanzler Max von Baden seine Bereitschaft abzudanken, wollte sich die Formulierung im Einzelnen jedoch vorbehalten. Doch dann überstürzten sich die Ereignisse in Berlin. Prinz Max von Baden gab die Abdankung des Kaisers vorzeitig bekannt. Kurz darauf kam der sozialdemokratische Reichstagsabgeordnete Scheidemann dem Kommunisten Liebknecht um wenige Minuten zuvor, um von einem Fenster des Reichstags die Republik auszurufen. Das hinderte Karl Liebknecht nicht daran, seinerseits die sozialistische Räterepublik Deutschland auszurufen.

Der Kaiser mit seiner unmittelbaren Umgebung floh nach Holland, wo er bis zu seinem Lebensende die holländische Gastfreundschaft in Anspruch nehmen durfte.

Reichswehr und Sozialdemokraten gegen Revolution

Mit dem Zusammenbruch des Kaiserreiches war der Konsens der Bevölkerung mit ihren Schichtungen, Interessen, Parteien und Klassen noch mehr als bisher zerbrochen. Der bevorstehende Neuanfang reizte zu radikalen Lösungen. Der bürgerlich-konservative Teil der Bevölkerung, der bislang die Regierungen des Kaiserreichs getragen hatte, konnte sich mit der neuen Lage nur schwer abfinden. Man war deprimiert und suchte nach Sündenböcken für das unerwartet plötzliche Aufgeben der alten Ordnung: erst der Zusammenbruch der Front, dann aber vor allem die Hinnahme der unerhörten Waffenstillstands- und darauf folgenden Friedensbedingungen. Diese von sich selbst überzeugt auftretenden Schichten des Adels und des Bürgertums beherrschten nach wie vor die Arbeitsebene aller Regierungsämter und Gerichte und waren keineswegs bereit, sich kampflos auf ein Experiment à la Sowjetunion einzulassen. Eine solche Entwicklung hätte, gestützt auf immer noch gehorchende, disziplinierte und kampfbereite Verbände der Armee, zu einem gewaltigen, bereits in der Luft liegenden Blutvergießen geführt. Die Spitze der Sozialdemokraten hatte sich gegen die Diktatur des Proletariats in Deutschland ausgesprochen und kämpfte zusammen mit den gemäßigten Gewerkschaften gegen das Abgleiten der hungernden und schlecht verdienenden Arbeiterschaft in die den Bürgerkrieg heraufbeschwörende kommunistische Revolution.

Während die Umgebung des Kaisers ebenso wie die Oberste Heeresleitung sich mit völlig unrealistischen Vorstellungen wie der Aufgabe der Reichseinheit, der Selbstbeschränkung auf Preußen und des Niederschlagens von Streiks durch Kampftruppen beschäftigte, ging die Regierungsverantwortung auf Personen über, die mehr im Süden des Reiches mit bereits eingeübter liberaler und zum Teil auch demokratischer Tradition aufgewachsen und sozialisiert waren. Es waren dies der geschäftsführende Reichskanzler Prinz Max von Baden und der in der militärischen Führung des Heeres tätige General Groener, der Sohn eines Feldwebels der württembergischen Armee, der im großen Generalstab in Berlin unter General Schlieffen die Aufmarschpläne der deutschen Truppen per Eisenbahn geplant und organisiert hatte. Im drohenden Chaos wurden nun Leute wie Conrad Haußmann, der aus einer alten freidemokratischen Familie aus Württemberg stammte, herangezogen, die bereits im Paulskirchenparlament vertreten waren. Dazu Leute wie Friedrich Ebert, aus einer badischen Schreinerfamilie stammend, oder auch Philipp Scheidemann, ein Schriftsetzer aus Kassel, Matthias Erzberger, Volksschullehrer aus Biberach in Oberschwaben, oder Gustav Noske, Korbmacher aus Brandenburg mit einem Wahlkreis in der Oberlausitz. Diesen Vertretern einer eher sozialliberalen Richtung wurde nun die hoffnungslos verfahrene Staatskarosse anvertraut. Mit Ausnahme des Prinzen Max von Baden wäre keiner der neuen Politiker der ersten Reihe unter die Erste Klasse des preußischen Dreiklassenwahlrechtes gefallen. Entsprechend abschätzig war die Haltung eines Großteils der alten Eliten gegenüber den nun ins Blickfeld geratenden Vertretern einer neuen Ordnung.

Das durch den Zusammenbruch der alten Ordnung entstandene und weiter drohende militärische wie politische Chaos versuchte die Oberste Heeresleitung unter Führung General Groeners unter anderem durch das Zusammengehen mit der Sozialdemokratie in den Griff zu bekommen. In dieser Verbindung war das Zusammenspiel der gemäßigten Kräfte beider Seiten, links wie rechts, denkbar. Im Ernstfall konnte die bewaffnete, immer noch starke militärische Macht gegen einen kommunistischen Umsturz eingesetzt werden. Ohne dieses gemeinsame Vorgehen, so die Einschätzung der Lage, drohte der Bürgerkrieg, den es zu verhindern galt. Parteiübergreifend hoffte die neue Führung auf ein größeres Entgegenkommen der Regierungen der Alliierten.

Blitzschnell verschwanden die Vertreter des feudalen Kaiserreiches von der politischen Bühne – nicht nur in Berlin, sondern auch in den vielen zum Reich gehörenden bisherigen Fürstentümern. Die Könige, Herzöge, Kurfürsten usw. traten alle mehr oder weniger über Nacht freiwillig zurück, zuerst in Bayern, dann auch in Wien.

Im gesamten Reichsgebiet kam es in den Fabriken und bei den heimkehrenden Truppenverbänden zur Wahl von Arbeiter- und Soldatenräten. Die Gefahr einer gewaltsamen revolutionären Entwicklung hin zu einer dem sowjetischen System vergleichbaren politischen Landschaft war SPD und Gewerkschaften sehr wohl bewusst. Sie bemühten sich daher in allen Landesteilen um Kandidaten des nichtrevolutionären Lagers, die es aufzustellen und in Wahlen durchzusetzen galt. Im Ergebnis bestand die Mehrheit der Reichsversammlung der Arbeiter- und Soldatenräte dann auch aus gemäßigten Kräften, die sich für Wahlen zu einer verfassungsgebenden Versammlung, die Bildung einer parlamentarischen Demokratie und gegen eine Räterepublik aussprachen. Friedrich Ebert wurde zum Vorsitzenden der Arbeiter- und Soldatenräte gewählt. Eine deutliche Minderheit freilich wollte den Arbeiter- und Soldatenräten direkt Regierungsfunktion übertragen.

Noske löst Spannungen zwischen Marineführung und Mannschaften

In Kiel versuchte die Marineführung mit Infanterie gegen die Matrosen vorzugehen, die den Befehl verweigerten und die Schiffskanonen auf die Unterkünfte der Offiziere zu richten drohten. Von der Sinnlosigkeit weiterer Kriegseinsätze überzeugt, verbrüderten sie sich mit der Zivilbevölkerung oder desertierten. In dieser Lage schickte die Reichsregierung die Reichstagsabgeordneten Gustav Noske (SPD) und Conrad Haußmann (Fortschrittliche Volkspartei) nach Kiel, um die Konfrontation zwischen der auf militärischem Gehorsam beharrenden Marineleitung und den aufrührerischen Mannschaften beizulegen. Die Abgeordneten wurden begeistert begrüßt. Die Kieler Matrosen und Soldaten wählten Noske zum Vorsitzenden des Soldatenrates.

Seine Rolle ist bis heute umstritten. Noske handelte in einem hochexplosiven Spannungsfeld, das voller Unwägbarkeiten und nur schwer unter Kontrolle zu bringen war. Da war der nach wie vor außerordentlich starke monarchisch-konservativ gesinnte Teil des Offizierskorps der Marine, hinter dem wiederum ein Großteil der alten Führungsschicht des Kaiserreiches stand, der durch den Zusammenbruch der Front und die nahezu über Nacht verkündete Notwendigkeit eines sofortigen Waffenstillstandes in einen Schockzustand versetzt schien.

Dort suchte man schnell nach den Schuldigen für die trostlose Entwicklung, dachte in Offizierskreisen an den ehrenhaften Untergang der Marine, ja des deutschen Volkes, also den Selbstmord vor dem Feind. Und man war weit davon entfernt, die für die herbeigeführte Katastrophe Verantwortlichen zu benennen, geschweige denn zur Rechenschaft zu ziehen, schon gar nicht den Kaiser und die ihn umgebenden Amtsträger. Für diese Gesellschaftsschicht waren es die Gewerkschaften, die Sozialdemokraten, die Gegner der Monarchie, die in der Heimat der sonst siegreichen Front in den Rücken gefallen waren.

Auf der anderen Seite standen die einfachen Soldaten, die, von der Aussichtslosigkeit eines deutschen Sieges überzeugt, dem täglichen Tod und Elend in den Gräben ausgeliefert waren, die Tag und Nacht die schier unfassbar werdende Überlegenheit des an keinerlei Mangel leidenden Gegners vor Augen geführt bekamen. Die Masse wollte Frieden nahezu um jeden Preis und endlich nach Hause zurückkehren.

Nun sahen die aus der USPD hervorgegangenen Kommunisten unter dem Eindruck des Sieges der Sowjets in Russland die einmalige Chance gekommen, die Revolution auch in Deutschland mit dem Ziel einer Diktatur des Proletariats in Gang setzen zu können. Der Wunsch fand massive Unterstützung bei dem Teil der sowjetischen Führung in Moskau, der sich einen Erfolg der Revolution in Russland nur Hand in Hand mit den Revolutionsbewegungen der fortgeschrittenen Industriestaaten Deutschland, Frankreich und England vorstellen konnte. Das war die Gruppe um Trotzki, den Schöpfer der Roten Armee.

Die deutsche kommunistische Bewegung wurde daher von den Sowjets beraten und mit Geld und Sachgütern versehen. Es war eine überaus kritische Zeit. Es hätte genügt, die mit Waffen zurückflutenden deutschen Soldatenmassen im sowjetischen Sinne zu begeistern, und im Handumdrehen wäre die Situation eines Bürgerkrieges in Deutschland vergleichbar dem Geschehen in der Sowjetunion zustande gekommen. Innerhalb der Mannschaften stand den vom sowjetischen System faszinierten Soldaten die Mehrheit derjenigen entgegen, die eine Diktatur nach sowjetischem Muster ablehnten. Die Situation war labil bis hochexplosiv, die Stimmung der Soldaten schwankte von Einheit zu Einheit oft erheblich. Niemand konnte ahnen, wohin sich die hungernden, verzweifelten Massen, sei es an der Front, sei es im Lande selbst, wenden würden. In Berlin wie im Reichsgebiet planten die Kommunisten (USPD) den Generalstreik.

KAPITEL 10

Waffenstillstand, Versailler Vertrag, Rache der Sieger

Waffenstillstandsverhandlungen

In ihrer grandiosen Scheu, eigene Verantwortung zu übernehmen, hatte die Oberste Heeresleitung den Reichstagsabgeordneten Erzberger aus dem oberschwäbischen Biberach mit der Aufnahme der Waffenstillstandsverhandlungen betraut. Grundlage hierfür sollten die in den 14 Punkten des amerikanischen Präsidenten Wilson formulierten Bedingungen sein. Aufseiten der Entente traf Erzberger auf den Oberbefehlshaber der siegreichen Armeen der Alliierten, den französischen Marschall Foch. Engländer und Franzosen hatten sich auf ihn als Verhandlungsführer geeinigt, auch um zu verhindern, dass der idealistische und ihren Interessen entgegenstehende Ansatz des amerikanischen Präsidenten zur Grundlage der Waffenstillstands- und, dem folgend, der Friedensverhandlungen gemacht werden konnte. Deutschland und seine erschöpft zurückkehrenden Soldaten hofften auf einen fairen Frieden.

Doch die Alliierten stellten der deutschen Delegation nun Bedingungen, die mit den 14 Punkten des Präsidenten Wilson, auf die sich die deutsche Seite in dem Ersuchen um Waffenstillstand bezogen hatte, nicht übereinstimmten. Die Bedingungen wurden der deutschen Seite von rangniedrigen Offizieren ohne jeden Verhandlungsspielraum zur Kenntnis gebracht. Das Gespräch mit einer in etwa gleichrangig besetzten Alliiertendelegation wurde verweigert. So schlug der deutschen Verhandlungsführung von Beginn an eine verletzende Missachtung entgegen.

Erzberger wollte die Verantwortung für die Annahme der diktierten Bedingungen des Waffenstillstands nicht allein tragen, bekam jedoch von Generalfeldmarschall von Hindenburg den Auftrag, unter allen Umständen abzuschließen und zu unterschreiben. Die in die Katastrophe führende militärische Lage dulde keinen Aufschub. Die Folgen einer über Nacht gereiften Erkenntnis von der Unhaltbarkeit der Front, der Einsicht in die völlig ausweglose Lage, wurde einem kleinen katholischen Lehrer aus dem schwäbischen Oberland aufgebürdet. Hindenburg und Ludendorff, die Repräsentanten des alten Kaiserreiches, konnten so vom eigenen Totalversagen ablenken und das Schwarze-Peter-Spiel um die Verantwortung für die Niederlage und die Annahme der drückenden Kapitulationsbedingungen der neuen zivilen, republikanisch-demokratischen Seite zuschieben. Die Alliierten stellten folgende Forderungen:

- Einstellung der Feindseligkeiten
- Inkrafttreten binnen 6 Stunden nach Vertragsunterzeichnung
- Rückzug aller deutschen Truppen aus sämtlichen besetzten Gebieten Belgiens, Frankreichs, Luxemburgs sowie aus dem Reichsland Elsass-Lothringen binnen 15 Tagen
- Innerhalb weiterer 17 Tage Übergabe der linksrheinischen Gebiete sowie der rechtsrheinischen Garnisonen Mainz, Koblenz und Köln an französische Besatzungstruppen
- Innerhalb dieses Zeitraums Übergabe von 5000 Geschützen, 25 000 Maschinengewehren, 3000 Minenwerfern und 1400 Flugzeugen an die Alliierten
- Internierung aller modernen Kriegsschiffe
- Lieferung von 5000 Lokomotiven und 150 000 Eisenbahnwaggons
- Aufhebung des Friedens von Brest-Litowsk mit Sowjetrussland

Um den Forderungen Nachdruck zu verleihen, sollte die englische Seeblockade bis zur Annahme der Kapitulation und dann bis zur Annahme des Friedensvertrages aufrechterhalten bleiben. Der Waffenstillstand wurde Ende November 1918 unterzeichnet. Die Alliierten hielten die englische Blockade weiterhin aufrecht, um die Bedingungen des erst noch auszuhandelnden Friedensvertrages durchzusetzen. Die Bevölkerung war ohne Einfuhr von Nahrungsmitteln dem Hunger ausgeliefert.

Bereits am 18. Januar 1919 berichtete die US-Wochenzeitschrift *The Nation* über die Lage in Deutschland und Europa unter der Überschrift:

Waffenstillstand und Blockade:

Die Unterschrift des Waffenstillstandsvertrags durch Deutschland kommt der Hinnahme einschneidender vorläufiger Friedensbestimmungen gleich. Hier wurde kein Waffenstillstand erarbeitet, viel eher wurden Friedensbedingungen einem geschlagenen Feind auferlegt, von denen ein nicht geringer Teil sich als dauerhaft erweisen und in Kraft bleiben wird, bis er durch positives Handeln in der Zukunft abgeändert wird. In diesem Licht müssen die wirtschaftlichen

Festlegungen des Vertrages gesehen werden. Nach der Entwaffnung Deutschlands wird nun der Prozess der wirtschaftlichen Erdrosselung mithilfe der Fortdauer der »Blockade« in Gang gesetzt, was immer deren Rechtfertigung im Krieg gewesen sein mag. Sie verstößt nicht nur gegen internationale Moral, sondern stellt auch ein Verbrechen gegen jede wirtschaftliche Vernunft und die soziale Ordnung dar. 2 Monate lang wurden die verzweifelten Rufe der Zentralmächte nach Nahrungsmitteln nur mit kaltem Nichtinteresse beantwortet, mit zögerlichen Untersuchungen, gnadenloser Unterbindung jeder Möglichkeit des Landes, sich durch Handel mit seinen Nachbarn selbst helfen zu können, sowie durch Beschlagnahme der Schiffe, die die überlebenswichtigen Waren hätten transportieren können. Inzwischen kämpft Deutschland mit der Revolution. [...]

Die Staatsmänner der Alliierten haben offensichtlich entschieden, Deutschland jede Mark an Schadensersatz aufzuerlegen, die sie nur herauspressen können. Das Vorgehen ist ungeheuerlich; es verhöhnt alle unsere Zusagen. Doch es scheint die vereinbarte Politik zu sein. Wie soll jedoch Schadensersatz geleistet werden? Er kann nicht in Naturalien, nur durch Industriearbeit und Handel bezahlt werden. Sind die Leute, die den letzten Blutstropfen aus den Deutschen pressen wollen, unfähig zu rechnen, oder sind sie nur abgrundtief unwissend über wirtschaftliche Fakten und Gesetze? Der amerikanische Farmer hat riesige Vorräte an Weizen auf Lager. Die hungrigen Mäuler Europas wären ein hervorragender Markt. [...] doch ihr Vorgehen hat der Welt den Virus der Revolution eingepflanzt. Nun stehen sie entsetzt vor dem Ergebnis ihres Handelns, offensichtlich ohne jede Vorstellung, wie mit dieser seltsamen Krankheit zu verfahren sei. Sie versuchen, die Revolution im eigenen Land zu unterdrücken: In Russland treiben sie ihr Spiel damit; sie zittern davor in Deutschland. [...]

Haben sie denn keine Augen, keine Ohren, keine Einsicht? Wissen sie nicht, dass Arbeitslosigkeit und Hunger der fruchtbare Boden für Gewalt und Chaos sind? [...]

Deutschland zu ermöglichen, sich selbst zu ernähren, die Räder seiner Industrie in Bewegung zu bringen, nichts wäre wichtiger als die sofortige Wiederherstellung des wirtschaftlichen Lebens. [...] Mögen sie recht haben oder falsch liegen, hungrige Männer ohne Arbeit werden von solchen Ideen angezogen. Sie werden versuchen, diese in Politik umzusetzen. [...] hebt die »Blockade« auf!

Der Reichstagsabgeordnete Erzberger kehrte mit den diktierten Waffenstillstandsbedingungen zurück in die Heimat. Er wurde von General Hindenburg mit Handschlag und dem Dank für die geleistete Arbeit empfangen. Und doch dauerte es nur wenige Monate, da begann die konservative Seite, nicht zuletzt das Militär um Hindenburg und Ludendorff, diese unausweichliche »Drecksarbeit« nach der so grundlegend gescheiterten Politik des Kaiserreiches mit einer Dolchstoßlegende zu überziehen, wonach das Heer, im Felde unbesiegt, nur dem Dolchstoß der streikenden und sabotierenden linken Kräfte in der Heimat erlegen sei. Erzberger wurde nach wenigen Jahren als Finanzminister 1922 am Rande des Schwarzwaldes von rechtsradikalen Offizieren der Gruppe Condor ermordet. Nachdem die Waffenstillstandsbedingungen dem Reich bereits beachtliche Lasten auferlegt hatten, folgten weitere Bedingungen in dem von den Alliierten diktierten Versailler Vertrag. Vom Waffenstillstand am 19. November 1918 bis zur endgültigen Unterschrift des Versailler Vertrages am 28. Juni 1919 wurde die englische Seeblockade aufrechterhalten.

Beratungen um den »Friedensvertrag« in Versailles

In Versailles versammelten sich die Alliierten zur Bestimmung der weiteren, Deutschland im Friedensvertrag aufzuerlegenden Bedingungen. In anderen Vororten von Paris wurden die Entscheidungen über die Aufteilung Österreich-Ungarns und des Osmanischen Reiches, das heißt der Türkei und des Nahen Ostens, verhandelt. Die Hoffnungen Europas ruhten auf der Person des amerikanischen Präsidenten Wilson, der den verbissen um Vorteile und Rache kämpfenden Europäern den Weitblick seiner 14 Punkte gegenübergestellt hatte. Wilson wurde nach seiner Ankunft in Italien in ganz Europa wie ein Heiland aus einer fernen, ersehnten Traumwelt verehrt. Er hatte bereits aus den Vereinigten Staaten die Abdankung des Kaisers und die Einführung der Demokratie in Deutschland gefordert. Der Kontinent sollte einem dauerhaften, verlässlichen Frieden zugeführt werden.

Doch die erfreulichen Aussichten verdüsterten sich sehr schnell. Deutschland war weder bei der Eröffnung der Konferenz noch bei deren Beratungen als Teilnehmer zugelassen. Die Sieger verhandelten unter sich, nicht selten ohne jede Sachkenntnis über Ländereien, deren Zuordnung sie zu entscheiden hatten, meist ohne Rücksichtnahme auf die Wünsche der betroffenen Bevölkerung mit deren Mehr- und Minderheiten.

Zum Vorsitzenden der Konferenz schlug Präsident Wilson den französischen Staatspräsidenten Clemenceau vor. Damit war der wohl parteiischste Richter zur Leitung der Konferenz eingesetzt, den man sich denken konnte. Frankreich verfolgte beharrlich die Kriegsziele der Aufteilung und maximalen Schwächung Deutschlands. Die Vorstellungen waren in den Geheimverträgen mit Russland und England teils vor, teils wenige Monate nach Kriegsbeginn niedergelegt worden. Daher wurde nicht nur die sich anbietende, weil dem Wunsch des überwiegenden Teils der betroffenen Bevölkerung auch entsprechende Rückgabe von Elsass-Lothringen verfügt, wie bereits im Waffenstillstandsabkommen festgelegt. Die preußisch besetzte, ursprünglich polnische Provinz Posen wurde Polen zugeteilt. Dazu erhielt Polen die mehrheitlich polnisch besiedelten Gebiete Oberschlesiens zugesprochen. In den gemischt besiedelten Gebieten mit polnischer oder deutscher Minderheit wurden Volksabstimmungen angeordnet, die von polnischer Seite allerdings durch Einsatz von Terror gegen die deutsche Bevölkerung massiv beeinflusst wurden. Es wurden Gebiete, die sich trotz polnischen Drucks mit 60-prozentiger Mehrheit für den Verbleib bei Deutschland erklärt hatten, dennoch Polen zugesprochen. Deutsche Freikorps, polnisches Militär und Bürgermilizen versuchten Abstimmungen und Grenzziehung mit Gewalt jeweils zu ihren Gunsten zu beeinflussen.

Frankreich unterstützte Polen in dem Bemühen, die Kerngebiete der schlesischen Industrie zu erhalten. Frankreich wollte Polen zum starken Partner gegenüber einem deutlich geschwächten Deutschland und einer noch in sich labilen Sowjetunion machen.

Deutschlands Areale links des Rheins einschließlich des Saarlandes wurden von französischen Truppen besetzt. Im Ergebnis verlor Deutschland damit einen Großteil seiner wichtigsten Bodenschätze und Industrien. Später besetzte Frankreich unter dem Vorwand geringfügiger Rückstände an Reparationsleistungen mit seinen Kolonialtruppen das Ruhrgebiet bis hinauf nach Münster in Westfalen. So kam der größte Teil der deutschen Kohleförderung und Stahlproduktion, aber auch der weiterverarbeitenden Industrie in französische oder mit Frankreich verbündete Hand.

Verschuldung der Alliierten und Reparationslasten der Weimarer Republik

Das größte Problem nach dem Krieg war die Regelung der von allen europäischen Regierungen zur Finanzierung des 4-jährigen Kampfes angehäuften immensen Schuldenberge. Das betraf die Regierungen aller kriegführenden Staaten. Alle hatten sich bei ihren Völkern verschuldet, erst recht die kaiserliche Regierung, die nicht Zugang zum amerikanischen Kapitalmarkt hatte. England, Frankreich, Russland und Italien jedoch konnten große Teile ihrer Kriegskosten mit Anleihen aus den USA finanzieren. Das Deutsche Kaiserreich hatte mit einem nur wenige Wochen dauernden Krieg gerechnet und weder Rücklagen zur Finanzierung eines Krieges gebildet noch rechtzeitig die Steuern erhöht. Die Kriegskosten sollten durchaus auch nach deutscher Planung später den Besiegten auferlegt werden. Deutschland finanzierte den Krieg in weiten Teilen über Kriegsanleihen, die patriotisch gesinnte Bürger, große Teile des Mittelstandes, gezeichnet hatten. Die Verzinsung sollte in der Regel der Altersversorgung dieser nicht rentenversicherten Bürger dienen. Nun war die Deutsche Mark bereits im Laufe der 4 Kriegsjahre kräftig inflationiert. In Kaufkraft gemessen, erhielten die Inhaber der Kriegsanleihen nur einen Bruchteil des ursprünglich eingezahlten Kapitals zurück. So verringerte die Kriegsinflation den Schuldenberg, den das Kaiserreich der Weimarer Republik hinterlassen hatte. Hinzu kam später die alle Geldvermögen zerstörende Inflation des Jahres 1923, die der Staatskasse weitere Lasten abnahm, den Pensionären jedoch das fürs Alter angesparte Vermögen vernichtete.

Frankreich weigerte sich, seine Schulden bei der englischen Regierung und den amerikanischen Banken zu zahlen, mit der Begründung, man habe ja das Schlachtfeld für den Krieg stellen müssen, habe somit für die Kriegsziele der Entente überdurchschnittliche Opfer gebracht, die dazu beigetragen hätten, der gemeinsamen Sache zum Sieg zu verhelfen. Nun müssten sich die Partner, insbesondere die Amerikaner, darum kümmern, wie sie mit dem Problem der Bedienung des Schuldenbergs fertigwürden. Und England stellte sich auf den Standpunkt: Wenn Frankreich sich weigere, seine Schulden zu zahlen, könne dies England ebenfalls nicht zugemutet werden. Wie die russischen, waren auch die französischen Kriegskredite durch Vermittlung englischer Banken in den USA aufgenommen worden, sodass überwiegend nun England die erste Adresse der amerikanischen Forderung auf Rückzahlung war. Und England suchte der Rückzahlungslast durch Überbürdung auf die Besiegten zu entgehen. Alternativ war vom Niederschlagen der Schulden durch die amerikanische Regierung die Rede. Doch die war wiederum nicht bereit, mit dem Steueraufkommen der Nachkriegszeit den vergangenen Krieg der Europäer zu finanzieren. Hierfür im Kongress eine Mehrheit zu gewinnen wäre undenkbar gewesen.[75]

So lag es nahe, die gesamte finanzielle Last aus den letzten 4 Kriegsjahren bis hin zu den Pensionslasten für Soldaten und Hinterbliebene,[76] dazu die Kosten der Besetzung der linksrheinischen Gebiete, zunächst allein dem besiegten Deutschland, der neuen, demokratischen Weimarer Republik, aufzuerlegen. Dabei blieb die Höhe der Forderungen im Vertrag von Versailles zunächst noch offen. Sie wurde erst später durch eine Alliiertenkommission auf insgesamt 284 Milliarden Goldmark festgelegt.[77]

Das Vorgehen der Sieger war nicht ganz beispiellos. Im Lauf der Geschichte hatten immer wieder die Sieger den besiegten Staaten Geldleistungen auferlegt. So hatten England, Russland und Preußen 1815 dem nachnapoleonischen Frankreich Zahlungen auferlegt, Gleiches geschah 1871 nach dem Sieg Deutschlands über Frankreich mit der Forderung von 5 Milliarden Goldfrancs. Das waren Beträge, die aus den laufenden Friedenshaushalten abzuführen waren. Bei den aufgrund des Versailler Vertrages von Deutschland zu leistenden Reparationen handelte es sich in Kaufkraft gemessen allerdings um das Zwölffache der Frankreich auferlegten Last von 1871.[78]

Um dies vor der Öffentlichkeit rechtfertigen zu können und in den anstehenden Auseinandersetzungen unanfechtbar zu machen, erzwangen die Sieger das deutsche Bekenntnis zur Schuld für den Weltkrieg, gleichsam als Anspruchsgrundlage für die geforderten Reparationen. Die Frage der angeblichen deutschen Alleinschuld am Ausbruch des Weltkrieges und deren Folge in Gestalt von Reparationen verhandelten die Sieger unter Ausschluss der Öffentlichkeit. Die deutsche Seite wurde nicht beteiligt. Das Gebot der Fairness aller angelsächsischen Gerichts- und Verwaltungsverfahren, des »due process of law«, wurde der deutschen Seite verwehrt.

Als der Versailler Friedensvertrag mit seiner zahlenmäßig nicht bestimmten, unerfüllbar erscheinenden Last ausformuliert war, wurde die deutsche Delegation aus einem mit Stacheldraht umzäunten Hotel zur Verkündung in den Sitzungssaal geführt und dort offiziell nicht begrüßt.[79]

Für die Annahme der monatelang unter den Siegern ausgehandelten Bedingungen des Friedensvertrages setzten die Siegermächte der deutschen Seite die Frist von einer Woche. Gegendarstellungen und Argumente waren schriftlich einzureichen. Mündliche Erörterungen mit Rede und Gegenrede wurden nicht zugelassen. Für den Fall der Ablehnung wurde der Einmarsch von Truppen der Alliierten in Deutschland angedroht. Dem Oberbefehlshaber der französischen Truppen war hierzu der Marschbefehl bereits erteilt.

Die von den Siegern diktierte »deutsche Alleinschuld«

Im sogenannten Friedensvertrag von Versailles nach Beendigung des Krieges, nach bis zu 20 Millionen Toten und einer ähnlichen Anzahl von Verwundeten und Krüppeln wurde von den Siegermächten der Entente die

Alleinschuld Deutschlands beschlossen, ohne die Entsandten der sich soeben entwickelnden jungen Demokratie auch nur zu Wort kommen zu lassen.

Auf die Folgen wird später einzugehen sein. Fest steht nur aus der politischen Entwicklung zum Ersten Weltkrieg, dass bei der Aufschichtung des militärischen, aber auch diplomatischen Brandmaterials eher vonseiten der späteren Sieger als der von Beginn an unterlegenen und sich von vornherein auch unterlegen einschätzenden Besiegten großer Eifer an den Tag gelegt wurde. Die Zündschnüre und Minen zur Auslösung des Konfliktes waren Jahre im Voraus arrangiert und sehenden Auges zur Zündung gebracht worden. Die äußerst riskante Zweifrontenlage hätte Deutschland aus eigener Kraft nicht beseitigen können, da hätte England sein Verhalten den Partnern gegenüber eindeutiger konditionieren müssen.

Russland, ebenso wie Frankreich, hoffte auf die Duldung beziehungsweise Unterstützung seines Handelns durch die englische Politik.[80] Von daher die nicht zu lösende deutsche Aufgabe, entweder gleichzeitig oder hintereinander gegen Frankreich und Russland tendenziell sogar präventiv kämpfen zu müssen. Andererseits konnte Deutschland von vornherein damit rechnen, dass jeder noch so kleine Konflikt auf dem Balkan oder an anderer Stelle sich zur großen, entscheidenden europäischen Auseinandersetzung entwickeln konnte; spätestens die russische Teilmobilmachung noch vor der Mobilmachung Österreichs gegen Serbien gab hier das klare Signal. Eine kluge Politik Deutschlands wäre es gewesen, von einer weiter ansteigenden Teilhabe an der Ausplünderung von »Kolonialvölkern«, wie sie von England, Frankreich, Holland und Russland, aber in Ansätzen auch schon von den USA betrieben wurde, abzusehen – wusste man doch um den Widerstand Großbritanniens gegen solche Bestrebungen. Stattdessen hätten sich Deutschland und Österreich mit amerikanischer Unterstützung der Durchsetzung des weltweiten Freihandels gerade auch mit den Kolonien verschreiben können. Zu diesem Zweck hätte Deutschland auf eine größere Flotte verzichten müssen, die dazu gedacht war, die Verbindungswege von Deutschland in das tatsächliche und zu erweiternde potenzielle deutsche Kolonialreich in China, dem Pazifik (Samoa und Karolinen) sowie in Afrika und Südamerika zu schützen.

Statt dem Vorbild der erfolgreichen Kolonialmächte unter Führung Großbritanniens nachzulaufen, hätte es nahegelegen, von der Unterwerfung und Ausbeutung rassisch angeblich geringerwertiger Völker abzusehen und stattdessen auf den Ausbau von Industrie und Handel, Ausbildung und Wissenschaft zu setzen – die eigentlichen Stärken Deutschlands. Doch diese Alternative war weder für den von Gottes Gnaden regierenden Kaiser Wilhelm II.

noch die ihn stützenden industriellen und konservativ-bürgerlichen Kräfte vorstellbar. Allerdings wäre es selbst bei einer solchen besonnenen Haltung Deutschlands fraglich gewesen, ob der Krieg hätte vermieden werden können, denn es gab in England Kreise, die den industriellen und kommerziellen Konkurrenzdruck Deutschlands zusammen mit dessen aufwachsender Hegemonierolle in Zentraleuropa beseitigen wollten.

Auswirkung der Niederlage auf die politische Szene in Deutschland

Die im Misstrauen bis in Feindschaft gegeneinanderstehenden politischen Eliten des Landes von rechts bis links fühlten sich von den Alliierten, vor allem dem amerikanischen Präsidenten, getäuscht und hintergangen. Es waren die 14 Punkte Präsident Wilsons gewesen, die die deutsche Seite zur Grundlage ihrer Bitte um Waffenstillstandsverhandlungen gemacht hatte. Die starke Position der Vereinigten Staaten von Amerika, deren Banken die Kriegsführung der Alliierten von Beginn an mitfinanziert hatten, deren Industrie die materielle Durchhaltekraft der Entente ermöglichte und deren Einsatz frischer Truppen die Gewissheit des Sieges vermittelte, konnte oder wollte Wilson nicht ausspielen. Die Kredite hatte vor allem das Bankhaus Morgan auf dem amerikanischen Markt untergebracht. Und diese Anleihen mussten bedient und zurückgezahlt werden.

Dem amerikanischen Steuerzahler und Wähler war der Erlass der Schulden der Alliierten nicht zu vermitteln. Wilson konnte seine 14 Punkte aus außen- wie innenpolitischen Gründen nicht in Politik umsetzen.[81] Einige Sachverständige der Verhandlungsdelegationen der Alliierten prognostizierten aus dem überzogenen Friedensdiktat neues Unheil. In der linksliberalen amerikanischen Zeitschrift *The Nation* urteilte der damalige Redakteur, einer der drei zur Konferenz zugelassenen amerikanischen Journalisten:

> Es gibt in der ganzen Diplomatiegeschichte keinen Vertrag, der mit mehr Berechtigung als internationales Verbrechen angesehen werden muss.[82]

Die Person des amerikanischen Präsidenten schilderte Arthur L. Conger, der Leiter des Nachrichtendienstes der amerikanischen Armee in Europa, im Gespräch mit General Groener als einen von sich überzeugten, eigensinnigen Theoretiker, einen Vielschreiber ohne viele eigene Ideen, der ohne wirkliche Kenntnisse europäischer Verhältnisse sei und sich nicht habe überzeugen lassen wollen.[83]

Der Schock von Versailles

Der Verlust von rund 17 Prozent des deutschen Reichsgebiets gegen den Willen der ansässigen Bevölkerung stieß auf massive Ablehnung. Die Feststellung der alleinigen Schuld am Krieg empörte ganz Deutschland. Die Auseinandersetzungen in der Reichsregierung, in der Öffentlichkeit, in den Parteien waren dramatisch. Reichsregierung und Reichstag standen für den Fall der verweigerten Annahme des Vertrages vor der Entscheidung, den Kampf gegen ins Reichsgebiet einmarschierende französische und andere Truppen der Alliierten wieder aufzunehmen zu müssen.

Die Versorgung der in Auflösung befindlichen Armee wie der Bevölkerung mit Nahrungsmitteln war so karg, dass in weiten Teilen des Reiches gehungert wurde. Die ungeheure Überlegenheit der Alliiertenverbände an Soldaten, Waffen, Munition und Verpflegung machte einen neuen Kampf von vornherein aussichtslos.

Deutschland war politisch, militärisch, finanziell, wirtschaftlich und menschlich am Ende. Unter den Generalen und vielen Offizieren gab es zwar eine starke Neigung, lieber in Ehren zugrunde zu gehen, als dem Diktat der Alliierten nachzugeben, doch die Frage nach der Haltung der Mannschaften, ob etwa auch die gezogenen Wehrpflichtigen bereit wären, unter Führung ihrer Offiziere in den nicht zu umgehenden gemeinsamen Selbstmord zu marschieren, wurde von den Truppenführern vor Ort sehr eindeutig beantwortet. Die Truppe sei nicht mehr bereit zu kämpfen, wohl wissend um die hoffnungslose Unterlegenheit im Feld und den sicheren eigenen Untergang vor Augen. Dies war mehrheitlich auch die Haltung des einfachen Volkes. Hier war man, vor die Wahl eines sicheren Todes im Feld oder Hunger in der Heimat gestellt, bereit, dem Ratschlag »Lieber ein Ende mit Schrecken als ein Schrecken ohne Ende« zu folgen.

Nachdem die Mehrheit des Reichstags im Juni 1919 unter Protest das Diktat des Versailler Vertrags mehrheitlich angenommen hatte, trat als Erstes der neue sozialdemokratische Ministerpräsident Scheidemann zurück, der zuvor gedroht hatte, die Hand werde dem verdorren, der ein derartiges Machwerk im Namen des deutschen Volkes unterzeichne.[84] Doch es blieb bei nüchterner Abwägung keine andere Wahl.

An die Stelle Scheidemanns als Kanzler trat der Sozialdemokrat Gustav Bauer. Die Unterzeichner des Vertrags wurden fortan von der rechten Propaganda als Erfüllungspolitiker, als »Novemberverbrecher« gebrandmarkt, die Deutschland verraten hätten.

Mit der Unterzeichnung des Vertrages von Versailles wird der auf schwachen Füßen stehende Konsens zwischen der Regierung und einem Großteil der Führungskader der Armee brüchig. Die Hinnahme der von den Alliierten diktierten Anerkennung der Alleinschuld am Krieg trifft auf das völlige Unverständnis der Truppe, insbesondere der Offiziere. Die Hinnahme des »Schmachparagrafen« wird als Verrat an der Armee nach 4½-jährigem Kampf angesehen, die im Vertrag zugesagte Auslieferung der Armeeführer als Kriegsverbrecher, die später von den Siegern fallengelassen wurde, stößt auf bittere Ablehnung und Verachtung. Der Versailler Vertrag wird zum frühen Markstein des Untergangs der Weimarer Republik.

Dass der Gang der Ereignisse der Weimarer Republik einen Schrecken mit noch schrecklicherem Ende bescheren würde, offenbarte sich erst nach der Machtergreifung Hitlers und dem Marsch in den Zweiten Weltkrieg. In der Nationalversammlung wenigstens gab es bei zahlreichen Stimmenthaltungen eine deutliche Mehrheit für die Unterzeichnung des Versailler Vertrages, nicht zuletzt, nachdem auch Generalfeldmarschall Hindenburg seine Zustimmung gegeben hatte.

Arbeiter- und Soldatenräte, Volksbeauftragte, parlamentarische Demokratie

In den 8½ Wochen zwischen dem Abtritt des Reichskanzlers Prinz Max von Baden, den Reichstagswahlen im Januar 1919 und dem Regierungsantritt des Kabinetts Scheidemann (SPD) hatte der Rat der Volksbeauftragten eine Übergangsregierung gebildet. Friedrich Ebert war zwar zum Vorsitzenden der Arbeiter- und Soldatenräte gewählt worden, doch um Frieden zu halten, mussten in einem Kompromiss zwischen rechts und links alle Fachministerien in der Übergangszeit doppelköpfig besetzt werden. Neben einem Minister der SPD stand ein zweiter von der USPD – eine Lösung, die zu erheblichem Chaos führte und auf Dauer nicht zu halten war.

Entscheidend für die Zukunft war, dass der Kongress der Räte sich mit deutlicher Mehrheit für die rasche Wahl einer verfassungsgebenden Nationalversammlung und gegen die Fortsetzung der Räteherrschaft und damit perspektivisch gegen eine »Diktatur des Proletariats« entschieden hatte. Nach den Wahlen zur verfassungsgebenden Nationalversammlung konnte der Rat der Volksbeauftragten aufgelöst werden. Ebert war Reichspräsident, Scheidemann Reichskanzler geworden. In Berlin drohte nun im Zusammenspiel einer Minderheit revolutionär gesinnter, von der Front zurückkehrender Soldaten und Matrosen eine Revolution nach sowjetischem Vorbild. Ende 1918 und Anfang 1919 kam es zu bewaffneten Kämpfen. Die Diktatur des Proletariats stand gegen die Vorstellung der repräsentativen Demokratie nach westlichem Vorbild, während breite Teile des Volkes einschließlich der Arbeiterschaft, nicht zuletzt die Mehrheit der von der Front zurückkehrenden, immer noch bewaffneten Offiziere, Unteroffiziere und Mannschaften, nicht bereit war, dem sowjetischen Vorbild zu folgen.

Dagegen sahen die linksradikalen Kräfte nun die einmalige Chance gekommen, in dem Chaos des Übergangs mit Streiks und/oder Waffengewalt eine neue Ordnung zu erstreiten, die die Entmachtung der bislang herrschenden Schichten und die Diktatur des Proletariats, das heißt die Herrschaft der kommunistischen Partei Deutschlands, zur Folge gehabt hätte. Landauf, landab tobten nun in dem besiegten Land ohne verlässlich funktionierende Verwaltung, Polizei und Gerichtsbarkeit Streiks unter der Führung der auf Umsturz, nicht auf Reformen setzenden Kräfte. In den Kohlegruben Schlesiens und des Ruhrgebiets stockte unmittelbar vor dem Winter die Belieferung der Bevölkerung mit Kohle. Der Vorrat der Großstadt Berlin reichte nur für Tage. Ähnliches galt für die Zufuhr von Lebensmitteln. Die Bürgermeister verschiedener Industriestädte wandten sich an die sich neu ordnende Reichswehr mit der Forderung, dafür zu sorgen, dass die mehrheitlich den Streik als schädlich ablehnenden Arbeiter nicht an der Wiederaufnahme ihrer Arbeit gehindert würden.

Die neue Reichsregierung selbst konnte in ihrer Anfangsphase beschließen, was sie wollte, ihr standen Machtmittel zur Durchsetzung ihrer Entscheidungen nicht zur Verfügung. Sie konnte sich weder gegen rechte noch linke bewaffnete Soldatenmassen durchsetzen und war von daher gezwungen, sich auf die sich loyal haltende Reichswehrführung zu stützen. Von rechts verfügten die aus Freiwilligen gebildeten Soldatenverbände über hinreichend Waffen, die statt gegen den äußeren nun gegen den tatsächlichen oder vermuteten inneren Feind gerichtet werden konnten. Die bislang herrschenden Schichten, ob in der Bürokratie, den Unternehmen, dem Handel, den Banken, den Medien oder auf den Gutshöfen, waren ja keineswegs bereit, kampflos das Land einer Revolution nach sowjetischem Vorbild preiszugeben.

Um die sich abzeichnende Bürgerkriegssituation in den Griff zu bekommen, hatte General Groener, der als Generalquartiermeister Chef der Obersten Heeresleitung geworden war, den Mehrheitssozialdemokraten unter Reichspräsident Ebert die Unterstützung der Reichswehr angeboten. So wollte er dabei helfen, einen gemäßigten Kurs in Richtung auf eine verfassungsgebende Nationalversammlung und eine rechtsstaatliche Verfassung durchzusetzen; vor allem aber ging es ihm darum, eine funktionierende, Arbeit schaffende Wirtschaft wiederzugewinnen. Zur Bedingung für die gemeinsam mit der Sozialdemokratie zu garantierende Ordnung forderte die Reichswehrführung die Nichtbeteiligung der Kommunisten, des Kampfverbandes Spartakus und der linken, von der SPD abgespaltenen USPD an der Regierung.

Mit ihrer geringen Zahl an verbliebenen Offizieren, Unteroffizieren und Mannschaften war die Reichswehr weder in der Lage, die deutsch-polnischen, von Abtrennung und Bürgerkrieg bedrohten Grenzgebiete in Ostpreußen und Schlesien zu schützen noch einer über Polen nach Westen vordringenden Roten Armee entgegenzutreten, geschweige denn die zum Zerreißen angespannte Lage im Inneren zu bewältigen. Unter dem Diktat der 100 000-Mann-Obergrenze der Reichswehr unterstützte deren Führung die Bildung von Freiwilligenverbänden aus der Masse der zurückströmenden Soldaten. Diese wiederum waren – nationalkonservativ und im Kampf gegen einen linksradikalen Umsturz bürgerkriegsbereit eingestellt – auf Dauer eine ständige Gefahr für die um Durchsetzung und Anerkennung kämpfende junge Demokratie.

Das Regierungs- und Presseviertel Berlins war 1919 von der bewaffneten »Volksmarinedivision« besetzt. Sie hatte den führenden Sozialdemokraten Otto Wels als Geisel im Stadtschloss unter Hausarrest gestellt. Die Polizei Berlins wurde von einem kommunistischen, der USPD angehörenden Amtschef kommandiert, der den Polizeieinsatz gegen die Kräfte des Spartakus-Aufstands verweigerte.

Die Reichswehr wiederum unterstützte die paramilitärischen Freikorps mit Waffen. Ein Anti-Bolschewismus-Fonds der deutschen Industrie steuerte Mittel zur verdeckten Finanzierung bei. Der Spartakusbund unter Führung von Karl Liebknecht und Rosa Luxemburg kämpfte für den Umbau der Gesellschaft nach sowjetischem Muster. Dass damals viele Intellektuelle, Künstler und Arbeiter fasziniert waren von der neuen, alternativen Gesellschaftsordnung, die in der Sowjetunion gerade erst im Entstehen begriffen war, ist nachzuvollziehen. Doch schon damals war längst zu erkennen, dass zur Durchsetzung einer Eigentum in Gemeineigentum überführenden Gesellschaft die immer noch Mächtigen in Wirtschaft, Finanz und Militär nur gewaltsam in einem blutigen Bürgerkrieg hätten beseitigt und durch eine Schicht wenig erfahrener Funktionäre ersetzt werden müssen. Größere Teile der Bevölkerung waren durch Hunger, Not und Kriegsfolgen depressiv bis apathisch gestimmt. Die hochpolitischen Fragen, ob das Reich geteilt würde, das sowjetische System einzog oder die Monarchie wieder eingeführt würde, prallten nicht selten an der vorherrschenden Teilnahmslosigkeit ab. Separatistische Strömungen mit dem Ziel, sich aus dem Chaos des Deutschen Reiches zu lösen, fanden in der vor allem wirtschaftlich verheerenden Ausgangslage der noch nicht konsolidierten Republik ihre Nahrung. Für die Bevölkerung ging es um das Ende des Hungers, der Not, der Verelendung. Da die Regierung im Inneren zur Säuberung und Sicherung des Regierungsviertels Reichswehreinheiten nur begrenzt zur Verfügung hatte, zog sie hierzu auch Freikorps mit heran, die sich nur sehr eingeschränkt, wenn überhaupt, auf die neue Verfassung verpflichten ließen. Diese meist rechtsradikalen Truppen waren es, die die Anführer des Spartakus, Karl Liebknecht und Rosa Luxemburg, hinterhältig ermordeten.

Den Sozialdemokraten der damaligen Zeit wird auch heute noch der Vorwurf gemacht, sie hätten durch ihr Bündnis mit der Reichswehr, vor allem aber mit den Freikorps, den Durchbruch zu einer lebensfähigen Demokratie verhindert, hätten sich von den konservativen, republikfeindlichen Kräften einbinden lassen, hätten sich dazu durchringen müssen, Polizei, Armee und Bürokratie von Grund auf personell neu aufzustellen. Doch ein Auswechseln des Personalkörpers nach dem Muster der Verpflichtung auf die freiheitlich-demokratische Grundordnung hätte zu großen Entlassungswellen führen müssen. Die Reichswehr hätte sich mit den Gegnern der neuen Ordnung verbunden, der Bürgerkrieg wäre unausweichlich geworden. Sollte der künftige Kurs der Republik in der Nähe eines breiteren Konsenses der Gesellschaft gehalten werden, musste gegen die Umsturzversuche von rechts wie links vorgegangen werden. Dass die amtierenden Kräfte aufgrund ihrer Herkunft auf dem rechten Auge blinder waren als auf dem linken, lag nahe, hätte jedoch nur bei einem durchgreifenden Erfolgskurs der jungen Republik langfristig korrigiert werden können.

Gerade weil die erst Monate junge Sowjetunion die Massen, im Positiven wie im Negativen, faszinierte, erhofften sich, wie bereits erwähnt, auch die Sowjets einen Umsturz der wirtschaftlichen und politischen Verhältnisse in den Industriestaaten Europas, insbesondere in Deutschland, und setzten hierfür auch Geldmittel ein. Eine Mehrheit des Politbüros in Moskau glaubte nicht, dass das industriell rückständige Russland in Gestalt der neuen Sowjetunion, auf sich allein gestellt, den Umbau des Landes im Sinne des Kommunismus werde bewerkstelligen können. Aus dieser Einstellung heraus wurden den deutschen Revolutionären der KPD Geld- und Sachspenden zuteil. So verfügte nicht nur die Rechte, sondern auch die extreme Linke über Geld, Truppen und Waffen. Es war von daher geradezu zwingend, dass die Kräfte um die Sozialdemokratie, das Zentrum und die Deutsche Volkspartei sich auf die gemäßigten Kräfte der Armee und mangels ausreichenden Personals auch auf Hilfskräfte wie einen Teil der Freikorps stützen mussten.

Die Lage in Berlin, aber auch in München und anderen Städten war brandgefährlich. Ein Königsweg, der aus der labilen Misere hätte führen können, war nicht auszumachen. Man kann der Haltung Eberts, aber auch des Reichswehrministers Noske nur unter Berücksichtigung dieser Vorbedingungen gerecht werden. Die gemäßigten demokratischen Kräfte, zur Schaffung stabiler Verhältnisse unterstützt durch eine gemäßigte Reichswehr, waren die einzige Option, die aus damaliger Sicht ohne zerfleischenden Bürgerkrieg offen war. Die Reichswehrführung selbst hatte alle Mühe, aus dem reaktionären, im Ernstfall bürgerkriegsbereiten alten Offizierskorps wenigstens republikneutrale Führungskräfte zu gewinnen. Je kritischer die wirtschaftliche Lage der Weimarer Republik wurde, desto problematischer wurde die Fortsetzung des eingeschlagenen Weges. Die gewählte Nationalversammlung musste zu ihren Verfassungsberatungen aus Berlin in die sichere Provinz nach Weimar fliehen, die Regierung selbst wich zunächst nach Dresden aus, war dann jedoch gezwungen, weiter nach Stuttgart zu ziehen.

Junge Demokratie auf alten Strukturen

Die zunächst mehrheitliche Stimmung in Deutschland stand dem Versuch einer neuen, demokratischen Ordnung nach westlichem Vorbild durchaus positiv bis abwartend gegenüber. Die konservative Seite hatte in allen Führungsstellen des Kaiserreiches den Krieg und damit auch dessen Wortführer verloren und war daher zunächst eher depressiv aufbegehrend. Sie befürchtete zwar den Untergang des vertrauten Deutschlands konservativer Prägung, gebärdete sich aber zunächst weniger lautstark als vor und während des Krieges.

Beim Aufbau der neuen Ordnung, später Weimarer Republik genannt, gelang zunächst der Brückenschlag zwischen der Sozialdemokratie und dem sogenannten bürgerlichen Lager: zum einen über die Deutsche Demokratische Partei, hinter der die liberalen Kräfte in Wirtschaft, Wissenschaft und Publizistik standen, und zum anderen über das katholische Zentrum mit seinem linken, arbeiternahen und rechten, arbeitgeber- beziehungsweise industrienahen Flügel. Das im Wesentlichen katholische Zentrum, das vornehmlich in Süddeutschland, aber auch im Rheinland, in Schlesien und anderen Landesteilen seine Schwerpunkte hatte, war eine vor allem in den katholischen Provinzen breit verankerte Bewegung, die den Neuanfang der republikanischen Demokratie unterstützte.

Dieser auf Neuerungen drängenden Hälfte stand nun die kaiserlich gesinnte, erschütterte und zunächst zutiefst verunsicherte andere Hälfte entgegen. Streng in der Treue zum Kaiserhaus beziehungsweise dem preußischen König erzogen, jahrzehntelang von der penetrant öffentlich zur Schau getragenen Verachtung für Demokratie und Republik geprägt und in den nur Wochen dauernden Einigungskriegen gegen Österreich und Frankreich wiederholt vom Glanz preußischer Waffen geblendet, war dieser konservative Flügel durch die Flucht des Kaisers nach Holland und die Abdankung der deutschen Fürsten in allen deutschen Ländern führungslos geworden. Dieses Element der Bevölkerung hatte in weiten Teilen den Verlautbarungen aus dem Hauptquartier der Streitkräfte unter Generalfeldmarschall Hindenburg und Generalfeldmeister Ludendorff von der unverbrüchlich haltenden Front bis zuletzt geglaubt, war den fortlaufenden Sieges- und Überlegenheitsmeldungen der deutschen Militärpropaganda erlegen.

Hinzu kam die über Generationen hinweg bestimmende Personalauswahl der kaiserlich-preußischen Führungsschicht, in deren Reihen demokratisch, republikanisch und antikolonial gesinnte Kräfte nicht geduldet oder an den Rand gedrängt worden waren, ganz zu schweigen vom privilegierten Adel mit seinem bevorzugten Zugang zu den Staatspositionen in Militär und Verwaltung. Richter, Lehrer, Guts- und Fabrikbesitzer, vor allem aber das Offizierskorps der preußischen Armee, dazu die Polizei, ein Großteil der Professoren, nicht zu vergessen die Vertreter der protestantischen Kirchen, sie alle waren in Treue zur monarchischen Staatsform erzogen und ausgewählt worden und fühlten sich durch den Umsturz der Verhältnisse entwurzelt und durch die republikanische, demokratische Staatsform gefährdet.

Das Dreiklassenwahlrecht hatte den »Pöbel« von der Macht fernhalten sollen. Bei Wahlen zum Landtag, in Städten und Gemeinden galten in Preußen die Stimmen von 4 Prozent (die größten Steuerzahler) ebenso viel wie die von 84 Prozent (die in der dritten Klasse eingestuften Wahlberechtigten). In der Stadt Essen konnte so Alfred Krupp allein ein Drittel aller Stadtverordneten bestimmen.

Voller Spott schlug der satirische *Kladderadatsch* im Jahr 1919 vor, das Dreiklassenwahlrecht so zu verändern, dass in der ersten Klasse alle diejenigen wahlberechtigt sein sollten, die eingeschriebene Mitglieder konservativer

Parteien und des rechten Flügels des Zentrums seien. Ferner die Wähler, die angenähte Hemdmanschetten trügen, die sie bei einem notorisch guten Schneider arbeiten ließen; ferner Wähler, die sich durch Schmisse im Gesicht als ehemalige Angehörige einer unbedingte Satisfaktion gebenden, schlagenden Studentenkorporation zu erkennen gäben; dazu Wähler, die beim Sprechen des Öfteren ein »äh, äh« einschöben, die Träger eines Monokels seien; Wähler, die auf den an sie gelangenden amtlichen Zuschriften mit »Hochwohlgeboren« angesprochen würden, die regelmäßig an den »Kaiser-Geburtstags-Essen« teilnähmen, und schließlich alle Wähler, die leben könnten, ohne arbeiten zu müssen.

In der zweiten Klasse, so der Vorschlag des *Kladderadatsch,* dürften die eingeschriebenen Mitglieder der nationalliberalen Partei zur Wahlurne gehen; Wähler, die auch werktags Röllchen [Manschetten] trügen, und ferner Wähler, denen von den zu diesem Zweck zu errichtenden »Gesinnungs-Eichämtern« ihre staatserhaltende Gesinnung beglaubigt wurde. Diese beiden Wählerklassen wählen öffentlich, wie es eines »freien Preußens« würdig sei.

In der dritten Klasse wählten die eingeschriebenen Mitglieder der freisinnigen Parteien und der Sozialdemokratie, und zwar aufgrund der allgemeinen gleichen und direkten Wahl. In dieser Klasse sei die Wahl geheim und bleibe auch geheim, indem die Stimmzettel in eine metallene, von unten mit Kohlen auf den nötigen Hitzegrad gebrachten Urne gesteckt würden. Damit sei das Wahlgeheimnis absolut gesichert.

Diese Fassung des Gesetzes, so die Satire, dürfte von allen Parteien angenommen werden und auch den Wünschen der Regierung entsprechen.

Gewiss, diese Zeiten sind lange vorbei, doch die Beschreibung der Schichten und deren Einfluss auf die praktische Politik in Preußen dürfte damit gut karikiert sein.

Nun stemmten sich die oberen monarchisch-konservativ gestimmten Klassen ängstlich gegen den Zuwachs an Macht für die dritte Klasse, die sich zu Beginn der Weimarer Republik allerdings in großen Teilen als viel besonnener zeigte, als ihr das von der bisherigen Staatsführung unterstellt worden war.

Widerstand gegen Republik und Demokratie kam auch von einem Teil des oberen katholischen Klerus. Die katholische Kirche hatte seit eh und je dem Liberalismus und dem Sozialismus ablehnend gegenübergestanden, hatte versucht, mit der Partei des Zentrums sich Einfluss und Macht im protestantisch geführten, neuen Deutschen Reich zu sichern. Das Zentrum hatte die kaiserliche Kolonialpolitik unterstützt und wie die SPD den

Kriegskrediten zugestimmt, doch in der sich abzeichnenden militärischen Niederlage sich auch unter dem Druck des Arbeiter- und Handwerkerflügels mehrheitlich auf die Seite derer gestellt, die den neuen Anfang wagen wollten. Ganz anders zum Beispiel der Münchner Kardinal Faulhaber, der die Politiker, die 1918 die Republik ausgerufen hatten, als »Novemberverbrecher« an den Pranger stellte und nach der Ermordung Rathenaus, des Gründers des AEG-Konzerns und späteren Reichsaußenministers, von einer »Republik der Verräter« sprach, zu deren Verteidigung Katholiken nicht verpflichtet seien.

Dass aus diesen gegensätzlichen Grundhaltungen im Volkskörper und den diese vertretenden Abgeordneten dann doch noch eine zunächst handhabbare Verfassung zustande kam, grenzte an ein Wunder. Diese Verfassung war von der Anlage her liberal, misstrauisch gegenüber den Parteien, gab dem Volk die Möglichkeit zum Volksentscheid und verschaffte dem auf 7 Jahre vom Volk direkt gewählten Reichspräsidenten eine außerordentlich starke Stellung, mehr oder weniger die eines Ersatzkaisers. Er war es, der den Reichskanzler ernannte, ihn aber auch jederzeit entlassen konnte, der die Richter des Reichsgerichts bestimmte. Der Reichstag konnte dem Kanzler, der Regierung und einzelnen Ministern das Vertrauen entziehen und diese zum Rücktritt zwingen. Das Instrument der Notverordnung gab dem Reichspräsidenten eine bestimmte Rechtsetzungsbefugnis unter Umgehung des Parlaments. Dieses beschloss Gesetze und den Reichshaushalt. Zudem konnte es die vom Reichspräsidenten zunächst erlassenen Notverordnungen aufheben.

Die Verfassung wurde im Juli 1919 von den Abgeordneten der SPD, des Zentrums und der Deutschen Demokratischen Partei mit großer Mehrheit angenommen. Zahlreiche Abgeordnete blieben der Abstimmung fern, viele enthielten sich der Stimme.

Sowohl die Mitte und die linke Hälfte des Wahlvolks als auch die noch demokratiefeindliche, monarchie- oder diktaturgläubige Rechte hätten mit einiger Wahrscheinlichkeit im Laufe der Jahre mit der Verfassung der neuen Demokratie versöhnt werden können, wenn der neuen Republik wie einige Jahrzehnte später der Bundesrepublik nach 1948 die faire Chance eingeräumt worden wäre, ihre Bürger hinreichend in Lohn und Brot zu bringen. Das Grundrecht auf »persuit of happiness«, auf Streben nach Glück und Zufriedenheit, will die amerikanische Verfassung jedem amerikanischen Bürger zugestehen. In Weimar führte der von den Alliierten erzwungene Weg genau ins Gegenteil: ins Elend und letztlich auch in den Amoklauf der nationalsozialistischen Diktatur.

KAPITEL 11

Das Osmanische Reich und die Beute der Siegermächte

Österreich-Ungarn und Osmanisches Reich zur Teilung als Beute freigegeben

Bevor auf die weiteren verheerenden Folgen der Niederlage Kaiserdeutschlands für die Weimarer Republik und die Entwicklung zum Dritten Reich Hitlers und der Nationalsozialisten eingegangen wird, sollte ein kurzer Blick von Deutschland auf die Aktivitäten der Siegermächte bei der Verteilung der Kriegsbeute geworfen werden.

Die von den Siegern begehrten Territorien lagen weit verstreut. Zunächst wurde im Vertrag von Saint Germain Österreich-Ungarn zugunsten der beiden neu entstehenden Staaten Polen und Tschechoslowakei aufgeteilt. Rumänien wurde wesentlich vergrößert, Ungarn auf ein Drittel seines ursprünglichen Umfangs geschrumpft. Italien erhielt die ihm versprochenen Territorialgewinne in Südtirol und Norditalien. Österreich wurde auf einen Reststaat verkleinert.[85] Als Ergebnis fiel Wien, die Metropole des ehemals großen Reiches, zurück in die Funktion einer »unverhältnismäßig großen Hauptstadt einiger großer Bergketten«, wie es die amerikanische Zeitung *The Nation* zu beschreiben versuchte.[86]

Zu den gewinnbringenden Beuteobjekten, in den Geheimverträgen vor Ausbruch des Krieges erörtert und nach Ausbruch schriftlich vereinbart, gehörten vor allem die Provinzen des ehemals riesigen Osmanischen Reiches.

Wie bereits erwähnt, hatten sich Frankreich und England schon vor dem Krieg über den Besitz Ägyptens, des Sudans, Marokkos und Algeriens geeinigt. Italien wurde die Landnahme Tunesiens und Libyens zugestanden, dazu noch der Gewinn des nicht zum Osmanischen Reich gehörenden Abessinien an den Ufern des Roten Meeres.

Auf dem Balkan wurde aus den Bestandteilen Serbien, Kroatien und Slowenien der neue Staat Jugoslawien (Südslawien) gegründet, dazu kamen Teile der österreichischen Südsteiermark.

Ein beachtlicher Teil der Beute konnte nicht eingefahren werden, weil inzwischen unter Mustafa Kemal Atatürk eine reformierte Türkei mit schlagkräftiger Armee entstanden war, die sich den Raubzügen der Sieger zum Teil sehr erfolgreich widersetzen konnte. Vereinbart hatten die Siegerstaaten des Ersten Weltkrieges, das kurdische Anatolien Italien zuzusprechen. Griechenland sollte sich einen Teil der griechisch besiedelten anatolischen Mittelmeerküste Kleinasiens einverleiben dürfen. Die Armenier sollten in ihrem Siedlungsgebiet einen selbstständigen Staat errichten können. Da sie dort gemeinsam mit Völkerschaften lebten, die mal als Mehrheit, mal als Minderheit auf das friedliche Zusammenleben angewiesen waren, traf die Vorstellung eines Großarmenien auf den Widerstand großer Teile der nichtarmenischen Bevölkerung.[87]

Das führte zum Zusammenstoß mit den um die Rettung der Resttürkei kämpfenden jungtürkischen Truppen. Wie so oft, führte das Aufheizen von Minderheiten gegen Mehrheiten beziehungsweise gegen eine Zentralregierung zu einem hassgesteuerten, blinden, jede Moral mit Füßen tretenden Bürgerkrieg mit der Beigabe des Völkermords.

Griechenland versuchte nach Kriegsende, die ihm zugebilligten Gebiete der türkischen Mittelmeerküste militärisch zu erobern. Die hierfür zugesagte englische Unterstützung reichte nicht aus. Die griechischen Truppen wurden von den reorganisierten und national gesinnten jungtürkischen Verbänden unter großen Verlusten zurückgeschlagen.[88] Das tragische Ende war die vereinbarte, für beide Teile bis heute traumatisierende Umsiedlung der türkischen Bevölkerung aus Griechenland und der griechischen aus der Türkei. Jahrhundertelanges, in aller Regel friedliches Zusammenleben wurde durch den neuen Nationalismus, ermuntert und unterstützt durch die einseitig Partei ergreifenden Siegermächte, zerstört.

Im Nahen Osten versuchte Frankreich, das ihm in den Geheimverträgen zugesprochene Protektorat über Syrien unter Verwendung armenischer Söldnereinheiten zu erobern. Doch auch hier stieß das Vorgehen auf den Widerstand der fanatisch für ihre reformierte Türkei und um das Resterbe des Osmanischen Reiches kämpfenden Truppen Atatürks. Nachdem Frankreich hatte erfahren müssen, dass die neue Türkei nicht wie das Osmanische Reich militärisch überrannt werden konnte, schwenkte die französische Politik von der kollektiven Beraubung des »Kranken Mannes am Bosporus« um zur Zusammenarbeit mit der wider Erwarten erstarkenden, geopolitisch bedeutsamen neuen Macht. So kam es, dass die armenische Söldnertruppe Frankreichs über Nacht ihrem Schicksal überlassen und der Vernichtung preisgegeben wurde. Es war das Ende des von den Siegermächten in Aussicht gestellten neuen armenischen Staates.[89]

Den Kurden Kurdistan, den Arabern Arabien und den Juden Palästina

Um die Völker des Nahen Ostens, Araber und Kurden von dem Zusammengehen mit Deutschland abzuhalten, hatte die Entente den Kurden im Zuge der Zerschlagung des Osmanischen Reiches einen eigenen Staat zugesagt, ungeachtet des Versprechens der gleichen Territorien als Protektorate für Frankreich und Italien.

Es war versucht worden, die Araber mit einem arabischen Großreich an die Seite der Entente zu locken. Der berühmte »Lawrence von Arabien«, ein Oberst der britischen Armee, hatte mit der ihm unterstellten arabischen Söldnertruppe gegen die Osmanen gekämpft. Seinen Mitkämpfern versprach er als Dank und Entschädigung das Selbstbestimmungsrecht der Araber für ein einheitliches Arabien.

Nach Kriegsende passten diese Zusagen nicht mehr in die neue ökonomisch-geopolitische Landschaft. Die großen Ölvorkommen einem arabischen Einheitsstaat zur Ausbeutung und zum Aufbau von Macht und Kultur zu überlassen schien weder geopolitisch noch von den wirtschaftlichen und finanziellen Interessen Großbritanniens her sinnvoll. Daher wurde nun der ganze Nahe Osten des Osmanischen Reiches nach dem Grundsatz »Teile, um zu herrschen« ohne jede Rücksicht auf Volks-, Stammes- und Religionszugehörigkeit in für die Großmacht handhabbare Kleinstaaten aufgeteilt. Die jeweiligen Monarchen wurden aus den örtlichen oder überörtlichen ethnischen oder religiösen Minderheiten geholt und eingesetzt. Diese Herrscher standen tendenziell zum Glauben der Mehrheitsbevölkerung in Spannung, die jederzeit neu angefacht werden konnte. Bei zu erwartenden Auseinandersetzungen zwischen Herrscherhaus und Bevölkerung hatte dies zur Folge, dass die jeweilige Minderheitsdynastie vom geheimdienstlichen und militärischen Schutz der übergeordneten Kolonialmacht abhängig bleiben musste. So konnte die Schutzmacht jederzeit, ohne auch nur einen Soldaten zu opfern, aus der Mehrheit der Bevölkerung heraus Aufstände, Attentate und Spannungen erzeugen, denen das Herrscherhaus aus eigener Kraft zu widerstehen meist außerstande war. Daher der Zwang zur Anpassung an die Wünsche der Kolonialmacht.

Bis heute geht es in aller Regel um das Schürfrecht für Öl und Gas und die Beteiligung am Gewinn. Die damals entstandenen Länder wie etwa Syrien, Jordanien, der Libanon, der Irak usw. werden heute von angelsächsischen Politikern und den diese beratenden Politwissenschaftlern als »failed states«, als gescheiterte Staaten, bezeichnet. Dem folgt dann meist der naheliegende Ratschlag, unter Umständen erneut mit »Freiheitskämpfern« von innen und »humanitärer Intervention« von außen zu Hilfe zu eilen.

Die Entstehung des Staates Israel

Im Widerspruch zu den Zusagen an die arabische Welt wurde gleichzeitig der jüdischen zionistischen Bewegung in der sogenannten Balfour-Erklärung des britischen Außenministers 1917 eine jüdische Heimstatt in Palästina versprochen. So kam es zu Einwanderungswellen russischer, polnischer, später deutscher und nach dem Zweiten Weltkrieg auch arabischer und wieder russischer Juden. Dazu mussten in Palästina erhebliche Teile der ortsansässigen palästinensischen Bevölkerung meist mit Gewalt vertrieben werden. Der Siegeszug Israels und die Tragödie der Vertreibung der alteingesessenen Bevölkerung bleibt bis heute der Grund unendlicher Spannungen und kriegerischer Auseinandersetzungen in der Region.

Der Verlust der Siegesbeute als Folge der Revolution in Russland

Im Zusammenhang mit der Verteilung der Beute muss noch einmal auf das Schicksal, aber auch die Behandlung erst des zaristischen, dann des sowjetischen Russland eingegangen werden. Betrachtet man den Ausbruch der sowjetischen Revolution von 1917 im Lichte des Großen Spiels, so könnte man auf den Gedanken kommen, dass 1917 der Zeitpunkt gekommen war, dem Land die vor 1914 zugesagte, 1915 schriftlich vereinbarte Beute für die Leistung im Zweifrontenkrieg wieder streitig zu machen. 1917 war der Sieg der Entente im Westen berechenbar geworden, die Leistung der russischen Armee für die Westmächte nicht mehr von der überragenden Bedeutung wie zu Kriegsbeginn. Die Sowjetunion wurde als nicht legitimierter Nachfolgestaat des Zarenreiches an den Beratungen in Versailles und den übrigen Vorortverträgen von Paris nicht zugelassen. Ein mit am Tisch der Siegermächte sitzendes Zarenreich hätte die für den Kriegseinsatz versprochene Prämie des Zugangs zum Mittelmeer über Istanbul, den Bosporus und die Dardanellen, dazu Teile Syriens einfordern können. Doch der Preis, den Frankreich und England in Aussicht gestellt hatten, bis hin zur Inbesitznahme der Ölfelder Mesopotamiens beziehungsweise des heutigen Irak, hätte einen so gewaltigen Machtzuwachs Russlands zur Folge gehabt, dass England als die das Gleichgewicht regulierende Macht dies aus seinem ganzen bisherigen

Selbstverständnis her nicht hätte hinnehmen können. Die Überlegung, die versprochene Beute in der Hand zu behalten, dürfte bereits 1915 den englischen Geostrategen auf den Nägeln gebrannt haben.

Vier Wochen vor der schriftlichen Zusage, in der die Meerengen an das mit England verbündete Russland gehen sollten, versuchte England als eine der ersten Kriegshandlungen mit australischen und neuseeländischen Truppen die amphibische Landung an der Küste der an die Dardanellen angrenzenden Halbinsel Gallipoli. Die Operation endete nach blutigsten Kämpfen gegen die unter deutschem Kommando geschulten und zum Teil auch geführten türkischen Verbände mit einer militärischen Katastrophe, die den damaligen Ersten Seelord Winston Churchill aus dem Amt warf. Dem Betrachter der historischen Szenerie drängt sich folgender Verdacht auf: Zwar war Russland mit dem alten Traumziel der Meerengen zum Zweifrontenkrieg gegen Deutschland geködert worden, doch gleichzeitig war die britische Kriegsführung so angelegt, dass Großbritannien letztlich doch die Kontrolle über diesen geopolitischen Brennpunkt zwischen Mittelmeer und Schwarzem Meer unter Kontrolle zu halten vermochte.[90] Nach offizieller Begründung galt die Operation der Sicherung der Zufuhr englischer und amerikanischer Hilfslieferungen über das Schwarze Meer an den russischen Bündnispartner. Auf beiden Seiten fielen hier zu Beginn des Krieges jeweils 250 000 Soldaten. Die Meerengen blieben in osmanischem beziehungsweise türkischem Besitz. Im Übrigen hatten britische Kriegsschiffe schon im Sommer 1914 türkische Handelsschiffe ohne Kriegserklärung angegriffen. Dem zunächst Neutralität wahrenden Reich verweigerte England die Auslieferung zweier bereits bezahlter türkischer Kriegsschiffe. Sie wurden von Großbritannien beschlagnahmt. Das Osmanische Reich, das zunächst versuchte, neutral zu bleiben, erklärte Großbritannien den Krieg. So konnte das Riesenreich am Ende des Krieges zur territorialen Ausbeutung durch die Siegermächte zur Verfügung stehen. Und Russland konnte von der Verteilung ausgeschlossen bleiben.

Die Finanzierung der Oktoberrevolution

In diesem Zusammenhang stellt sich zwangsläufig auch die Frage nach dem Zustandekommen der Oktoberrevolution. Jede Revolution pflegt in wenigen Tagen in sich zusammenzubrechen, wenn sie sich nicht auf Geld- und Waffenlieferungen von dritter Seite stützen kann. Jeder Revolutionär scheitert, wenn nicht für seinen täglichen Lebensunterhalt und seine Ausstattung mit

Waffen gesorgt ist. Kein Bauer, kein Arbeiter kann es sich leisten, auch nur wenige Tage den Arbeitsplatz, die Familie und Wohnung zu verlassen, wenn keine Mittel zu seiner Lebenssicherung und der seiner Familie zur Verfügung stehen. Die Geldgeber, seien es Staaten, Bankinstitute oder Privatleute, pflegen jedoch ihre nicht selbstlosen Leistungen vor der Öffentlichkeit verdeckt zu halten. Wer auf Revolutionäre zur Durchführung eines Umsturzes setzt, verfolgt meist langfristige Ziele. Man denke nur an die Bodenschätze des riesigen Russlands. So lag es ja nahe, nicht nur Österreich-Ungarn und das Osmanische Reich, sondern ebenso den europäisch-asiatischen Kontinent des Zarenreiches auch aus wirtschaftlichen Gründen per Revolution aufzubrechen und durch Aufstachelung der vielen Völkerschaften in neue, kleinere Nationalstaaten zu zerlegen, die im Kampf um Selbstständigkeit schwach sind, der Förderung und Stützung von außen bedürfen und sich so der Ausbeutung von außen öffnen müssen.

Die Einschleusung des bereits geübten Revolutionärs Lenin aus dem Schweizer Exil in die russische revolutionäre Landschaft des Jahres 1917 durch den deutschen Generalstab hatte zum Ziel, das Zarenreich per Revolution aus dem Bündnis herauszubrechen, zum Frieden zu zwingen und so deutsche Truppen für den Endkampf im Westen freizumachen.

Doch die Aufteilung des sich über zwölf Zeitzonen erstreckenden Riesenreiches in Einzelstaaten war offenbar auch das Ziel derer, die das Große Spiel der Mächte anstoßen, lenken und davon profitieren. Und so finden wir bei der Finanzierung der Russischen Oktoberrevolution von 1917 nicht nur die Ausstattung des über Deutschland herangeführten Lenin mit deutschem Geld.

Wir finden die Finanzierung der Revolution auch aus amerikanischen Quellen. Unter den international auf die Beleihung von Staaten spezialisierten Bankhäusern in New York, angeführt von J.P. Morgan, gab es gegen Kriegsende eine breite Diskussion darüber, wie denn die Rückzahlung der Kriegsschulden durch England und Frankreich gesichert werden könne, vom revolutionierten Russland ganz zu schweigen. Es entstand die Überlegung, ob nicht die verliehenen Gelder letztlich nur über die Aufteilung des russischen Reiches und dessen Ausbeutung wieder hereingespielt werden könnten.[91] Vorstände dieser Großbanken standen und stehen in engster Verbindung zum Weißen Haus in Washington, aber auch zu den auf Interventionen im Ausland ausgerichteten Militärs. Diese Banker waren es seit jeher gewohnt, ihre Finanzinteressen über den Einfluss auf den amerikanischen Präsidenten und dessen Umgebung durchzusetzen. Und genau diese Aufgabe versuchten

Colonel House, Präsident Wilson und Lloyd George mit den Interventionsarmeen umzusetzen.[92]

Der britische Historiker Antony Sutton hat die Frage der Finanzierung der Revolution aufzuklären versucht. Danach liefen 1917 die Gelder des deutschen Generalstabs über den Banker Olof Aschberg, der in Russland vor, während und nach der Revolution die von J. P. Morgan kontrollierte Guaranty Trust Company vertrat. In der entstehenden Sowjetunion wurde er dann zum Leiter der staatlichen Ruskombank ernannt. Die Auslandsabteilung dieser neu gegründeten Bank leitete wiederum ein ehemaliger Vizepräsident der Morgan Bank Guaranty Trust Company aus New York. Sutton führt Beweise an für die Übermittlung von einer Million Dollar in die Propagandakasse der Sowjets durch einen der Direktoren der Federal Reserve Bank of New York, einer Bank, an der wiederum die Chase Bank beteiligt war. Dieser Banker namens William Boyce Thompson stand zudem in engeren Beziehungen zu den Morgans und Guggenheims und besaß selbst ein größeres Aktienpaket der Chase Bank. Also war Deutschland keineswegs allein aktiv, was die Förderung der Revolution betraf. In New York und Washington dachte man weiter.

Das Amerikanische Rote Kreuz in St. Petersburg spielte vor Beginn und während der Revolution eine wichtige Rolle bei der Anbahnung von Kontakten. Die Vertretung, üblicherweise besetzt mit Ärzten, Krankenpflegern und Verwaltungspersonal, bestand im Schwerpunkt aus einer Gruppe amerikanischer Industrieller, Bankiers und Offiziere, die die Deckadresse des Amerikanischen Roten Kreuzes nutzten, um das Geschehen zu beobachten, einzuschätzen und gegebenenfalls mit der neuen Sowjetregierung ins Geschäft zu kommen.[93] Wir wissen dies, weil die beiden einzigen amerikanischen Ärzte des Roten Kreuzes in Moskau aus Protest gegen die Überlagerung der an sich humanitären Aufgabe durch rein kommerzielle Interessen das Handtuch warfen und unter Protest in die USA zurückkehrten. Die Nutzung der Niederlassung in St. Petersburg durch Finanz- und Wirtschaftslobbyisten ging wiederum auf den oben erwähnten Direktor der Federal Reserve Bank in New York zurück, der sich als amerikanischer Banker die Unterstützung der bolschewistischen Sache zur Aufgabe gemacht hatte. Thompson war es auch, der persönlich in einem Gespräch mit dem britischen Premier zugunsten der neuen Machthaber Einfluss zu nehmen suchte. Die Geschäftsanbahnung mit der neuen sowjetischen Machtelite hatte einen Schwerpunkt in New York in dem Gebäude, in dem auch die Federal Reserve Bank of New York residierte.[94]

Nachdem sich die Oktoberrevolution durchgesetzt hatte, kam es trotz aller ideologischen Gegensätze schnell zu einer intensiven Zusammenarbeit amerikanischer und russischer Unternehmen. Die Ausmaße des russischen Riesenreiches passten zum Erfahrungshorizont der US-Industrie. Russland stand in weiten Teilen noch vor der Industrialisierung und bot demzufolge beste Absatzchancen für die amerikanische Industrie und die US-Finanzinstitute.

Über die handelnden Personen lässt sich schließen, dass die amerikanische Seite von den deutschen Bestrebungen einer Förderung des Umsturzes in Russland wusste und dass sie ihre Chancen im Wettbewerb um die neuen Absatzmärkte ebenfalls durch Förderung der sowjetischen Sache konkurrierend zu sichern suchte. Ohne die Investitionen in den noch brachliegenden riesigen Markt der neuen Republik wäre die Industrialisierung Russlands nicht so schnell vorangekommen. Nur so konnte die sowjetische Rüstungsproduktion in den 1930er-Jahren auf die aus den USA gelieferten Industrieanlagen zurückgreifen. So stand der Sowjetunion in etwas mehr als 2 Jahrzehnten einigermaßen rechtzeitig ein gewaltiges Industriepotenzial gegen Hitler-Deutschland zur Verfügung, das schon von der Planung her sowohl für die Herstellung ziviler als auch militärischer Produkte ausgelegt war und so später für die Rote Armee ohne Unterlass Lastwagen, Panzer und Flugzeuge in großen Stückzahlen fertigen konnte.

Intervention und Förderung durch die Alliierten im russischen Bürgerkrieg

Ganz im Gegensatz zum Vorgehen einiger mächtiger amerikanischer Banken und Industriekonzerne behandelte die Wilson-Regierung, ebenso wie die Regierungen Englands und Frankreichs, das neue Regime mehr als ablehnend. Russlands Guthaben bei Banken der Vereinigten Staaten wurden offiziell beschlagnahmt und zur Finanzierung der russischen Bürgerkriegsarmeen eingesetzt. Der noch vom Zaren ernannte russische Botschafter in Washington behielt trotz offizieller Abberufung das Agrément der amerikanischen Regierung.

Die feindliche Haltung Washingtons dem neuen Regime gegenüber passte zu der ganz allgemein linksfeindlichen amerikanischen Innenpolitik, bei der die oft verdeckt gehaltene Verfolgung gewerkschaftlicher, sozialdemokratischer, oft als kommunistisch verdächtigter Kräfte längst gängige Polizeipraxis geworden war. Und die stimmte überein mit der Haltung etwa eines

Winston Churchill, der meinte, ein solcher Balg wie die sowjetische Revolution müsse noch in der Wiege erwürgt werden.

Die Revolution in St. Petersburg hatte sich zunächst zwar durchgesetzt, doch zu diesem Zeitpunkt beschränkte sich die ausgeübte Macht der Sowjetregierung auf den Großraum Moskau. Im übrigen Riesenreich, vom Polar- bis zum Schwarzen Meer, von den baltischen Staaten bis an die Pazifikküste, tobten grausame Bürgerkriege. Die Bürgerkriegsarmeen, genannt die Weißen, standen unter Führung ehemals zaristischer Generale wie Koltschak, Denikin, von Wrangel und anderer, die nun von Frankreich, den USA und Großbritannien mit Geld, Waffen und Munition versorgt wurden.

Hinzu kamen die militärischen Interventionen von außen. US-Truppen landeten in Archangelsk und Murmansk. Französische Truppen gingen auf der Krim an Land, um von dort in die Ukraine vorzudringen. Die britischen Truppen setzten sich sofort in der Region des Kaukasus fest, um wichtige Hafenstädte wie Baku und Batumi in Beschlag zu nehmen und sich so den Zugang zu den russischen Ölquellen zu sichern.

Die Japaner marschierten mit einem Heer von 70 000 Mann über Wladiwostok in Sibirien ein, um Teile der Mandschurei zu erobern.

Im Bürgerkrieg gegen die neue Sowjetregierung gab es militärische Unterstützung auch durch tschechische und slowakische Verbände, gebildet aus den Deserteuren der K.-u.-k.-Armee des Vielvölkerstaates Österreich-Ungarn, die nicht gegen ihre slawischen Brüder hatten kämpfen wollen, deshalb zur russischen Seite übergelaufen und dort in Lagern festgehalten worden waren. Nach der Revolution stellten sie sich in den Dienst der Interventionsarmeen der Entente. Sie wollten und sollten über die Transsibirische Eisenbahn nach Wladiwostok gelangen, um von dort nach England und Frankreich zur Rückkehr in die Heimat verschifft zu werden. Etwa 1 Jahr lang hielten diese Verbände den größten Teil der Transsibirischen Eisenbahn und damit die Lebensader des russischen Riesenreiches unter Kontrolle.

Von Westen her drangen bereits 1918 auch polnische Truppen in die ehemals polnische, dann sowjetische Ukraine ein und besetzten die Hauptstadt Kiew. Die polnische Armee wurde nicht nur von Frankreich und England mit Geld und Waffen unterstützt. Aus den USA beteiligten sich polnischstämmige amerikanische Piloten mit Bombenflugzeugen im Kampf gegen die sowjetischen Bodentruppen.[95]

Die Rote Armee zwang die polnischen Truppen zum Rückzug und trieb sie über Warschau hinaus weiter nach Westen. Doch dann gelang den Polen die Rückeroberung des verlorenen Landes. Damit war auch die Gefahr eines weiteren Vorstoßes der Roten Armee über Polen in Richtung Deutschland zunächst abgewendet worden.

Insgesamt scheiterten die vom Ausland finanzierten und bewaffneten Bürgerkriegsarmeen ebenso wie die Interventionsstreitkräfte der Alliierten am Widerstand der Bevölkerung. Die Weißen kämpften für die Wiederherstellung der alten Zustände. Dazu gehörte der Großgrundbesitz zulasten der in Leibeigenschaft gehaltenen Bevölkerung. Hinzu kam die Brutalität des Vorgehens nicht zuletzt auch gegen die einheimischen Juden. Die englischen, französischen und wohl auch amerikanischen Verbände scheiterten zum Teil an den zu geringen und damit zu schwachen eigenen Potenzialen, vornehmlich jedoch an den von der Bevölkerung durchschauten ausländischen Interessen.

Das Vorgehen wurde unterschiedlich gerechtfertigt. Amerikaner, Briten und Franzosen beriefen sich auf die großen Waffenlager in den Hafenstädten, die während des Krieges aus amerikanischen Beständen geliefert worden seien und nun, in den Jahren 1917/18, angeblich der deutschen Armee beziehungsweise den sowjetischen Revolutionären in die Hände fallen konnten.

Andere wollten vor allem das »Krebsgeschwür« des Kommunismus und dessen weltweiten Einfluss bekämpfen. Die Briten trieb die Sorge um, die bislang ungehinderte Ausbeutung ihres Kolonialbesitzes könnte künftig gestört oder gar beendet werden, sollte die praktische Umsetzung der Ideen des Kommunismus die ausgebeuteten, unter Kolonialherrschaft gehaltenen Völker Indiens, Afghanistans, Persiens, der Arabischen Halbinsel oder Afrikas zur Nachahmung, also zum Kampf gegen die Kolonialherren, verleiten.

Unter dem Strich drängt sich der Eindruck auf, als sei nach dem gesicherten Eintritt der USA in den Ersten Weltkrieg im Frühjahr 1917 der Umsturz des Zarenreiches durchaus auch mit Duldung und sogar Förderung der westlichen Seite geschehen, die das deutsche Spiel der Unterstützung der Revolution und des Griffes nach den östlichen Bodenschätzen durchschaut hatte. Man verweigerte der gemäßigt konservativen Regierung Kerenski die Unterstützung und förderte so die Radikalisierung in Richtung der Ziele eines Lenin und Trotzki.

Spätestens im Frühjahr 1917 konnten London und Washington vom Sieg der Alliierten über das Deutsche Kaiserreich ausgehen. Der Überlegenheit an Material, Munition und Soldaten konnte die deutsche Seite nichts mehr entgegensetzen, die deutschen Stellungen konnten von vorrückender Artillerie nun Graben für Graben zerbombt und ausgehoben werden. Hunderttausende amerikanische GIs mit ihrer perfekten Ausrüstung waren im

Anmarsch. Da mag es eine vernünftige Idee der Siegermächte gewesen sein, nun auch dem Zarenreich den Todesstoß zu verpassen, es dann im Zuge der anstehenden Turbulenzen in seine Bestandteile zu zerlegen und sich die sich anbietenden Nachfolgestaaten gefügig zu machen. So wäre neben der K.-u.-k.-Monarchie Österreich-Ungarn und dem Osmanischen Reich auch das Zarenreich zur Aufteilung gekommen. Und in der Tat überlegten Präsident Wilson, beraten von Colonel House, und der britische Premierminister Lloyd George die Aufteilung Russlands zunächst nach Maßgabe der von den jeweiligen Bürgerkriegsarmeen besetzten Territorien.[96]

Die Operationen der sich positiv bereithaltenden amerikanischen Banker und Industriellen widersprachen dem nicht. Sollten sich Lenin und Trotzki mit ihrer Revolution durchsetzen, so standen künftig gewaltige Aufträge zur Erschließung von Infrastruktur und Bodenschätzen des Landes an, die man keinesfalls verpassen wollte.

Im Übrigen gehört es zu den Weisheiten von Weltmächten, bei dramatischeren Entwicklungen darauf zu achten, dass stets auf beide Seiten Einfluss ausgeübt werden kann. So kann das Geschehen durch Parteinahme mal auf der einen, mal auf der anderen Seite mit äußerst geringem Kräfteeinsatz erfolgreich beeinflusst und gesteuert werden.

Frankreich drohte eher zum Verlierer der Russischen Revolution zu werden. Frankreich, nicht England, hatte dem Zarenreich in großem Umfang Kredite gewährt, die vom französischen Publikum gezeichnet worden waren. Die dringenden Aufrufe der russischen Opposition, lange vor Ausbruch des Ersten Weltkrieges, St. Petersburg keine Kredite zur Verlängerung des Unterdrückungsregimes zu gewähren, waren von der französischen Öffentlichkeit durch Bestechung der Presse ferngehalten worden. Nun suchte Frankreich in Russland vergeblich eine Regierung, die willens und in der Lage gewesen wäre, den französischen Geldgebern die ausgeliehenen Kreditmilliarden zurückzuzahlen. Das war von den revolutionären Bolschewiken nicht zu erwarten. Daher engagierte sich Frankreich mit großer Energie im Bürgerkrieg gegen das neue Sowjetregime.

Dass die deutsche Regierung bei der Destabilisierung des Riesenreiches mitwirkte, war für die Entente propagandistisch sehr wertvoll. Die gefälschten, wenn auch auf Hintergrundkenntnissen beruhenden Sisson-Papiere schienen das zu bestätigen. Auf jeden Fall gelang es so, das angelsächsische Wirken mit und in der russischen Revolution verdeckt zu halten.

KAPITEL 12

Der Faschismus, das Instrument gegen Chaos und Sozialismus

Im Spiel der Mächte: Polen, die Tschechoslowakei

Entgegen der Absprache Frankreichs und Englands mit dem russischen Zarenreich wurde nun nach der sowjetischen Novemberrevolution und der deutsch-österreichischen Niederlage das bislang auf Russland, Preußen und Österreich aufgeteilte Polen als souveräner Staat wiederhergestellt. Dieses Polen erhielt die finanzielle und militärische Unterstützung vor allem Frankreichs, aber auch der USA. Im Westen konnte sich Polen mit Waffengewalt einen Teil des deutsch besiedelten Schlesien, das mehrheitlich für den Verbleib bei Deutschland gestimmt hatte, mit den dortigen Erz- und Kohlevorkommen sichern.

Frankreich nutzte die militärische Kraft des neu gegründeten Staates Polen zur Einhegung und – wenn möglich – Bekämpfung der revolutionären Sowjetunion. Französische Gelder, Waffenlieferungen und Ausbildungshilfe sorgten für den Aufbau der polnischen Streitkräfte. Das Engagement Frankreichs hatte aber nicht nur mit den gewaltigen Geldbeträgen zu tun, die vor dem Ersten Weltkrieg in das Zarenreich geflossen waren und deren Rückzahlung nun fast aussichtslos erschien, sondern auch mit der Tatsache, dass nach der Revolution ein Großteil der wohlhabenden und adeligen Oberschicht Russlands in Frankreich Zuflucht gefunden hatte und nun darauf drängte, wieder in die Heimat und zu den angestammten Besitztümern zurückzukehren.[97]

In Paris errichteten die Geldgeber der erhofften russischen Gegenrevolution eine eigene Militärakademie, die zaristisches Personal zum Kampf gegen die Sowjetunion ausbildete. Dazu gab es auch eine deutsch-französisch-exilrussische Munitions- und Waffenfabrik, die an die Interventionskräfte lieferte.

Neben vermögenden Russen unterstützte aus ganz anderen Gründen Henri Deterding, der Chef der Royal Dutch Shell, die Bürgerkriegsbestrebungen.[98] Er versprach, jeden für den Sturz des Sowjetsystems gespendeten Dollar, Franc oder Rubel mit Mitteln des Ölkonzerns zu verdoppeln.[99]

Das Einfangen unzufrieden werdender Massen

Der Weltkrieg hatte für breite Bevölkerungskreise Hunger, Inflation, Hass und Unzufriedenheit mit der herrschenden Ordnung bewirkt. Er hatte die revolutionäre Gewalt hervorgerufen, mit deren Kraft in Russland ein für viele Menschen zunächst überzeugendes, attraktives neues Gesellschaftsmodell als Alternative zum weltweiten Kapitalismus und Imperialismus aus der Taufe gehoben wurde. Die ausrückenden französischen Rekruten sangen 1917 die Internationale, die deutschen, in die Heimat zurückkehrenden Arbeiter und Soldaten fühlten sich ebenfalls in erheblichen Teilen von der neuen revolutionären Bewegung angezogen und hatten ihre Loyalität zum Kaiser und dem überkommenen Kaiserreich aufgegeben.

In den Vereinigten Staaten machten sich große Teile der Geld- und Wirtschaftselite Sorgen um die wachsende Schlagkraft der Gewerkschaften und deren Einfluss auf die Belegschaften in den vom Krieg gewaltig profitierenden Unternehmen. In den amerikanischen Betrieben ging daher die Leitung nicht selten durchaus auch unter Nutzung der ortsansässigen Mafia gegen alles vor, was sich in Anlehnung an europäische Begriffe nicht nur als kommunistisch, sondern auch als sozialdemokratisch oder gewerkschaftsfreundlich darstellte. So setzte zum Beispiel der Großindustrielle und Autounternehmer Henry Ford schlagkräftige Kriminelle ein, um nicht nur Gewerkschaftsversammlungen zu verhindern und auseinanderzutreiben, sondern auch um Betriebsräte und Mitarbeiter der Gewerkschaft der Automobilarbeiter bis in deren Wohngebiete mit Schlägereien und Drohungen zu verfolgen. Später wurde auch das FBI zum Kampf gegen die »Unruhestifter« im kapitalistischen System eingespannt. Präsident Wilson setzte in den Jahren 1919 und 1920 insgesamt 25-mal Militär ein, um Arbeiter- und Rassenunruhen zu unterdrücken.[100]

Ganz allgemein war das Empfinden der auf ungehinderte Alleinentscheidung im Unternehmen ausgerichteten Eigentümer und Manager mit ihrer »Herr-im-Haus«-Mentalität darauf gerichtet, die durch die Kriegskonjunktur verwöhnten und unbotmäßig werdenden Massen wieder in den Griff zu bekommen. Das galt aus amerikanischer Sicht noch mehr für Europa, wo die mit den Horrorerlebnissen des Ersten Weltkrieges konfrontierten hungernden Massen drohten, Anhänger radikaler Parolen und Bewegungen zu werden.[101]

Die Sorge wurde von großen Teilen der oberen Hierarchie der katholischen Kirche geteilt, die sich durch die Gedanken und Taten der Französischen Revolution, durch Protestantismus, Liberalismus, Sozialismus, Trennung von Staat und Kirche von dem jahrhundertelang wirksamen Machtpodest aus mittelalterlichen Zeiten gestoßen sah und von der Entwicklung hin zur Demokratie in allen westlichen Staaten alles andere als erbaut war. Die Flucht des Bürgertums Europas in den Faschismus, und sei es auch nur über den Umweg des Klerikalfaschismus wie in Österreich oder Spanien,[102] ist ohne die Interessen der Impuls- und Finanzgeber nicht zu verstehen.

Nun hatte der Krieg die Mittel, die den Volkswirtschaften in Friedenszeiten für Investitionen und Konsum zur Verfügung stehen, jahrelang in die industriell ausgelegte Todesmaschinerie des Krieges fließen lassen. Die Volkswirtschaften mussten nach Kriegsende umgestellt, Arbeitsplätze massenhaft von Kriegs- zu Friedensfertigung umgebaut werden. Vor allem musste Kaufkraft geschaffen werden, die in der Lage war, die Friedensproduktion zu erstehen.

Die Monarchie als Bindung für die Masse der einfachen Soldaten hatte ausgedient. Die bislang wirtschaftlich und finanziell Herrschenden waren in Sorge, die eigenen Interessen in der erwartet unruhigen, revolutionsgeneigten Phase der Massen nicht sichern zu können. Es mussten neue politische Organisationen gebildet werden, die die Interessen der wirtschaftlich und finanziell Herrschenden in diesen Zeiten absichern konnten. Dies war für die oberen und mittleren Schichten mit ihren herkömmlichen Parteien auf der Grundlage von Ortsvereinen, Mitgliedsbeiträgen und Parteitagen oder auch schlichten Geldzahlungen schwer zu leisten, denn sie hatten es mit kommunistischen und sozialdemokratischen Parteien zu tun, die in Bezug auf Organisation, Mitgliedschaft und Kampfbereitschaft deutlich im Vorteil waren. Und das wussten zwangsläufig Geldgeber, die schon bislang die politische Landschaft gepflegt und sich Politiker und Parteien geneigt gemacht hatten. Sie machten sich nicht nur in den USA oder Deutschland auf die Suche nach Politikern, die es vermochten, die Massen in ihren Bann zu ziehen, zu formieren, an sich zu binden und durch schwierige Fahrwasser zu geleiten. Diese Persönlichkeiten sollten die angeblich links »verführten«, »haltlos« und »führungslos« gewordenen Massen mit Programm und Propaganda einfangen, um so der Gefahr einer Entmachtung der alten Finanz- und Wirtschaftseliten entgegenzuwirken. Dazu gehörte die Konfrontation mit den Gewerkschaften und linksradikalen Parteien, aber auch mit der um Kompromisse beider Seiten kämpfenden Sozialdemokratie.

In Europa übernahmen diese Aufgabe die neuen faschistischen Parteien, die sich mit großer finanzieller Unterstützung der alten Machteliten um neue Führerpersönlichkeiten herum bildeten. Der Aufstieg des Faschismus in Europa ging deshalb in allen Ländern mit dem Niedergang der liberalen, konservativen und bürgerlichen Parteien einher. Ausgangspunkt und Zielgruppe der neuen Bewegung waren neben den nicht geschulten, nicht organisierten allgemeinen Massen die durch Inflation, Großunternehmen, Massenfertigung, Handelsketten und Kaufhäuser gefährdeten Angehörigen des sogenannten Mittelstandes. Die vom Vatikan gedrängte katholische Kirche machte in großen Teilen ihren Frieden mit dem sich aufbauenden Faschismus, um mit diesem Instrument den als extrem bedrohlich empfundenen Kommunismus wirksam bekämpfen zu lassen.

Die Entwicklung begann in Italien und erfasste dann nach und nach ganz Europa, vor allem, als sich 1922/23 herausstellte, dass der Sowjetunion über Militärinterventionen ausländischer Mächte und von außen finanzierte und mit Waffen belieferte Bürgerkriegsarmeen letztlich der Garaus nicht gemacht werden konnte. Noch war der Traum vom Erfolg des Experiments Kommunismus nicht geplatzt.

Mussolini – ein Diktator fesselt die Massen

In der Reihe der die Führung übernehmenden Diktatoren machte der Italiener Mussolini den Anfang, ein Grundschullehrer, der die Klassiker des Sozialismus studiert hatte und überall, wo er unterrichtete, sehr schnell wegen seiner radikalen Auffassungen, vor allem wegen seines kirchenfeindlichen Auftretens, entlassen wurde. Während die Mehrheit der italienischen Bevölkerung im Ersten Weltkrieg gerne neutral geblieben wäre, hielt Mussolini dies für eine indirekte Unterstützung Österreichs und Deutschlands. Mussolini trat in der Sozialistischen Partei für den Kriegseintritt aufseiten Frankreichs und Englands ein. Die Sozialisten jedoch hatten sich für Neutralität entschieden und schlossen deshalb den populären Mussolini aus dem Präsidium ihrer Partei aus.

Mussolini antwortete mit der Gründung einer eigenen Partei, die großzügige Spenden unter anderem aus französischen Kassen erhielt. Er mäßigte die radikalen Einstellungen der Partei und suchte dann den Frieden mit den drei Ks, der Kirche, dem Kapital und dem Königtum. Seine Kampfbünde, Fasces genannt, sollten mit Terror die Bildung einer stabilen demokratischen Regierung verhindern und so für den Ruf nach dem starken Mann in Italien sorgen, der allein in der Lage sei, für Ruhe und Ordnung zu sorgen. Italien hatte im Krieg mit Österreich große Verluste erlitten, die Wirtschaft stagnierte, es herrschte Arbeitslosigkeit, und die Arbeiter besetzten die Fabriken.

Auch in Italien drohte die Machtübernahme durch gewählte Räte, der Weg in den Bürgerkrieg schien wie in Deutschland vorgezeichnet. Die Linke rief Anfang 1922 gegen den immer stärker werdenden Terror der Straße zum Generalstreik auf. Die Faschisten setzten auf brutale Gewalt. Der Generalstreik wurde niedergerungen. Schlägertrupps, Squadristi genannt, besetzten die meisten größeren Städte. Die Zeit schien reif zu sein für den Führer Mussolini, den einzig noch denkbaren Retter Italiens. Rund 40 000 Anhänger folgten seinem Aufruf zum Marsch auf Rom. Faschistische Kader und zuvor entlang der Marschroute gegründete Konsumgenossenschaften sorgten für Verpflegung. Die Regierung in Rom rief den Belagerungszustand aus, scheiterte jedoch am König, der die Unterschrift unter das Dekret verweigerte und nun seinerseits Mussolini, den Anführer des Putsches, mit der Bildung einer neuen Regierung beauftragte.

Der volle Durchbruch zur faschistischen Diktatur gelang 1923, als die Faschisten zusammen mit den bürgerlichen Parteien im Parlament eine einschneidende Änderung des Wahlrechts beschlossen. Danach sollte eine Partei, die mindestens 25 Prozent der abgegebenen Stimmen auf sich würde vereinigen können, künftig zwei Drittel aller Parlamentssitze erhalten. Dies ermöglichte den Sprung aus einer starken Minderheitenposition in die einer verfassungsändernden Zweidrittelmehrheit der Sitze. Die Wahlerfolge der Faschisten erfüllten die Bedingung. Das verfassungsändernde Quorum war erreicht.

Dem ersten Schritt in die Diktatur folgte sofort der zweite mit der Ermordung Giacomo Matteottis, eines hochrangigen Mitglieds der Sozialistischen Partei, durch faschistische Freischärler und der darauf folgenden Verhaftung der oppositionellen Elite. Fortan regierte in Italien der faschistische Großrat unter Führung Mussolinis. Alle anderen Parteien neben den Faschisten wurden verboten und aufgelöst. Der Vatikan beendete die bisherige Unterstützung seiner bis dahin stets faschistenfeindlich auftretenden eigenen katholischen Partei, der Partito Popolare.

Den italienischen Klerus forderte der Papst auf, sich nicht mehr mit der katholischen Partei zu identifizieren und politisch neutral zu bleiben. Priestern wurden leitende Funktionen in der katholischen Volkspartei untersagt. Da der Vorsitzende der Partei ebenso wie viele Funktionäre Priester waren, kam das Verbot einem politischen Dolchstoß des Vatikans in den Rücken gerade jener Partei gleich, die bislang für dessen Ziele gekämpft hatte. Der

Vatikan, und damit die katholische Kirche, setzte von nun an auf das Instrument des Faschismus, zunächst nur in Italien. Es folgten geheime Besprechungen Mussolinis beziehungsweise seiner Gefolgsleute über die Anerkennung des in Italien umstrittenen selbstständigen Kirchenstaates. Aus der italienischen Staatskasse wurde die in Schieflage geratene Vatikanbank gerettet.

Der Vatikan seinerseits verpflichtete sich, die katholische Volkspartei politisch ruhigzustellen in der Hoffnung, über die Faschisten die gemeinsamen Gegner, die Sozialisten und Kommunisten, wirksam bekämpfen und beseitigen zu können.[103] Mussolini sicherte der Kirche dafür die Wahrung ihrer »Rechte« im faschistischen Staat zu.

Reibereien der neuen Regierung mit dem italienischen Klerus und dem Vatikan blieben nicht aus. Doch im Vergleich mit den Kommunisten, den Liberalen und den Sozialdemokraten, die von der Kirche und der faschistischen Regierung als gemeinsame Feinde angesehen und bekämpft wurden, galt Mussolini als das kleinere Übel.

Wir werden sehen, dass sich die Szenen mit jeweils leicht veränderten Hintergründen und Begleitumständen stets ähneln – in Österreich, in Ungarn, in Deutschland, in Spanien, aber auch in Frankreich.[104] Die katholische Kirche mit ihrer Spitze in Rom, der Garant einer religiös-ethischen Grundhaltung für weite Teile der Christenheit, schwieg und unterstützte durch Duldung, Passivität und vor allem durch Beseitigung der katholischen Parteien den Weg Europas in den Faschismus. Den Bürgern wurden die gegen die Auswüchse des Faschismus opponierenden Führer gerade auch der katholischen Partei bis hinunter auf Ortsebene genommen.

Mussolini, der faschistische Held der amerikanischen Banken- und Industriewelt

Italien als Mit-Siegermacht der Entente erhielt nach der Machtübernahme Mussolinis sofort und reichlich amerikanische Kredite über die Bank Morgan in New York, die auch den Ersten Weltkrieg aufseiten der Alliierten über Kredite finanziert hatte. Die Banker waren fasziniert von dem neuen politischen Führer, der die Massen mit Reden und öffentlichkeitswirksamen Inszenierungen faschistischer Macht in den Bann zog und so die Interessen der Kapitalanleger schützte.[105] Der Gewogenheit der amerikanischen Finanz- und Wirtschaftswelt mag eine kleine Geste nachgeholfen haben, als Mussolini einigen amerikanischen Großbanken durch den Aufkauf von

Aktien einer vor dem Konkurs stehenden US-Eisenbahngesellschaft aus der Klemme half.[106]

In den Vereinigten Staaten lenkte inzwischen der in der Geschäftswelt als links geltende demokratische Präsident Franklin Delano Roosevelt die Geschicke des Landes. In Industrie- wie Bankenkreisen war er nicht sonderlich gelitten. Man verdächtigte ihn sozialistischer Tendenzen. Daher dachten einige Spitzenkräfte der Wirtschafts- und Bankenwelt auch über einen Marsch faschistisch gestimmter Massen gen Washington nach, der dem Marsch Mussolinis auf Rom gleichen und die Regierung Roosevelt per Putsch aus dem Amt jagen sollte. Dazu war Smedley Butler, hochdekorierter, inzwischen pensionierter Generalmajor der Marines, als Führer ausersehen, der eine Privattruppe aus 500 000 Veteranen der amerikanischen Armee mobilisieren sollte. Der hohe Militär lehnte das Ansinnen letztlich dann doch ab und stellte sich der Öffentlichkeit.[107]

Der amerikanische Kongress untersuchte den Vorgang, ließ die Aufklärung jedoch schnell wieder fallen und die Unterlagen ohne große öffentliche Erregung in den Archiven verschwinden. Dies wiederum wird unter anderem dem Umstand zugeschrieben, dass ein nicht geringer Teil der einflussreichsten, wohlhabendsten Familien und Unternehmen Amerikas unter den Sponsoren des Putsches zu finden waren, wie die Rockefellers, Mellons, Morgans, Duponts, dazu Unternehmen wie Remington, Anaconda, Bethlehem Steel sowie Goodyear, Maxwell und Heinz.[108] Einige dieser Leute finden wir bei der Unterstützung und Zusammenarbeit mit dem deutsch-österreichischen Diktator Hitler wieder. Chefinitiator des Marsches nach Washington war der Vater beziehungsweise Großvater zweier amerikanischer Präsidenten: Prescott Bush. Durch seine Bank lief die Finanzierung des Abenteuers.[109]

Die Sympathie der amerikanischen Geschäftswelt für Mussolini, den ersten faschistischen Diktator Europas, ging so weit, dass einem italienischen Journalisten, der die Verbrechen des Regimes kritisierte, die Aufenthaltserlaubnis entzogen wurde. Die Einwanderungsbehörde verwies ihn des Landes, weil er in amerikanischen Medien über die Jagd der Faschisten auf Andersdenkende, die Ausschaltung der Opposition und die Manipulation der Massen in Italien berichtet hatte.[110] Von der amerikanischen Geschäfts- und Finanzwelt wurde Mussolini öffentlich bei allen denkbaren Anlässen als nachzuahmendes Exemplar eines begnadeten Politikers gefeiert. Das galt nicht zuletzt nach der Weltwirtschaftskrise 1928/29, als in den USA Massenarbeitslosigkeit und Verzweiflung herrschten und auch dort nach neuen politischen Ansätzen gesucht wurde.

Faschismus in Ungarn

Nicht unähnlich der Lage in Deutschland strömten bei Kriegsende die ungarischen Soldaten der geschlagenen K.-u.-k.-Armee nach Hause. Friedensfühler in Richtung Siegermächte wurden ausgestreckt von Demokraten, die vor und seit Kriegsbeginn mit der Entente sympathisiert hatten und nun wie ihre Freunde in Deutschland auf das Entgegenkommen der demokratischen Führer der Alliierten hofften. Das Land wurde von Truppen der Alliierten besetzt und der Verwaltung durch den Oberbefehlshaber der französischen Streitkräfte auf dem Balkan unterworfen.

Ungarn, das wie Deutschland zunächst von einer bürgerlich-sozialdemokratischen Regierung geführt wurde, wurde nun als Kriegsverlierer am lebendigen Leibe von den Partnern der Entente zerstückelt. Die neue Tschechoslowakei, Rumänien und Serbien erhielten zwei Drittel des ungarischen Territoriums und etwa die Hälfte der ungarischen Bevölkerung. Die Ergebnisse dieser Amputationen wurden im Friedensvertrag von Trianon, wie Versailles ein Vorort von Paris, festgeschrieben. Auch Ungarn hatte wie Deutschland die Kriegsschuld auf sich zu nehmen und massive Reparationen zu zahlen. Wiederum vergleichbar mit der Behandlung Deutschlands und Österreichs, erschwerte die bis zum erzwungenen Friedensschluss fortdauernde Blockade die Zufuhr von Nahrungsmitteln, vor allem aber von Treib- und Rohstoffen. Die Bitte der Regierung Károlyi um Belieferung mit Kohle wurde mit dem Hinweis beantwortet, man möge doch Windmühlen einsetzen, wenn es an Kohle für den Betrieb der Fabriken mangele.[111]

Die brutale Amputation des ungarischen Staatsgebietes mit der Vertreibung großer Bevölkerungsgruppen führte zur Flucht von 2 Millionen Ungarn in die Hauptstadt Budapest. Die zunächst gemäßigte, reformgeneigte Regierung des Landes scheiterte an der politischen, wirtschaftlichen und finanziellen Strangulierung durch die Alliierten und deren Bündnispartner.[112] Unter Führung des aus der Sowjetunion einreisenden Bela Kun gelang im Frühling 1919 die kommunistische Machtübernahme. Doch darauf antwortete nach wenigen Monaten die rechte Bürgerkriegsseite mit einem Putsch, infolge dessen, wie in Italien, die bürgerlichen Freiheitsrechte beseitigt und die Gegner verhaftet und/oder umgebracht wurden, um jede Opposition mundtot zu machen. Somit waren auch beim ungarischen Weg in den Faschismus nicht zuletzt die Siegermächte die entscheidenden Geburtshelfer.

KAPITEL 13

Weimarer Republik, Kriegsschulden, Reparationen, Hass von innen und außen

Das Scheitern der Demokratie in Deutschland

Nachdem die Alliierten 1919/20 der ersten demokratischen Regierung Steine über Steine in den Weg gelegt hatten, erhielten auch in Deutschland die radikalen Kräfte von rechts wie links stürmischen Auftrieb. Die Funktionäre der KPD verfolgten das sowjetische Modell. Sie wurden nicht nur von der Sowjetunion, sondern wohl auch aus französischen Geheimfonds unterstützt. Frankreich rechnete mit der Wirkung des entstehenden Chaos in Deutschland, das zum Bürgerkrieg und zur Hinnahme der erhofften Verkleinerung und weiteren Abspaltung führen sollte. Ein aus Österreich, Ungarn und Bayern zu bildender Staat unter österreichischer oder bayerischer Führung war eine Vorstellung, die in Paris verfolgt wurde.

Unter den Kommunisten Moskaus war allerdings eine Machtübernahme in Deutschland nach sowjetischem Vorbild umstritten. Zwar war im Politbüro der KPdSU eine beachtliche Gruppe der Auffassung, in dem noch nicht industrialisierten Russland werde die sowjetische Revolution nur Bestand haben, wenn die Arbeiterschaft der weit fortgeschritteneren Industriestaaten, wie Deutschland, Frankreich und England, auf dem gemeinsamen Weg mitgingen; ein anderer Teil aber bezweifelte die Bereitschaft der Industriearbeiterschaft Deutschlands, den Weg einer Diktatur des Proletariats und der Verstaatlichung der Produktionsmittel mitzugehen. Die Sozialdemokratie wurde als der entschiedene Gegner des sowjetischen Systems angesehen, ebenso wie die Mehrheit der in den deutschen Gewerkschaften organisierten Arbeiterschaft. Gegen diese gemäßigten Kräfte sei der Kampf in Deutschland nicht erfolgreich zu führen.

Die Gruppierung im Politbüro der KPdSU, die das Experiment Sowjetunion allein auf sich gestellt für illusorisch hielt, setzte auf die bedingungslose materielle und ideelle Unterstützung der Kommunistischen Partei Deutschlands, der sich die USPD angeschlossen hatte. Diese Moskauer Gruppe war zwangsläufig ebenfalls am vorübergehenden Chaos in Deutschland interessiert, um mit Streiks und bewaffnetem Terror die Ordnung des

Landes so lahmzulegen, dass die Revolution als der erlösende weitere Schritt in eine neue Ordnung erscheinen musste.

So stellte sich bereits im Frühjahr 1919 die Frage, ob es der Kommunistischen Partei zum Beispiel über Streiks in den Zechen der Ruhr gelingen könnte, die Kohleförderung zu unterbrechen. Damit wäre die Versorgung der Bevölkerung mit Heizmaterial für den bevorstehenden Winter 1919/20 gefährdet worden, ein Umstand, der die Verzweiflung der Massen über die verheerenden Lebensverhältnisse weiter gesteigert und die Bevölkerung in die Arme der auf Umsturz hinarbeitenden Kräfte getrieben hätte.[113] Diese Überlegung, mithilfe von Streiks das politische System von Weimar zu destabilisieren und zu Fall zu bringen, sehen wir später auch bei den Nationalsozialisten, die zum Teil sogar gemeinsam mit der KPD etwa bei den Berliner Verkehrsbetrieben auf den Generalstreik setzten, um so die Schwäche der demokratisch kaum noch legitimierten Staatsmacht allen vor Augen zu führen.

Wie gefährlich die Lage bereits im Winter 1918/19 war, zeigte die Flucht der neu gewählten Nationalversammlung aus Berlin nach Weimar, wo die Beratungen über die neue Verfassung ohne den Druck der Straße und revolutionärer Soldatenmilizen aufgenommen werden konnten. In Berlin selbst hatten revolutionäre Truppen große Teile des Stadtzentrums unter ihre Kontrolle gebracht, die Polizei wurde von einem kommunistischen Polizeipräsidenten geleitet, auf den als Ordnungsfaktor wiederum die demokratischen Kräfte nicht bauen wollten und konnten. Die Reichswehrführung versuchte zunächst ein Mindestmaß an Neutralität und Zusammenarbeit mit der neuen Links-Mitte-Mehrheit zu wahren. Doch die militärische Unzulänglichkeit des 100 000-Mann-Heeres führte sofort zu Überlegungen, wie durch ein raffiniertes Reservistensystem der schnelle Aufwuchs eines weit größeren Heeres aus nur kurz ausgebildeten Kräften zu schaffen sei. Dazu kam die Förderung paramilitärischer Verbände, die aus geheimen Reichswehrmitteln, aber auch Geldern der deutschen Industrie bezahlt wurden. Die Waffen kamen aus den Depots der Reichswehr.

So wurden Bürgerwehreinheiten gegen Umsturzbewegungen von links in der Größenordnung von fast 500 000 Mann aufgebaut und gehalten. Die Mehrzahl dieser Milizen stand unter Führung meist rechts denkender Offiziere, war im »Stahlhelm«, dem Verband ehemaliger Frontsoldaten, und später auch in der SA, der Sturmabteilung der Nationalsozialistischen Deutschen Arbeiterpartei, organisiert. Zur Abwehr gegen diese rechten Verbände, aber auch gegen den »Roten Frontkämpferbund« der Kommunistischen Partei, hatten SPD, Zentrum und Deutsche Demokratische Partei den politischen Wehrverband »Reichsbanner Schwarz-Rot-Gold« aufgebaut. Der Name spielte auf die Farben der neuen Reichsfahne und zugleich die Farben der Nationalversammlung von 1848 an.

Die Enttäuschung über den verlorenen Krieg, den großen Verlust deutscher Provinzen und die auf weite Strecken katastrophale wirtschaftliche Nachkriegsentwicklung ließen die Waage der öffentlichen Meinung zugunsten der dem gestrigen Regime zugewandten Kräfte kippen. So kam es zu einer immer weiter um sich greifenden Radikalisierung nicht nur der Massen, sondern auch des vermeintlich schutzlos der Entwicklung ausgelieferten Mittelstandes und Bürgertums. Hinzu kam die bei allen kriegsunterlegenen Völkern festgestellte Erscheinung, dass Machtgruppierungen, die im Vorlauf auf den Krieg die Geschicke des Volkes bestimmten, während der Niederlage und in den ersten Jahren danach überaus schweigsam zu sein, ja sich zu verstecken pflegen vor denen, die die Niederlage vorhergesehen und lange im Voraus für eine alternative Politik eingetreten waren ... um dann nur auf das Scheitern des Neuanfangs zu warten. Nach Ablauf der ersten Schockphase und Eintreffen der ersten Rückschläge wird der Spieß dann in aller Regel umgedreht und nun systematisch nach den Sündenböcken, den angeblich wahren Verantwortlichen des politisch-militärischen Scheiterns, gesucht.

Diese kaiserlich gesinnten Führungskreise saßen in der Weimarer Republik zu großen Teilen immer noch an den Schalthebeln der Macht, die ihnen durch die kaiserlich-preußische Personalpolitik in die Hände gegeben waren. Der Hass vieler Lehrer, Polizisten, Hochschulprofessoren, Richter, Pfarrer und Offiziere des alten Systems suchte nun als Rache für die Niederlage und die Unterzeichnung des Versailler Vertrages die aggressive Auseinandersetzung mit den Verfechtern der neuen Ordnung. Und die konnten den Beweis für ihre Qualität und gute Leistung, aber auch Lernfähigkeit nicht erbringen, weil die Kriegsfolgen und die seit Kriegsende herrschenden wirtschaftlichen und finanziellen Bedingungen den Wiederaufstieg des Volkes geradezu unmöglich machten. Die Gründe wurden bereits erörtert. So standen sich die potenziellen Bürgerkriegsparteien unversöhnlich gegenüber.

Die schwarz-rot-goldene Fahne der Weimarer Republik wurde zum Objekt öffentlicher Verachtung gemacht. Wer rechts gesinnt war, pflegte die schwarz-weiß-rote Fahne des Kaiserreichs zu hissen, meist in der Gestalt der alten Reichskriegsflagge mit dem Adler im schwarz-weiß-roten Feld. Die neue Republik konnte unter diesen Bedingungen weder auf die Loyalität großer Teile der Bevölkerung noch auf die der Reichswehr, des Beamtenapparates, der Richterschaft oder der Polizei zählen. Ein Durchgreifen der

Staatsgewalt war wegen der Lähmung bis in die Personalkörper der Exekutive hinein schwer möglich. Ein Putsch von rechts war jederzeit denkbar, die Entscheidung lag zum beträchtlichen Teil bei der Reichswehr im ständigen Kompromiss mit der Regierung.

Der Kapp-Putsch

Nur wenige Monate nach der Niederschlagung des Spartakus-Aufstands von links versuchten im Frühjahr 1920 einige der Freikorps, unterstützt und teilweise geführt von Teilen der Reichswehr, die neue Ordnung durch einen Militärputsch zu beseitigen und die Regierungsgewalt an sich zu reißen. Der Versailler Vertrag, der unter Drohung des Einmarsches alliierter Verbände nach Deutschland von der Nationalversammlung angenommen worden war, zerstörte bei vielen noch schwankenden Offizieren und Soldaten die Loyalität zur noch schwachen Republik. Die Hinnahme der Alleinschuld Deutschlands wurde als skandalös empfunden. Hinzu kam die Verpflichtung, die Heerführer, unter denen die Soldaten gedient hatten, als Kriegsverbrecher zusammen mit dem Kaiser an die Alliierten auszuliefern, ferner die Empörung über die anhaltende Notlage.

Auslöser des Putsches waren die auf Geheiß der Alliierten angeordnete Auflösung eines der großen Freikorps und der im Versailler Vertrag auferlegte Schrumpfungsprozess der Reichswehr auf 100 000 Mann. So versuchten die von Arbeitslosigkeit bedrohten Soldaten und Offiziere, gefördert von Teilen der deutschen Großindustrie, die Regierungsgewalt an sich zu reißen. Die provisorische Putschregierung verurteilte die Unterzeichner des Versailler Vertrags, verweigerte die Verkleinerung der Reichswehr und die von den Alliierten geforderte Auslieferung der als Kriegsverbrecher bezeichneten Offiziere. Sie wurde politisch unterstützt durch die extrem rechts angesiedelte Deutschnationale Volkspartei, in der Leute wie Admiral Tirpitz, der Flottenarchitekt des Kaiserreiches, aber auch Generalfeldmarschall Ludendorff Mitglied waren. Die Marinebrigade Ehrhardt, eines der aufzulösenden Freikorps, die dem amtierenden Befehlshaber der Reichswehr in Berlin, General von Lüttwitz, unterstellt war, wurde zur Besetzung des Regierungsviertels und zur Machtübernahme durch die Putschisten in Marsch gesetzt. Nach der Verfassung hätte die Regierung zur Bekämpfung des Putsches die Reichswehr einsetzen müssen. Doch die Reichswehrführung verweigerte diesen Einsatz entsprechend ihrem Selbstverständnis, wonach Reichswehr nicht auf Reichswehr schieße.

Man sieht die Machtlosigkeit der neuen demokratischen Führung. Die Lage wurde für die Regierung, wie schon zuvor für die Nationalversammlung, so unhaltbar, dass sie nach Dresden auswich. Als sich die Sicherheitslage auch hier als höchst instabil erwies, da der dortige Reichswehrkommandant mit den Putschisten sympathisierte, zog die Regierung weiter nach Stuttgart. Der Putsch blieb im Versuch stecken, einerseits, weil die SPD-geführte Regierung zusammen mit den Gewerkschaften, durchaus auch gedrängt von der kommunistischen Seite, in ganz Deutschland den in großem Umfang befolgten Generalstreik ausrief. Das trug ganz wesentlich dazu bei, dass die aus dem Kaiserreich überkommene Verwaltung – die höheren Beamten in Berlin und in den Provinzen – nicht bereit war, mit den Putschisten gemeinsame Sache zu machen. Die Mitte wehrte sich noch gegen gewaltsame Experimente nicht nur von links, sondern auch von rechts.

Die Lage nach dem Kapp-Putsch schildert der Korrespondent der amerikanischen Wochenzeitschrift *The Nation* wie folgt[114] unter der Überschrift:

Das deutsche Debakel

Die Verantwortung für den Militärputsch in Berlin liegt nicht bei Ebert oder Erzberger oder bei irgendeiner der in Deutschland noch einflussreich gebliebenen politischen Kräfte, vielmehr bei den fünf Großen Mächten und dem Obersten Kriegsrat. Bei all ihrem Tun handelten die Führer der Alliierten, wie wenn sie es darauf abgesehen hätten, den Erfolg der deutschen Republik zunichtezumachen. Den ganzen Krieg über forderte Mr. Wilson von den Deutschen, das Joch der Hohenzollern abzuwerfen und die Zügel der Regierung selbst in die Hand zu nehmen. Weise Staatsmänner hätten, wie der amerikanische Friedenskommissar ganz im Gegensatz zu Herrn Wilson, in Paris erkennen können, dass der Aufbau einer starken Republik in Deutschland ganz grundlegend für ein Bollwerk gegen den Bolschewismus in Zentraleuropa hätte sein müssen. Stattdessen handelten die Herren Wilson, Lloyd George, Clemenceau und Signor Orlando, als ob sie das Chaos in Deutschland und Österreich heraufbeschwören wollten, als ob es der beste Weg zu Ordnung und Stabilität in Berlin wäre, die Ebert-Regierung vor den Augen des eigenen Volkes zu schwächen und zu demütigen. Der Militarismus scheint in Berlin wiederhergestellt zu sein. »Die Alliierten und Amerika sind offenbar darauf aus, die Ebert-Regierung so weit es nur geht zu schwächen«, schreibt Theodor Wolff, der Herausgeber des *Berliner Tageblattes.* Doch die Aufrechterhaltung der verheerenden Blockade, die französische Verbitterung und Rachlust, die Shylock-artige Besessenheit von

Paris, das letzte Pfund Fleisch noch herauszureißen ... zeigt eine abgrundtiefe Missachtung wirtschaftlicher Zwangsläufigkeiten und Gefahren. Die Junkerpresse hat die Ebert-Regierung mit böser Absicht für den Nahrungsmangel, die Verkrüppelung der Eisenbahnen, die hohen Lebenshaltungskosten verantwortlich gemacht. [...] das deutsche Volk hat den Imperialismus satt. [...] Doch wird die Ebert-Regierung, die durch ihre überstürzte Flucht aus Berlin so klar ihre Schwäche offenbaren musste, genügend Vitalität und Kraft behalten, um sich wieder aufzurichten und das Treiben der Hindenburgs, Ludendorffs, Lüttwitzens und all der anderen ins Leere laufen zu lassen?

Räterepublik in Bayern

Bei Kriegsende waren nach der Meuterei der Soldaten und Matrosen in Kiel auch die Bürger in München in Massen auf die Straßen gegangen, um die Einstellung der Kampfhandlungen und die Aufnahme von Waffenstillstandsverhandlungen auf der Grundlage der 14 Punkte des amerikanischen Präsidenten zu fordern. Es gab Streiks. Auch in München und Bayern wurden Arbeiter- und Soldatenräte gewählt, die weitere Kriegshandlungen verhindern sollten. Die Räte wählten Kurt Eisner zum Ministerpräsidenten, der wiederum den bayerischen König für abgesetzt erklärte und das Land Bayern zum heute noch so benannten Freistaat ausrief. Eisner, der der USPD angehörte, stützte sich zunächst auf die Arbeiter- und Soldatenräte, setzte mit deren Mehrheit, wie schon in Berlin geschehen, so auch in Bayern, die Wahl eines Landtags durch. Das Ergebnis dieser Wahl fiel für Eisner und seine USPD so vernichtend aus, dass er beabsichtigte, vor dem Landtag unverzüglich seinen Rücktritt zu erklären. Auf dem Weg dorthin wurde er von dem konservativen Grafen Arco erschossen. Der Graf wurde zunächst zum Tode verurteilt, dann jedoch begnadigt und nach wenigen Jahren aus der Haft entlassen.

Der Landtag wählte nun den sozialdemokratischen Abgeordneten Johannes Hoffmann zum Ministerpräsidenten. Die Regierung zog wegen der chaotischen Sicherheitsverhältnisse von München nach Bamberg. Doch nun wurde in München aus den Reihen der Arbeiter- und Soldatenräte eine Räteregierung bestimmt. Der Versuch, mithilfe einer republikanischen Soldatenwehr die Macht der gewählten und von Bamberg aus amtierenden bayerischen Regierung durchzusetzen, scheiterte am Widerstand der in Bayern gegründeten »Roten Armee«. Die Reichsregierung, die die parlamentarische Demokratie nicht nur im Reichsgebiet, sondern auch in den Ländern durchsetzen wollte, setzte schließlich in München Freikorps ein, um die verfassungsgemäße Ordnung gegen das sich entwickelnde revolutionäre Chaos durchzusetzen. Zahlreiche Tote und Verletzte waren die Folge.

Aus heutiger Sicht mag das Vorgehen der Reichsregierung unter Einschaltung eher rechter bis rechtsextremer Reichswehr- und Freikorpsverbände überzogen anmuten. Die linksradikalen Kräfte erwiesen sich einerseits nicht als so stark, dass man immer schwerstes Geschütz hätte auffahren müssen. Andererseits verlangten die nur eine Minderheit der Bevölkerung vertretenden radikalen Kräfte, dass nach ihren Vorstellungen die gesamte aus der Kaiserzeit überkommene Gesellschaftsordnung auf den Kopf gestellt werden müsse, dass die großen Unternehmen verstaatlicht, das Personal des Kaiserreiches in Militär, Verwaltung und Justiz entlassen und durch zuverlässige Personen ihres Vertrauens ersetzt werden solle. Der Umwandlungsprozess müsse in der Hand der Arbeiter- und Soldatenräte gehalten werden. Gegen diese Vorstellungen hatte die Regierungskoalition in Berlin aus Zentrum, Sozialdemokraten und Volkspartei mehr als zwei Drittel der Bevölkerung hinter sich. Die Umwandlung Deutschlands in Richtung des sowjetischen Modells machte landauf, landab nicht nur den sogenannten bürgerlichen Schichten angst und bange, auch die Mehrheit der Arbeiterschaft, vor allem vertreten durch Gewerkschaften und Sozialdemokratie, war sich einig, diesen Weg nicht zu gehen – selbst auf die Gefahr hin, dass dies eine Spaltung der Minderheit von der Mehrheit und damit Spannung in jedem Betrieb, an jeder Werkbank bedeuten musste. Der Preis war die Abhängigkeit von konservativ bis reaktionär gesinnten Machtfaktoren, wie der Brigade Ehrhardt, die, nachdem sie in München aufgeräumt hatte, in Berlin den Kapp-Putsch durchzusetzen versuchte und später in Bayern in der Folgezeit Asyl beziehungsweise Gastrecht erhielt. Dort konnte sie sich dann 1923 erneut beim Hitler-Putsch einbringen.

Deutsche Demokraten bleiben Feinde der Siegermächte, USA passiv, Suche nach neuen Führern

Die völlige Einseitigkeit der Siegermächte, das Beharren auf einer Reparationssumme, die objektiv nicht gezahlt werden konnte, verbunden auch noch mit den drastischen Erhöhungen der Zölle in den Staaten der Alliierten zur Abwehr deutscher Ausfuhren,[115] die allein das goldgedeckte Geld für die Zahlung der Reparationen hätten erwirtschaften können, führten zur endgültigen Desillusionierung der deutschen Bevölkerung. Die Kräfte, die der neuen Staatsform von Anfang an ablehnend gegenüberstanden, erhielten

Rückenwind. Bei der Reichsregierung führte die zerstörerische Haltung der Alliierten zur Aufnahme von Verhandlungen mit der international aus anderen Gründen geächteten jungen Sowjetunion. Der Rapallo-Vertrag von 1922 öffnete den russischen Markt für deutsche Investitionsgüter und zugleich den Zugang zu den Ölquellen von Baku zulasten westlicher Ölgesellschaften. Als Gegenleistung wollte sich Deutschland am Aufbau der sowjetischen Ölindustrie beteiligen.

Die in Deutschland aus heutiger Sicht verinnerlichte Kritik eines angeblichen Verrats der Reichsregierung an der Zusammenarbeit mit den westlichen Nationen, an der Westbindung, geht an der damaligen Lage vorbei. Die Siegermächte hatten Deutschland finanziell, wirtschaftlich und militärisch in einer Weise geknebelt und jede Aussicht auf Linderung abgelehnt, dass sich die Reichsregierung genötigt sah, die Verbindung mit der Sowjetunion, dem anderen durch die Siegermächte verfemten Staat, zu suchen und dort durch Erschließung neuer Märkte und Belieferung der im Aufbau begriffenen neuen Staats- und Gesellschaftsform Beschäftigung und Devisenerlöse zu erzielen. Dazu kam die geheime Zusammenarbeit zwischen Reichswehr und Roter Armee auf sowjetischem Boden. Dort konnten die Bestimmungen der Alliierten zur Beschränkung der Reichswehrbewaffnung unterlaufen werden. Die Empörung der Siegermächte war beachtlich, die Verurteilung Deutschlands allgemein. Dennoch: Nur so gelang es, die Politikerklasse der westlichen Demokratien zu etwas mehr Vernunft zu bringen, denn es folgte der Empörung und den weiteren Erniedrigungen dann 1926 der Deutschland viel mehr entgegenkommende Pakt von Locarno.

Französische und belgische Truppen besetzen das Ruhrgebiet

Die Deutschland auferlegten Reparationen waren nicht nur in Geld, sondern auch durch Materiallieferungen zu leisten, die vor allem von Kohle und Stahl über Dachschiefern bis hin zu Telegrafenstangen reichten. Es waren wohl einige dieser Telegrafenstangen Ende 1922 nicht rechtzeitig in Frankreich eingetroffen, weshalb französische und belgische Truppen Anfang 1923 das Ruhrgebiet besetzten, vom übrigen Deutschland durch eine Zollgrenze absperrten und so die Gefahr einer völligen Abtrennung des industriellen Kerngebietes von Deutschland androhten.[116] Die Eisenbahnen innerhalb des Ruhrgebiets wurden französischer Kontrolle unterstellt, Warenlieferungen in und aus dem Ruhrgebiet bedurften der Genehmigung der Besatzungsbehörden. Es gab gesonderte Personalausweise zur Einreise in das besetzte

Gebiet. Frankreich hatte somit nicht nur die Saar und die Gebiete des heutigen Rheinland-Pfalz unter Kontrolle, sondern mit der Ruhr den wichtigsten Industriestandort Deutschlands. Die Äußerung von Kritik an den getroffenen Maßnahmen wurde unter strenge Strafe gestellt.

Da Deutschland nicht in der Lage war, sich militärisch gegen den Übergriff Frankreichs und Belgiens zu wehren, forderte die Reichsregierung die Bevölkerung zum passiven Widerstand auf. Arbeiter und Gewerkschaften aller Richtungen riefen zum Generalstreik. Die Fabriken standen still, die Bahnen stellten den Betrieb ein, die Kommunen weigerten sich, die Befehle der Besatzungsmacht auszuführen.

Die Lage in Deutschland am Vorabend des Einmarsches der französischen Truppen schildert Robert Dell in der Januarausgabe von *The Nation* unter dem Titel:

Dunkelheit über Deutschland

Die deutsche öffentliche Stimmung ist tief pessimistisch. Es wird die Invasion des Ruhrtales, die Trennung des Rheinlandes von Deutschland erwartet. England wird sich einfach damit abfinden. Frankreich wird England im Nahen Osten entgegenkommen und dafür freie Hand im Westen erhalten. Die Militärallianz zwischen Deutschland und Russland wird Tatsache werden, und ein neuer europäischer Krieg wird früher oder später unausweichlich werden. Das deutsche Volk hat gegenwärtig nur einen Wunsch, und nur diesen einen – die Erlaubnis, leben zu dürfen. Das deutsche Volk ist geradezu krankhaft bemüht, mit jedermann Freund zu sein. Die britische Regierung mag angewidert zur Politik der Isolation zurückkehren, ihre Truppen aus dem Rheinland abziehen und den Kontinent seinem Schicksal und Deutschland auf Gedeih und Verderb Frankreich überlassen. Die Lage ist kritisch. Deutschland kann nicht warten. Die Frage nach der Lösung der Reparationsfrage ist dringend. Es ist sinnlos, über die Stabilisierung der Mark zu reden oder die Sanierung der deutschen öffentlichen Finanzen. Die Regierung ist nicht stark genug, dem deutschen Volk die notwendigen Opfer abzuverlangen. Grund dafür ist die Politik der Alliierten, die eine kraftvolle Regierung in Deutschland unmöglich macht.[117]

Und so nahm das Verhängnis seinen Lauf. Die Ruhrbesetzung und der ihr folgende Generalstreik ließen die Löhne der Arbeitnehmer, aber auch die Gewinne der Unternehmen ausfallen. Die fehlenden Einnahmen wurden von der Reichsregierung in Berlin aus der leeren Staatskasse ersetzt. Die gewaltigen Kosten sprengten den Reichshaushalt. Die Steuern zu erhöhen, um einen derartigen Kampf auch finanziell durchhalten zu können, war undenkbar. Noch herrschten, weit verbreitet, Arbeitslosigkeit und vor allem Hunger. Die Folge war der Rückgriff auf die Notenpresse, wohl auch, um so dem Ausland die Unmöglichkeit, die geforderten Reparationen unter den gegebenen Bedingungen zu zahlen, demonstrativ vor Augen zu führen. Die Regierung Cuno hoffte wohl auch darauf, dass auf Druck der amerikanischen Banken die angelsächsischen Alliierten dem Vorgehen Frankreichs im eigenen Interesse Einhalt gebieten würden. Doch beide angelsächsischen Mächte hielten sich zurück.[118]

Für die Bevölkerung folgten nun Monate des wirtschaftlichen und finanziellen Falls ins Bodenlose. Eine Inflation wie diese hatte sich keine der damals lebenden Generationen auch nur in den schlimmsten Albträumen ausmalen können. Und sie gilt auch heute noch als Maßstab für den Sturz einer Währung in den Abgrund. Die Reichsmark verfiel nahezu im Sekundentakt. Jede eingenommene Mark wurde nach Erhalt sofort in Sachwerte getauscht, die sich im Abstand von Minuten bis Stunden um das Doppelte oder gar Vielfache verteuerten. Gegen Ende 1923 mussten im Verhältnis zum Ausland 40 Milliarden Mark Papiergeld verpackt werden, um einen US-Dollar einzuwechseln. Der Wert des Papieres, auf dem die deutsche Währung gedruckt wurde, war nun kostbarer als der aufgedruckte Nennwert. Landauf, landab wurden regionale und kommunale Ersatzwährungen für den örtlichen Wirtschaftsverkehr in Umlauf gebracht.

Die Inflation stürzte nicht nur die Arbeiterschaft in unvorstellbares Elend, sie vernichtete auch große Teile der Spareinlagen des Mittelstandes und damit dessen Altersversorgung. Schon das Kaiserreich hatte durch die Finanzierung des in seiner Dauer und Intensität nicht vorausgesehenen Weltkrieges auf Kredit die Währung inflationiert. Zu Kriegsbeginn 1914 war die Bindung der Reichsmark an den Goldpreis aufgehoben worden. Der Krieg wurde zwar durch Kriegsanleihen in der Größenordnung von rund 150 Milliarden Mark finanziert, doch zugleich wurde die Notenpresse angeworfen. Die in Umlauf gegebene Geldmenge vermehrte sich in den vier Kriegsjahren um das Fünffache. Damit hatte jede im Jahr 1914 der Regierung über Kriegsanleihen geliehene Mark am Ende des bewaffneten Konflikts 1919 nur noch eine Kaufkraft von 20 Pfennigen. Selbst wenn die Regierung neben den 140 Milliarden Goldmark, die der Versailler Vertrag dem deutschen Volk als Schadensersatz auferlegte, auch noch die bereits inflationierten 150 Milliarden Mark Kriegsschulden bei den deutschen Sparern hätte zurückzahlen können, so wäre doch die Altersvorsorge der Mittelschichten, gemessen an der ursprünglichen Kaufkraft, schon vor der Ruhrbesetzung weitgehend unter das Existenzminimum gefallen. Hinzu kam ja die wirtschaftliche Not der damaligen Zeit, in der es kaum Arbeit, entsprechend geringe Einnahmen und folglich auch nichts zum Sparen gab.

Die Finanzierung des Ruhrkampfes durch das Drucken von Geld brachte die Reichsmark, bereits unterhöhlt durch die Kriegsfinanzen des Kaiserreiches, zum totalen Zusammenbruch. Da dies auch die an der Reichsregierung maßgeblich mitbeteiligten sogenannten bürgerlichen Parteien nicht verhindern konnten, verlor der neue demokratische und republikanische Staat weiteren Rückhalt auch und gerade bei Mittelstand und Bürgertum. Doch wir schreiben ja erst das Jahr 1923. Die Weltwirtschaftskrise der Jahre 1929 bis 1932 stand mit ihren für Deutschland wiederum verheerenden Folgen erst noch bevor. Dies gilt es zu berücksichtigen, wenn man die Nationen im Vergleich miteinander betrachtet. Die englische Währung verlor während des Krieges rund ein Drittel ihres Wertes, die Kaufkraft des französischen Francs verminderte sich auf 20 Prozent der Vorkriegszeit. Doch das war nichts im Vergleich zu dem, was in Deutschland infolge des Krieges und der Finanzierung des Widerstands gegen die französische Besetzung des Ruhrgebiets geschehen sollte.

Frankreich verfolgte das politische Ziel, Deutschland endgültig aus der Rangordnung der potenziellen Weltmächte, in die es aufgrund der Bismarck'schen Reichseinigung sich einbildete gelangt zu sein, wieder herauszuboxen.

Das Ziel waren Einzelstaaten wie nach 1806, die nicht in der Lage waren, den internationalen Weltmachtrang Frankreichs infrage zu stellen. Dazu gehörte die Zerschlagung der Deutschland zur Verfügung stehenden Finanz- und Wirtschaftskraft. Angedacht war eine Donaumonarchie mit Bayern, Österreich und Ungarn. Die Saar ebenso wie die linksrheinischen Gebiete des heutigen Rheinland-Pfalz und Nordrhein-Westfalens hätten zu einem Separatstaat gefügt werden können. Sehr klar hat der amerikanische Vertreter in der von den Alliierten gegründeten Rheinlandkommission, Pierrepont B. Noyes, die Politik Frankreichs charakterisiert. Er schrieb 1923, also zur Zeit der Ruhrbesetzung:

> Zwei Hauptfaktoren beherrschen gegenwärtig die Lage an der Ruhr, Faktoren, deren Kenntnis viele sonst nicht erklärliche Störfälle in der Zukunft verständlich machen. Erstens, der von Deutschland zu zahlende Schadensersatz wurde

unendlich viel höher festgesetzt, als irgendein Land vergleichbarer Größe jemals hätte zahlen können.

Zweitens: Frankreich weiß dies; Frankreich hat es immer gewusst; es hat absichtlich auf einer Höhe des Schadensersatzes bestanden, der die deutsche Unfähigkeit der Bezahlung unausweichlich machen musste. Dabei ist die Zerstörung Deutschlands unendlich viel wichtiger als das Kassieren der Reparationen. 1871 hat Frankreich 4 Prozent seines Nationalproduktes an Deutschland zahlen müssen. 1908 hat ein berühmter britischer Statistiker das Vermögen Deutschlands auf 65 bis 90 Milliarden Pfund geschätzt. Die Entschädigungssumme wurde 1920 mit 56 Milliarden Dollar oder 75 Prozent des deutschen Nationalvermögens festgesetzt. Und der so hoch gelobte gnädige Kompromiss von London im Jahr 1921 forderte immer noch über 32 Milliarden oder 43 Prozent. Doch das ist nicht alles. Die dem französischen Parlament 1872 übermittelten Zahlen gaben die Gesamtkosten des Krieges für Frankreich mit weniger als 6 Prozent des Nationalvermögens an. Der Krieg 1914 bis 1919 kostete Deutschland zwischen 30 und 40 Prozent seines Nationalvermögens. Dennoch konnte selbst Frankreich 1871 bis 1873 seine Schuld nur per Kredit begleichen. Vom Tag des Waffenstillstandes an zielte die Politik der Alliierten darauf ab, die deutsche Kreditfähigkeit zu zerstören. Die Besetzung Frankfurts im April 1920 galt als Versuch (»try out«). Ich selbst erhielt überzeugende Beweise von der eigentlichen Zielsetzung des M. Poincaré und der französischen Militaristen. So wurde ich von der Reparationskommission als einer der Experten in Kohlefragen gerufen, um Pläne zu erörtern, wie Frankreich mehr Kohle erhalten könne. Die aufbereiteten Statistiken zeigten, dass Deutschland monatlich 1¼ Millionen Tonnen liefern konnte, ohne seine eigene Industrie zugrunde zu richten. Ich war eigentlich sicher, dass eine Übereinkunft mit den Deutschen möglich war, die Frankreich, das damals unter einem schrecklichen Kohlemangel litt, mehr Kohle verschaffen würde, als es möglicherweise verbrauchen konnte. Doch Poincaré ließ keine Diskussion der Angelegenheit zu, offensichtlich, weil er eine Säumnis deutscher Kohlelieferungen für einen wichtigeren Trumpf erachtete als ein Mehr an Kohle für Frankreich. Ich halte die Politik der derzeitigen Regierung in Washington, oder besser das hilflose Fehlen jeder Politik, für den herausragenden Grund der gegenwärtigen misslichen Weltlage. Die einzige Hoffnung für Europa liegt im gemeinsamen Handeln der Vereinigten Staaten und Großbritanniens.

In einer späteren Äußerung meinte der amerikanische Vertreter im Interalliierten Hohen Ausschuss für die Rheinlande, Rheinlandkommission genannt:

> »Wen die Götter vernichten wollen, den bringen sie zuerst um den Verstand.« Das Zitat passt zu meiner Einschätzung französischer Politik. Es ist der Anfang einer neuen napoleonischen Zeit. Wie kann nur in so kurzer Zeit die mächtigste Armee der Welt einen solchen Größenwahn in Frankreich erzeugen, dass seine Regierung entschied, Britannien mit Deutschland als potenziell geschlagenen Feind zu behandeln? Aber so sieht es aus.

In einem Geheimbericht des französischen »Kommissars zur Untersuchung von Industrie und Wirtschaft der Rheinprovinzen«, Dariac, an den französischen Premierminister Poincaré, abgedruckt im britischen *Manchester Guardian*, heißt es:

> Wir können die deutsche Industrie vollkommen in Unordnung bringen. Wir können ihre Hüttenindustrie auseinanderreißen, wir können von ihrer Kohle, von ihrem Eisenerz die Gusseisen- und Stahlproduktion trennen, die davon abhängige weiterverarbeitende Industrie, die ihre Produktion im unbesetzten Deutschland unterhält. Wir können die Industrie der Ruhrbonzen von Düsseldorf, Duisburg und Ruhrort völlig durcheinanderbringen, die der Krupps, Thyssens, Haniels. Der Vorteil für Frankreich: Solange wir unsere gegenwärtige Position am Rhein halten, bedrohen wir die zehn bis zwölf Magnaten der deutschen Industrie, die in Wirklichkeit Deutschland finanziell beherrschen. Der Warenverkehr zwischen den Betrieben wird von uns bestimmt. Durch einfache Anhebung der Zölle können wir den Verkehr zum Erliegen bringen. Selbst im Traum bleibt es undenkbar, dieses Pfand aus der Hand zu geben.[119]

Französische Gelder zur Verschärfung des Chaos

Frankreich strebte den Rückschnitt des Deutschen Reiches auf die Zeit vor 1871 beziehungsweise 1806 an und finanzierte nach Kriegsende alle Bewegungen in Deutschland, die durch Chaos die Absonderung aus dem Reichsverbund fördern konnten. So in Bayern und in der damals noch bayerischen Pfalz, wo die Anhänger eines Abfalls Bayerns vom Reich und der Schaffung einer neuen, größeren Donaumonarchie, möglicherweise sogar unter bayerischer Führung, sich durchzusetzen versuchten. Im Rheinland unterstützte Frankreich die Tendenz zur Abspaltung und Bildung eines Separatstaates. Hierzu setzte die französische Besatzungsmacht eine separatistische Regierung ein, entband in der Pfalz die bayerischen, im Rheinland die preußischen Beamten ihres Amtes mit dem Hinweis, sie dürften zwar ihre Wohnsitze vor

Ort behalten, seien jedoch fortan von allen Amtsgeschäften ausgeschlossen. Um die Abtrennung zu erzwingen, transportierte die französische Besatzungsmacht in Sonderzügen sogar Straffällige an, um auf Gemeinde- und Landkreisebene die örtlichen Verwaltungen aus den Ämtern zu jagen und durch Kollaborateure zu ersetzen. Das Vorgehen scheiterte am energischen Widerstand der Amtsinhaber, unterstützt von den Bürgern, die nicht bereit waren, sich dem Putschversuch zu beugen.

Allerdings waren auch die Repräsentanten der USA und Englands in der Interalliierten Kommission nicht bereit, in ihren Besatzungszonen um Koblenz und Köln dem französischen Treiben Vorschub zu leisten.

Es verwundert, dass die französische Politik derart schroff und wenig um die öffentliche Meinung werbend vorging. Schließlich hatten die süddeutschen Staaten historisch gesehen neben verheerenden auch sehr gute Erfahrungen mit Frankreich als Partner gemacht. Bayern, Baden, Württemberg waren die alten Verbündeten, auf deren Entsendung von Truppenkontingenten zu kriegerischen Auseinandersetzungen Paris bis in napoleonische Zeiten immer rechnen konnte. Hier hatte man durchweg den früheren Code Napoléon im Vergleich zum preußischen Allgemeinen Landrecht für überlegen erachtet. Die preußischen Reformer, wie Stein, Hardenberg, Gneisenau, kamen alle aus Landschaften, die seit Jahrhunderten mit Frankreich verbunden gewesen waren und von dort die Kunst des Verwaltens übernommen hatten. Wer es sich in Deutschlands Westen im Hoch- bis mittleren Landadel leisten konnte, lebte teils das gesamte Jahr über oder doch in den Wintermonaten in Paris.

Die Zivilisation, die Kultur, der technische Fortschritt, die Weltläufigkeit Frankreichs wurden verehrt. Doch nun besetzte Frankreich das Rheinland mit afrikanischen Kolonialtruppen, die zuvor in den Vororten von Paris stationiert gewesen waren, wo die Bevölkerung sie aus Sorge vor Übergriffen und Umsturz nicht weiter dulden wollte. Im Rheinland mussten nun demokratisch verantwortliche Bürgermeister und Stadtverwaltungen aus Steuereinnahmen für Räumlichkeiten und Personal der von der Besatzungsmacht für erforderlich gehaltenen Bordelle sorgen.[120] Jede Kritik wurde geahndet. Mit diesem Verhalten war die rheinische Bevölkerung nicht zu gewinnen. Finanziell war die Besetzung des Ruhrgebiets für die deutsche Seite eine nicht zu überbietende finanzielle Katastrophe, sieht man von der stets drohenden totalen Besetzung Deutschlands durch Truppen der Alliierten ab. Doch auch für die französische Seite erwies sie sich als ein wirtschaftliches wie politisches Desaster.

KAPITEL 14

Inflation, Rentenmark, US-Kredite

Tsunami-Inflation, Rentenmark, US-Kredite, Reparationsschulden nachrangig

Die Gründer der Weimarer Republik hätten sofort einen Währungsschnitt verfügen müssen, um die Kriegsschulden des Kaiserreiches etwa auf einen Bruchteil des bereits inflationierten Nominalwertes herunterzusetzen und damit aus dem Nachkriegssteueraufkommen bezahlbar zu machen. Diesen Währungsschnitt wollten die Demokraten der ersten Stunde den Zeichnern der Kriegsanleihen aber nicht antun. Sie hätten das Vertrauen der Mittelschichten von Beginn an verspielt, hätten die Entschuldung des Reiches mit der Altersarmut dieser Bevölkerungsschicht erkauft. Zum Vergleich: 1948 wurde die Währungsreform der Bundesrepublik Deutschland von den drei westlichen Besatzungsmächten mit einem Schnitt von einer D-Mark für 10 Reichsmark angeordnet.

Doch 1923 wurde hemmungslos Papiergeld gedruckt. Und dies von einer Regierung, die der Banken- und Industriewelt besonders nahestand. Reichkanzler des Schicksalsjahres 1923 war Wilhelm Cuno, Vorstandsvorsitzender der Hamburger Reederei HAPAG (Hamburg-Amerikanische Packetfahrt-Actien-Gesellschaft). Cuno wurde von Reichspräsident Ebert in der Hoffnung auf seine Verankerung in der deutschen wie amerikanischen Banken- und Industriewelt ins Amt gerufen. An der HAPAG war mehrheitlich amerikanisches Kapital beteiligt.

Die Inflation machte es möglich, Staats- wie Privatschulden mit wertlos werdendem Geld zurückzuzahlen. Das Reichsgericht setzte der sozialen Unausgewogenheit dieses Vorgehens die Krone auf, indem es trotz der alle Geldwerte vernichtenden Inflation unbeirrt an dem Rechtsgrundsatz Mark gleich Mark, also vorinflationäre Mark gleich inflationierte Mark, festhielt. Alte Schuldenlasten konnten so von den Schuldnern mit der völlig entwerteten, von jeder Golddeckung gelösten Inflationsmark bezahlt werden. So nahmen Großunternehmen wie Stinnes und Thyssen auf dem Kreditmarkt größere Geldbeträge auf, mit denen sie zu Beginn der Krise Unternehmen, Rohstoffe, Immobilien und Investitionsmittel kauften, um diese Kredite später mit wertlosem Geld zurückzuzahlen.[121]

Am besten waren Unternehmen dran, die über ausländische Deviseneinnahmen verfügten. Sie konnten in den Zeiten der rasenden Inflation in Not geratene inländische Unternehmen zu Ramschpreisen aufkaufen. Die Stimmung der Bevölkerung sank in tiefste Verzweiflung.

Als man schließlich im November 1923 zum Ankauf eines amerikanischen Dollar 4200 Milliarden Mark hinblättern musste oder als Inhaber einer 1-Dollar-Note diesen Betrag zum Einkauf in Deutschland erlöste, wurde die neue Währung der sogenannten Rentenmark im Verhältnis von einer Billion alter Inflationsmark zu einer Rentenmark umgetauscht. Das Verhältnis zum amerikanischen Dollar wurde auf 4,20 der neuen Renten-, später Reichsmark angesetzt.

Diese Währungsumstellung wurde begleitet oder auch erst ermöglicht durch die Gewährung amerikanischer Anleihen, deren Auszahlung an die Vereinbarung der künftig von Deutschland zu zahlenden Reparationen gekoppelt war. Deutschland hatte sich mit der Tsunami-Inflation in die totale Leistungsunfähigkeit hineinmanövriert. Die Besetzung des Ruhrgebietes hatte das Wirtschaftssystem an den Rand des Absturzes gebracht. Der Schaden für die französische Wirtschaft und die Staatsfinanzen war nicht zu übersehen. Die Zahlung von Reparationen ebenso wie die Lieferung von Waren blieben eingestellt.

Aufseiten der Alliierten, vor allem der Amerikaner, sah man inzwischen die Gefahr einer Radikalisierung der ihrer Lebensgrundlage beraubten Deutschen. Der sowjetische Bolschewismus, den laut Churchill die Politiker der Alliierten nicht auszutilgen vermocht hatten, hätte nun auch in Deutschland Platz greifen und von dort ganz Europa anstecken können. Daher die Zusage neuer umfangreicher amerikanischer Kredite, mit deren Hilfe die Wirtschaft angekurbelt und Deutschland wieder in das internationale Finanz- und Wirtschaftsgeflecht eingebunden werden sollte. Wieder waren es die Vertreter der amerikanischen Morgan-Bank, erst Young, dann Dawes, die den berühmten Dawes-Plan auf den Weg brachten.[122] Nach einem Jahr der Stundung sollten von 1924 an die deutschen Reparationsleistungen für die 5 Jahre zwischen 1923 und 1928 auf jährlich eine Milliarde Renten- beziehungsweise später Reichsmark gesenkt werden. Nach Ablauf dieser Frist sollten wieder 2,5 Milliarden Reichsmark per annum gezahlt werden. Für Deutschland wurde so wieder der Zugang zum amerikanischen Kapitalmarkt eröffnet. Es waren zwei Bedingungen, die zu einem Kreditrausch führten, der die »roaring twenties« in Deutschland finanzierte: Die Bedingungen des Dawes-Plans sahen erstmals vor, dass fortan die in den 5 Jahren frisch aufzunehmenden neuen Kredite im Rang den Reparationszahlungen vorgehen sollten. Das enthemmte die neuen Gläubiger, sahen sie doch nicht mehr das mit dem weltweiten Schadensersatz des Weltkrieges belastete, sondern das zumindest vorübergehend schuldenfreie Deutschland vor sich. Ihr Risiko, auf den neuen deutschen Schulden sitzenzubleiben, sank entsprechend. Umso leichtfertiger ging es bei der Vergabe zu. Die Nachrangigkeit der Reparationsverpflichtungen galt allerdings nur bis zum Jahr 1929. Danach sollten neue Kredite sich wieder im Rang hinter den vorherigen Verpflichtungen einordnen.

Zu viel Geld in den USA, zu wenig in Europa: Die Kreditblase der Federal Reserve

Die Kreditexpansion der 1920er-Jahre mit den ab 1924 geltenden, extrem niedrigen amerikanischen Zinsen wiederum war Folge der Politik der Federal Reserve in New York. Die geringe Kapitalverzinsung verlockte die Gläubigerbanken der USA, ihr Geld in Europa und hier nicht zuletzt in Deutschland anzulegen, wo wesentlich höhere Zinsen erzielt werden konnten. Die Kredite wurden stets nur für kurze Laufzeiten von wenigen Monaten gegeben, mussten folglich laufend verlängert werden, da die deutschen Schuldner, meist Stadtverwaltungen, in aller Regel weder willens noch in der Lage waren, die geliehenen Gelder, mit denen langlebige Investitionen wie Schulen, Krankenhäuser, Spielplätze, Sportanlagen etc. finanziert wurden, kurzfristig zurückzuzahlen. Daher waren sie von der Fortdauer des niedrigen Zinssatzes der Federal Reserve abhängig.

Die Falle für das Hineinziehen Deutschlands in die Weltwirtschaftskrise, die zweite wirtschaftliche Katastrophe nach dem Ersten Weltkrieg, war aufgestellt. Bleibt anzumerken, dass in dieser Zeit zwischen 1924 und 1930 das Engagement der amerikanischen Wirtschaft in Deutschland gewaltig zunahm. General Motors kaufte das größte deutsche Automobilwerk, die Adam Opel AG. Standard Oil of New Jersey verband sich mit I. G. Farben. ITT verschaffte sich die Mehrheit an der C. Lorenz AG – Investitionen, die Hitler-Deutschland erst in den Stand versetzten, den Krieg zu führen, und die es großen Teilen der amerikanischen Wirtschaft ermöglichten, später auf beiden Seiten des Krieges ordentliche Gewinne zu erzielen.[123] Die Verflechtung mit der amerikanischen Wirtschaft wurde nahezu ausschließlich von den Brüdern Dulles vermittelt: von John Foster Dulles, dem späteren Außenminister der Vereinigten Staaten (1953-1959), und Allen Dulles, der während der Kriegsjahre in Bern für den amerikanischen Geheimdienst tätig war und später die CIA gründete.[124] Beide waren Gesellschafter der New Yorker Rechtsanwaltskanzlei Sullivan & Cromwell, die auf weltweite strategische Industrieinvestitionen spezialisiert war. Die Sozietät eröffnete Anfang der 1920er-Jahre in Berlin eine Zweigniederlassung.

KAPITEL 15

Adolf Hitler – Putsch in München – nationale und internationale Förderer

Die Lage in München war durch das Ausweichen der demokratisch gewählten Landesregierung unter Ministerpräsident Johannes Hoffmann vor den Arbeiter- und Soldatenräten und deren Roter Armee so prekär geworden, dass die Reichsregierung, gebildet aus Zentrum, Demokratischer Volkspartei und der Sozialdemokratie, Verbände der Reichswehr und der Freikorps gegen diese einsetzte. Auf beiden Seiten gab es mehrere Hundert Tote. Der Bürgerkrieg schien nicht mehr vermeidbar. Todfeindschaft beherrschte die Straßen, der Rechtsstaat lag am Boden. Bürgerwehren wurden unter konservativer Führung gegründet, dazu kamen die am Kapp-Putsch in Berlin beteiligten Freikorps, darunter die Marinebrigade Ehrhardt, die in Bayern Unterschlupf und Schutz vor Strafverfolgung, vor allem aber Sicherheit vor dem Befehl der Reichsregierung zu ihrer Auflösung gefunden hatte. Auch Ludendorff, der General der kaiserlichen Armee, Held des Ostkrieges und engster Mitarbeiter Hindenburgs, spielte in der Münchner Kulisse eine beachtliche, auch Gelder vermittelnde Rolle. Angeblich aus Protest gegen die Beendigung des Ruhrkampfes setzte die bayerische Staatsregierung einen mit diktatorischen Vollmachten ausgestatteten Staatskommissar ein, der Bayern als eigene Ordnungszelle in Deutschland verstand, die nicht nur in Bayern, sondern demnächst auch in Berlin und dem gesamten Reich für »Ordnung« sorgen sollte.

Der Landeskommandant der Reichswehr in Bayern weigerte sich, die von Berlin angeordnete Entwaffnung der Brigade Ehrhardt zu vollstrecken. Die Reichsregierung in Berlin enthob den Kommandeur seines Postens. Hierauf unterstellte die bayerische Landesregierung in einer nicht mehr zu überbietenden Herausforderung der Zentralgewalt die in Bayern stationierten Reichswehrverbände ihrem Befehl. Für Berlin war in diesem Teil des Reichsgebietes die Kommandogewalt über die Reichswehr aufgehoben. Man erkennt hierin erneut die Durchsetzungsschwäche der Reichsregierung und den drohenden Auflösungsprozess der gesamtstaatlichen Ordnung in Deutschland. Ein gesamtstaatlicher Wille konnte in den bürgerkriegsnahen Wirren in der Hauptstadt und den Landeshauptstädten kaum noch gefasst, geschweige denn durchgesetzt werden.

In München wurde in Putsch- und Regierungskreisen eingehend über einen Marsch auf Berlin zur Wiederherstellung der Ordnung im konservativen Sinne gesprochen, die Kopie des Marsches auf Rom wurde erörtert, den Mussolini zur Eroberung der Macht in Italien inszeniert hatte. Die konservativen Kräfte in der Weimarer Republik hatten die Vorgänge in Italien genauestens studiert und waren davon überzeugt, dass nur *mit* den bewaffneten Kräften, nicht *gegen* sie, ein Umsturz würde erfolgreich in Gang gesetzt werden können.

So war nun Bayern zum Brückenkopf der konservativen bis faschistischen Bewegung in Deutschland geworden, von dem aus der Umsturz der politischen Verhältnisse in ganz Deutschland betrieben werden konnte.

Die in Bayern stationierte Reichswehr wiederum versorgte die Sturmabteilungen (SA) der Nationalsozialisten, die Freikorps, den paramilitärischen Bund der Frontsoldaten, den Stahlhelm und sonstige Privatmilizen mit Waffen und Munition – »zur Sicherung der Grenzen«, wie es hieß, eine Formel, hinter der das Potenzial für eine veritable Streitmacht versteckt gehalten wurde, die im Bedarfsfall schnell die 100 000-Mann-Begrenzung überschreiten konnte. Bayern war zum rechtsradikalen Pulverfass geworden. Dort wurden die nächsten Schritte einer gewaltsamen Wende gegen die verhasste Republik geplant.

Die politischen Diskussionsrunden in München fanden zum Teil auch unter Beteiligung des bayerisch-wittelsbachischen Kronprinzen Rupprecht statt, der in den französischen Überlegungen als denkbarer König einer neuen Donaumonarchie, bestehend aus den Ländern Österreich, Ungarn und Bayern, erachtet wurde. Zu diesem runden Tisch potenzieller Verschwörer, dem auch wieder General Ludendorff angehörte, wurde Hitler als Führer der NSDAP, der Nationalsozialistischen Deutschen Arbeiterpartei, hinzugezogen. In einem dieser Treffen machte er Front gegen die Unzulänglichkeit bisheriger Umsturzpläne, warb für seine Strategie, in einer ersten Phase durch ein gemeinsames Vorgehen mit den Kommunisten das Land zu destabilisieren und die Verfassung zu beseitigen. In der zweiten Phase sollte dann der Kampf gegen den Marxismus inklusive der Ausrottung der Kommunisten, Sozialdemokraten und Gewerkschaften im Zuge des Sturzes der Regierung in Angriff genommen werden. Der Diskussionsbeitrag des national bislang noch wenig bekannten Hitler, des Gefreiten aus dem Ersten Weltkrieg, schien dem Vertreter des britischen Geheimdienstes wie dem amerikanischen Beobachter aus dem Generalkonsulat in München so bedeutsam, dass beide die Äußerung Hitlers an ihre jeweilige Regierung übermittelten.[125]

Solange allerdings das sich von Königsberg bis Aachen erstreckende Preußen mit immer noch 70 Prozent der Bevölkerung und 70 Prozent der Fläche des Reiches von einer Koalition aus katholischem Zentrum, der Deutschen Demokratischen Partei und der SPD mit Otto Braun als sozialdemokratischem Ministerpräsidenten und Carl Severing als für die Polizei zuständigem Innenminister regiert wurde, war an einen faschistischen Umsturz in Deutschland nicht zu denken. Dies sollte sich erst nach dem sogenannten Preußenputsch von 1932 ändern, als Reichskanzler Franz von Papen das Land unter an den Haaren herbeigezogenen Vorwänden der Zwangsverwaltung des Reiches unterstellte. Noch war Preußen ein Bollwerk gegen den sich zusammenbrauenden Sturm.

Wer war Hitler? Hintergründe

Der österreichische Staatsbürger Adolf Hitler war bis zum Beginn des Ersten Weltkrieges das, was man eine verkrachte Existenz nennt. Er hatte seine Schullaufbahn vorzeitig abgebrochen und lebte in Wien als arbeitsloser Maler in einem Obdachlosenheim. Da er nicht in der österreichischen Armee dienen wollte, war er bei Ausbruch des Ersten Weltkrieges von Wien nach Bayern gezogen, wo er sich zum Wehrdienst in der königlich-bayerischen Armee meldete. Bis Kriegsende wurde er als Meldegänger hinter der Front eingesetzt. Hitlers Leistung als Soldat war nicht sonderlich geschätzt. Sein Kompaniechef urteilte, dem »Hysteriker« könne man eine verantwortliche Aufgabe nicht anvertrauen. Aus dieser abfälligen Beurteilung resultierend hätte man bei Hitler als Antwort einen sich aufbauenden Hass gegen seine Vorgesetzten beziehungsweise ganz allgemein das Militär erwarten können. Doch das Gegenteil war der Fall. Die Hierarchie des Militärs war Hitlers Ordnung, die er bedingungslos anerkannte. Um die Wertschätzung dieser Institution buhlte er die größte Zeit seines Lebens. Seine Kameraden hielten wenig von dem Meldegänger hinter der Front.[126]

Hitler gehörte zur großen Zahl derer, für die die Welt zusammenbrach, als Deutschland und Österreich den Krieg verloren. Er war gegen Kriegsende durch Senfgas am Auge verletzt worden und wurde in einem Lazarett in Pasewalk als Psychopath mit der Feststellung hysterischer Symptome behandelt. Knapp einen Monat nach seiner Einlieferung, am 10. November 1918, verfiel er bei Bekanntwerden der deutschen Kapitulation nach Einschätzung der Ärzte in eine »tiefe Depression« mit »hysterischer Erblindung«. Der Armeepsychiater konnte Hitler per Hypnose heilen. Die Behandlung erfüllte Hitler mit Kraft, neuem Selbstvertrauen, Sendungsbewusstsein, ja einem Allmachtsgefühl, das ihn wohl in der Folgezeit befähigte, verzweifelte Massen seinerseits gleichsam zu hypnotisieren und sich gefügig zu machen. Wir wissen nicht, worauf die psychotherapeutische Behandlung gerichtet war, ob und wie die Ursache der Krankheit ausgemacht wurde.

Auf jeden Fall galten der Hass und die Rache Hitlers fortan nicht so sehr den siegreichen und Deutschland am Boden haltenden Alliierten. Sein Hass und Vernichtungswille richteten sich gegen das »Weltjudentum«, das sich für Hitler und die auf ihn eingeschworenen Anhänger hinter allen finsteren Machenschaften verbarg. In dieser Wahnwelt steckte dieses Judentum hinter Marx, den Kommunisten, der Russischen Revolution, der Sozialdemokratie, den Gewerkschaften. Das Heil kam aus der Überlegenheit einer rein zu haltenden germanischen Rasse, deren Untergang durch die Beimischung anderer Rassen wie der jüdischen drohe. Diese germanische Rasse war es, die von der niederträchtigen jüdischen Mafia unterdrückt, versklavt und ausgebeutet worden sei.

Hitler teilte mit diesen Einstellungen die Vorurteile weiter Kreise des konservativen wie auch christlichen Lagers. Es waren für ihn nicht der Kaiser und das Kaiserreich, die vor und während des Krieges versagt hatten. Der Krieg ging verloren, weil die Heimatfront versagt hatte. Und die war moralisch zusammengebrochen durch den Einfluss unpatriotischer Kräfte. Dazu zählten vor allem die Sozialdemokraten und Kommunisten. Und wer war in diesen Parteien stark vertreten? Das waren jüdische Intellektuelle, Gewerkschafter und Unternehmer. Und zu den jüdischen Unternehmern und Finanziers gehörten wieder die großen Kauf- und Handelshäuser, die den kleinen germanischen Produzenten, Handwerkern und Händlern durch ihr Geschäftsmodell der Produktion und des Verkaufs billiger Massenware das Wasser abgruben.

Dass auf jüdischer Seite in aller Regel ein etwas größerer geistiger Horizont gepflegt wurde als bei den eng national denkenden konservativen Eliten, lag außerhalb der Vorstellungswelt dieser Kreise. Und je schlimmer die Krise, je verzweifelter der Mittelstand ebenso wie die breiten Massen der politisch nicht geschulten Arbeitnehmerschaft in Hunger und Arbeitslosigkeit versanken, umso bereitwilliger konnte und musste auf nur den einen neuen Führer gebaut werden, der versprach durchzugreifen, die Bankrotteure, Marodeure, Ausbeuter, Betrüger, Währungsgewinnler zu verjagen oder zu vernichten. Hitler richtete die eine Seite der Bürgerkriegsszene auf den gemeinsamen Feind aus. Und er sollte damit Ernst machen.

Nationale und internationale Förderer des Projektes Hitler

Bereits im Berlin der Jahre 1921/22 stieß Hitler auf einen Kreis wohlwollender konservativer Förderer. Darunter finden sich Namen der deutschen Industrie wie Stinnes, Borsig, Bechstein, Thyssen, Siemens und andere. Nicht wenige der Mitglieder des Berliner Nationalklubs begannen an Hitler Interesse zu zeigen. Diese Kreise suchten, wie es auch in anderen Ländern geschah, nach dem Mann, der die Massen einfangen und der konservativen statt der sozialdemokratischen oder gar kommunistischen Seite zuführen konnte. Das war der Idealfigur des Faschismus Mussolini in Italien bereits 1921 überzeugend gelungen. Und Hitler begann nun in München zu zeigen, welchen Kalibers er war.

Hitler war nach der Entlassung aus seiner psychiatrischen Behandlung von der Münchner Reichswehr angeworben worden, um Veranstaltungen politischer Parteien und Zirkel zu bespitzeln. Hier wurde er als Propagandaredner geschult und eingesetzt. So trat er im Auftrag der Reichswehr der Deutschen Arbeiterpartei (DAP, ab 1920 umbenannt in NSDAP) bei, die damals weniger als 100 Mitglieder zählte. Hitler baute mit seinen Gehilfen eine Saalschutztruppe auf, »Sturmabteilung« oder SA genannt, die mithilfe meist altgedienter Soldaten auch als Kampfverband in einem Bürgerkrieg eingesetzt werden konnte.

Die SA stellte ihre Einheiten dem »erweiterten Grenzschutz« der Reichswehr zur Verfügung und war somit Teil der vielen paramilitärischen Verbände, die von der Reichswehr nicht nur Ausbildungshilfe, sondern auch Waffen für den Ernstfall erhielten. Diese Verbände waren Ersatz für die extrem geringe Truppenstärke, die der Versailler Vertrag der neuen Republik zur Verteidigung ihrer in West wie Ost von Frankreich und Polen bedrängten Grenzen belassen hatte. Hitler wollte die demokratische Regierung in Berlin stürzen und gewann General a. D. Ludendorff, den engsten Vertrauten des früheren Generalfeldmarschalls und späteren Reichspräsidenten Hindenburg, für das Projekt eines Marsches auf Berlin.

Höchst selbstbewusst skizzierte der Industrielle Hugo Stinnes in Berlin dem neuen amerikanischen Botschafter Houghton die Strategie. Der Diplomat berichtete seinem Außenminister in Washington über ein mit Stinnes im September 1923 geführtes Gespräch.[127]

Stinnes habe die Meinung vertreten, man könne die Löhne der deutschen Arbeiter verdoppeln, ja verdreifachen. Dafür müsse jedoch durchgehend der Zehn-Stunden-Arbeitstag durchgesetzt werden.

»Jedoch ist er überzeugt«, so berichtet der Botschafter, »dass die deutsche Arbeiterschaft auf diese Notwendigkeit nicht eingehen werde und daher hierzu gezwungen werden müsse. Deshalb, sagte er, müsse ein Diktator gefunden werden, ausgestattet mit Macht, alles zu tun, was irgendwie nötig sei. [...] Der Bewegung, sagte er, würden sich alle Rechtsparteien anschließen, auch eine ansehnliche Gruppe gemäßigter Männer in der Mitte. Diese würden in erster Linie den Kampf gegen den Kommunismus aufnehmen, da der kommunistische Flügel die Arbeiter zur Opposition treiben würde. Ich fragte ihn, ob die Industriellen sich mit der Bewegung vereinen würden. Stinnes erwiderte, dass sie das tun würden. [...] Der von Stinnes entworfene Plan ist in Kürze dieser: Mitte Oktober werden 3 oder möglicherweise 4 Millionen Menschen arbeitslos sein.[128] Die Kommunisten werden versuchen, diese Lage zum Ausbruch einer Revolution zu nutzen. [...] Unterdessen wird die Stresemann-Regierung ihre Unfähigkeit bewiesen haben, mit der ihr gestellten Aufgabe fertigzuwerden, und die Nation wird vor der Frage stehen, ihre Rettung entweder bei den Rechts- oder bei den Linksparteien zu suchen. Sobald die Kommunisten ihre Operationen beginnen, wird Ebert im Namen der Republik einen Mann zum Diktator ernennen – oder, wenn möglich, ein Komitee von drei Männern – und die ganze militärische Gewalt unter den Befehl des Diktators stellen. Von da ab wird die parlamentarische Regierung zu Ende sein. Die Kommunisten werden rücksichtslos zerschmettert werden, und wenn sie zum Generalstreik aufrufen, wird dieser ebenfalls mit Gewalt unterdrückt. Wenn alles gutgeht, denkt Stinnes, wird die ganze Lage innerhalb von 3 Wochen geklärt sein. Der Sozialismus wird nach diesen Erwartungen als eine politische Daseinsform in Deutschland für immer beseitigt, und die Gesetze und Verordnungen, die die Produktion hindern und keinem nützlichen Zweck dienen, werden unverzüglich widerrufen werden.«

Stinnes wurde vonseiten der Regierung für den Fall der Umsetzung seines Planes zwar die sofortige Verhaftung in Aussicht gestellt, doch das hinderte diesen hinter den Kulissen agierenden politischen Strategen nicht daran, die Dinge in seinem Sinne weiterzubetreiben. Wir sehen den Weg in die Diktatur, der mit Zustimmung der bürgerlichen Parteien letztlich beschritten wird.

Über Kuriere erhielten die sich immer stärker aufbauenden Nationalsozialisten Geld aus dem ganzen Reichsgebiet. Hinzu kamen finanzielle Mittel aus dem Ausland. 1923, in der Zeit höchster Not, als die Reichsmark nichts mehr wert war, sich die Kosten einer Restaurantmahlzeit noch während des Essens um 100 Prozent erhöhten, als die Arbeiterfamilien nach der halbtäglich stattfindenden Lohnzahlung sofort in die Geschäfte rannten, um die Kaufkraft des Geldes durch den Einkauf von Waren vor dem weiteren Verfall zu retten, war Hitlers SA imstande, ihrer Gefolgschaft pro Mann und Tag 3 Dollar zu bezahlen, in heißbegehrter, harter Währung. Der astronomisch werdende Wechselkurs zum Dollar steuerte auf das Verhältnis von 1:4000 Milliarden Reichsmark zu. Die SA verfügte über eigene Lastwagenflotten, mit denen sie ihre Schlägertrupps in jeden Ort zum Niederhalten der politischen Gegner transportieren konnte. Die Gelder für Hitler kamen sehr häufig indirekt aus Mitteln, die an General Ludendorff zur Förderung des Umsturzes übermittelt wurden. Nicht unwichtig waren die Spenden der in Berlin, München, Paris und London gestrandeten russischen Emigranten, die auf den Sturz der noch auf schwachen Füßen stehenden Sowjetmacht drängten und auf Diktatoren wie Hitler setzten.

Die nationalsozialistische Bewegung wurde schnell zu einer Art Staat im Staate, einer Nebenregierung, die über eine Armee schlagkräftiger, hierarchisch geführter Einheiten unter militärischem Oberkommando verfügte. An beschäftigungs- und einkommenslosen ehemaligen Offizieren, Unteroffizieren und Mannschaften herrschte kein Mangel, auch nicht an qualifizierteren Kräften. Der Apparat verschlang außerordentliche Mittel, die aus Mitgliedsbeiträgen der Nationalsozialistischen Deutschen Arbeiterpartei nicht bestritten werden konnten.[129]

Aus den Akten des Untersuchungsausschusses des bayerischen Landtages zum sogenannten Hitler-Ludendorff-Putsch ergeben sich wertvolle Hinweise. Danach floss das Geld im Inflationsjahr 1923 im Wesentlichen aus dem Ausland, weshalb ein Stabsfeldwebel einer NS-Sturmabteilung monatlich 80 Schweizer Franken erhalten konnte. Ein Major der SA erhielt 90 Franken. Die Gelder wurden in Zürich, Winterthur und Basel bei betuchten Bürgern erbettelt, denen die Bekämpfung der bolschewistischen Gefahr in Deutschland und Europa ein Anliegen war.

Schon 1923 wurden die Kontakte mit dem amerikanischen Industriellen Henry Ford geknüpft.[130] Ob er zu dieser Zeit bereits in die nationalsozialistische Kasse einzahlte, ist nicht erwiesen, auch wenn er in den Listen als Geldgeber aufgeführt wurde.

Hitler soll bereits in den frühen 1920er-Jahren von Frankreich Geld erhalten haben. Jedenfalls versicherte im Jahr 1952 der ehemalige preußische Finanzminister Klepper, ihm sei im französischen Außenministerium am Pariser Quai d'Orsay eine Quittung Hitlers für Geldbeträge gezeigt worden, die dieser über französische Agenten erhalten habe. Bemerkenswert bleibt, dass Hitler sich mit seinen Leuten nicht am Ruhrkampf beteiligte, als dort französische Truppen einmarschierten und diese industrielle Kernregion vom Reichsgebiet abzutrennen begannen. Konrad Heiden, ein Emigrant mit tiefer Einsicht in die Hintergründe des Aufstiegs Adolf Hitlers, meinte in seinem 1936 erschienenen Buch *Adolf Hitler*, im Jahr 1921 habe in der Partei ein merkwürdiger franzosenfreundlicher Ton geherrscht.[131]

Der britische Abgeordnete Edmund Morel ließ den bayerischen Generalkommissar Gustav von Kahr nach dem Hitler-Ludendorff-Putsch wissen:

> Ich möchte Ihnen mitteilen, dass meine in hohen Stellungen befindlichen Pariser Freunde, darunter ein Mitglied des französischen Kabinetts, das ich aber nicht nennen darf, mir auf das Bestimmteste erklärt haben, dass ein großer Teil des Geldes, das Hitler erhält, aus französischer Quelle stammt.

Bayern, die Ordnungszelle, die das Reich wieder aufrichten sollte, befand sich 1923 im Ausnahmezustand. Die Grundrechte waren außer Kraft gesetzt, Generalstaatskommissar Kahr war von der bayerischen Staatsregierung mit diktatorischen Vollmachten zur Übernahme der Regierungsverantwortung beauftragt worden. Es ging um den Marsch auf Berlin, zum Sturz einer verhassten Regierung und zur Aufrichtung einer konservativen Diktatur. Zahlreiche paramilitärische Verbände, darunter die mit Waffen der Reichwehr ausgestatteten Sturmabteilungen der NSDAP, standen bereit. Die Marinebrigade Ehrhardt, die den Kapp-Putsch in Berlin betrieben hatte, operierte nun mit Unterstützung der bayerischen Regierung von München aus. Aus deren Reihen heraus waren bereits Außenminister Rathenau und Finanzminister Erzberger ermordet worden. Den rechten Kräften standen die nicht oder nur minimal bewaffneten Verbände der Linken gegenüber, hier insbesondere das Reichsbanner Schwarz-Rot-Gold der demokratischen Parteien, vor allem der SPD.

Mit von der Partie für den geplanten Marsch nach Berlin war der für Bayern zuständige Reichswehrgeneral von Lossow, der im Voraus sein Mitwirken beim Putsch zusagte, sofern die Chance des Gelingens höher als 51 Prozent anzusetzen sei.[132] Man kann bereits das volle Spektrum eines mörderischen Bürgerkrieges erkennen. Der Stellvertreter des Generalkommissars Kahr in München meinte in einem Aufruf:

> Es heißt für uns nicht: Los von Berlin! Wir sind keine Separatisten. Es heißt für uns: Auf nach Berlin! Wir sind seit zwei Monaten von Berlin in einer unerhörten

> Weise belogen worden. Das ist auch nicht anders zu erwarten von dieser Judenregierung, an deren Spitze ein Matratzeningenieur (gemeint: Friedrich Ebert) steht. Ich habe seinerzeit gesagt: In Berlin ist alles verebert und versaut, und ich halte das auch heute noch aufrecht.[133]

Die Terrorbanden der SA schrien in München bereits 1923:

> Wir hängen einen dreckigen Juden an jeden Baum und an jeden dritten einen dreckigen Roten.[134]

In Berlin wie in München drängten einflussreiche Kreise den die Massen faszinierenden Adolf Hitler zur Tat. Der Marsch nach Berlin sollte endlich in Gang kommen. Und Hitler seinerseits sah sich getrieben von der Ungeduld der zur Entscheidungsschlacht drängenden paramilitärischen SA-Truppen. So stürzte Hitler geradezu operettenhaft am 8. November 1923 gegen 21 Uhr in München mit einer Maß Bier in der Hand in den Saal des Bürgerbräukellers, wo die auf Aktion drängenden konservativen Kräfte sich versammelt hatten, schoss in die Decke und schrie mit dem Revolver in der Hand: »Soeben ist die nationale Revolution ausgebrochen.« Dem fügte General Ludendorff, Held des Ersten Weltkrieges, theatralisch hinzu: »Diese Stunde bedeutet den Wendepunkt der Weltgeschichte.«

Den Veranstaltungsort hatte Hitler zuvor von SA-Angehörigen umstellen lassen, die nun die Mitglieder der bayerischen Regierung mitsamt dem ebenfalls anwesenden Kommandanten der Reichswehr für Bayern festhielten. Angesichts der Zwangslage erklärten die Herren ihre Bereitschaft, sich dem Putsch Hitlers anzuschließen – eine Zusage, die sie allerdings, auf freien Fuß gesetzt, sofort widerriefen. Hitler und seine Münchner Gefolgsleute wurden von Polizei und Reichswehr, die im Voraus von dem Putschversuch informiert worden waren, mit Waffengewalt niedergerungen und in Haft genommen. Es gab zahlreiche Tote. Der Spuk war zu Ende.[135]

Französische Truppen im Wissen um den Putsch in Einsatzbereitschaft

Bemerkenswert bleibt eine Beobachtung am Rande, aus der sich ergibt, dass Frankreich von dem bevorstehenden Hitler-Putsch in München mit dem Ziel, den geplanten Marsch auf Berlin für eigene Zwecke zu nutzen, im Voraus informiert war. In dem 1924/25 stattfindenden Strafverfahren gegen Hitler, das in München stattfand, kam zur Sprache, dass ein französischer

General sich sehr verärgert gezeigt hatte, als er vom Scheitern des Hitler-Putsches hörte. In Offenburg und Mainz seien für das französische Militär Züge bereitgestellt gewesen, um sofort nach Gelingen des Putsches im Süden und Norden Bayerns die Grenzen bis nach Böhmen durch französische Verbände abriegeln zu lassen.

In Speyer stellte der Kommandeur der dort stationierten französischen Brigade dem Vertreter der bayerischen Regierung eine von zwei (beabsichtigten) Fragen: Die erste lautete: »Wer ist jetzt Ihre Regierung?« Auf die Antwort, dies sei die bayerische Staatsregierung, zurzeit vertreten durch Minister M., verzichtete der Kommandeur auf die zweite Frage.

Wenige Stunden später wurde der bayerische Beamte erneut gerufen, wobei man ihm mitteilte, seine Darstellung müsse falsch sein. Die französischen Offiziere seien äußerst aufgeregt und offensichtlich sehr enttäuscht gewesen, als der Beamte ihnen erneut auf das Bestimmteste das Scheitern des Putsches versichert habe.

In Aachen äußerte der französische Brigadekommandeur De Ravine, die französisch-belgischen Truppen am Rhein warteten auf den Befehl aus München, die Main-Linie zu besetzen.

Ein Großbanker in Zürich, so die Aussagen im Prozess, habe bereits am Nachmittag des Vortages gewusst, dass in München am 8. November gegen 8 Uhr abends ein Putsch erfolge und französisches Geld von einem gewissen Herrn Lüdecke bei der Geschäftsstelle der Nationalsozialisten eingeliefert worden sei. Das Geld sei dem Geschäftsführer der NSDAP, Amann, übergeben worden. Lüdecke sei bei der Polizeidirektion München als französischer Spitzel bekannt.

In einem weiteren Prozess (Adolf Hitler–Stefan Großmann) kam 1923 zur Sprache, dass dreimal aus dem französisch besetzten Saargebiet erhebliche Summen über eine Münchener Bank an die Nationalsozialisten gelangt seien.[136]

Trotz aller Hinweise bleibt die Finanzierung der NSDAP in den Anfangszeiten der Weimarer Republik aufgrund vernichteter Akten und fehlender Zeugenaussagen im Nebel. Es fällt nur auf, dass all die bayerischen patriotischen Verbände wie auch die Nationalsozialisten sich dem Kampf gegen die Besetzung des Ruhrgebietes nicht anschlossen. Immer ging es gegen die verhasste Regierung in Berlin, gegen die Juden, gegen die Roten, nie gegen Paris. Das spricht zusammen mit diversen, kaum bis in die Details überprüfbaren Zeugenaussagen und Berichten dafür, dass es der französischen Regierung, gegen den Widerstand der dortigen Sozialisten und Kommunisten, um die

Schwächung und Zerstückelung des Deutschen Reiches im Gefolge des fortwährenden Chaos ging. Je rabiater die Bürgerkriegsszene in Deutschland, desto bereitwilliger würden die verzweifelten Bürger sich in die von früher her vertrauten kleineren territorialen Einheiten zurückflüchten wollen, desto widerstandsloser werde der Anschluss auch der linksrheinischen, eher frankreichfreundlichen Gebiete an das größere Frankreich als einzig denkbarer Ausweg aus der Krise gewählt werden. Insofern kann die Berichterstattung der amerikanischen Zeitung *The Nation* durchaus zutreffen, dass die französische Besatzungsmacht im Ruhrgebiet die Agitation der Kommunisten freundlich geduldet habe, ja dass Frankreich seinen Geldsegen auch über den Kommunisten ausbreite.[137]

Frankreichs Pläne hätten in Deutschland bereits 1923 aufgehen, die Einheit des Deutschen Reiches im Chaos von Staatspleite, Besatzungszonen und neuen Zollgrenzen verloren gehen können. Doch die Chance, dass der Kommunismus nicht nur in Deutschland zum Durchbruch kommen, sondern sich auf ganz Europa hätte ausbreiten können, alarmierte nun doch die Angelsachsen. Die Rückzahlung der amerikanischen Kriegskredite war inzwischen völlig zum Erliegen gekommen. Eine beachtliche Rolle dürfte der blitzschnell verabschiedete Vertrag von Rapallo gespielt haben, in dem sich Deutschland und die Sowjetunion, die beiden von der westlichen Staatenwelt bislang fortwährend gedemütigten und geächteten Staaten, auf ein gemeinsames Vorgehen in Wirtschafts- und verdeckt auch in Militärangelegenheiten einigten. Der Vorgang war in Deutschland umstritten. Außenminister Rathenau wurde einige Wochen später von einem Angehörigen der rechtsradikalen, nach Bayern geflüchteten Marinebrigade Ehrhardt ermordet.

So gelang es, den neuen Dawes-Plan nun mit der Zustimmung Frankreichs zu verabschieden. Frankreich war vonseiten der amerikanischen, aber auch der englischen Regierung bedeutet worden, dass eine existenzielle Gefährdung Deutschlands ihren Interessen zuwiderliefe. Der französische Regierungschef erklärte seine Zustimmung zum Dawes-Plan mit dem Hinweis, Frankreich könne sich seine ablehnende Haltung angesichts des Druckes aus Washington nicht mehr erlauben.

England sichert sich das Beuteöl Mossuls

Ohne Unterlass ging England seit Kriegsende seinen weiteren geopolitischen und kolonialen Interessen nach. Mit dem Ausscheiden Sowjetrusslands aus der Beuteverteilung konnten nun England und Frankreich den Irak mit seinen großen Ölquellen allein unter sich aufteilen. Englische und indische Truppen hatten das Land noch gegen Kriegsende erobert.[138]

Die Ölquellen von Mossul im Tal des Tigris gehörten zu einem Gebiet, das Großbritannien ursprünglich den Kurden als Bestandteil eines kurdischen Staates versprochen hatte. Doch nach dem Vertrag von Sevres, einem der Pariser Vorortverträge von 1919, wurde das Gebiet nun Frankreich als Teil seines syrischen Protektorats anvertraut. Allerdings versuchte England in der Folgezeit, diesen Schachzug wenigstens teilweise wieder rückgängig zu machen. Die Verhältnisse im Nahen Osten hatten sich für die Siegermächte durch das Wiedererstarken der Türkei verkompliziert, die, wenn auch verkleinert, nun möglichst die wertvollsten Landstriche des alten Osmanischen Reiches unter türkischer Hoheit halten oder wiedergewinnen wollte. England und Frankreich waren gezwungen, sich mit der reformierten und kampfbereiten Türkei Atatürks einzulassen. Auf dem Altar der neuen Beziehungen opferte Frankreich seine armenischen Söldnertruppen, die in Nordsyrien zur Durchsetzung und Erweiterung des französischen Protektorats eingesetzt wurden. Die überlegenen Kampftruppen Atatürks vernichteten die armenischen Einheiten.[139]

Das ihm zugeordnete Ölgebiet um Mossul überließ Frankreich der neuen Türkei, wohl in der sicheren Erwartung einer künftigen Beteiligung an dessen Ausbeutung. Doch England arbeitete an einem englischen Mandat für das heiß begehrte Territorium. Frankreich war in finanzielle Schwierigkeiten geraten, konnte seine Kriegsschulden an Großbritannien und die USA nicht bedienen, da es als Folge des Einmarsches in das Ruhrgebiet keine Reparationen mehr aus Deutschland erhielt. Auf englischen Vorschlag schlug der Völkerbund in einer Abstimmung Mossul dem englischen Mandat zu. Über das vom Völkerbund erteilte Mandat beanspruchte London auch den Zugriff auf die Ölquellen. Dies wurde Großbritannien in der Konferenz von Lausanne zugebilligt.

Die Türkei wiederum war auf Betreiben Englands in den Völkerbund aufgenommen worden, eine Mitgliedschaft, die dem nicht über Ölquellen verfügenden Deutschland verweigert wurde. Als Gegenleistung musste die Türkei sich dem Urteil des Völkerbundes unterwerfen, demzufolge das britische Mandat das Gebiet von Mossul umfassen sollte. Und den Rat des Völkerbundes wiederum beherrschte Großbritannien.[140]

Als Grund für die Grenzziehung führte der britische Außenminister ins Feld, England müsse in Mossul bleiben, um die dortigen Kurden vor den Türken zu schützen. Als nun die Türken eine Volksabstimmung vorschlugen, gab die englische Regierung zu bedenken, dass sie die Einheimischen für »beneath the voting level«, für nicht abstimmungsfähig, halte. Daraufhin veranlassten die Engländer einige christliche Stämme, sich jenseits der türkischen Grenze anzusiedeln, wo sie früher nie gelebt hatten. Es kam beinahe zum Krieg zwischen britischen und türkischen Armee-Einheiten. Doch die lokalen Heißsporne wurden zurückgepfiffen. Die auswärtigen Ämter in Ankara und London kamen überein, den Streit dem Völkerbund zur Entscheidung vorzulegen. Dort entschied dann ein Komitee über eine vorläufige Grenzziehung und schlug zu deren endgültiger Realisierung die Einsetzung einer Kommission vor. So kam es, dass Großbritanniens Interessen gewahrt blieben. In einer Konferenz einigten sich schlussendlich alle Beteiligten, Großbritannien, Frankreich und die USA, über die Aufteilung der Rechte an der Ölförderung. Im Schwerpunkt blieben diese bei Großbritannien beziehungsweise dem heutigen Irak.

Rückblick: Kriegsziele und Verantwortung für den Weltkrieg im Vergleich

Vergleicht man die Operationen der britischen Führung zur Durchsetzung englischer Interessen mit den deutschen Kriegszielüberlegungen, wie sie unmittelbar nach Ausbruch des Krieges im Entwurf skizziert und dann im Zuge der Friedensangebote 1916 innerdeutsch diskutiert worden waren, so fällt der himmelweite Unterschied auf. Ging es bei den deutschen Zielen in der näheren europäischen Umgebung um die Absicherung von Grenzen, den Zugriff auf lothringische Eisenerze an der oberen Mosel oder auch um die Sicherung des Zugangs zur See, dazu allerdings für den Fall des Sieges auch um den Anspruch auf Kolonien, so haben wir es auf englischer Seite mit weltweiten Operationen, der Aufteilung des Osmanischen Reiches als Ergänzung und Mehrung des bereits bestehenden riesigen Weltreiches zu tun.

Als Akteur auf englischer Seite trat der britische Außenminister Lord Curzon auf, der während des Ersten Weltkrieges bereits dem Kriegskabinett angehört hatte, zuvor viele Jahre Vizekönig von Indien gewesen war, der die Teilung Bengalens gegen die national-indischen Interessen durchgesetzt hatte, der den britischen Einfluss auf Tibet, Persien und Afghanistan auszuweiten und zu sichern verstanden hatte. Ein Mann, der die Idee des Britischen Empires wie kaum ein anderer verkörperte. Curzon gehörte der Cecil-Rhodes-Gruppe an, die die britisch-amerikanische Außenpolitik über die Jahrzehnte personalpolitisch, aber auch über die Medien beeinflusste. Selbst wildeste, auf den Markt geworfene deutsche Kriegsziele versinken bei der Frage nach Verantwortung oder gar Schuld in der Bedeutungslosigkeit, gemessen am Tun eines derartigen Sachwalters britischer Weltreichspolitik. Die dagegen bescheiden wirkenden, erst nach, nicht vor Ausbruch des Krieges angedachten deutschen Ziele erlangten in ihrer Reichweite nie auch nur die Nähe der englischen und amerikanischen über Kontinente hinweg laufenden Machtspiele.

KAPITEL 16

Britische Geopolitik in der Praxis

London setzt den Geopolitiker Mackinder in die Ölgebiete Russlands

Es war nun der englische Außenminister Curzon, der als eine seiner ersten Amtshandlungen schon 1919 Halford Mackinder, den Geostrategen und Vorsitzenden der Geografischen Gesellschaft Englands, zum britischen Kommissar in das revolutionäre Südrussland entsendete, um dort den General der Weißen Truppen, Denikin, im Bürgerkrieg gegen die Rote Armee zu unterstützen, britische Interessen zu wahren und über den Fortgang des Kampfes nach London zu berichten.

Auf diese Weise wurde der später berühmt werdende Chefdenker der britischen Geopolitik exakt an den Dreh- und Angelpunkt versetzt, dessen Beherrschung laut Mackinder die Gefahr einer die Seemächte ablösenden, neuen eurasischen Supermacht heraufbeschwören könnte. Der Geograf berichtete bereits 1920 dem Kabinett in London, dass die Bolschewiken mit militärischen Mitteln allein nicht zu besiegen seien. Mit diesen Revolutionären könne man auch keinen Frieden schließen. Man müsse die weiße Bürgerkriegsarmee im Kampf gegen die Bolschewiken militärisch, wirtschaftlich und diplomatisch unterstützen. Dazu müsse ein steuerbarer Ring von Pufferstaaten geschaffen werden, der Weißrussland, die Ukraine, Georgien, Armenien, Aserbaidschan und Dagestan umfasse.

Mackinder war es auch gewesen, der schon zu Beginn des Ersten Weltkrieges auf die Bedeutung kleinerer Pufferstaaten zwischen Deutschland und Russland, den beiden Konkurrentenstaaten um die Macht in Eurasien, hingewiesen hatte. Zu diesen Staaten rechnete er das aus der Dreiteilung wieder zum Nationalstaat zusammengefügte Polen sowie die von Österreich abgetrennte Tschechoslowakei. Mit dem Polithistoriker Seton-Watson setzte er sich für die Neuordnung des Balkans ein. Dabei wurden die Völkerschaften wie Bauern auf dem Schachbrett der imperialen Politik getrennt und wieder zusammengeschoben, und das ohne Rücksicht auf die Folgen für die bislang oft friedlich zusammenlebenden Mehr- und Minderheiten in ihren Dörfern und Städten.

Außenminister Curzon hatte in seiner Zeit als Vizekönig Indiens, wie bereits erwähnt, das große Land Bengalen in einen moslemischen und einen hinduistischen Teil geteilt, damals gegen den erbitterten Widerstand beider bislang friedlich miteinander lebenden Religionsgruppen. Doch nur so konnte das Prinzip »Teile und herrsche« (römisch: *divide et impera*) zur Geltung gebracht werden. Noch vor der Entlassung Indiens in die Unabhängigkeit nach dem Ende des Zweiten Weltkrieges verfolgte Großbritannien die gleiche Taktik. Es teilte gegen den Widerstand der Moslem-und Hindu-Gesellschaften Indien in die Teilstaaten Indien und Pakistan, dem damals noch Bangladesch zugehörte.

Dass Alfred Mackinder, Vordenker britischer Weltmachtpolitik, Mitglied des Unterhauses, Vorsitzender der Geografischen Gesellschaft Großbritanniens und Gründungsmitglied der London School of Economics, zum Kommissar für Südrussland ernannt wurde, und das zur Zeit der noch laufenden Abschlussverhandlungen des Versailler Vertrages und der das Osmanische wie das österreichisch-ungarische Reich aufteilenden Pariser Vorortverträge, zeigt erneut, dass die künftig dem britischen Weltreich aus Eurasien drohenden Gefahren bereits vor Ausbruch des Ersten Weltkrieges Gegenstand der Überlegungen und Planungen britischer Politik gewesen sein müssen.

Die Auffassung Mackinders, dass die auf der Beherrschung der Weltmeere beruhende Macht Englands durch eine nichtbritische Herrschaft über die riesige, Asien mit Kontinentaleuropa verbindende Landmasse gefährdet werden könnte, fing ganz offensichtlich bereits damals an, das strategische Denken in London zu bestimmen. Nach Mackinder war der Ural der Dreh- und Angelpunkt Eurasiens, um den volkreiche Staaten sich zur Herrschaft über das Riesengebiet verbinden könnten. Eurasien habe nicht nur genügend Bevölkerungspotenzial für eine alles in den Schatten stellende Armee, sondern auch sein Kraftzentrum um den Ural sei so weit entfernt von den Meeresküsten, dass es von der Seemacht England, später ergänzt um die gewaltig anwachsende Seemacht der USA, nicht mehr hinreichend beeinflusst werden könne.

Dieses Eurasien verfüge über Menschenmassen, über Rohstoffe, Finanz- und Wirtschaftskraft, die den Aufbau einer alles überragenden Marine in Ergänzung zu einer alles niederwalzenden Landstreitmacht und in Zukunft auch Luftwaffe möglich machten. Dazu die Ölfelder des Nahen Ostens, des Kaukasus, des Kaspischen Beckens. Die Herrschaft über Afrika als Anhängsel Eurasiens werde dann zwangsläufig in die Hand dieser furchterregenden Supermacht fallen.

Die geopolitischen Sorgen und Handlungsanweisungen, um die Jahrhundertwende entwickelt und lange vor Beginn des Weltkrieges veröffentlicht, blieben auch nach dem Ende des Ersten Weltkrieges Bestandteil britischer Strategie.

Eurasien, Russland, Deutschland, Frankreich im Spiel Englands um die Weltherrschaft

Großbritannien hatte mit Kriegsende im Wesentlichen alle seine außenpolitischen Ziele erreicht. Deutschland war besiegt und als weltpolitischer Machtfaktor ausgeschaltet. Russland hatte seine Leistung im Zweifrontenkrieg erbracht. Die versprochene Beute konnte der Sowjetunion als Nachfolgestaat vorenthalten werden, ein Ergebnis, das jahrhundertealter britischer Politik entsprach. Das Osmanische Reich war in den wesentlichen Teilen zugunsten Großbritanniens aufgeteilt worden. Der Schönheitsfehler der an Frankreich fallenden Ölquellen im kurdischen Irak konnte in einem komplizierten diplomatischen Spiel zugunsten Englands rückgängig gemacht werden. Ab 1919 leitete Lord Curzon das Foreign Office in London. Curzon war ein leidenschaftlicher Verfechter des Britischen Empires, hatte bereits vor Amtsantritt in zahlreichen Funktionen diesem Empire gedient und auf allen Kontinenten Erfahrungen gesammelt. Er hatte Russland, Afrika und weite Teile Asiens bereist, hatte vor dem Japanisch-Russischen Krieg vor der Gefährdung des Empires durch das zu mächtig werdende Russland gewarnt.

Curzon heiratete noch vor der Jahrhundertwende in den Vereinigten Staaten eine reiche Amerikanerin, die mit der späteren Frau des damaligen US-Präsidenten befreundet war. Sie wurde vom amerikanischen Botschafter in die Londoner Gesellschaft eingeführt. Nach ihrem Tod heiratete Curzon eine Künstlerin und Schauspielerin aus einer wohlhabenden amerikanischen Familie, die ihrerseits durch die Maitresse König Eduards VII. der Londoner Gesellschaft vorgestellt wurde. Eduard VII. war es, der, nach dem Tod seiner deutschfreundlichen Mutter Victoria zum König gekrönt, schon lange vor seiner Thronbesteigung alles daransetzte, das Großwerden deutscher Macht unter Führung des wenig geliebten Neffen Wilhelm II. zu begrenzen. Und die mit Curzon lebende, jedoch nicht verehelichte zweite Frau hatte wiederum engste Beziehungen zu Alfred Milner, dem Verwalter der Cecil-Rhodes-Stiftung, der die Vertiefung, Ausweitung und Sicherung des die Vereinigten Staaten informell mit umschließenden angelsächsischen Imperiums forcierte. Die Rhodes-Stiftungen mit ihrem Einfluss auf Personen und Posten in Politik und Presse hatten um die Jahrhundertwende auf das Niederhalten Deutschlands, des vermeintlichen Herausforderers der bis dahin unumstrittenen Weltmachtstellung Großbritanniens, gesetzt.

Lord Curzon und das Große Spiel aus dem Blickwinkel von Ludwig Quessel

Unter Bezug auf Curzon, ab 1919 britischer Außenminister, schrieb der sozialdemokratische Reichstagsabgeordnete Ludwig Quessel noch im Kriegsjahr 1917 über die britische Weltpolitik in einer so atemberaubenden Klarheit, dass es sich lohnt, sie auch als geopolitischen Wegweiser für die nachfolgenden Jahrzehnte wiederzugeben. Man sieht wiederum die Kontinuität der englischen Politik vor, im und nun nach dem Ersten Weltkrieg.

Quessel war gebürtig aus Königsberg; er war ein aus kleinsten Verhältnissen stammender Volksschüler, der das Uhrmacherhandwerk erlernte, sich autodidaktisch auf ein Studium vorbereitete und dann in Zürich zum Volkswirt promovierte. Der Artikel geht auf die Note des amerikanischen Präsidenten Wilson an die 1917 aus der russischen Märzrevolution hervorgegangene Kerenski-Regierung ein. Kerenski hatte die Bündnispartner Russlands gebeten, endlich die Kriegsziele der Entente auch dem Volk gegenüber öffentlich zu machen. Anders seien die russischen Soldaten nicht mehr zur Fortsetzung des Kampfes zu bewegen. Aus der Note ergibt sich, dass die Zerteilung des Osmanischen Reiches nicht nur ein Anliegen Großbritanniens, Frankreichs und Italiens, sondern 1917 auch bereits Ziel der amerikanischen Regierung gewesen war. Quessel bezieht sich auf den Artikel vom 17. Juni 1917, der in der *New York Times* unter der Überschrift »President Wilson's Message to Russia« erschien.

Hier der Wortlaut der Ausführungen Quessels unter dem Titel:

Englands asiatische Politik[141]

Präsident Wilson hat in seiner Botschaft an Russland als angelsächsisches Kriegsziel die Bekämpfung der »besonderen Machtpläne« Deutschlands hingestellt, die »alle von Berlin nach Bagdad und darüber hinausgehen«. Dass Deutschland etwa die Gebiete, die zwischen Berlin und Bagdad liegen, erobern will, wagt freilich selbst Wilson nicht zu behaupten, weil er mit Recht fürchtet, sich mit solch sinnloser Behauptung in Russland lächerlich zu machen. Dafür verweist er aber auf den deutschen Einfluss, der es auch »ohne offene Eroberung von Ländereien«, einfach durch »Herstellung des Status quo ante« [gemeint ist die Wiederherstellung des Osmanischen Reiches, d. Verf.], schon fertigbringen werde, den »Frieden und die Freiheit der Welt« [das heißt die Pax Britannica und die Freiheit der Angelsachsen, alle Völker der Erde niederhalten zu können] in Zukunft ständig zu bedrohen. Die Wiederherstellung des Status quo ante ist also die große Gefahr, zu deren Abwendung Wilson uns den Krieg erklärt hat. Und in der Tat ist auch der Stand der Dinge, wie er vor dem Krieg in Vorderasien vorhanden war, unvereinbar mit dem angelsächsischen Ziel, ein einheitliches Reich in Asien von Kairo bis Kalkutta zu errichten. Negativ hat Wilson das angelsächsische Kriegsziel also klar und scharf bestimmt: Die Türkei darf als einheitlicher und unabhängiger Staat nicht weiterexistieren.

Darüber aber, was nun an die Stelle des früheren Zustandes in Vorderasien zu treten habe, schweigt sich Wilson vorsichtig aus. Es scheint ihm ratsam, Russland lediglich zu erklären, dass »dieser Status in einer Art geändert werden muss«, ohne aber darauf, wie diese Änderung vor sich gehen soll, näher einzugehen. Allerdings besagt seine Formel, dass kein Gebiet seinen Besitzer wechseln darf, außer zu dem Zweck, um denjenigen, die es bewohnen, »eine gute Möglichkeit zum Leben in der Freiheit zu sichern«, für den Eingeweihten mit hinreichender Deutlichkeit, wie Wilson sich die Änderung des Status quo ante in Vorderasien denkt. Die gewaltige Kette der von England abhängigen Länder (Tibet, Bhutan, Nepal, Afghanistan, Persien, Kuwait, El-Hassa, Oman, Hadramaut), die sich vom Yangtse-Tal bis zum Golf von Aden erstreckt, will Wilson um eine Anzahl neuer Glieder verlängern, die aus Mesopotamien, Arabien, Syrien gebildet werden sollen. Von Kairo bis Kalkutta und darüber hinaus bis zum Yangtse würde sich dann die britische Machtsphäre in Asien erstrecken. Womit sich die Engländer einstweilen, solange der japanische Einfluss in China wohl oder übel geduldet werden muss, wohl zufriedengeben könnten. [...] dass für England dieser Krieg in gewissem Sinn gar nicht auf europäischem Boden, vielmehr nur in Asien und Afrika entschieden werden kann, was freilich zur Voraussetzung hat, dass Russland und Deutschland sich in Europa in ausreichendem Maß verbluten, um als Widersacher für England in Asien und Afrika nicht mehr infrage kommen zu können. Wilsons Haltung zeigt jenen Politikern jetzt auch, dass zwischen den Zielen englischer und amerikanischer Weltpolitik kein Zwiespalt besteht, dass Amerika das britische Kriegsziel Kap–Kairo und Kairo–Kalkutta nicht bloß nicht bekämpft, sondern im Gegenteil positiv fördert, wie England später auch an der Seite Amerikas zu finden sein wird, wenn es sich einmal darum handeln sollte, Japans Macht im Stillen Ozean zu vernichten.

Die falsche Einschätzung der britischen Kriegsziele durch die deutsche Politik erklärt sich zum größten Teil aus der mangelnden Beachtung der asiatischen

Politik Englands, die immer im Mittelpunkt britischer Weltpolitik gestanden hat. Und soweit man sich mit ihr beschäftigte, übersah man zumeist, dass man in England die asiatischen Besitzungen, Protektorate und Einflusssphären stets als eine große politische und militärische Einheit aufgefasst hat, die auszubauen und zu konsolidieren oberstes Ziel britischer Politik war.

Kernland ihres großen Reiches in Asien war den Engländern von jeher Indien. Und wer die britische Politik der vergangenen Jahrzehnte verfolgt, findet leicht, dass es das Ziel der britischen Weltpolitik war, vor allem diesen kostbaren Besitz vor jedem möglichen Angriff zu sichern. Von Indien muss man daher ausgehen, wenn man die treibenden Kräfte der britischen Weltpolitik bloßlegen will. Wie sehr Indien im Zentrum der britischen Weltpolitik steht, kann man am besten in den Schriften und Reden des gegenwärtigen Ministers Lord Curzon studieren, der als Publizist, Parlamentarier, Minister und besonders als Vizekönig Indiens unaufhörlich bemüht war, die zentrale Bedeutung der indischen Besitzungen für die Erhaltung des britischen Weltreichs der britischen Öffentlichkeit darzulegen. Es lohnt sich, auf diese Dinge, die für die Gestaltung des Friedens die größte Bedeutung gewinnen werden, weil sie für das Angelsachsentum von ausschlaggebender Wichtigkeit sind, näher einzugehen, da, wie Wilsons Botschaft an Russland uns lehrt, die Hindernisse für einen Verständigungsfrieden weit mehr in Asien als in Europa zu suchen sind. Sehr wichtig ist insbesondere festzustellen, wie sich Indiens Bedeutung für das britische Weltreich in den Köpfen der britischen Staatsmänner und Militärs malt. Zunächst betrachten sie Indien nicht nur als das Kernland der britischen Machtsphäre in Asien, sondern gewissermaßen als die Wiege des britischen Weltreichs überhaupt. In einem vor der Philosophischen Gesellschaft in Edinburgh am 19. Oktober 1909 gehaltenen Vortrag äußerte sich Lord Curzon hierüber wie folgt:

> »Ohne Indien hätte Lord Beaconsfield nicht die Anteile am Sueskanal gekauft; ohne den Sueskanal wären wir jetzt nicht in Ägypten. [...] Wäre es nicht Indiens wegen gewesen, wir hätten niemals vom Kapland Besitz ergriffen oder uns überhaupt in Südafrika ... so ausgedehnt. Ohne Indien wären wir niemals imstande gewesen, Napoleons mächtigen Geist in das felsige Gefängnis von Helena einzukerkern; Mauritius wäre nicht unser; auch hätten wir niemals eine solch überwiegende Stellung in Mesopotamien erlangt oder den Persischen Meerbusen unter unsere Kontrolle genommen. Indien zwang uns, Hand auf Aden, eine Besitzung von unvergleichlicher Wichtigkeit, zu legen und die Schutzherrschaft über die benachbarten Teile Arabiens zu übernehmen, Indien wies uns auf die Bahn jener Eroberungen, die erst

an den Schneewällen des Himalaya haltmachten. […] Durch Indien traten wir in Beziehungen … zu China und Japan, Indien brachte uns in den Besitz des törichterweise zurückgegebenen Java.« (Lord Curzon: *Indiens Stellung im britischen Weltreich,* Berlin 1910, Seite 5 ff.)

Auf die Richtigkeit obiger Geschichtsbetrachtung, wonach der Besitz Indiens die Engländer gezwungen habe, sich die halbe Welt untertan zu machen, braucht nicht näher eingegangen zu werden. Zweifellos richtig ist aber, dass bei allen Entscheidungen der britischen Außenpolitik die Sicherung und Erweiterung der Machtsphäre Englands in Asien mitgewirkt hat. So ist namentlich der historische Gegensatz zwischen England und Russland im 19. Jahrhundert vorzugsweise aus dem britischen Bestreben entsprungen, Russland keinen Einfluss in den Grenzländern Indiens gewinnen zu lassen. Englands europäische Politik diente in hohem Maße dem Zweck, die europäischen Großmächte möglichst von Asien fernzuhalten, und ist daher nur zu verstehen, wenn man sie in Beziehung zu Asien bringt. Lord Curzon hat denn auch immer mit Nachdruck betont, dass England in erster Linie eine asiatische und nicht bloß eine europäische Großmacht ist:

»Die drei menschenreichsten unter den vorhandenen Reichen (Großbritannien, Russland und China) sind asiatische Reiche; und weil die beiden Ersteren nicht bloß europäisch, sondern auch asiatisch sind, gehören sie in diese Kategorie.«

Dem Europäerhochmut, dem sich mit der Vorstellung des Asiatischen zumeist der Begriff des Minderwertigen verbindet, trat Curzon sehr entschieden entgegen:

»Asiatischer Herkunft ist jene Kraft, die, mehr als irgendein anderer Einfluss, die Menschheit umgebildet und emporgehoben hat: der Glaube an einen einzigen Gott. Fünf von den sechs großen Lehrern der Moral, die die Welt gesehen hat, Moses, Buddha, Konfuzius, Jesus und Mohammed, hatten asiatische Eltern und lebten auf asiatischem Boden.« [Es folgen weitere Beispiele in Bezug auf Literatur, Altes Testament, arabische Geometer, Kompass, Wissenschaften usw. usf.]

Es verdient hervorgehoben zu werden, dass das Verständnis für Asiens Kulturleistungen Curzons Blick für die Wehrlosigkeit der meisten asiatischen Völker nicht trübte. Was zum Beispiel die Chinesen betrifft, so hielt er es für zwecklos, dass England ein Volk, dem die psychische Wehrhaftigkeit abgeht, mit Kriegsmitteln versorgt, um sich so einen Bundesgenossen gegen Russland zu schaffen.

Curzons Einsicht hat es England zu verdanken, dass es nicht unnütz Geld und Mühe verschwendete, um China wehrhaft gegen Russland und Japan zu machen, sondern entschlossen auf die Seite Japans trat, als im Sommer 1894 in den ersten Monaten des Chinesisch-Japanischen Krieges die Richtigkeit seines Urteils über die chinesische Wehrmacht auch seinen Gegnern offenbar wurde. Von diesem Zeitpunkt an war es Curzons eifriges Bemühen, Japan als Bundesgenossen gegen diejenigen europäischen Mächte zu gewinnen, die es wagen würden, sich dem britischen Machtstreben in Asien entgegenzustellen.

Hält man sich diese Tatsachen (wirtschaftliche Verflechtung Indiens mit England nach Warengruppen) vor Augen, so wird man begreifen, dass die weitaus meisten britischen Staatsmänner und Politiker in Indien den wertvollsten wirtschaftlichen Besitz Englands sehen. So meint Lord Curzon:

> »Unser Indien ist ein Hauptfeld für die Verwendung britischen Kapitals … Schätzt man doch das gesamte britische Kapital, das in Indien für seine kommerzielle und industrielle Entwicklung angelegt ist, auf wenigstens sieben Milliarden Mark. […] Indien ist der bedeutendste Lieferant für Nahrungsmittel und Rohmaterial unseres Reiches und die Hauptkornkammer Großbritanniens: Seine Einfuhr nach dem Vereinigten Königreich an Weizen, Mais und Mehl übertrifft noch die Kanàdas und ist doppelt so groß wie die Amerikas. Gleichzeitig ist Indien der beste Käufer für englische Erzeugnisse, insbesondere für Baumwollwaren. […]
>
> Was Indien England und dem Reich darbietet: Seine Volksmasse liefert uns die Arbeitskräfte, um unsere Länder, die wir überall auf der Erdkugel besitzen, auszubeuten. Nur wenige bei uns zu Hause sind sich darüber klar, wie umfangreich und mannigfaltig dieser uns geleistete Dienst ist. […] In Trinidad befinden sich zurzeit 86 000 und in Jamaika 10 000 Ostinder. […] Ohne eine solche Hilfe wäre auch Mauritius, wo sich jetzt 206 000 Ostinder aufhalten, wahrscheinlich an Frankreich gefallen. […] Wir wären niemals imstande gewesen … Guyana ohne indische Arbeitskräfte auszubeuten. Ohne die indische Bevölkerung, von der jetzt mehr als 115 000 dort ansässig sind, hätten die Plantagenbesitzer in Natal jene Kolonie niemals zu der jetzigen Entwicklung bringen können … Die Ugandabahn wurde von mehr als 20 000 Kulis gebaut, und mehr als einmal bat mich Cecil Rhodes um indische Arbeitskräfte.«

Noch wichtiger ist Indien für die Behauptung der britischen Seeherrschaft. Auch hierüber hat sich Lord Curzon mit der ihm eigentümlichen Klarheit des politischen Denkens … in nicht misszuverstehender Weise ausgesprochen:

> »Auf hoher See beherrscht Indien die Wege nach Australien und zu den chinesischen Meeren. Ehe noch an irgendeiner Stelle diese Ausdehnung vollendet war, hatte schon Napoleons Adlerblick den unschätzbaren Wert Indiens als Mittelpunkt und Geheimnis unserer [See-]Herrschaft erkannt.
>
> Diese prinzipale Bedeutung für die britische Seeherrschaft kann Indien freilich nur so lange behaupten, als es gegen Angriffe zu Lande gesichert ist. Dieser Umstand gibt der indischen Landesverteidigung in den Augen der Engländer eine ganz überragende Bedeutung und macht diese in gewissem Grad zum Drehpunkt der britischen Weltpolitik. Aus dieser Sachlage erklärt sich, dass jede Macht, sei es eine europäische, sei es eine asiatische, die irgendwo in Asien eine für Indien bedrohliche strategische Stellung zu gewinnen sucht, allein dadurch zum Todfeind Englands wird, den diplomatisch zu isolieren und dann militärisch zu vernichten oberstes Prinzip Großbritanniens wird. Solche Mächte waren zu Beginn des 20. Jahrhunderts Russland, Deutschland und Frankreich. Dagegen war Japan, solange es seine Blicke nur auf Korea und die Mandschurei gerichtet hielt, der gegebene Bundesgenosse Englands zunächst gegen Russland, das in Turkestan mit seinen Bahnbauten eine für Indiens Sicherheit bedrohliche Position erlangt hatte, und später auch gegen Deutschland, das sich im Bunde mit der Türkei durch die Bagdadbahn in einer für England beängstigenden Weise dem Persischen Golf näherte.
>
> Dass der Erwerb eines Hafens im Persischen Golf, ja bloße Verhandlungen zu diesem Zweck für England einen *casus belli* bedeuten, ist von sachkundigen britischen Schriftstellern immer ausgesprochen worden. Im Jahr 1910 zum Beispiel erschien ein Buch des Hauptmanns Gervais Lyons mit einer Einleitung des Generalleutnants Sir Reginald C. Hart, das auf dem Titelblatt ausdrücklich den Vermerk trägt, dass es mit amtlicher Sanktion des Army Council veröffentlicht worden sei, und in dem, zwar mit Zurückhaltung, aber mit hinreichender Deutlichkeit, zum Ausdruck gebracht wird, wie sehr England durch das Projekt einer Eisenbahnlinie zwischen Berlin und Bagdad sich in seinem asiatischen Besitz bedroht fühlt. In diesem Buch, das man als eine wohlüberlegte Kundgebung der britischen Regierung ansehen darf, heißt es darüber:

›Die Bagdadbahnkonzession wurde am 5. März 1903 unterzeichnet. […] Frankreich und England wurden eingeladen, sich an dem Unternehmen zu beteiligen, wobei Deutschland nachdrücklich England auf die Bedeutung eines Ausgangs [zum Persischen Golf] bei Kuwait und auf die Verbindung der Bagdadbahn mit Indien zur Beschleunigung der indischen Post aufmerksam machte, um so seine tief versteckten Pläne nach Gewinnung eines Wegs nach Indien über Österreich-Ungarn und Bagdad zu verdecken. […] Irgendeine den Persischen Golf erreichende Eisenbahn, die ganz unter fremder Kontrolle steht, muss notwendigerweise in Widerspruch zu den britischen Interessen stehen und daher von Großbritannien bekämpft werden.‹«

Wie tief England jenen Widerspruch zu den britischen Interessen empfand, der durch den Bagdadbahnbau hervorgerufen war, geht aus einer anderen Stelle der offiziösen Publikationen hervor, in der gesagt wird, dass England weder Russland noch einer anderen Macht ›gestatten darf, einen Hafen am Persischen Golf zu erhalten, und die Tatsache der Einnahme eines solchen oder der bloßen Verhandlung zu diesem Zwecke von Großbritannien als casus belli betrachtet werden‹ müsse.

Was die Engländer zu dieser Haltung gegenüber Russland und Deutschland bestimmte, war jedenfalls nicht die Sorge um die Sicherheit Indiens allein. Das Bestreben Englands, sich den Weg zur Erreichung des Ziels Kairo–Kalkutta offen zu halten, hat in der Politik Englands von dem Beginn des Bagdadbahnbaus an bis zum Ausbruch des Weltkriegs mindestens eine ebenso große Rolle gespielt wie die Sicherung Indiens. In Russland war man sich über diesen Beweggrund Englands auch völlig im Klaren. Kurz nach dem Zustandekommen der anglo-russischen Übereinkunft über Tibet, Afghanistan und Persien vom Jahr 1907 äußerte sich der Generalmajor im russischen Generalstab M. Gruljow in einem militärwissenschaftlichen Werk über die britischen Annexionsabsichten in Asien und Afrika wie folgt:

»Im östlichen Afrika ist das Bestreben der Engländer, sich ein zusammenhängendes Kolonialreich vom Mittelländischen Meer bis zum Kapland zu schaffen, bereits deutlich zutage getreten. Auch in Asien haben sie sich die Aufgabe gestellt, alle ihre Besitzungen vom Persischen Golf oder womöglich sogar vom Sueskanal bis zum Stillen Ozean zusammenzuschweißen.«

Diesem Ziel glaubt man in London kurz vor Ausbruch des Burenkrieges schon ganz nahe zu sein. Wie auf Kommando wurde deshalb die Notwendigkeit, den chinesischen Vasallenstaat Tibet zu annektieren, gleichzeitig im *Manchester Guardian*, im *Spectator*, im *Englishman* und in anderen in England und Indien erscheinenden Zeitungen und Zeitschriften betont. Im *Englishman* schrieb 1898 der britische Major Laurence Waddell:

> »Nach Einbeziehung des reichen Yangtse-Tals (circa 100 Millionen Einwohner) in unsere Einflusssphäre müssen wir unbedingt unsere Herrschaft über Tibet ausdehnen und es von der ohnehin losen Abhängigkeit, in der es sich jetzt von dem kraftlosen China befindet, freimachen. [...] Die kommerziellen Vorteile einer Angliederung Tibets sind ungeheuer: Im Inneren seiner Gebirge sind so reiche Goldlager verborgen, wie sie in der ganzen Welt ihresgleichen suchen; auch die sonstigen Bodenschätze sind überaus bedeutend.«

Der Burenkrieg, der im Jahr darauf begann, zwang England, die asiatischen Eroberungspläne vorläufig zurückzustellen. Ja, Lord Curzon musste als Vizekönig von Indien zuschauen, wie russischer Einfluss in Tibet und Persien, französischer Einfluss in Siam und deutscher Einfluss im asiatischen Reich der Türkei Boden gewannen. In welchen Formen Deutschland, Russland und Frankreich ihren Einfluss in Asien während des Burenkrieges zu verstärken wussten, kann hier nicht näher geschildert werden. Es genügt hier festzustellen, dass, sobald die Gefahr in Südafrika durch Niederwerfung der Buren behoben war, Lord Curzon die Politik der starken Hand sofort wieder aufnahm. Im Jahr 1902 waren die Buren nach fast dreijährigem Kampf niedergeworfen worden, und schon im März 1903 richtete Lord Curzon in seiner Budget-Rede Worte an die Adresse Russlands und Deutschlands, die einen ausgesprochen feindlichen Geist atmeten:

> »In Asien haben wir sowohl Küsten als auch Grenzen von vielen tausend Meilen Länge; und obschon uns die Vorsehung auf einem gewissen Teil unserer Grenzen die glänzendste Schutzwehr der Welt geschenkt hat, muss dennoch für uns die Situation in dem Maß mehr und mehr beängstigend werden, als neidische (rivalisierende) oder feindliche Einflüsse sich zu den Wällen Indiens hinaufschleichen und die Gebiete auf ihrer Außenseite die Arena neuer Kombinationen und das Feld unvorhergesehener Ambitionen werden ... Seine geografische Lage wird Indien mehr und mehr auf die Vorderseite der Weltpolitik drängen. Indien wird immer mehr die strategische Grenze des britischen Weltreiches werden. Alle diese Umstände machen uns unaufhörliche Wachsamkeit und Vorsicht zur Pflicht. Sie fordern, dass unsere militärischen Kräfte sich im höchsten Grad ihrer Wirksamkeit befinden,

> dass sie unsere Verteidigung sicherstellen und dass unsere politischen Pläne sorgfältig ausgearbeitet und festgelegt werden.«

In der Kunst der Landesverteidigung mit diplomatischen Mitteln zeigte sich der Vizekönig von Indien denn auch bald als Meister. Indem er den Japanern die russischen Einflusssphären Korea und die Mandschurei versprach, bestimmte er sie dazu, England bei der Abwehr eines eventuellen Angriffs auf seine asiatischen Besitzungen Hilfe zu leisten. Darüber hinaus aber war es Lord Curzons Ziel, die Japaner möglichst schnell auf die Russen zu hetzen. Anfang Februar 1904 hatte er dieses Ziel erreicht. Im März desselben Jahres konnte er daher gegen Russland und Deutschland schon eine stärkere Sprache führen als ein Jahr vorher. Am 30. März 1904 äußerte sich der Vizekönig über die politische Lage in Asien also:

> »Meine Ansicht von Indiens Lage ist die: Indien ist eine Festung mit dem Ozean als Graben auf zwei Seiten, mit Gebirgen als Wall auf den übrigen. Jenseits dieser Wälle, die keineswegs überall von unüberwindlicher Höhe sind und die vielerorts ein leichtes Eindringen gestatten, dehnt sich ein Glacis von verschiedener Breite und Höhe aus. Wir wünschen nicht, es zu annektieren, aber wir können es auch nicht über uns bringen, es von unseren Feinden okkupiert zu sehen. Wir wären ganz zufrieden, es in den Händen unserer Alliierten zu lassen. Aber wenn neidische (rivalisierende) und unfreundliche Einflüsse sich auf das Glacis hinaufschleichen und sich vor unseren Wällen einnisten wollen, so sind wir zur Intervention gezwungen, weil sonst eine Gefahr entstehen würde, die eines Tages unsere Sicherheit bedrohen könnte. Das ist das Geheimnis der ganzen Lage in Arabien, Persien, Afghanistan, Tibet und weiter östlich bis Siam. Das wäre ein kurzsichtiger Kommandant, der nur die indischen Wälle besetzte und nicht über sie hinausgriffe. Unsere ganze Politik [in Asien] … ist immer auf die Erhaltung unseres vorherrschenden Einflusses … in jenen Gebieten gerichtet gewesen, die ich soeben beschrieben habe.«

Indiens Vizekönig zählt in obiger Rede die Länder auf, die England als indisches Glacis betrachtet; es sind dies von Osten nach Westen folgende Reiche: Siam, Tibet, Afghanistan, Persien und Arabien, wozu natürlich auch Irak-Arabi (Mesopotamien) gehört.

England ist, wie Lord Curzon so schön sagt, in seiner unendlichen Bescheidenheit vollkommen zufrieden, wenn diese Länder sich als machtlose Alliierte um das indische Kaiserreich scharten; aber es kann nicht dulden, dass sich in

Tibet, Afghanistan und Persien russische, in Arabien deutsche und in Siam französische Einflüsse einnisten und die Wälle Indiens bedrohen. Man darf bei der Curzon'schen Rede natürlich nicht übersehen, dass sich hinter der Sorge um die Sicherheit Indiens, die er als die Triebkraft seiner Glacis-Politik bezeichnet, das imperialistische Ziel Kairo – Kalkutta verbirgt, dessen Erreichung eben die Annexion der Glacis-Länder oder ihre Verwandlung in abhängige Vasallenstaaten zur Voraussetzung hat. Curzons Rede war gegen Russland, Deutschland und Frankreich gerichtet, die bis zum Ausbruch des Russisch-Japanischen Krieges als asiatischer Dreibund gemeinsame Interessen gegen England vertraten. …

Es ist bekannt, dass dem Russisch-Japanischen Krieg das anglo-russische Abkommen von 1907 über Tibet, Afghanistan und Persien folgte, mit dem die britische Staatskunst ihr Meisterstück vollbrachte. Durch dieses Abkommen wurde der russische Einfluss in Tibet, Afghanistan, Südpersien und am Persischen Golf ganz ausgeschaltet. Indem Russland die Vorherrschaft Englands am Persischen Golf ausdrücklich anerkannte und den einzigen brauchbaren Hafen (Bender Abbas) in die britische Einflusssphäre fallen ließ, verzichtete es in Asien auf einen Zugang zum Meer. Die Überlassung Nordpersiens an Russland als Einflusssphäre kann dagegen nicht als britische Gegenleistung gelten, weil diese Gebiete schon vorher tatsächlich unter russischem Einfluss standen. Wahrscheinlicher ist daher, dass Russland sich durch das Versprechen auf den Gewinn Konstantinopels und der Meerengen zu dem asiatischen Abkommen von 1907 bestimmen ließ. Welch eine Erleichterung das für Englands Stellung in Asien bedeutete, kann man erkennen, wenn man bei Lyons liest, dass die Furcht vor einer russischen Invasion in Indien wie ein Alb auf dem Gemüt der Engländer lastete, und von Gruljow hört, dass die Russen »seit undenklichen Zeiten in dem Gedanken an einen Vormarsch nach Indien erzogen seien«, um »sich an England zu rächen und ihm seine langjährige Feindschaft gegen Russland heimzuzahlen«.

Verfolgt man die britische Politik von 1904 bis 1914, so drängt sich der Eindruck auf, dass die Geschehnisse dieses Jahrzehnts sich exakt nach Plan dieser Politik entwickelt haben. Zu Beginn dieses Zeitraums sieht sich England in Asien drei Rivalen gegenüber, die ihm die Erreichung des Ziels Kairo – Kalkutta – Stiller Ozean durch den Gewinn strategischer Stellungen im Osten und Westen Asiens zu versperren drohen. Um sich dieser Rivalen zu entledigen, hetzt England zunächst die Japaner auf die Russen und bestimmt Russland nach seiner Niederlage, auf alle asiatischen Aspirationen zugunsten einer europäischen Aktion zu verzichten. Diese war von England so angelegt, dass seine drei asiatischen Rivalen sich gegenseitig bis zur Ohnmacht schwächen sollten, worauf es im Bund mit Amerika unter Zurückdrängung oder Vernichtung der japanischen Macht auch den größten und wertvollsten Teil des chinesischen Riesenreichs in seine Machtsphäre einbeziehen konnte. Es wäre vermessen zu sagen, dass dieser britische Plan schon gescheitert sei. Englands gefährlichster Rivale in Asien, das russische Reich, wird voraussichtlich für lange Zeit die Kreise britischer Politik in Asien nicht stören können. Auch Frankreich ist als asiatische Macht erledigt. Gelingt es England und Amerika, das Wilson'sche Programm durchzusetzen, das heißt, die Wiederherstellung des Status quo ante in Vorderasien zu hintertreiben und den angelsächsischen Einfluss in Mesopotamien, Arabien und Syrien verstärkt von Neuem aufzurichten, so wäre trotz alledem das britische Kriegsziel erreicht.

Freilich existiert in Asien noch ein Gegenspieler Englands, der, seine Blicke nach dem Süden richtend, im Yangtse-Tal, also im östlichen Glacis Indiens, sich einzunisten sucht. Es steht fest, dass Japan von allen Gegnern der britischen Weltherrschaftspläne der weitschauende ist und das größte Maß politischer Klugheit besitzt. Die unfreundliche Art, mit der die englische Presse in letzter Zeit Japan behandelt, ist ein deutliches Zeichen dafür, dass man in London vom Fernen Osten her nichts Gutes erwartet. Länger als ein Jahrzehnt hat England unermüdlich daran gearbeitet, die Freunde und Verbündeten Deutschlands zu dessen Feinden zu machen. Vielleicht fügt es aber das Schicksal doch noch so, dass auch für England in diesem wechselreichsten aller Kriege der Tag anbricht, an dem ein Bundesgenosse ihm als Feind entgegentritt.

Der Kommentar des Reichstagsabgeordneten aus Darmstadt aus dem Jahr 1917 gibt einen hervorragenden Einblick in die imperiale Denkweise Curzons, des früheren Vizekönigs Indiens und britischen Außenministers, der zwangsläufig auch im Jahr 1923 seine Vorstellung von Aufgabe und Gefährdung des britischen Weltreiches allen anderen Problemen wie der Besetzung des Ruhrgebietes durch Frankreich und der deutschen Rieseninflation unterordnete. Der Blick richtete sich auf das Ganze, die Rolle der alles beherrschenden Weltmacht, die nach 1918 zwar zu schwächeln begann, jedoch noch alle Fäden in den Händen und äußerst kritisch nach den Freunden und Feinden der Erhaltung oder Gefährdung der britischen Herrschaft Ausschau hielt.

Es gibt stets eine Nummer eins, eine Weltmacht, die entscheidet, wer wann als potenzieller Herausforderer global wie regional ins Visier genommen wird. Gegen diesen angenommenen Feind werden frühzeitig Schritte zu dessen fortlaufender Schwächung eingeleitet. Und die Nummer eins wird entscheiden, welches der infrage kommenden Hilfsvölker zur Aufnahme des verdeckten oder später vielleicht auch offenen Kampfes unter Schonung der eigenen Kräfte zu gebrauchen ist. Diesen Hilfsvölkern werden Wohltaten und die Verfolgung ihrer untergeordneten Interessen in Aussicht gestellt. Wer sich hingegen der Ausbeutung durch die erste Weltmacht entgegenstellt, wird sich warm anziehen müssen. Der muss nach Unterschlupf- und Beistandsmöglichkeiten suchen. Hierfür steht dann allenfalls die für Nummer eins als Gegenmacht vorgestellte oder ausgemachte Nummer zwei zur Verfügung. Alle schwächeren, bedrohten Regime der Welt buhlen bis zur Verzweiflung um die Gunst beziehungsweise die Duldung der Nummer eins, denn eine Verbindung mit Nummer zwei bringt die Gefahr des mit einiger Wahrscheinlichkeit zu erwartenden Scheiterns mit sich.

Interessant in der Betrachtung der angelsächsischen Politik bleibt der Eingangshinweis auf die Note des amerikanischen Präsidenten aus dem Jahr 1917. Als Grund für den Krieg wird das deutsche Ziel einer Aufrechterhaltung des bisherigen Status quo im Nahen Osten beziehungsweise in Asien angeführt. Deutschland hilft dem Osmanischen Reich unter anderem, um die Hohe Pforte als Partner für das gemeinsam Erschließen einer Landverbindung zum Persischen Golf zu gewinnen. Das Vorhaben berührt den britischen geopolitischen Nervenstrang Kairo – Kalkutta, und das muss nicht nur im britischen, sondern offensichtlich bereits damals, so Wilson, auch amerikanischen Interesse unterbunden werden. Das noch nicht sowjetisch gewordene Russland unter Kerenski wird 1917 nicht mehr direkt, sondern nur noch in Andeutungen auf sein Interesse an den Meerengen und Konstantinopel verwiesen, die dem Zarenreich lange vor Ausbruch des Weltkrieges als Kriegsziele in einem der Geheimverträge versprochen worden waren. Das Russland der Märzrevolution unter Ministerpräsident Kerenski wird nur noch schwach ermuntert, an der Seite der Alliierten weiter für die Zerschlagung des Osmanischen Reiches zu kämpfen und damit nicht nur für russische, sondern vor allem britische, französische, griechische, italienische und letztlich, wenn es um die Eroberung von Ölquellen gilt, auch amerikanische Interessen zu streiten. Der amerikanische Präsident Wilson, der nach eigener Aussage bei Kriegseintritt der USA von den Geheimverträgen seiner europäischen Partner über die Beuteverteilung des Osmanischen Reiches, der K.-u.-k.-Monarchie und der Gebietsabtretungen des Deutschen Reiches angeblich in Unkenntnis gelassen worden war,[142] gibt hier wenigstens zu erkennen, dass er von der Grobausrichtung britischer Geopolitik wusste und mit deren Umsetzung letztlich einverstanden war.[143]

Den britischen Geostrategen geht es Ende 1923, Anfang 1924 weiter um den Nahen Osten, die Ölquellen, um Indien, China, Japan und damit verbunden um die Verkehrswege und Aufmarschzonen zu den asiatischen Kolonien, die in freundlichen Händen bleiben müssen. Es geht um das Ruhigstellen Frankreichs, das zwar Anspruch auf Teilhabe erhebt, dem jedoch so gering wie möglich nachgegeben werden darf. Umso einfacher ist es, Frankreich auf dem europäischen Festland freie Hand zu lassen. Frankreich ist auf absehbare Zeit keine Gefahr mehr für das britische Interesse am Gleichgewicht der Mächte auf dem Kontinent.

Frankreich seinerseits baut zwischen Deutschland und Russland seine eigenen, von ihm auch finanziell abhängigen Partnerstaaten auf. Dies sind Polen, die Tschechoslowakei und Rumänien. Dorthin exportiert Frankreich auf Kredit Waffen, liefert Ausbildungshilfe und baut so eine beachtliche Militärmacht seiner kleineren Bündnispartner auf. Frankreich hat vor 1914 auf Russland als den Zweifrontenpartner gegen Deutschland gesetzt, hat Kredite für Investitionen in Infrastruktur und Bewaffnung zur Beschleunigung des Aufmarsches gegen Deutschland gegeben. Diese Schulden des zaristischen Reiches weigert sich nun das sowjetisch regierte Russland zurückzuzahlen. Frankreich ist allein aus finanziellen Gründen massiv am Misslingen der Russischen Revolution interessiert, interveniert mit französischen Streitkräften tief im Innern Russlands und unterstützt die weißen Bürgerkriegstruppen.

Doch letztlich misslingen die französischen Ansätze. Die Besetzung des Ruhrgebiets scheitert nicht nur am Widerstand der Bevölkerung und der Berliner Regierung. Der Unterhalt der Besatzungstruppen kostet Unsummen, da Deutschland deren Bezahlung ebenso wie die Reparationen inflationsbedingt nicht mehr leisten kann. Die sich durch den Totalverfall der deutschen Währung ergebende Zahlungsunfähigkeit Deutschlands lässt auch die Rückzahlung amerikanischer Kredite nicht mehr zu, ganz zu schweigen von der Begleichung der Reparationszahlungen an Frankreich, die ja gedacht waren zur Weiterleitung an die USA, um dort die während des Ersten Weltkrieges aufgenommenen Kredite bei amerikanischen Banken zurückzuzahlen. Wider Erwarten stabilisiert sich die sowjetische Regierung in Moskau. Das russische Volk will nicht zurück zum alten zaristischen System. Es unterstützt die Rote Armee im Kampf gegen die Aufständischen. Nach und nach nimmt die Führung vom Moskauer Bezirk ausgehend das ganze Riesenland wieder in Besitz. Die Lage im Inneren stabilisiert sich. Unter Lenin und später der Diktatur Stalins werden kritische Bevölkerungsteile in die Konzentrationslager gesteckt.

KAPITEL 17

Amerikanische Notenbank sticht Finanzblase: Massenarbeitslosigkeit in Deutschland

Europa am Tropf der neuen Supermacht USA

Europa war bis zum Ersten Weltkrieg Gläubiger der Vereinigten Staaten, hatte dem sich erschließenden und sich entwickelnden Teilkontinent Kredite gegeben, die Dividende und Zinsen für Europa abwarfen. Das galt vornehmlich für Großbritannien mit den dort im Zuge der Ausbeutung der Kolonien angehäuften Vermögen. Doch mit dem Ersten Weltkrieg änderte sich die Szene grundlegend. Die bis auf wenige Monate vor Kriegsende noch nicht mit eigenen Truppen in den Krieg eingreifenden USA hatten den verbündeten Staaten der Entente, Frankreich, England und Russland, unmittelbar nach Kriegsbeginn gegen Kredit in immer größerem Umfang Waffen, Munition und Nahrungsmittel geliefert. So konnte die amerikanische Industrie in der Boomzeit der Kriegslieferungen und fern von Zerstörungen den neuesten Stand industrieller Technik und Organisation realisieren, vor allem aber nach der Industrialisierung des eigenen Kontinents seine Produktionskapazitäten ausweiten und optimieren. Infolge der steil anwachsenden Einnahmen horteten die Banken der Vereinigten Staaten bei Kriegsende nicht nur die Hälfte des auf der Welt verfügbaren Goldes, sondern schwammen auch in Rendite suchenden Dollars.

Wollte Europa nach den für die Friedensproduktion nutzlosen Rieseninvestitionen in die Kriegsindustrie wieder auf die Beine kommen, war es von amerikanischen Krediten abhängig. Dies galt ganz besonders für die unterlegenen Mittelmächte Deutschland und Österreich. Doch über kurz oder lang zeigte sich, dass auch England, Frankreich und Italien auf den Zufluss amerikanischer Dollars angewiesen waren. Der Krieg hatte eine tektonische Verwerfung der weltweiten Machtverteilung in Industrie, Militär und Finanzwirtschaft zustande gebracht. Nun waren es die auf das Ausleihen von Geld an Staaten spezialisierten Großbanken an der Wall Street in New York, die das internationale Sagen hatten.

Diese erklärten sich nach dem Dawes-Plan, wie bereits dargelegt, bereit, Deutschland die Reparationsforderungen für zunächst 5 Jahre zu stunden und die Reparationsschulden im Rang hinter den neu aufzunehmenden Krediten rangieren zu lassen.

Doch nicht nur Deutschland hatte Finanzprobleme. Auch die Siegermächte England und Frankreich wurden ihrer finanziellen Schwierigkeiten immer weniger Herr. Um London die Rolle des maßgeblichen Umschlagsplatzes der Weltfinanzen zu erhalten, kehrte Großbritannien unter Schatzkanzler Winston Churchill zur Golddeckung des britischen Pfundes zurück, und dies zu dem vor dem Krieg geltenden Kurs.[144] Damit sollte den Zeichnern von Kriegskrediten nach dem Krieg das Kapital über die Goldbindung in alter Vorkriegskaufkraft zurückgezahlt werden, ungeachtet der Entwertung des Pfundes durch die Kriegsinflation. Heraus kam ein völlig überbewertetes britisches Pfund, das es Großbritannien in Kürze nahezu unmöglich machte, mit seinen Waren auf den Weltmärkten zu konkurrieren. Gegen die billigeren Importe etwa aus Deutschland suchte die Regierung die englische Industrie durch hohe Zollmauern zu schützen. Unter dem Strich stieg die Arbeitslosigkeit in England steil an. Diese drückte auf die Löhne, wie auch in Deutschland. Entsprechend entwickelten sich Unzufriedenheit und Wut der britischen Arbeiter- und Wählermassen.

Frankreich startete in die Nachkriegszeit mit einem immerhin noch einigermaßen prallen Goldschatz. Doch die Kriegswirtschaft und deren Finanzierung hatte auch dort die Inflation kraftvoll beschleunigt, sodass der französische Franc einen erheblichen Teil seiner Kaufkraft verloren hatte, dementsprechend auch Löhne und Pensionen. Frankreich wollte sich über Reparationen refinanzieren, doch dies gelang nicht im gewünschten Umfang, zumal die Forderung nach Reparationen mit dem Ziel konkurrierte, Deutschland in die napoleonische Zeit zurückzugliedern. Und nachdem Ruhr und Saar besetzt waren, Schlesien mit französischer Hilfe an Polen verloren war, waren die wichtigsten Industriezentren Deutschlands lahmgelegt oder entfallen, sodass auch dort nicht mehr viel zu holen war.

Hinzu kamen für Frankreich die Aufwendungen für die Militärkredite an seine osteuropäischen Partnerstaaten. Eine Katastrophe waren für Frankreich die Vorkriegskredite an das Zarenreich. Die Revolutionsregierung war nicht bereit, diese Kredite zu bedienen, zumal sich auch Frankreich mit Truppen in die Bürgerkriegsszene Russlands aufseiten der »Weißen« eingemischt hatte. Daher musste sich Frankreich ab dem Jahr 1924 ebenso wie die anderen europäischen Mitspieler an den Tropf amerikanischer Kredite hängen.

Dies wiederum gab den strategischen Köpfen an der Wall Street die Möglichkeit, ihre globalen Ziele neu auszurichten und die letztlich auch gerade finanziell interessante imperiale Rolle Großbritanniens als Modell für die USA zu übernehmen, mit entsprechender Umgestaltung. Schon vor Beginn des Ersten Weltkrieges hatte ja die finanzstarke Gruppe in der Nachfolge von Cecil Rhodes politisch darauf hingewirkt, dass das Zwillingspaar aus alter und neuer Großmacht – Großbritannien und die USA – global das angelsächsische Imperium zum Ziel gemeinsamer Politik machen sollte. Dazu passte das dem Rhodes-Netzwerk über Vorstandsmitglieder eng verbundene Bankhaus J. P. Morgan mit seiner Spezialisierung auf die Vermittlung internationaler Staatsanleihen. Der Chef der Federal Reserve, Benjamin Strong, war ein leitender Mann der Morgan-Bank. Nicht nur hatte er in den Kriegsjahren die Kreditfinanzierung der Alliierten betrieben, er hatte auch 1913 eine tiefgreifende inneramerikanische Finanz- und Wirtschaftskrise mit Mitteln seiner Bank gelöst. Von daher kann man den von dort ausgeübten Einfluss auf die Steuerung der Weltwirtschaft, nicht zuletzt in Europa und Deutschland, gut nachvollziehen.

Deutschland konnte die Reparationen nie aus eigenen Exporteinnahmen finanzieren und war daher von 1919 bis zur Machtübernahme Hitlers auf das Wohlwollen, vor allem aber die Kredite der USA angewiesen. Bis zur Ruhrbesetzung wurde über die Festsetzung der Höhe der Reparationen mit den Vertretern der USA im Zusammenspiel mit den anderen Reparationsgläubigern Frankreich und England verhandelt. Praktischerweise stammte der amerikanische Verhandlungsführer Dawes, ein Bewunderer des italienischen Diktators Mussolini, aus dem Umkreis des Bankhauses Morgan.[145] Owen Young, sein Nachfolger, der später die Erleichterung der Reparationslast zu verhandeln hatte, kam aus der amerikanischen Großindustrie und war Direktor einer Filialbank von Morgan. Von dort ging der Druck auf Frankreich zur Beendigung der Ruhrbesetzung aus. Von dort kam mangels Masse auch die Bereitschaft, für 5 Jahre die Reparationsschulden hinter den neu aufzunehmenden Krediten Deutschlands rangieren zu lassen, um nach erhoffter Erstarkung der deutschen Wirtschaft ab 1929 wieder mit jährlichen Zahlungen rechnen zu können. Entsprechend verzichteten die USA für diese Zeit auch auf die Rückzahlungen der Kriegsanleihen durch Frankreich und Großbritannien. Im gesamten Reparationsgeschehen bleibt festzuhalten, dass die amerikanischen Banken für jede an Deutschland geliehenen 1000 Dollar nur 865 Dollar auszahlten, die Gesamtsumme sich jedoch sich mit 5½ bis 7 Prozent verzinsen ließen. Ein nicht unbeachtliches Geschäft.[146]

Nun flossen ab 1924 wieder kurzfristige Kredite an Deutschland, die durch fortwährende Umschuldungen für langfristige Infrastrukturmaßnahmen des Reiches, der Länder, Städte und Gemeinden verwandt wurden. Deutschland war daher abhängig von der stetigen Verlängerung der Drei-Monats- beziehungsweise Ein-Jahres-Kredite. Bei Kündigung drohten Zahlungsunfähigkeit der deutschen Schuldner und der Zusammenbruch der ausleihenden Banken. Die von den amerikanischen Banken 1929 und in den Folgejahren ausgehende Weltwirtschaftskrise ließ diese Gefahr Wirklichkeit werden und leitete die dramatische Veränderung der politischen Landschaft in Deutschland ein.

Wie in den USA und Großbritannien, so setzte auch in Deutschland der Druck aus den Vorstandsetagen der Finanzwirtschaft und Industrie auf die Absenkung von Löhnen und Preisen ein. Nur laufend billiger werdende Waren blieben konkurrenzfähig. Unternehmen drückten Löhne und Sozialabgaben. Eine Abwärtsspirale setzte ein, für Deutschland besonders bedrohlich, weil auch hier nur über die Absenkung der Kosten, das heißt im Zuge einer scharfen Deflation, die immer höher steigenden Zölle der Abnehmerländer wie England und USA übersprungen werden konnten.

Da zur gleichen Zeit auch in den USA vonseiten der Wirtschaft wieder Druck hinsichtlich der Senkung der Löhne ausgeübt wurde, wird man davon ausgehen können, dass der Kampf gegen die Masse der Arbeitnehmer den politischen und wirtschaftlichen Forderungen der Geldelite entsprach. Es finden sich viele Hinweise auf diesen Druck. Das eigentliche Ziel der in allen Ländern verfolgten Deflationspolitik dürfte das Brechen der Macht der Gewerkschaften und der diese stützenden linken Parteien wie der Labour Party in England und der Sozialdemokratie in Deutschland und Österreich, aber auch des linken Flügels des katholischen Zentrums in Deutschland gewesen sein.

Goldstandard, Niedrigzins, Finanzblasen, Wirtschaftskrise

Das Gold wanderte wie bereits zuvor im Weltkrieg aus Europa in die Vereinigten Staaten und fehlte somit unter anderem bei der Golddeckung des britischen Pfundes. Die Verminderung der Goldbestände führte zur entsprechenden Verringerung des Geldumlaufes. Die Bank von England half sich mit Tricks, indem sie ihre Dollarreserven, weil goldgedeckt, als Golddeckung des britischen Pfundes in Anspruch nahm. Ansonsten litten alle europäischen Währungen mit Ausnahme des französischen Francs unter dem konstanten Abfluss von Gold in Richtung des amerikanischen Bankensystems. Die Notenbanken senkten die umlaufenden Geldmengen, was zwangsläufig zur Deflation in ganz Europa führen musste. Umgekehrt konnte die Federal Reserve für die Vereinigten Staaten die Menge an umlaufenden Dollars nach Maßgabe der wachsenden Goldbestände erhöhen. Damit stieg in den USA allerdings die Inflationsgefahr. Umgekehrt wurde den europäischen Notenbanken durch Absenken des Geldumlaufs der Spielraum zur Ankurbelung der Wirtschaft genommen. Aus diesem Grund drängten die Spitzen der europäischen Notenbanken unter Führung von Montagu Norman, dem Chef der Bank von England, die amerikanische Federal Reserve, den Zinssatz in den Vereinigten Staaten durch Herabsetzung des Diskontsatzes drastisch zu senken. Dem kam die Federal Reserve nach und leitete so eine Periode des extrem billigen Dollars ein. Die geringe Verzinsung in den USA veranlasste nun die amerikanischen Geldanleger, nach renditeträchtigeren Anlagen außerhalb der Vereinigten Staaten zu suchen. Und die fanden sie in Europa, wo weit höhere Zinsen zu erzielen waren. Der Rückfluss goldgedeckter Dollars in das europäische Bankensystem erhöhte somit indirekt die Golddeckung des britischen Pfundes und der anderen europäischen Währungen. Die Währungsreserven der Bank von England erhöhten sich, damit wuchs die Geldmenge, die wiederum die Konjunktur anheizen konnte. Deutschland profitierte davon im Zusammenhang mit der Neuordnung der Reparationsverpflichtungen. Es kamen Dollar-Milliarden ins Land, die, kurzfristig ausgeliehen und immer wieder kurzfristig verlängert, für langfristige Projekte verwandt wurden. Zusammen mit den später wieder ansteigenden Reparationsverpflichtungen entstand eine Währungsschlinge um den Hals der deutschen Volkswirtschaft, die sich dann in der Weltwirtschaftskrise tödlich zuzog.[147]

Die europäischen Banker, die die Federal Reserve und deren Chairman Strong davon überzeugten, den Diskontsatz der USA zu senken, traten gemeinsam auf.[148] Sie wurden angeführt von Montagu Norman, dem Chef der Bank von England; Émile Moreau, dem Notenbankpräsidenten Frankreichs, und Hjalmar Schacht, dem Präsidenten der Reichsbank, der später zurücktreten und Hitler die internationale Finanzwelt geneigt machen sollte.

Die Federal Reserve, im Eigentum der größten Privatbanken der USA, akzeptierte und leitete die Politik des billigen Dollar ein, die in wenigen Jahren die Weltwirtschaftskrise von 1929 und den Folgejahren auslöste.[149] Nicht nur Europa erhielt billige kurzfristige Dollar-Kredite. Die Tatsache, dass das Zinsniveau in den USA in die Nähe oder gar unter die Inflationsrate abgesenkt wurde, führte zum Aufbau riesiger Spekulationsblasen auf dem amerikanischen Aktienmarkt.[150]

Die spekulierenden Banken und Finanziers kauften auf Kredit – ohne oder mit äußerst geringem Eigenkapital – Aktiengesellschaften auf, die sie in große Trusts verwandelten. Die Anteile an den Trusts wiederum wurden an der Börse zu Kursen verkauft, die den Wert der in den Trusts zusammengeschlossenen Aktiengesellschaften zu übersteigen pflegten. Und aus den Trusts wurden durch Zusammenschlüsse Super-Trusts gebildet, die an den Börsen ebenfalls ihre Käufer zu nochmals überhöhten Preisen fanden. Es war das, was die Amerikaner ein Ponzi-Scheme, die Europäer ein Pyramidenspiel nennen.[151] Die vorwegstürmende Betrügermannschaft kann sich bereichern, die folgenden profitsüchtigen Anlegerwellen werden letztlich um Hab und Gut gebracht. Irgendwann kippt die Stimmung, weil die Verhältnisse ins Irrsinnige geraten, die Insider der Großbanken mit schockauslösenden Beträgen auf Baisse spekulieren und Pessimismus erzeugen. Der Strom frischen Geldes der genarrten Sparer kommt zum Versiegen. Die Pyramide bricht zusammen. Die mit Kredit operierenden Spekulanten, die nicht zu den Insidern gehören, gehen in die Pleite.

Bis zum Jahr 1929 ging alles noch gut. Allerdings nahm die Aktien-Hausse allmählich hysterische Ausmaße an, und vor allem einfache amerikanische Bürger verschuldeten sich, um an der wundersam ins Unendliche steigenden Spekulation teilzuhaben. Letztlich ein Schema, das so immer wieder aufs Neue auch intelligentere Teile der Bevölkerung, nicht zuletzt des Mittelstandes, hereinzulegen pflegt. Die Gier nach der leistungslosen Vermehrung von Wohlstand benebelt den Verstand und macht die Betroffenen zum betrogenen Opfer der die Operation vermittelnden und steuernden Banken.

Nun wird auch hier die berechtigte Frage gestellt, ob die Ereignisse in ihrem Ablauf dem reinen Zufall des Marktgeschehens überlassen waren oder ob nicht doch ordnende Hände einer kleinen Gruppe von Insiderbankern Aufbau und Platzen der Blase in die Wege geleitet haben.[152] Das Geschehen konnte ja von den Hauptbeteiligten mühelos und fortwährend beobachtet und durch Interventionen gesteuert werden. Die Politik des billigen Geldes und dessen gewinnbringende Anlage über den Trick der Trustbildung musste den strategisch denkenden Köpfen der Wall Street ebenso wie der britischen Nationalbank in London nicht nur auffallen. Sie waren gehalten, den Geldwert und die wirtschaftliche Stabilität ihrer Länder zu sichern und die Verarmung der Bevölkerungen zu verhindern. Es war Winston Churchill, der als damaliger Finanzminister Englands die Politik des billigen Geldes bei den amerikanischen Vettern angestoßen hatte. Das Banker-Trio – bestehend aus Benjamin Strong, ehemals Chef des Hauses Morgan und nun Vorsitzender der Federal Reserve, Montagu Norman, dem immer noch mächtigen Kollegen aus London, und Émile Moreau, dem Chef der Banque de France – verbrachte mehrfach gemeinsam Urlaube an den schönsten Stränden Südfrankreichs.[153] Sie mussten sich dort zwangsläufig auch über Chancen und Gefahren ihrer Währungen und die Auswirkungen auf Finanzen, Wirtschaft und Politik ausgetauscht haben.

Die Federal Reserve setzte dem Treiben ein Ende, indem sie mit den zu ihr gehörenden Großbanken über Nacht den Diskontsatz erhöhte und damit die weitere Kreditvergabe drastisch verteuerte. Die Banker mussten wissen, dass damit Aktienspekulationen, wie sie zahlreiche Trusts auf der Grundlage von 10 Prozent Eigen- und 90 Prozent Fremdkapital in Gang gesetzt hatten, nun zwangsläufig zusammenbrechen würden. Sie dürften auch gewusst haben, dass die Trusts, die die Aktien der auf Kredit zusammengekauften Unternehmen ihren Gläubigerbanken zur Sicherheit verpfändet hatten, nun bei abstürzenden Kursen verkaufen mussten. Das setzte wiederum von vornherein erkennbar weltweit die Abwärtsspirale der Börsenkurse in Bewegung.

Die Insider der Großbanken dürften zur rechten Zeit vor dem Ansturm der panikbefallenen Privatkunden ihre Schäflein ins Trockene gebracht haben.[154] Rockefeller als Eigentümer der National City Bank und der Chase Manhattan Bank verkaufte jedenfalls zur rechten Zeit seine Aktien und verschonte sich und sein Vermögen vor dem alles verschlingenden Crash. Was die anderen Eigner von Banken, die Morgans mit dem Morgan Guaranty Trust und der First National Bank, die Rothschilds in London und Berlin, die Eigner der Lazard Brothers Bank in Paris, der Sieff-Banken in Italien, der Warburg-Bank in Hamburg und Amsterdam, der New Yorker Banken Kuhn & Loeb, Lehman Brothers und Goldman Sachs mit ihrem tatsächlichen oder möglichen Insiderwissen angestellt haben, kann am Ergebnis abgelesen werden. Sie alle fanden sich nach der Weltwirtschaftskrise auf der Gewinnerseite wieder.

Der Börsencrash, der den Absturz der Aktienkurse auslöste, setzte am sogenannten Schwarzen Freitag des Oktobers 1929 ein. Die auf Pump gekauften Aktien mussten zu Schleuderpreisen verkauft werden. Es folgte ein Run auf die Banken. Die einfachen Bankkunden versuchten sich vor der Pleite durch Abheben ihrer Bareinlagen zu retten. Da Banken in der Regel ein Vielfaches ihrer Kundeneinlagen zu verleihen pflegen unter der Annahme, dass nur ein verschwindend geringer Teil dieser Kunden seine Ersparnisse zur gleichen Zeit abzuheben pflegt, kommt es in Krisenzeiten schnell zum Dominoeffekt der Zahlungsunfähigkeit, zum Herzinfarkt des Finanzsystems. So kamen

1929 nicht die oben genannten Großbanken, sondern nahezu die Hälfte der mittleren und kleinen amerikanischen Geschäftsbanken ins Taumeln und mussten die Schalter für immer schließen. Die in Massenpanik ihr Geld abhebenden Sparer trieben den Geldkreislauf in den Infarkt. Die Federal Reserve sah sich aufgrund innerer Meinungsverschiedenheiten unter den Gouverneuren außerstande, dem System frisches Geld zuzuführen, das den Infarkt hätte verhindern können. Die Unternehmen konnten aufgrund der schrumpfenden Kaufkraft der Bevölkerung nicht mehr damit rechnen, ihre Waren kostendeckend zu verkaufen. Sie waren gezwungen, die Preise zu senken. Die gefürchtete Deflation trat ein. Die Produktion wurde gedrosselt, Mitarbeiter wurden entlassen und die verbleibenden Beschäftigten zu fortlaufend sinkenden Löhnen bezahlt. Es gab einen wirtschaftlichen Absturz, den aufzuhalten ein energischeres Einschreiten der Notenbanken erfordert hätte. Vorherrschend war die Auffassung, die Wirtschafts- und Bankenwelt müsse sich nun in einem Selbstheilungsprozess gesundschrumpfen und neu einjustieren, um nach und nach die Menschen wieder in Lohn und Brot zu bringen. Die Arbeitslosigkeit in den USA erreichte 25 Prozent, es kam zu riesigen Pleitewellen in der Wirtschaft. Die Landwirtschaft stand vor dem Abgrund, da sie ihre Produkte nur noch mit Verlust verkaufen und die zum Kauf von Saatgut für die Aussaat aufgenommenen Betriebskredite nicht bedienen konnte. Die Industrieproduktion der USA fiel um ganze 40 Prozent. Die Flucht ins Gold wurde durch ein amtliches Verbot des Goldbesitzes unterbunden. Bestehende Bestände mussten der Federal Reserve weit unter Preis verkauft werden. Schließlich wurde in allen Ländern, auch den USA, die Bindung an das Gold aufgehoben. Staatliche Investitionsprogramme wie Maßnahmen des New Deal halfen, die Wirtschaft anzukurbeln. Vollbeschäftigung setzte jedoch in Europa wie in den Vereinigten Staaten erst mit den gewaltigen Aufrüstungsprogrammen aller Nationen letztlich hin zum Zweiten Weltkrieges ein.[155]

Bleibt nachzutragen die Rolle des britischen Schatzkanzlers Churchill. Just in dem Augenblick, da die New Yorker Börse den die Weltwirtschaftskrise verursachenden Kurssturz erlebte, befand sich Churchill auf der Zuschauertribüne.[156] Er hatte zuvor auf einer längeren Reise durch die USA zahlreiche führende Köpfe der Finanz- und Wirtschaftswelt getroffen und die Lage der Weltfinanzen erörtert. Er hatte 1924 den völlig unrealistischen hohen nominalen Wert des Pfundes zum Gold festgesetzt und dadurch die englische Wirtschaft so sehr geschwächt, dass der Export einbrach und Massenarbeitslosigkeit einsetzte. Ein lang anhaltender Generalstreik im Jahr 1926 war die Folge. Das gemeinsame europäische Erbetteln eines extrem niedrigen Zinssatzes bei der Federal Reserve sollte Geld nach Europa locken. Das Geld wanderte in den USA in eine riesige Spekulationsblase, in Deutschland wurden die »roaring twenties« finanziert, die wirtschaftliche Lage verbesserte sich. Dem folgten der Börsencrash und die Weltwirtschaftskrise mit ihrer Rekordarbeitslosigkeit. Die Frage stellt sich, ob das alles überlegt, durchdacht, geplant oder einer grenzenlosen Naivität geschuldet war. Wirtschaftskrisen pflegen berechenbare politische Auswirkungen zu zeitigen.

Österreich und Deutschland in der Weltwirtschaftskrise

Das Platzen der Kreditblase hatte auch in Europa Folgen, und zwar in Gestalt des Rückzugs kurzfristig ausgeliehener, nicht verlängerter Kredite aus meist langfristig finanzierten Projekten. Wie Dominosteine taumelten nun auch die europäischen Nationen in den wirtschaftlichen Abgrund, dies allerdings mit bemerkenswerten Unterschieden.

Das durch den Friedensvertrag von 1919 um 70 Prozent seiner Industriegebiete amputierte Österreich kam mit der größten Bank, der Österreichischen Creditanstalt in Wien, ins Schleudern. Die Bank hatte kurz zuvor eine hoch verschuldete Konkurrenzbank übernommen, deshalb die Gewinnerwartungen senken müssen und wurde nun vom schlagartigen Rückzug französischer Kredite überrascht. Historiker suchen nach positiven Beweisen für ein gezieltes Vorgehen der Regierung in Paris gegen Österreich, dessen Regierung es gerade gewagt hatte, mit Deutschland eine Zollunion zu vereinbaren, die allen Staaten Europas zum Beitritt offenstehen sollte. Die französische Regierung hielt das Projekt für eine Umgehung des im Versailler Vertrag festgelegten Verbots einer Vereinigung Deutschlands mit Österreich. Der Vertrag fiel vor dem Internationalen Gerichtshof in Den Haag gegen die Stimmen unter anderem der USA, Großbritanniens und der Niederlande mit einer Stimme Mehrheit durch. Das Projekt musste zu Grabe getragen werden. Aussagekräftige Dokumente darüber, wer aus welchen Gründen der in Not geratenen Creditanstalt die Kredite kündigte, lassen sich offenbar nicht auffinden. Doch wusste die Regierung in Frankreich, dass die Kündigung der Kredite die wichtigste Bank des Landes an den Rand des Zusammenbruchs bringen musste. Die österreichische Staatsführung bemühte sich verzweifelt um ein Rettungspaket. Der Erfolg hing von der Zustimmung der französischen Seite ab, die ihre Entscheidung jedoch hinzog und damit die Bank in den Konkurs treiben ließ.[157]

Da die Österreichische Creditanstalt in vielfältiger Weise mit dem System der deutschen Banken verbunden war, schwappte die Krise nun von Österreich nach Deutschland über. Es war die Danat-Bank, ein Zusammenschluss aus Darmstädter Bank und Deutscher Nationalbank, die aufgrund notleidender Kredite an konkursreife Unternehmen zusammenbrach. Dem folgten weitere Kreditinstitute mit der Folge, dass nun auch die deutschen Sparer unruhig wurden und ihre Konten zu räumen begannen. Das Ausland zog seine kurzfristigen Kredite ab, an eine Verlängerung war nicht mehr zu denken.

Die Konjunktur bremsend kam hinzu, dass die Regierung unter Reichskanzler Brüning versuchte, den englischen und amerikanischen Banken durch ein nochmaliges Engerschnallen des kollektiven Gürtels, das Absenken der Beamtengehälter, die Einschränkung des Arbeitslosengeldes und die Erhöhung von Steuern nachzuweisen, dass das Ende der Belastbarkeit der Masseneinkommen erreicht war und eine Gesundung der deutschen Wirtschaft und damit auch die Chance zur Rückzahlung deutscher Kredite nur möglich würde, wenn die Alliierten einer Neuregelung der Reparationslasten zustimmten.

Nachdem Deutschland bereits 1923 in einer bis heute ihresgleichen in der Welt suchenden Inflation im Gefolge der Ruhrbesetzung, der Reparationslasten und der Unfähigkeit, die inländischen Kriegskredite des Kaiserreiches zu bedienen, dem Mittelstand und weiten Teilen der bürgerlichen Schichten das Vermögen, die Altersversorgung, den Wohlstand genommen hatte, kam nun nach einigen fröhlichen Jahren des Lebens auf amerikanischen Pump der erneute Totalabsturz. Der deutschen Regierung unter Reichskanzler Brüning blieb nur ein minimaler Spielraum für eine eigenständige, auf Deutschland beschränkte Wirtschafts-, Finanz- und Währungspolitik. Wirtschaftswissenschaftler kritisierten im Nachhinein die Politik der Deflation, der Absenkung von Löhnen, Sozialleistungen und, dem folgend, den Preisen. Doch Brüning folgte letztlich den Vorgaben amerikanischer Banken und der auch in Amerika und England eingeschlagenen deflationären Politik, die sich erst mit der Wahl des Präsidenten Roosevelt ändern sollte. Die Ergebnisse der von den Vereinigten Staaten ausgehenden Weltwirtschaftskrise in Deutschland waren rund 6 Millionen Arbeitslose und eine Arbeitslosenversicherung, die so stark gekürzt worden war, dass sich Massenelend ausbreitete. Die Wirtschaft stand vor dem Abgrund. Für die Staatsfinanzen galt das Gleiche.[158]

KAPITEL 18

Wege in die Nazi-Diktatur, Wegbereiter und deren Versagen vor 1933

Die Weimarer Republik wird in den faschistischen Umsturz getrieben

An den Ergebnissen der Reichstagswahlen konnte man den Schrumpfungsprozess aller bürgerlichen Parteien zugunsten einer rechten, auf Umsturz der Verfassung gerichteten Mehrheit ablesen. Reichskanzler Brüning konnte sich in seiner Amtszeit zwar noch auf das Zentrum, die Deutsche Volkspartei und zu Beginn auch die Deutschnationale Volkspartei stützen, doch fehlte ihm die gesetzgebende Mehrheit des Reichstages. So benötigte er zum Regieren die Notverordnungen des Reichspräsidenten Hindenburg, auf dessen Kandidatur sich 1925 die demokratischen mit einem Teil der rechten Parteien geeinigt hatten, um die Wahl Adolf Hitlers zum Reichspräsidenten zu verhindern. Ohne Mehrheit im Reichstag konnten Gesetze nur noch in Gestalt dieser Notverordnungen in Kraft gesetzt werden. Der Reichspräsident erließ die von einer Minderheitenregierung formulierten Verordnungen, unterzeichnete und verkündete sie. Eine Mehrheit der Abgeordneten des Reichstages konnte die Verordnung aufheben.

Die Sozialdemokraten, die 1925 zur Abwehr Hitlers die Wahl Hindenburgs unterstützt hatten, waren seit 1930 nicht mehr an der Regierung beteiligt. Sie waren nicht bereit gewesen, die von der Volkspartei geforderte weitere Erhöhung der Beiträge zur Arbeitslosenversicherung mitzutragen. Um dann jedoch den Umsturz der Verhältnisse in Richtung auf die von Wahl zu Wahl stärker werdenden Nationalsozialisten zu verhindern, verzichtete die sozialdemokratische Reichstagsfraktion auf die Verlockung, die von ihr nicht gebilligten Notverordnungen des Reichspräsidenten im Zusammenwirken mit Kommunisten und Nationalsozialisten aufheben zu lassen. Nur über diese Duldung konnte Reichskanzler Brüning seine Politik der einvernehmlichen, mit den Siegermächten zu findenden Ablösung der Reparationslasten fortsetzen.

Um die Verhandlungspartner der Alliierten zum Nachgeben zu veranlassen, wurde der Bevölkerung die Last der Deflation, die Absenkung der Löhne und Renten, des gesamten Lebensstandards auferlegt.[159]

Auf dem Höhepunkt der Weltwirtschaftskrise standen die Schlangen der 6 Millionen Arbeitslosen vor den Arbeitsämtern, um das abgesenkte Arbeitslosengeld in bar abholen zu können. Das moralische Rückgrat eines großen Teils der deutschen Bevölkerung war gebrochen. Nicht zuletzt die akademische Jugend fiel zwischen 1923 und 1933 nach einer oft hervorragenden Ausbildung Jahrgang für Jahrgang zu 60 Prozent in die Dauerarbeitslosigkeit. Aussicht auf Besserung war nicht in Sicht. Das Vertrauen in das demokratische System, von Beginn an allenfalls bei der Hälfte der Bevölkerung im Ansatz vorhanden, führte beim ablehnenden Teil nun zur Alles-oder-nichts-Radikalisierung und zur Verzweiflung der jungen Generation, die keine Familien zu gründen oder zu ernähren vermochte. Die bekümmerten Eltern konnten nicht verstehen, dass ihre Kinder in eine derart vernichtende wirtschaftliche Umwelt geraten waren, und machten sich entweder selbst Vorwürfe oder suchten nun nach Sündenböcken, die ihnen dies alles eingebrockt hatten. Die radikalen Kräfte gewannen in weiten Kreisen die Oberhand.

Die aus dem Kaiserreich überkommene, herrschaftsgewohnte Schicht gab nun immer stärker den Nationalsozialisten ihre Stimme, die den »Sumpf der Demokratie« samt Versailler Vertrag zu beseitigen versprachen. Allerdings war es den Demokraten von Weimar aufgrund der vorherrschenden Wirtschafts- und Machtverhältnisse nicht gegeben, sich durch eigene Leistung und Anschubfinanzierung aus der Misere herauszuarbeiten wie etwa die Bundesrepublik nach 1948 dank des Marshall-Plans und der Freigabe der Märkte. Unter den gegebenen Umständen war es der deutschen Demokratie von vornherein verwehrt, sich unter Beweis zu stellen.[160]

Das Parlament war also handlungsunfähig geworden. Kommunisten und Nationalsozialisten wetteiferten, ja arbeiteten gemeinsam am Zusammenbruch des verhassten Systems. Hitler hatte bereits 1923 in München im kleinen Kreis der bayerischen Anti-Weimar-Verschwörer gefordert, die Verfassung mit ihren demokratischen und rechtsstaatlichen Garantien im Zusammenwirken mit den Kommunisten zu zertrümmern. Die gleiche Taktik mit revolutionärem Ziel strebte auch die KPD an. Am Ende des Prozesses wollten beide die diktatorische Alleingewalt erringen.

Die kommunistische Seite denunzierte die um Kompromisse bemühten, aber auch mit Polizei- und Militärgewalt gegen Kommunisten vorgehenden Sozialdemokraten als »Sozialfaschisten«.

Als Reichspräsident hielt sich der ehemalige Generalfeldmarschall von Hindenburg zwar an die Verfassung, blieb jedoch stets ein erklärter Anhänger der Monarchie. Er hatte den Eid auf die neue Verfassung geschworen, dem er gerecht werden wollte. Er drängte angesichts der Wahlverhältnisse auf eine Öffnung der Regierung nach rechts, teils aus Sympathie, aber auch um eine Regierung zu schaffen, die sich auf eine Mehrheit im Reichstag sollte stützen können. Das Zusammenspiel von Sozialdemokraten, Gewerkschaften und dem linken Teil des mehrheitlich katholischen Zentrums war ihm zuwider. Allerdings wollte er dem »böhmischen Gefreiten« Adolf Hitler, dem im Rang niedrigsten Militär, zunächst ebenfalls nicht den Weg zur Kanzlerschaft öffnen.[161]

Brüning verbietet SA und stürzt

Entscheidender Auslöser für die weitere dramatische politische Entwicklung nach rechts war der Entschluss der Regierung Brüning, die SA, die Sturmabteilung der Nationalsozialisten, zu verbieten.[162] Die SA war eine Bürgerkriegsarmee, die einige Hunderttausend der schlagkräftigen männlichen Mitglieder der deutschen Bevölkerung, sonst von Arbeitslosigkeit bedroht, beschäftigen konnte. Wer als Offizier kein Auskommen hatte und die neue Republik bekämpfen wollte, erhielt als Mitglied der SA selbst in Zeiten des totalen Währungsverfalls und höchster Arbeitslosigkeit seinen Lohn in harter Währung, meist Schweizer Franken. Die sonst arbeitslosen Mannschaften bekamen Kleidung, tägliche Verpflegung, eine kleine Entlohnung und ein Dach über dem Kopf. Schlimmer konnten die Verhältnisse ja nicht werden.

Nun verbot die Reichsregierung auf Drängen der sozialdemokratisch geführten preußischen Regierung die von der Reichswehr bewaffnete und mit in- und ausländischen Spenden finanzierte Bürgerkriegsarmee. Das Gewaltmonopol des Staates, eine der wichtigsten Voraussetzungen für den inneren Frieden eines Landes, war durch das kaum behinderte Wirken der SA in weiten Teilen unterhöhlt worden. Die unbewaffneten Scharen des mehrheitlich sozialdemokratisch gesinnten Reichsbanners Schwarz-Rot-Gold hatten dem nichts entgegenzusetzen.

Das SA-Verbot wiederum trieb die rechte Seite des politischen Spektrums, nicht nur die Nationalsozialisten, in die Rebellion. Eine wirksame Durchsetzung des Verbots hätte den von Wahl zu Wahl stärker werdenden Nationalsozialisten letztlich die entscheidende Waffe im Kampf um die diktatorische Macht aus der Hand geschlagen. Die Reichswehr hatte zwar Bedenken gegen die konkurrierende Waffengewalt im Staate, doch mit der extremen Rechten sympathisierende Generale drängten auf Rücknahme des Verbots unter dem

Vorwand, man benötige im Ernstfall die SA zur Verteidigung vor allem der ungesicherten Grenzen im Osten.

In schneller Folge begannen nun Schritte zur Installation des Diktators Adolf Hilter. Als Erstes gelang es den auf Reichspräsident Hindenburg einwirkenden Kräften, Reichskanzler Brüning zum Rücktritt zu zwingen. Hindenburg weigerte sich, der Regierung weitere Notverordnungen zur Verfügung zu stellen und Personalvorschläge zu vollziehen.

Im Hintergrund spielten Intrigen mit und um den Sohn des Präsidenten eine wohl mitentscheidende Rolle.

Der Verband der Deutschen Industrie hatte dem Reichspräsidenten ein wirtschaftlich heruntergekommenes Gut in Ostpreußen geschenkt. Um die Erbschaftssteuer zu vermeiden, wurde das Gut auf Oskar von Hindenburg, den Sohn des Reichspräsidenten, überschrieben. Oskar, Adjutant seines Vaters, versuchte über die staatlich vermittelte Entschuldung eines Nachbargutes dann auch noch in den Besitz weiterer, das Ganze abrundender Waldgrundstücke zu gelangen.[163] Ein Vorgehen, das den Präsidenten, vor allem aber den immer stärker Einfluss gewinnenden Sohn, erpressbar machte.

Hinzu kam die Agitation wichtiger Funktionäre des Reichslandbundes, der Vertretung des Großgrundbesitzes im Osten. Ein großer Teil der Güter war nach dem Ersten Weltkrieg und nun in der Weltwirtschaftskrise in die roten Zahlen geraten. Die Weltmarktpreise für Produkte aus der Landwirtschaft waren gefallen, auch die Nachfrage aus dem Inland. Daher versuchten die Regierungen der Weimarer Republik, durch Zuschüsse notleidende östliche Gutsbetriebe am Leben zu halten. Bei der Bearbeitung der Anträge hatte sich allerdings herausgestellt, dass der eine oder andere Großgrundbesitzer durch Leichtsinn, Spiel- und Trunksucht sein Gut derart heruntergewirtschaftet hatte, dass ihm auch mit Staatsgeldern nicht mehr zu helfen war.[164]

In diesen Fällen hatte die Regierung Brüning es gewagt, per Gesetz den Aufkauf des Landes und dessen Aufteilung unter Kleinbauern zu ermöglichen. Die Bestimmung galt für die seltenen Fälle krassester Unwirtschaftlichkeit beziehungsweise Misswirtschaft durch den Gutsherrn. Allein die Ankündigung dieser Ausnahmeregel reichte den Funktionären des Reichslandbundes, die »flächendeckende Enteignung des Großgrundbesitzes« im Deutschen Osten als »Agrarbolschewismus« zu verleumden. Oskar von Hindenburg, dieser Lobby eng verbunden, sorgte beim Vater für das entsprechende Gehör. Die Gegendarstellung und Rechtfertigung der Regierung Brüning nahm Hindenburg nicht mehr zur Kenntnis.

Hitlers Bündnispartner Ludendorff ließ in den ihm nahestehenden reaktionären Zeitungen die Nachricht von den Unregelmäßigkeiten bei der Überschreibung des Hindenburg'schen Gutes verbreiten. So wurde der 84-jährige Reichspräsident von allen Seiten mit Intrigen, Verleumdungen und Skandalmeldungen in die Enge getrieben. Ziel war zunächst die Entlassung Brünings, die Aufhebung des SA-Verbots und die Bildung einer stark nach rechts rückenden Regierung unter Einschluss der Nationalsozialisten.

Die Stimmung tendierte zu einer Diktatur unter einem die Massen fesselnden Führer. Der Faschismus Mussolinis, die Bündelung der Macht von Staat und Wirtschaft, schien die richtige Lösung. Zu dieser Tendenz hatte seit Jahren die sogenannte Hugenberg-Presse kräftig beigetragen. Hugenberg, der für Finanzen zuständige Vorstandsvorsitzende der Krupp AG, hatte in den Wirren der Nachkriegszeit, vor allem aber 1923 während der Inflation in der Weimarer Republik, unter Verwendung von Darlehen der deutschen Industrie in großem Umfang Teile der bis dahin noch vielfältigen, inzwischen jedoch vor dem wirtschaftlichen Ruin stehenden deutschen Provinzpresse aufgekauft oder finanziell von sich abhängig gemacht. Durch Bündelung von Anzeigen in einer eigenen Werbeagentur lockte der Hugenberg-Konzern mit Werbeeinnahmen der Industrie. Die preisgünstige Belieferung mit Nachrichten aus einer eigenen Nachrichtenagentur half Kosten senken und die rechtslastige Tendenz verbreitern. Die Massen wurden über Filme der zum Konzern gehörenden Filmgesellschaft UFA beeinflusst.

Die Eliten von rechts blasen zum Angriff

Das rechte Treiben hatte seinen ersten Höhepunkt 1931 in der Bildung der Harzburger Front gefunden, einer Verbindung demokratiefeindlicher Verbände und Einrichtungen, zu denen der »Stahlhelm, Bund der Frontsoldaten« ebenso gehörte wie die Deutschnationale Volkspartei und nun auch die Nationalsozialisten mit ihrer SA. Zu den Teilnehmern an dem Treffen im kleinen Harzburg, fern kommunistischer Störmöglichkeiten, zählten der inzwischen zurückgetretene, sich mit den Nationalsozialisten verbündende ehemalige Reichsbankpräsident Hjalmar Schacht, ferner Prinz Eitel Friedrich von Preußen, Sohn des im niederländischen Exil lebenden deutschen Kaisers, und Vertreter der Industrie.[165] Die Sturmabteilungen der NSDAP und der Stahlhelm zogen zur Parade auf. Die Teilnahme bedeutender Schwerindustrieller hatte Reichskanzler Brüning mit der Drohung vereiteln können, andernfalls peinliche Details über das Verhalten der Großindustrie und der Großbanken in der Bankenkrise zu veröffentlichen.[166] Die Gruppierung zeigte mit ihrer Frontstellung gegen die Demokratie im Allgemeinen und die Reichsregierung Brüning im Besonderen einmal mehr, dass die sich in Feindschaft verfestigenden Lager einen Konsens politisch gemeinsamen Handelns nicht mehr finden konnten oder wollten. Die rechten Gruppierungen standen wie Staatsfeinde gegen die Weimarer Republik. Sie bliesen, wenn auch untereinander in Konkurrenz, zum Aufmarsch, Schlagabtausch und letztlich zur Vernichtung ihrer Gegner.

Franz von Papen, Überleitung zu Hitler

Noch gab der Reichspräsident dem Drängen auf Einbindung der Nationalsozialisten unter Adolf Hitler nicht nach. Er ernannte den Industriellen und Vertreter des rechten Zentrums Franz von Papen zum Reichskanzler. Ihm stand das sogenannte Kabinett der Barone zur Seite. Da Hitler nur unter der Bedingung, selbst Reichskanzler zu werden, in eine Regierung eintreten wollte, die Nationalsozialisten sich daher nicht zur Verfügung stellten, fehlte Papen wie zuvor Brüning die Mehrheit im Reichstag. Von Papen genoss von seinem Herkommen das Vertrauen des Präsidenten, er war adelig, war Militärattaché gewesen, hatte den gleichen Stallgeruch, war Gutsbesitzer und hatte in eine Industriellenfamilie eingeheiratet.

Papen konnte die von Brüning bereits erfolgreich verhandelte Änderung der Reparationsverhandlungen abschließend entgegennehmen.[167] Mit einer bereits eine Woche im Voraus ausgestellten Verordnung gelang ihm ein Dolchstoß in den Rücken der Weimarer Republik, der sogenannte Preußenschlag.

Der Putsch der Reichsregierung gegen Preußen

Die grundlegende Veränderung der Verhältnisse zugunsten einer rechtskonservativen Diktatur in Berlin konnte nur gelingen, wenn zuvor die Beseitigung der preußischen Regierung unter Führung einer aus Sozialdemokraten und Zentrumspolitikern gebildeten Koalition bewerkstelligt war. Hier wie im Reich war die Haltung des Zentrums von entscheidender Bedeutung. Die Partei bildete bis 1932 zusammen mit den Sozialdemokraten die preußische Landesregierung. 1932 erzielten Nationalsozialisten und Kommunisten bei den Landtagswahlen mit riesigen Stimmenzuwächsen eine die verfassungstreuen Parteien ablösende und blockierende Mehrheit.

In Preußen lebten 70 Prozent der deutschen Bevölkerung auf rund 70 Prozent des Reichsgebietes. Entsprechend groß war der Anteil Preußens an der Verwaltung, den Gerichten und der Polizei. Gelang es der konservativen Seite des politischen Spektrums, das Zentrum aus der Verbindung mit den Sozialdemokraten zu lösen und in eine Koalition mit den Nationalsozialisten zu bringen, dann konnte der entscheidende Durchbruch im ganzen Reich in rechtsautoritäre, ja diktatorische Verhältnisse gelingen. Das von Brüning zum Schutz der Staatsordnung erlassene Verbot der SA-Bürgerkriegsarmee wurde von der Regierung Papen aufgehoben.

Bewaffnete SA-Horden in Uniform zogen nun aufreizend durch die Arbeiterviertel der Industriestädte. So auch im preußischen Hamburg-Altona. Zahlreiche Tote und Verletzte waren die Folge. Der Vorfall wurde von der Reichsregierung unter Papen zum Anlass genommen, die noch amtierende Übergangsregierung wegen Versagens bei der Gewährleistung von Sicherheit und Ordnung des Amtes zu entheben. Papen als Reichskanzler wurde zum Reichskommissar für Preußen ernannt. Reichspräsident von Hindenburg hatte die Notverordnung bereits eine Woche vor dem »Altonaer Blutsonntag« unterzeichnet, gab dem Kanzler also die Ermächtigung zum Putsch nach dessen Gutdünken an die Hand. Eine zweite Notverordnung, ebenfalls undatiert und im Voraus von Hindenburg unterzeichnet, verhängte über Berlin und Brandenburg den Ausnahmezustand.

Papen nutzte die Befugnisse des Ausnahmezustands, um in Preußen nicht nur die Regierung, sondern vor allem eine große Zahl auf die Verfassung vereidigter Beamter zu entlassen. Dies war von entscheidender Bedeutung für die Durchsetzung der in wenigen Monaten folgenden nationalsozialistischen Machtergreifung. Solange die preußische Polizei nicht gleichgeschaltet war, konnte der Willkür noch entgegengesteuert werden. Nun wurde die Polizei provisorisch der Reichswehr unterstellt, während gleichzeitig die Mehrzahl der leitenden Beamten in Innenverwaltung, Polizei und Kriminalpolizei ihrer Ämter enthoben wurden. Die Nachfolger gehörten der stramm rechten Seite an, waren zum größten Teil Nationalsozialisten oder Sympathisanten und öffneten bereits 1932 vor allem die Apparate von Polizei und Kriminalpolizei bis in die obersten Spitzen für das Eindringen rechtsradikaler Kräfte. Der entscheidende Durchgriff sollte dann 1933 nach dem Reichstagsbrand geschehen, als 40 000 Angehörige der SA der preußischen Polizei zugeordnet wurden.

Otto Braun, preußischer Ministerpräsident, und Innenminister Severing, beide Sozialdemokraten, erklärten, aus ihren Ämtern nur unter Anwendung von Gewalt weichen zu wollen. Doch die Regierung Papen drohte mit dem Einsatz der Reichswehr, die bereits Staatskanzlei und Innenministerium besetzt hatte. Ein Kampf preußischer Polizeieinheiten, geführt von bereits dem Nationalsozialismus angehörigen oder diesem zugeneigten Vorgesetzten, gegen die Truppen der Reichswehr musste ins Chaos führen.

Wieder drohte Bürgerkrieg, doch das Kräfteverhältnis hatte sich seit den Zeiten des Kapp-Putsches von 1920 wesentlich verändert. Erneut zum Generalstreik aufzurufen, um Demokratie und Rechtsstaat nun gegen eine nicht mehr neutrale, inzwischen innenpolitisch einsatzbereite Reichswehr zu mobilisieren, wurde angesichts des unausweichlichen Blutvergießens nicht mehr für möglich und verantwortbar gehalten. Zwei Wirtschaftskrisen im Ablauf eines Jahrzehnts hatten die Arbeiterschaft passiv gemacht, von ihren Gewerkschaftsführungen zu größeren Teilen auch entfremdet.

Die noch amtierende preußische Regierung klagte vor dem Reichsgericht gegen die Reichsregierung auf Feststellung der Verfassungswidrigkeit der Notverordnung, erhielt schließlich zum Teil auch recht. Doch bis dahin hatte das Schicksal seinen Lauf genommen.

Beachtlicher Teil des Hochadels früh aufseiten Hitlers

Um den wenig geschätzten Adolf Hitler doch noch zum Reichskanzler zu ernennen, dürfte es für Hindenburg nicht unwichtig gewesen sein, dass bis 1932 bereits siebzig Mitglieder des deutschen Hochadels publikumswirksam auf Adolf Hitler als ihren Favoriten gesetzt hatten. Sie waren der NSDAP beigetreten und hatten Funktionen in SA und SS, dort meist in der Reiter-SS, übernommen. Für sie war Hitler der Mann, der die Massen zurück zu alten Zeiten führen konnte. Die bereits vor Hitlers Machtantritt sich zeigenden Ausschreitungen der SA gegen Juden waren für die Stützen des alten Regimes ganz offensichtlich kein Hinderungsgrund. Schon 1920 hatten die meisten Adelsvereinigungen in ihren Satzungen Juden aus ihren Reihen ausgeschlossen. Im unpolitischen Teil des noch am kaiserlichen System hängenden gemeinen Volkes musste der Übertritt der höchsten Klasse des Adels in die Gefolgschaft des späteren Führers die bislang noch bestehenden Bedenken und Hemmungen senken, sich dem Trend anzuschließen oder zu unterwerfen.

So waren Friedrich Christian Prinz zu Schaumburg-Lippe ebenso wie Friedrich Franz Herzog zu Mecklenburg frühe Mitglieder der NSDAP. Bernhard zur Lippe-Biesterfeld, Prinz der Niederlande, war 1936 in die Reiter-SS eingetreten und machte später Adolf Hitler seine Aufwartung. Zahllose

Hoch- und Niederadelige sahen im Nationalsozialismus die einzige Rettung vor dem Kommunismus, obgleich das Abstimmungsergebnis der Kommunistischen Partei Deutschlands bei Reichstagswahlen ja nie die 20-Prozent-Marke überschritt. Prinz Victor III. von Ratibor-Corvey, einer der reichsten Adligen Schlesiens, unterstützte Hitler lange vor dessen Machtergreifung. Prinz Josias zu Waldeck und Pyrmont, der sich nach dem Ersten Weltkrieg in einem Freikorps gegen linke Tendenzen engagierte, wurde Anfang der 1930er-Jahre SS-Führer und Freund Heinrich Himmlers.

Landgraf Friedrich Karl von Hessen hatte vier Söhne, die in der NSDAP Karriere machten, insbesondere Philipp als Favorit und Höfling Hitlers und Christoph als SS-Oberführer im Reichsluftfahrtministerium. Einer der frühesten Anhänger Hitlers war Carl Eduard von Sachsen-Coburg und Gotha, dem über 10 000 Hektar Land gehörten. Er lief öffentlich in SA-Uniform umher. Der abgedankte Kaiser Wilhelm II. hatte aus dem holländischen Exil seinem Sohn August Wilhelm gestattet, der NSDAP und der SA beizutreten. Der Schwiegersohn des Kaisers, Herzog Ernst August von Braunschweig, zählte zu den regelmäßigen Geldgebern der Partei. Dessen Sohn wiederum, Prinz Ernst August von Hannover, war bei der SS organisiert.

An der Verantwortung Deutschlands für die 12 Jahre von 1933 bis 1945 wird gerade dieser Teil der alten Führungsschicht ein beachtliches Maß zu tragen haben. Hier hätten politisch geschultes Augenmaß und Besonnenheit erwartet werden können und müssen.

Ein Großteil von Wirtschaft und Finanz setzt auf den Führer

Die alten Eliten der Banken- und Industriewelt hatten sich in großen Teilen von der Demokratie der Weimarer Republik und den sie tragenden Parteien verabschiedet. Die Angst vor dem Kommunismus, dem Marxismus, den Gewerkschaften und dem Parteienstaat inmitten einer weltweiten und Deutschland besonders treffenden, schier unbeherrschbar erscheinenden Wirtschaftskrise trieb die Vertreter in die Arme des Faschismus. Nicht alle waren bereit, die Eingabe der Industriellen an Reichspräsident Hindenburg mit der Aufforderung, Hitler zum Reichskanzler zu ernennen, offen zu unterschreiben. Zu den Befürwortern Hitlers gehörten der frühere Reichsbankpräsident Hjalmar Schacht, der Großindustrielle Fritz Thyssen, Vertreter der Commerzbank, der I. G. Farben, der Schifffahrtslinien und Reedereien sowie der Landwirtschaft. Und hinter den Kulissen fügten sich letztlich große Teile dieser Schicht in die Förderkulisse des Faschismus ein.

In allein mehr als zehn Zusammenkünften traf sich Hitler vor Regierungsantritt mit den Vertretern der westdeutschen Industrie von Rhein und Ruhr, um sein Programm für die Zukunft vorzutragen und zum Teil auch weiterzuentwickeln. Die Kritik und die Sorge der Industrieführer galten den offenbaren Anlehnungen des nationalsozialistischen Programms an die Programmatik der Kommunistischen Partei.

Diese Plattform mit ihren kapitalfeindlichen Parolen hatte zum Ziel, tief in die Reihen der Arbeiterschaft und des Mittelstandes einzudringen. So waren die Abschaffung von Einkommen ohne Arbeit, die Beschlagnahme der Kriegsgewinne, die Verstaatlichung der Großunternehmen, die Gewinnbeteiligung an Großbetrieben, die Kommunalisierung von Kaufhäusern, die in Aussicht genommene Bodenreform, die Todesstrafe für Wucherer und Schieber unter anderem Teil des Programms.

Diese Agitationsziele konnten nach Ansicht der Industrievertreter zwar als Propaganda durchgehen, durften jedoch niemals in praktische Politik umgesetzt werden. Und genau dies sagte der künftige Diktator nun auch zu. Er werde ein für alle Mal Schluss machen mit dem Marxismus. Sozialdemokratie und Kommunismus müssten ausgerottet werden. Desgleichen die Gewerkschaften. Nachdem dies viele Male halböffentlich und in privaten Besprechungen glaubhaft versichert worden war, scharten sich die Industrieführer mit großen Mehrheiten hinter die Bewegung. Die jüdischen Vertreter hielten sich angesichts der antisemitischen Stimmung zurück. Die Mehrheit der Elite nahm den radikalen Antisemitismus nicht ernst oder war bereit, diesen zu tolerieren.

Das allerdings verband sie durchaus mit großen Teilen der damaligen angelsächsischen Elite. Die Ablehnung der Juden war in der Welt weit verbreitet, die Nazis allein zeichnete aus, dass sie diese menschenverachtende Programmatik schließlich systematisch bis zum industriell organisierten Massenmord treiben sollten.

Bei der Finanz- und Wirtschaftslage des Reiches, bestimmt durch die Zwangslast der Reparationen und nahezu bis zum letzten Dollar abhängig vom Ausland, hielten die Wirtschaftsführer die Radikalisierung der Millionen von Arbeitslosen für die größte Gefährdung des Staates und dessen Verankerung in einer kapitalistischen Grundordnung. Die wirtschaftliche Misere Deutschlands führten sie ganz wesentlich auf das Versagen der Politik der Reichsregierungen zurück. Die Mehrheit traute den demokratischen Parteien nicht mehr zu, das Land wieder auf Erfolgskurs zu bringen, und suchte daher einen Führer, der den Alliierten einen Neuanfang für Deutschland abtrotzen konnte. Die Gewerkschaften waren für diese Kreise ein Ärgernis in Politik wie Unternehmen. Das entsprach durchaus der Haltung entsprechender Kreise in den USA, England oder Frankreich.

Jedermann konnte das Auftreten der Nationalsozialisten beobachten, wie die SA-Horden Juden drangsalierten, wie sie Kommunisten und Sozialdemokraten in Straßenschlachten zu jagen versuchten. Dass Hitler neue Siedlungsgebiete für das »Volk ohne Raum« im Osten Europas erobern wollte, war allseits bekannt und wurde, ohne nähere Details zu kennen, gebilligt. Die Bürgerkriegsarmee stand bereit, die Nazis hatten ihren Wählern und Gönnern gezeigt, wie sie vorzugehen beabsichtigten.

In Wahlen nie die Mehrheit: Sieg und Niederlage der Nationalsozialisten

Bei der Reichstagswahl im Juli 1932 erzielten Kommunisten und Nationalsozialisten zusammengezählt die Blockademehrheit. Die Nationalsozialisten erhielten 37, die KPD 14 Prozent der Stimmen. Dem von Reichspräsident Hindenburg neu ernannten Reichskanzler von Papen, der auf die Duldung seiner Regierung durch die Nationalsozialisten gehofft hatte, sprachen bereits in der Eröffnungssitzung 90 Prozent der Abgeordneten des Reichstages das Misstrauen aus. Der als Vertreter der stärksten Fraktion amtierende Reichstagspräsident Hermann Göring, Nationalsozialist und späterer Reichsluftfahrtminister, hatte noch vor Eintritt in die Tagesordnung und vor Beginn der Aussprache zur Regierungserklärung das ihm von Reichspräsident Hindenburg an die Hand gegebene Dekret zur Auflösung des Reichstages verlesen.

So kam es im Januar 1933 zu Neuwahlen, in denen die Nationalsozialisten mit nur noch 33 Prozent ihr Ziel, zusammen mit der Deutschnationalen Volkspartei die absolute Mehrheit zu erreichen, wider Erwarten weit verfehlten. Die Partei hatte einen selbst amerikanische Verhältnisse in den Schatten stellenden, aufwendigen Wahlkampf geführt. Der Kandidat Adolf Hitler jagte mit Wagenkolonne und Flugzeug von Veranstaltung zu Veranstaltung. Das Aufgebot an Fahnen, Aufmärschen, Saalschutz, Plakaten und Inseraten war gigantisch. Dabei hatte sich die Partei in gewaltige Schulden gestürzt und stand nun angesichts bereits abnehmender Wählermassen vor der Zahlungsunfähigkeit. Die Parteioberen sahen ihre Felle davonschwimmen. Goebbels schrieb in sein Tagebuch, man werde sich wohl das Leben nehmen müssen.[168]

Nazis vor Selbstmord und Konkurs gerettet: Geldgeber aus In- und Ausland

In dieser Lage ist die Machtergreifung Hitlers nur unter Berücksichtigung der im Hintergrund wirkenden Kräfte zu verstehen. Die Geldgeber der Nationalsozialisten trieben das Projekt einer rechten Koalition unter Einbeziehung Adolf Hitlers trotz abnehmender Stimmen weiter. Schließlich war neben Hitler mit den Nazis kein größerer Magnet für die sich nach Führung sehnenden Volksmassen zu finden, der zugleich den besitzenden Kreisen die bestehende Wirtschaftsordnung zu sichern in der Lage schien. Zum Niederschlagen und -halten der linken Opposition schien der Einsatz der inzwischen auf fast 500 000 Mann angewachsenen SA unerlässlich zu sein.

Die alles andere überragende Frage der die NSDAP fördernden oder später mitfinanzierenden Industriebosse war die Einstellung der Deutschland Kredit gewährenden ausländischen Großbanken zu einer von Hitler geführten Regierung. Diese Frage zu beantworten war niemand besser geeignet und auch in der internationalen Bankenwelt berufener als der Gouverneur der Bank von England, Montagu Norman. Ihn hatte Alfred Rosenberg, der Chefideologe der Nationalsozialisten, bereits 1932 in London aufgesucht und war dort auf durchaus positive Resonanz gestoßen. Das Terrain in London vorbereitet hatte der frühere Präsident der Reichsbank, Hjalmar Schacht, der mit Montagu Norman enger befreundet war. Jahre später, Anfang 1939, wurde der die Finanzszene beherrschende englische Bankier gar Patenonkel eines der Schacht'schen Enkelkinder.[169]

Ebenso entscheidend für die Einschätzung der deutschen Wirtschaftsführer war die Szene in New York. Deshalb war nach der für die Nationalsozialisten so katastrophal verlaufenen Reichstagswahl das Treffen zwischen Hitler und dem soeben entlassenen Reichskanzler von Papen von großer Bedeutung, das durch Vermittlung des Bankiers Kurt von Schröder in dessen Villa in Köln am 4. Januar 1933, wenige Wochen vor der Ernennung Hitlers zum Reichskanzler, stattfand. Dort stellte von Papen Hitler die Unterstützung wohl auch des Papstes in Aussicht. Dafür verlangte er als Gegenleistung den energischen Kampf gegen Kommunisten und Sozialdemokraten, vor allem aber auch den Abschluss eines Reichskonkordats mit dem Vatikan. Hitler und Papen gelangten zu einer grundsätzlichen Einigung.[170]

Schröder war Spross einer ehemals Hamburger Bankiersfamilie, deren einer Zweig sich in England als Schroders Bank zur dort drittgrößten Investmentbank entwickelt hatte. Ein weiterer Zweig war in New York als

Schroeder Bank tätig. So konnte über Baron von Schröder, Teilhaber des Bankhauses Stein in Köln, für Rosenberg und Schacht diskret eine Verbindung zur Londoner Niederlassung vermittelt werden. Dort wiederum war einer der gewichtigen Teilhaber der Londoner Schroders Bank der Bankier und Direktor der Anglo-Iranian Oil Company, Frank Cyril Tiarks, den Rosenberg und Schacht als Verbindung zur Bank von England und dort insbesondere zu Montagu Norman, dem Gouverneur, nutzen konnten.

Tiarks hatte die Bank von England als deren Stellvertretender Gouverneur bei den Verhandlungen zur Beendigung der Reparationszahlungen vertreten, die während der Kanzlerschaft Brünings unter Federführung des Direktors der Morgan-Bank in New York mit der deutschen Regierung stattfanden. Triarks war auch Insider in Bezug auf all die Transaktionen, die das Bankhaus J. P. Morgan mit dem durch den Versailler Vertrag festgelegten Schuldenberg Deutschlands betrieb.

Als nun unter Brüning die Last der Reparationsleistungen auf einen kleinen Restteil begrenzt werden konnte, war Hitler noch vor seiner Ernennung zum Kanzler über das Ergebnis der Verhandlungen vertraulich informiert und um sein Urteil gebeten worden. Die im Haus des Bankiers Schröder in Köln aufeinandertreffenden Partner signalisierten nicht nur die Bereitschaft, ein Kabinett Hitler (NSDAP), Papen (Zentrum), Seldte (Stahlhelm) und Hugenberg (DNVP) zu unterstützen, sondern ganz offensichtlich auch über die Person des Bankiers die Zustimmung oder Duldung der an Reparationen und Krediten interessierten internationalen Banken.

Die Vernetzung der Nationalsozialisten mit der Finanzwelt der USA wurde ja nicht nur durch den Freiherrn von Schröder mit seiner ererbten Stein-Bank aus Köln und deren Verbindungen zu den Zweigbanken der Schröders in London und New York gestützt. Mindestens ebenso wichtig waren die Verbindungen des Industriellen und langjährigen großzügigen Hitler-Förderers, des Montanindustriellen Fritz Thyssen, der bereits vor, aber auch während und nach dem 1923 niedergeschlagenen Putsch in München Hitler unterstützt hatte. Thyssen zahlte direkt, aber auch indirekt über General Ludendorff an die Hitler-Bewegung über die Bank für Handel und Schifffahrt (Bank voor Handel en Scheepvaart), die Thyssens Vater August in den Niederlanden gegründet hatte. So vermittelte Thyssen den Nationalsozialisten 1931 einen nach Ablauf von 3 Jahren, vorausahnend, nach Machtübernahme, rückzahlbaren Kredit in Höhe von 250 000 bis 300 000 Goldmark. Die Thyssen-Bank in Rotterdam wiederum steuerte in New York die in den Händen von Strohmännern gehaltene Union Banking Corporation, eine ebenfalls Thyssen gehörende Bank. Manager dieser New Yorker Bank waren Prescott Bush und George Herbert Walker, Vater bzw. Großvater mütterlicherseits des späteren CIA-Chefs und Präsidenten der Vereinigten Staaten von Amerika, George Herbert Walker Bush. Prescott Bush ist somit auch Großvater des jüngeren Präsidenten, George W. Bush.

Die zuweilen behauptete Anwesenheit der Brüder Dulles beim Termin in Köln ist nicht gänzlich gesichert.[171] Wie dem auch sei, die Brüder Dulles spielten eine entscheidende Rolle im deutsch-amerikanischen Finanz- und Industrienetzwerk – von der Zeit des Versailler Vertrages bis weit ins Dritte Reich hinein. Ihre Beteiligung 1919 an den Verhandlungen in Versailles bot ihnen Einblicke und Verbindungen aus der amerikanischen in die deutsche Wirtschafts- und Finanzwelt. Beide waren nach dem Ersten Weltkrieg Partner der Rechtsanwaltskanzlei Sullivan & Cromwell in New York geworden. Die Firma richtete in Berlin bereits 1922 eine Niederlassung ein, von der aus die Brüder ihre Geschäfte betrieben. Vor allem aber waren beide Brüder Dulles die Rechts- und Investmentberater der zwei Hitler-Förderer Thyssen und Baron von Schröder bei deren US-Geschäften. Sie führten für die Rockefellers, Duponts, Fords oder Konzerne wie General Motors etc. die Verhandlungen zur Beteiligung an deutschen Unternehmen.

Die Bankgeschäfte dieser amerikanischen Interessen in Deutschland wurden kurz nach Machtübernahme der Nationalsozialisten auf den Baron von Schröder und dessen Stein-Bank in Köln konzentriert. Es handelte sich um rund 150 amerikanische Unternehmen, die ihre Interessen über diese Bank wahrnehmen ließen. Als Partner der anfallenden Bankgeschäfte an der New Yorker Wall Street war wiederum die Bank Brown Brothers Harriman, die im Eigentum der Schröder-Familie stand und von den Senioren der Bush/Walker-Familie als Geschäftsführer geleitet wurde. Die Übertragung der in Deutschland erzielten Gewinne an die US-Aktionäre lief über die Bank für Handel und Schifffahrt in Rotterdam, im Eigentum der Thyssen-Familie. Von dort wanderten die Gelder zur New Yorker Union Banking Corporation, die sich wiederum im Eigentum der Thyssen-Familie befand.

Und in der New Yorker Schroeder Bank, einer Filiale der im Jahre 1804 von Baron Schröders Urgroßvater Johann Heinrich und dessen Bruder Johann Friedrich Schröder gegründeten Londoner Schroders Bank, saßen die Dulles-Brüder im Aufsichtsrat, ebenso in der Thyssen-Bank in Rotterdam.

Man kann folglich davon ausgehen, dass das Kölner Treffen vom 4. Januar 1933 nicht nur der Bildung der Hitler-Regierung diente, sondern auch ein Ausdruck der Billigung dieser Entwicklung durch große Teile der deutschen Industrie, vor allem aber der die Schicksale Europas bestimmenden New Yorker Bankiers- und Industrieinteressen war. Der amerikanische Botschafter in Berlin berichtete in seinen Lebenserinnerungen von den zahlreichen Besuchen amerikanischer Industrieller in der Botschaft, die auf die Zusammenarbeit mit Mussolini und Hitler setzten und ein ähnliches Regime in den Vereinigten Staaten von Amerika gerne an der Macht gesehen hätten.[172]

Die Zusammenkunft in der Kölner Villa wiederum ist in Verbindung zu sehen mit einem Treffen, das Franz von Papen in der Folge mit führenden Ruhrindustriellen drei Tage später im Hause Springorum in Essen hatte.

Man darf in die der Unterstützung Hitlers dienenden Treffen nichts hineininterpretieren, was aus damaliger Sicht nicht Gegenstand der Sorgen und Überlegungen der Beteiligten war. Die Gruppe der Industriellen war vor allem am Wiederaufstieg der deutschen Wirtschaft und des deutschen Staates interessiert. Sie forderte das Ende der Reparationsleistungen, sie benötigte festen Boden unter den Füßen für ihre industriellen Unternehmen. Dies war bei der Exportlastigkeit Deutschlands nur in Abstimmung mit der internationalen Bankenwelt, vornehmlich den Londoner und New Yorker Großbanken, möglich. Die spätere Katastrophe Deutschlands unter Hitler konnten sie in ihrer politischen Engstirnigkeit nicht voraussehen.[173] Viele waren wie ihre amerikanischen und englischen Kollegen durchaus auch antisemitisch eingestellt. Dass sie in dieser Haltung damals den Holocaust, die entsetzliche Ermordung der jüdischen Bevölkerung Europas, in aller Konsequenz bereits billigend in Kauf genommen hätten, kann man für 1932 nicht unterstellen. Fest steht allerdings, dass aus diesen Kreisen der sogenannte Freundeskreis Reichsführer-SS entstand, der bis in das Frühjahr 1945 hinein der Kampf- und Mordorganisation noch Gelder zukommen ließ. Darunter fanden sich auch finanzielle Mittel von Standard Electric Lorenz, Tochter der International Telephone and Telegraph Co. (ITT).[174]

Für die US-Firmen zahlte sich das Engagement dann auch während des gesamten Zweiten Weltkrieges aus. Die Gewinne aus der deutschen Kriegswirtschaft konnten, wie bereits geschildert, über die für Außenstehende nahezu nicht zu durchschauenden transnationalen Bankverbindungen der Schröders und verdeckt an den Kontrollen vorbeitransferiert und vor dem Zugriff der amerikanischen Behörden gesichert werden.

Fritz Thyssen schien gegen Ende der 1930er-Jahre das Engagement für Hitler und den Nationalsozialismus zu reuen. In London und New York erschien 1941 unter seinem Namen ein Buch mit dem Titel *I paid Hitler,* dessen Authentizität allerdings umstritten ist. Thyssen sah wohl früh die gefährlichen Folgen des kommenden Krieges, weshalb er lange vor Kriegsbeginn sein Vermögen dem Zugriff, sei es durch die Nazis, sei es durch die späteren Siegermächte, zu entziehen begann. Auch hier dienten ihm seine Banken in Rotterdam und New York, wo er sein Vermögen unter dem Namen seines mit ihm angeblich verfeindeten, im Ausland lebenden Bruders, der den Nationalsozialisten nicht auf den Leim gegangen war, unanfechtbar parken konnte. Die Gebrüder Dulles in der Kanzlei Sullivan and Cromwell halfen bei der Einrichtung und der verdeckt gehaltenen Nutzung der undurchschaubaren Transaktionswege.

Verständlicherweise wird in der Geschichtsschreibung über deutsche Industrielle und Bankiers teilweise versucht, deren im Rückblick peinliche Unterstützung und Finanzierung Hitlers und seiner mordenden und raubenden Bewegung zu relativieren. Typischerweise wird dabei die Finanzierung des riesigen Apparates allein auf die Opferbereitschaft der vielen kleinen Parteimitglieder zurückgeführt. Doch schon der Unterhalt der ihre Gegner brutal niederknüppelnden und mordenden SA, deren Anzahl von zunächst 300 000 auf 500 000 und nach der Machtübernahme auf 2 Millionen Mann anwuchs – inklusive Offiziere, Unteroffiziere sowie Waffenlager und Logistik von entsprechendem Umfang – war aus Mitgliedsbeiträgen nicht zu bewerkstelligen.

Die konservativen Eliten des Auslands setzen auf Hitler und die Ausrottung des Kommunismus

Zu den frühen Unterstützern Hitlers zählte neben den amerikanischen Großunternehmen auch die britische Ölgesellschaft Royal Dutch Shell, deren Geschäftsführer Deterding, ein Holländer, von Schacht für das Projekt Hitler angeworben worden war. Shell war damals den amerikanischen Ölgesellschaften an erschlossenen und gesicherten Ölvorkommen in Rumänien, Russland, im Iran, in Indonesien, zum Teil auch den USA noch voraus und wollte seine Schürfrechte am Schwarzen Meer zurückgewinnen, die durch die Revolution unter sowjetische Herrschaft gefallen waren. Deterding hasste den Kommunismus und unterstützte mit Geldmitteln alle Bewegungen und Personen, die gewillt und in der Lage schienen, am Sturz der neuen Herrschaft in Moskau mitzuwirken. Dazu gehörten die gegen die Rote Armee kämpfenden sogenannten »weißen« Bürgerkriegsarmeen. Als deren militärische und politische Wirksamkeit sich spätestens 1922 als unzureichend erwiesen hatte und auch mit den Interventionstruppen der Alliierten nichts zu bewirken war, geriet das Potenzial Deutschlands unter einer künftigen rechtskonservativen bis faschistischen Führung in sein Blickfeld.[175]

Das nationalsozialistische Deutschland mit seinem Streben nach Lebensraum im Osten ließ sich mit dem Ziel der Beseitigung des Sowjetstaates verbinden. Die Wiedergewinnung und Ausweitung der verloren gegangenen Ölfelder konnte als Nebenprodukt abfallen. Eine so angelegte angelsächsische Strategie musste zunächst einmal Deutschland aufhelfen, den Würgegriff Frankreichs lockern und schließlich beseitigen. Der Kampf gegen den Kommunismus bedurfte nach dem Scheitern aller anderen Optionen eines neuen und mächtigeren Instrumentes.[176] Die Bewunderung, ja Begeisterung der antikommunistischen Kräfte in England und den USA für Hitler und dessen nationalsozialistische Bewegung wuchs von den Anfängen 1923 über die Machtergreifung Ende Januar 1933 und steigerte sich noch bis zum Beginn des Zweiten Weltkrieges. Schließlich erhob die Wochenzeitschrift *Time Magazine* in New York den Reichskanzler Adolf Hitler noch 1938 mit einigen wenigen kritischen Bemerkungen zum »Mann des Jahres«!

Der wegen seiner nicht standesgemäßen Ehe zurückgetretene britische Thronfolger Eduard VIII. brachte noch im Herbst 1937 vor einer Versammlung in Leipzig seine Bewunderung für Hitler und die nationalsozialistische Bewegung zum Ausdruck. Er habe die Welt bereist, meinte der abgehalfterte König, und seine Erziehung habe ihn mit den großen Leistungen der Menschheit vertraut gemacht. Doch das, was er hier in Deutschland gesehen habe, habe er bisher für nicht möglich gehalten. Das sei nicht zu begreifen, das sei ein Wunder, das man nur verstehen könne, wenn einem klar werde, dass hinter all dem ein Mann und ein Wille stehe: Adolf Hitler.

Eduard VIII. hatte seinerzeit bereits auf den Thron verzichtet, dennoch zeigt sein Verhalten, wie Hitler damals noch in internationales Wohlwollen eingebettet war, durchaus von großen Teilen der angelsächsischen Presse begleitet. Sein Antisemitismus störte allenfalls die liberalen und linken Kräfte, stieß jedoch in konservativen Kreisen kaum auf Widerstand, nicht nur in Deutschland, sondern auch in den USA und Großbritannien. Die damalige Welt muss nicht nur mit den Augen von heute, sondern gerade bei möglichen Schuld- und Verantwortungszuweisungen aus den Blickwinkeln der damaligen Zeit heraus betrachtet werden.

KAPITEL 19

Der inszenierte Reichstagsbrand – Ermächtigung zu Mord, Vertreibung, Konzentrationslager

Reichstagsbrand unter falscher Flagge, der die Diktatur ermächtigende Staatsstreich

Noch hatten die Nationalsozialisten in Wahlen keine verfassungsändernde Mehrheit erreicht. Sie waren gegen alle Hoffnungen bei der letzten Reichstagswahl im November 1932 deutlich hinter diesem Ziel zurückgeblieben, auch unter Einrechnung der Prozentsätze für die Deutschnationale Volkspartei. Und Hitler hatte seit dem gescheiterten Putsch in München allen Zweiflern, nicht zuletzt Reichspräsident Hindenburg, aber auch dem Reichsgericht in Leipzig, gegenüber geschworen, nur mit legalen Mitteln an die Regierung gelangen zu wollen. Als er nun von Präsident Hindenburg Ende Januar 1933 die Ernennungsurkunde erhielt,[177] erklärte er auch gegenüber Anhängern, auf die Bartholomäusnacht gegen links, die Verfolgung der Marxisten, Kommunisten, Sozialdemokraten und Gewerkschafter, zunächst verzichten zu wollen. Doch sein späterer Reichspropagandaminister Joseph Goebbels trägt zu dieser Zeit bereits in sein Tagebuch ein:

> In einer Unterredung mit dem Führer legen wir die Richtlinien im Kampf gegen den roten Terror fest. Vorläufig wollen wir von direkten Gegenmaßnahmen absehen. Der bolschewistische Revolutionsversuch muss zuerst einmal aufflammen. Im geeigneten Moment werden wir dann losschlagen.

Dieser »aufflammende« Revolutionsversuch ereignete sich am Abend des 27. Februar 1933 in Gestalt des Reichstagsbrandes. Es war das kataklystische Ereignis, das die Weimarer Republik in die ungeheuerliche Diktatur des Dritten Reiches katapultierte. Bereits eine Stunde nach Entdeckung des Feuers beschuldigte Hitler Kommunisten und Sozialdemokraten der Brandstiftung. Rache bis hin zur Ausrottung wurde angedroht. Mit einer Notverordnung des Reichspräsidenten »zum Schutze von Volk und Staat« wurden die Grundrechte der Bürger beseitigt und die Verwaltungen der Länder gleichgeschaltet. Es folgte die Verhaftung der Reichstagsabgeordneten der KPD, die sich allerdings zum größeren Teil bereits durch Flucht der Festnahme entzogen hatten. An der Abstimmung über das zum Ausbau der Diktatur dem Reichstag vorgelegte Ermächtigungsgesetz konnten sie nicht teilnehmen. Das half beim Erreichen der erforderlichen Zweidrittelmehrheit der Reichstagsabgeordneten. Das Parlament entmachtete sich selbst und übertrug die gesetzgebende Gewalt samt Haushaltsrecht und Kontrollfunktion auf die diktatorische Regierung. Diese Zweidrittelmehrheit erreichten die Nationalsozialisten unter Einschluss der Deutschnationalen Volkspartei nur durch Zustimmung der Abgeordneten des sogenannten bürgerlichen Lagers, des Zentrums, der Deutschen Volkspartei und der dem Zentrum verwandten Bayerischen Volkspartei. Die Sozialdemokraten stimmten dagegen. Da in der Erinnerungskultur nach Ende der 12 Nazi-Jahre die Motive für Hitlers Steigbügelhalter kaum zu erklären sind, wird darum gekämpft, die Ehrenhaftigkeit der Zustimmung auch nachträglich noch zu sichern. Dazu gehört, dass die Urheber des Reichstagsbrandes sehr wohl hatten Kommunisten sein können, dass es notfalls auch der auf frischer Tat ertappte junge, fast blinde Holländer sein konnte, dass auf jeden Fall die Urheberschaft der Nazis für ein Verbrechen, das Kommunisten in die Schuhe geschoben wurde, keineswegs hat durchschaut werden können und dies sich auch bis zum heutigen Tag nicht hat nachweisen lassen. Es geht um die Ehre der Vätergeneration.

Eines war klar: Der den Kommunisten angelastete Anschlag musste nun mit den Durchgriffsmöglichkeiten des neuen Regimes geahndet, jeder organisierte Widerstand gebrochen werden. Nachdem bereits Reichskanzler von Papen in seiner Eigenschaft als Reichskommissar für Preußen die preußische Polizei von auf die Verfassung eingeschworenen liberalen und sozialdemokratischen Kräften gesäubert hatte, konnte sein Nachfolger und Minister, Hermann Göring, die Polizei Preußens mit nationalsozialistischen Gefolgsleuten der Diktatur durchsetzen.[178] Vor allem aber waren SA und SS für die Machthaber nun von Amts wegen als Hilfspolizei einsetzbar.

Bereits 1936 erschien das Buch *Adolf Hitler, das Zeitalter der Verantwortungslosigkeit* von Konrad Heiden, der 1936 nach seiner Flucht in die Schweiz schrieb:[179]

> Der Reichskanzler Hitler tritt vor das deutsche Volk als Retter vor einem angeblich drohenden kommunistischen Blutbad, das tatsächlich jede Regierung mit den normalen Polizeikräften hätte niederhalten können, wenn es wirklich geplant worden wäre. Als Beweis für diese kommunistischen Pläne brannte am 27. Februar das Gebäude des deutschen Reichstags.

Der Reichstagsbrand spielt eine entscheidende Rolle bei der Errichtung von Hitlers Allmacht. Neben ihm wird eine zweite Maßnahme häufig übersehen: die Einberufung der SA und SS als Hilfspolizei durch Göring. Durch diese Hilfspolizei haben die Nationalsozialisten die praktische Macht jenseits der Gesetze schon vor dem Reichstagsbrand in die Hände genommen. Aber erst der Reichstagsbrand überzeugte – zunächst – breite Volksmassen von der Notwendigkeit dieser rücksichtslosen Machtergreifung.

Durch den Verlauf des großen Prozesses vor dem Reichsgericht gegen Torgler, Dimitroff und Genossen ist die Behauptung von einer kommunistischen Brandstiftung als unwahr erwiesen worden. Die wahren Brandstifter wurden im Urteil nicht erwähnt. Dass sie unter den Nationalsozialisten gesucht werden müssen, kann nicht mehr bezweifelt werden. Wie der Hergang ungefähr gewesen sein mag, wird in einem Dokument geschildert, das Anspruch auf Beachtung verdient.

Es handelt sich um das sogenannte Ernst'sche Dokument. Karl Ernst, SA-Gruppenführer von Berlin, am 30. Juni 1934 erschossen, soll in dieser Niederschrift einen Bericht über seine eigene Täterschaft beim Reichstagsbrand niedergelegt und diesen Bericht zusammen mit einem Begleitbrief an Edmund Heines nach Breslau gesandt haben. Diese beiden Schriftstücke sind in dem Weißbuch des Carrefour-Verlags veröffentlicht. Ob Ernst Dokument und Begleitbrief wirklich selbst geschrieben hat, ist zweifelhaft. Die unkonkrete Art des Berichts im Begleitbrief mutet nicht wie die Wiedergabe von Selbsterlebtem an; der Stil weicht zudem von dem des Dokuments erheblich ab. Dagegen besteht Grund zu der Annahme, dass die beiden Dokumente von einer Persönlichkeit stammen, die dem Kreis um Ernst nicht fernstand und von dem Hergang des Reichstagsbrandes aufgrund ihrer Stellung mehr weiß als sonst jemand – von den Beteiligten selbst natürlich abgesehen.

Danach sei Göring zuerst auf den Gedanken gekommen, durch eine Brandstiftung eine große »Wahlbombe« hochgehen zu lassen; Goebbels habe den Reichstag als Objekt vorgeschlagen. Der Bericht über die Verwendung des jungen Holländers van der Lubbe als ablenkende Figur klingt abenteuerlich, plausibel dagegen, was »Karl Ernst« über sich selbst als wirklichen Brandstifter zu sagen weiß. Durch den unterirdischen Gang zwischen Görings Palais und dem Reichstag sei er, Ernst, mit seinen Begleitern Fiedler und von Mohrenschild am Abend des 27. Februar gegen drei Viertel neun Uhr in den Plenarsaal des Reichstags eingedrungen; sie hätten Stühle und Tische mit Phosphorstoff bestrichen, Vorhänge und Teppiche mit Petroleum getränkt. Um 9:05 Uhr sei diese Arbeit beendigt worden. Die einzigen Mitwisser außer den drei Tätern sind nach dem Dokument Göring, Goebbels, Röhm, Heines und der Standartenführer Sander.

Konrad Heiden führt zur Einschätzung des Dokuments fort:[180]

> … es muss wiederholt werden: Aus dem Dokument spricht zwar kein Beteiligter – der die technischen Einzelheiten allein mit solcher Genauigkeit schildern könnte –, aber es spricht aus ihm ein vieles Wissender, der alle Beteiligten genau kennt, ihre Tätigkeit im entscheidenden Zeitpunkt zu überwachen in der Lage war und weiß, dass sie es waren – wenn er sich auch wohl zu unrecht den Anschein gibt zu wissen, wie sie es gemacht haben.
>
> Das Ernst'sche Dokument ist nicht die Wahrheit, aber ein Wegweiser zur Wahrheit über den Reichstagsbrand. Seine geschichtliche Wirkung steht fest: Adolf Hitler und sein Kreis beherrschen seit diesem Tag Deutschland.

Diese Darstellung aus dem Exil und dem Jahr 1936 fasst das Wesentliche des Geschehens zusammen. Die bereits gleichgeschaltete Kriminalpolizei war angewiesen, ausschließlich in Richtung einer kommunistischen Verschwörung zu ermitteln. Daher hielt sich auch die Beweissicherung von Kriminalpolizei und Staatsanwaltschaft, beide mit SA, SS und Nationalsozialisten durchsetzt, in politisch gesetzten Grenzen. Die Staatsanwaltschaft immerhin hielt die Alleintäterschaft des aufgrund von Arbeitsunfällen zu 75 Prozent sehbehinderten Holländers van der Lubbe offensichtlich nicht für möglich, weshalb sie drei bulgarische Kommunisten zusammen mit dem Vorsitzenden der kommunistischen Reichstagsfraktion, Torgler, der gemeingefährlichen Brandstiftung anklagte.

Die intellektuell wie in der Sache überlegene Verteidigung der Bulgaren, aber auch die Verteidigung Torglers brachte den Kern der Anklage zu Fall, die Angeklagten wurden freigesprochen. Da in Richtung einer verdeckten Operation der Nazis nicht ermittelt werden durfte, blieb zur Verurteilung als Täter nur der fast blinde Holländer übrig. Das Reichsgericht verhängte die Todesstrafe.

Mit an Sicherheit grenzender Wahrscheinlichkeit wird man ihn als den im Voraus präparierten Sündenbock verstehen müssen, der der kommunistischen Partei der Niederlande nicht angehört hatte. Dass die Darstellung Heidens anhand der Unterlagen des von seinen SS-Kameraden später erschossenen SA-Sturmbannführers Ernst zutreffend sein müssen, geht aus einer Reihe von Beobachtungen und Aussagen hervor. So hat einer der von Ernst genannten Mittäter, Walter von Mohrenschildt, nach der Tat einer nahen Angehörigen mitgeteilt, an dieser selbst beteiligt gewesen zu sein. Da der Name Mohrenschildt im Buch Heidens über Hitler enthalten sei, könne sie, die Angehörige, die Aussage bestätigen, da Mohrenschildt ihr persönlich diese Darstellung so mitgeteilt habe.[181] Mohrenschildt wurde wenige Monate nach dem Reichstagsbrand von einer SS-Einheit ermordet, ebenso wie Karl Ernst, Haupttäter und zugleich leitender Polizeioffizier in Berlin.

Auch der damals stadtbekannte Hellseher Erik Jan Hanussen wurde kurz nach dem Reichstagsbrand von einem SA-Kommando erschossen. Hanussen hatte bereits vor dem Reichstagsbrand in der von ihm herausgegebenen Zeitschrift auf ein bevorstehendes, feuriges, flammendes Ereignis hingewiesen. Der Hellseher sympathisierte mit den Nationalsozialisten und verkehrte in Kreisen des der NSDAP angehörenden Berliner Polizeipräsidenten von Helldorff. Der Polizeioffizier Ernst war mit Hanussen befreundet. Die SA soll auf der Yacht Hanussens in der Nähe von Berlin Orgien gefeiert haben.[182]

Wenige Minuten nach Ausbrechen des Feuers und noch vor Bekanntwerden des Ereignisses rief Hanussen den auch für deutsche und amerikanische Zeitschriften schreibenden Journalisten Franz Höllering an, um ihn zu fragen, ob denn der Reichstag bereits brenne. Dann solle er sofort seine Sachen packen, untertauchen und umgehend das Land verlassen.[183]

Hanussen hatte sein Wissen von dem bevorstehenden Ereignis wohl aus dem Umkreis der Berliner SA und SS gewonnen, die bei ihm ein- und ausgingen, zuletzt am Vorabend des Brandes auf seiner Hauseinweihungsfeier. Sein Lesen der Zukunft folgte stets der gleichen Masche. Als Hellseher wurde er im Ersten Weltkrieg bekannt, als er aufgrund guter Beziehung zur Post- und Zensurstelle seiner Einheit immer im Voraus den Stoff für die Wahrsagerei zugesteckt bekam. In der Poststelle wurden die an die Soldaten adressierten Briefe vor Zustellung geöffnet, gelesen und ausgewertet. Die Briefeöffner machte sich Hanussen durch Geschenke gefügig. Vorab erfuhr er so von den wichtigsten Ereignissen aus der Heimat, Geburten, Todesfällen, Vermählungen etc. Damit konnte er den Kameraden zuverlässig die guten oder traurigen Nachrichten »weissagen«.

Mit ähnlicher Technik ging er in Berlin in seinem Etablissement vor, wo er auf einen Großteil der oberen Nazi-Führer traf, darunter den Polizeipräsidenten von Berlin, den Grafen Helldorf. So konnte er am Insiderwissen der anstehenden Nazi-Terrorakte teilhaben. Er wurde wenige Wochen nach dem Reichstagsbrand von der SS ermordet. Dabei bleibt ungewiss, was die Nazis mehr erregte: dass Hanussen sich durch die Warntelefonate an Freunde als Mitwisser des Brandanschlages auf den Reichstag zu erkennen gegeben hatte oder dass, wie sich im Nachhinein herausstellte, er Jude war, der sich als Nazi-Sympathisant ausgab oder dies sogar war.

Herbert Rudolf von Bismarck, damals nur noch wenige Wochen amtierender Staatssekretär im preußischen Innenministerium, erzählte später seinem Sohn, Hitler und Göring hätten sich am Morgen nach dem Reichstagsbrand in seiner Gegenwart vor Freude auf die Schenkel geklopft über den gelungenen Anschlag, den man so überaus erfolgreich den Kommunisten habe in die Schuhe schieben können.[184] Der Staatssekretär, konservativ, rechtsstaatlich gesinnt, Mitglied der Deutschnationalen Volkspartei, war seinem neuen Dienstherrn Göring, dem kommissarischen Leiter des preußischen Innenministeriums, im Wege und wurde kurz darauf seines Amtes enthoben.

Auch aus den Tagebuchaufzeichnungen Harry Graf Kesslers geht hervor, dass wochenlang in NSDAP-, SA-, SS- und Polizeikreisen Berlins von einem vorzutäuschenden Attentat auf Adolf Hitler gesprochen wurde, ein Anschlag, den man als Auslöser einer nationalsozialistischen Bartholomäusnacht mit dem Ziel der Beseitigung der geltenden Verfassung werde nutzen können. Dies werde eine Phase der »langen Messer« auslösen.

Der bereits mit SA und SS als Hilfspolizei durchsetzte Polizeiapparat unter der Führung nationalsozialistischer Behördenchefs hat zwangsläufig nicht die wahren Hintermänner der Tat ermittelt. Sonst hätte aufgeklärt werden müssen, warum sich am Nachmittag vor der Tat die gesamte NS-Führungsriege trotz Wahlkampf zur Reichstagswahl im März 1933 in Berlin aufhielt.

Die Rolle des Deutsch-Amerikaners Ernst »Putzi« Hanfstaengl, Förderer und Freund Hitlers, hätte kriminalistisch geklärt werden müssen. Hanfstaengl wohnte in der Tatnacht als Gast angeblich allein in dem neben dem Reichstag gelegenen Wohngebäude des Reichstagspräsidenten Göring. Von der Residenz Görings führte ein Heizungstunnel in den Keller des Reichstags, über den nach Aufzeichnung des nach der Tat erschossenen SS-Sturmbannführers Ernst die Täter an den Ort der Brandstiftung gelangt waren. Die chemische Zusammensetzung der Brandbeschleuniger an mehreren Brandstellen hätte ermittelt werden müssen. Dann hätte sich nachweisen lassen, dass das Material identisch war mit der Flüssigkeit, die die SA in Berlin schon mehrfach zum Inbrandsetzen von Litfaßsäulen verwandt hatte. Und der SA stand sogar ein von ihr betriebenes Institut zur Erforschung von Brand- und Explosionsstoffen zur Verfügung, dessen Unterstützung für die Brandstifter hätte geklärt werden müssen. Später meldeten sich Zeugen aus Unternehmen, die die Ausgangsstoffe für die Herstellung der Brandbeschleuniger dem Institut geliefert haben wollen.

Unter den unabhängigen Köpfen des In- und Auslands meldete sich kaum eine Stimme, die noch Zweifel an der Täterschaft der Nationalsozialisten geäußert hätte. Die Behauptung von dem angeblich gemeinsam verübten Terrorakt von Kommunisten und Sozialdemokraten wurde nun an der Rolle des keiner Partei angehörenden Ausländers van der Lubbe als Einzeltäter festgemacht, der zwar gestand, jedoch für Beobachter der Verhandlung vor dem Reichsgericht den Eindruck eines unter schärfstem Drogeneinfluss stehenden, nahezu blinden Sündenbocks machte.

Göring, der preußische Innen- und Polizeiminister, gab in den ersten Minuten nach Bekanntwerden des Reichstagsbrandes die Parole aus: »Das ist der Beginn des kommunistischen Aufstandes!« Vizekanzler von Papen sprach von dem »von Gott gegebenen Signal«, und der frische Reichskanzler Hitler forderte: »Jeder kommunistische Funktionär wird erschossen, wo er angetroffen wird. Die kommunistischen Abgeordneten müssen noch in dieser Nacht aufgehängt werden! Auch gegen Sozialdemokraten gibt es jetzt keine Schonung mehr!«

Die Verhaftungslisten waren bereits ein Jahr im Voraus erarbeitet worden. Am Tag vor dem Brand waren sie von eigens ausgewählten Amtsträgern in Überstunden auf den neuesten Stand gebracht worden. Mit der von Reichspräsident Hindenburg unterschriebenen Notverordnung nach Artikel 48 der Reichsverfassung »zum Schutz von Volk und Staat« und »gegen Verrat am deutschen Volke und hochverräterische Umtriebe« erhielt der neue Reichskanzler die Befugnis, Gesetze und Grundrechte außer Kraft zu setzen. Genau dies geschah bereits 24 Stunden nach dem »Aufflammen« des Reichstagsbrandes.

Die mit SA-Truppen durchsetzten Polizeieinheiten machten sich an die Arbeit, die in Listen erfassten »Staatsfeinde« in »Schutzhaft« zu nehmen. Der richterliche Befehl vor und die richterliche Kontrolle nach der Inhaftnahme waren beseitigt. 1500 Personen wurden binnen 3 Stunden dieser Nacht allein in Berlin und Umgebung verhaftet. SA- und SS-Einheiten errichteten Konzentrationslager, die das Land bis 1934 in einem dichten Netz überzogen.

Im Verlauf von wenigen Wochen wurden bis hinunter in die kleinsten Ortschaften alle Persönlichkeiten verhaftet, die nach Einschätzung der Nationalsozialisten hätten befähigt sein können, den örtlichen oder überörtlichen Widerstand gegen die sich entfaltende nationalsozialistische Gewaltmaschine zu organisieren. Das linke Widerstandspotenzial wurde in Konzentrationslager geworfen, mit Mord und Folter bedroht und mindestens bis zur erfolgreichen Durchsetzung der alle Lebensbereiche durchdringenden Diktatur festgehalten.

Die auf dem Boden des Reichsgebiets errichteten Lager sind zwar nicht gleichzusetzen mit den später im Ausland betriebenen Vernichtungslagern – die Massenermordung der Juden, das Sich-zu-Tode-Arbeiten- und Verhungern-Lassen missliebiger Häftlinge kommt erst einige Zeit später in Gang –, doch die Machtergreifung der Nationalsozialisten geht sofort einher mit den widerwärtigsten Übergriffen gegen die jüdische Minderheit in Deutschland. Die Nazi-Horden werden landauf, landab von großen Teilen der Bevölkerung mit Abscheu beobachtet. Doch die Angst vor den Schlägertrupps und dem Wegsperren in Konzentrationslager bringt den Willen zum Widerstand wie auch zu offener Hilfe zum Erliegen.[185] Viele Bedrängte fliehen ins Ausland.

Mehrheit für Ermächtigungsgesetz gesichert

Nach dem Brand des Reichstags am 27. Februar fanden am 5. März 1933 erneut Wahlen zum Reichstag statt. Aufgrund der vom Reichspräsidenten unterzeichneten Notverordnungen wurde dabei im Wahlkampf die kommunistische und sozialdemokratische Presse ausgeschaltet. Die kommunistischen Kandidaten konnten ihren Einsatz nicht fortsetzen, der Wahlkampf der Sozialdemokraten wurde massiv behindert. Zwar wurde die NSDAP mit 288 Mandaten erneut stärkste Fraktion, doch sie erreichte auch dieses Mal nicht mehr als 43,9 Prozent der abgegebenen Stimmen und verfehlte damit trotz Ausschaltung der Kommunisten und Verfolgung der Sozialdemokraten sehr klar die absolute Mehrheit.

Das katholische Zentrum zeigte leichte Gewinne, die Sozialdemokratie verlor nicht mehr als einen Sitz, die Kommunisten fielen, auch terrorbedingt, von früher rund 17 auf 12 Prozent ab. Erneut hatten die Nazis die Mehrheit zum Umbau der Verfassung in Richtung Diktatur klar verfehlt. Sie waren auf eine Koalition mit der Deutschnationalen Volkspartei und dem Zentrum angewiesen, um als Reichsregierung unter Führung Adolf Hitlers die Ermächtigung zu erhalten, künftig ohne Mitsprache des Parlaments und ohne Gegenzeichnung des Reichspräsidenten Gesetze zu erlassen.

So war es der den Linken, den Kommunisten und Sozialdemokraten in die Schuhe geschobene Reichstagsbrand, der den Abgeordneten der »bürgerlichen« Parteien die Rechtfertigung vorspiegelte, dem Gesetz zur eigenen Selbstentmachtung zuzustimmen. Eine gewisse Hoffnung auf Mäßigung

Hitlers und seiner Nationalsozialisten sahen die Fraktionsvorsitzenden und Abgeordneten des Zentrums und der Deutschnationalen Volkspartei in der geringen Zahl nationalsozialistischer Minister.

Hitler war Reichskanzler, doch schon der nationalsozialistische Innenminister Fricke schien nur über geringe Macht zu verfügen, lag doch die Polizeigewalt bei den Ländern. Allerdings galt dies nicht für das größte Land Preußen. Dort waren ja schon vor der Machtübernahme aufgrund des Preußenputsches die Polizeieinheiten unter nationalsozialistische oder rechtskonservative Führung gestellt. Und ein Reichsminister ohne besonderen Geschäftsbereich wie Göring schien wenig bedrohlich, wenn man nicht hinter dieser Funktion als Reichsminister die zugleich wahrgenommene Aufgabe des preußischen Innenministers in die Betrachtung mit einbezog. Die Bürgerkriegsarmee von fast 400 000 SA-Kämpfern, dazu die ihrerseits die SA in Schach haltende Schutzstaffel SS, beide als Hilfseinheiten der Polizei, ergaben den organisatorischen und politischen Hebel, mit dessen Schlagkraft die Rechtsstaatlichkeit gesprengt und die Schreckensherrschaft durchgesetzt werden konnte.

Das Morden und Drangsalieren hatte bereits seit Jahren bürgerkriegsähnlich begonnen, jetzt sollte Gewalt allumfassend und flächendeckend im Reich dafür sorgen, dass Juden, Rote, Liberale, zum Teil auch Katholiken der eher linken Denkrichtung erfasst, ausgeschaltet und eingesperrt wurden. Göring sagte später aus: »Der Brand hat die Verhaftung nur beschleunigt, die sorgfältig vorbereitete Aktion war überstürzt, und dadurch sind eine Reihe von Funktionären entkommen.« Und: »Wir hatten die Listen der kommunistischen Funktionäre, die verhaftet werden sollten, vorher bereits zum großen Teil schon festgelegt.«

Gaben die Notverordnungen die Möglichkeit, unmittelbar nach dem Reichstagsbrand die strategischen Gegner für eine Mehrheit im Reichstag auszuschalten, so galt es jetzt, die Diktatur in der Fläche und Tiefe durchzusetzen. Die kommunistischen Abgeordneten erreichten den in Potsdam tagenden Reichstag nicht mehr. Das galt auch für rund vierzig sozialdemokratische Abgeordnete. Die anwesenden SPD-Abgeordneten stimmten als Einzige gegen das Gesetz.

Die bürgerlichen Parteien, bereits im Laufe der letzten Reichstagswahlen gemessen am Stimmenumfang zu Beginn der Weimarer Republik nur noch zum Schatten ihrer selbst geschrumpft, schlossen sich den Nationalsozialisten an. Der Fraktionsvorsitzende der Deutschnationalen Volkspartei hatte im letzten Moment zwar noch starke Bedenken geäußert, doch die Fraktion setzte sich unter Führung des Parteivorsitzenden Hugenberg darüber hinweg. Und Hugenberg hatte große Teile der deutschen Industrie und der Presse sowie die Organisation des Stahlhelms hinter sich.

Reichstagsbrand und Aufarbeitung deutscher Geschichte

Im In- und Ausland war lange Zeit die These von der nationalsozialistischen Urheberschaft des Reichstagsbrandes herrschende historische Lehre. Doch nach dem Zweiten Weltkrieg fachte eine umfangreiche Serie des Nachrichtenmagazins *Der Spiegel* die Diskussion erneut an. Darin wurde die These von der Alleintäterschaft van der Lubbes ohne jede Beihilfe von außen neu belebt. Die These half die Gutgläubigkeit und Ehrenhaftigkeit all der bürgerlichen Politiker und Wähler zu wahren, die im Gefolge des »kommunistischen Verbrechens« Hitler per Ermächtigungsgesetz zur totalitären Macht verholfen hatten. Es ging um die Ehrenrettung der Vätergeneration. Rudolf Augstein, Herausgeber und Gründer des Magazins, war es, der mit dem Ruf eines unerbittlich kritischen Betrachters deutscher Geschichte 1959 versuchte, das Schlüsselereignis der nationalsozialistischen Machtergreifung 1933 zu »entnazifizieren«. Die *Neue Zürcher Zeitung* hielt dagegen und schrieb vor Jahren:

> Was unter Augstein betrieben wurde, sieht verdächtig nach Weisswäscherei aus. Er hatte sich als Hauptabteilungsleiter für Innenpolitik, aber auch Aussenpolitik ausgerechnet ehemalige überzeugte Nationalsozialisten der SS geholt. Und die waren nun verantwortlich für die *Spiegel*-Serie über den wirklichen Hergang des Reichstagsbrandes, die die These von der Alleintäterschaft des Niederländers van der Lubbe zum Gegenstand hatte. Darin bezog sich ein früherer Mitarbeiter des niedersächsischen Verfassungsschutzes auf die Aussagen der Beamten, die seinerzeit die Tat des Reichstagsbrandes aufzuklären hatten. Der Autor Tobias liess nicht erkennen, was er selbst in der Zeit des Nationalsozialismus getrieben hatte.[186] Doch seine Bezugspersonen als Zeitzeugen erwiesen sich alle als ehemalige Nazis. Sie erklärten, ihre damaligen Erkenntnisse hätten zum Ergebnis gehabt, dass nur van der Lubbe den Brand allein und ohne Hilfe von aussen gelegt hätte. Nun mussten der *Spiegel*-Redakteur ebenso wie Rudolf Augstein nicht nur die These von der Täterschaft der Nationalsozialisten vom Tisch wischen, sie mussten die Gutachten der Sachverständigen für unerheblich beziehungsweise verfälscht unterstellen. Die waren seinerzeit zu dem Ergebnis gekommen, dass das Feuer über das gesamte Reichstagsgebäude an 23 Stellen über alle Stockwerke

gelegt worden war. Dass es sich nicht um die von van der Lubbe angegebenen harmloseren Kohlenofen-Anzünder Marke «Fleissige Hausfrau» gehandelt haben musste und dass Beweismittel und Indizien darauf deuteten, dass selbstentzündendes Phosphor in Verbindung mit Öl verwandt worden sein musste. Die hierfür erforderlichen Mengen, so die Sachverständigen, erforderten zum Antransport mindestens einen Lastwagen und mehrere Personen zum Verteilen in dem riesigen Gebäude. Grössere, nicht mehr zum Einsatz gekommene Restmengen seien im Reichstag aufgefunden worden.

Nun wurden in der neuen Darstellung, die zwangsläufig auch die Arbeit der damaligen nationalsozialistischen Kriminalbeamten ins rechte Licht setzen sollte, alles, was die Alleintäterthese des Marinus van der Lubbe in Zweifel hätte ziehen können, der Fälschung oder im Falle der Sachverständigen der Unfähigkeit oder der Nähe zum Kommunismus verdächtigt.

So werden die dem Fraktionsvorsitzenden der Deutschnationalen Partei, Oberfohren, zugeschriebenen und in einem Memorandum zusammengefassten Erkenntnisse zum Reichstagsbrand und zur Urheberschaft der Nationalsozialisten als Fälschung erklärt. Das wird festgemacht an einigen Ungenauigkeiten, die aber zwangsläufig zustande kommen mussten, weil Oberfohren auf die deutschnationalen Minister aus dem Kabinett Hitler und sonstige Zuträger angewiesen war.[187] Dessen Schilderung des Ablaufs der Ereignisse stimmt auch überein mit dem, was SA-Führer Karl Ernst in eigenen Aufzeichnungen festgehalten hat. Oberfohren soll kurze Zeit darauf Selbstmord begangen haben.[188] Die Geschichte wird heute noch so auch in Wikipedia weitergegeben. Man habe die Selbstmordpistole in seiner Hand aufgefunden. Kriminalisten wissen, dass Mörder in aller Regel dem Ermordeten die Pistole in die Hand zu legen versuchen, um so Selbstmord vorzutäuschen und vom tatsächlichen Mord abzulenken. Der Rückschlag der Waffen führt jedoch stets zum Aus-der-Hand-Treiben der Waffe. Der SA-Mann Ernst wurde im Zuge des Röhm-Putsches ermordet, ebenso wie der Vorauswisser und angebliche Hellseher Hanussen.[189]

Hitler aus der Sicht kritischer Zeitgenossen

Vor wie auch nach der Machtergreifung im Zuge des Reichstagsbrandes war die Einschätzung der Gefährlichkeit Hitlers und seiner Umgebung durch liberale bis linke Beobachter sehr eindeutig. So schreibt der von der Universität Heidelberg verjagte Mathematiker, Physiker und Rechtswissenschaftler Emil J. Gumbel bereits 1936 in einer Rezension des Buches *Hitler* von Rudolf Olden aus dem gleichen Jahr:

Ein Mensch ohne Schulbildung, der kaum etwas dazugelernt hat, der im Lumpenproletariat gelebt hat, nie reguläre Arbeit kannte, dessen Herkunft und Staatsangehörigkeit dunkel sind, dessen Tätigkeit während des Krieges unsicher ist, beginnt als Reichswehrspitzel, wird Führer unzweifelhafter Mörder, Zuhälter und Hochstapler und schwingt sich auf dieser Basis zum Führer der Nation auf.

Er mordet mit der einen Hand und hebt gleichzeitig die andere zum Schwur der Legalität. Der schwarz gelockte, dunkle, etwas slawische Typus, von ähnlich gebauten, aus dem Ausland Stammenden umgeben, behauptet, die nordische Rasse zu repräsentieren und die ganze Tradition Deutschlands zu vertreten. Seine Leute beginnen ihre Regierungstätigkeit, indem sie den Reichstag anzünden; er ermordet seine ältesten Freunde, die Treuen, unter deren Schatten er groß geworden ist, denen er alles verdankt. Aber alle Enthüllungen und alle Argumente gegen ihn prallen wirkungslos ab, nichts schadet seinem Ansehen. Den Versailler Vertrag bricht er, genau wie die Verträge, die er selbst geschlossen; gleichzeitig feiert er sich als den Ort des Friedens. Europa zittert vor ihm und der Macht, die er repräsentiert.

Welche sozialen Kräfte haben einen solch steilen Aufstieg aus dem Nichts, eine solch ungeheure Leistung, die scheinbar zur Unverwundbarkeit führte, ermöglicht? Dieses Problem steht vor jedem, der sich mit dem heutigen Deutschland auseinandersetzen muss. Oldens Lösung lautet: Hitler hat sich stets auf die Seite der Macht gestellt, immer die bestehenden Mächte verteidigt. »Exzellenz, treu wie ein Hund werde ich hinter Ihnen stehen«, sagt Hitler zum Ministerpräsidenten Kahr bei der ersten nationalen Revolution des Jahres 1923. Mehr Strenge gegen die armen Leute – die Losung Haseks »Partei des gemäßigten Fortschritts im Rahmen des Gesetzes« ist auch die Hitlers. Um dessentwillen haben sich die Richter und das Offizierskorps im Verlauf des latenten deutschen Bürgerkrieges auf die Seite der Nationalsozialisten gestellt.

Mord-, Verhaftungs- und Vertreibungswelle nach der Machtergreifung

Dass die Nazi-Herrschaft mit Gräueltaten beginnen würde, war aufgrund der bürgerkriegsartigen Auseinandersetzungen der 1920er-Jahre zu erwarten. Der Mathematiker Gumbel listet lange vor der Machtergreifung minutiös die brutalen Lynchmorde der Hitler-Anhänger Jahr für Jahr auf und veröffentlicht die Ergebnisse im In- und Ausland. Das Reichsjustizministerium kann die Fakten nur bestätigen, zeigt sich jedoch hilflos bis unwillig, die sehr stark nationalkonservativ besetzte Richterschaft in ihre Schranken zu verweisen, die nach rechts blind und nach links ideologisch verblendet ihre Richtersprüche fällt. Gumbel schreibt nach der Machtergreifung:

> Doch nun sind aufgrund der Notverordnung und des Ermächtigungsgesetzes alle Schranken gefallen. SA-Horden treiben jüdische Richter, Ärzte, Lehrer aus den Gerichten, den Krankenhäusern, den Schulen, den Universitäten mitten aus ihrem Berufsleben, der laufenden Verhandlung, der medizinischen Operation, dem Unterricht, verfolgen und verjagen ihre Todfeinde. Die Läden in jüdischem Besitz werden von SA-Männern bewacht, das Betreten und Einkaufen durch Kunden wird be- und verhindert. Sozialdemokraten werden aufgrund des Gesetzes zur Wiederherstellung des Berufsbeamtentums aus ihren Ämtern getrieben, sofern dies nicht schon unter dem Reichskommissar von Papen in Preußen vor allem in der Inneren- beziehungsweise Polizeiverwaltung geschehen war. Noch in der Nacht des Reichsbrandes ziehen vor allem die SA-Horden, jetzt in ihrer Eigenschaft als Hilfsorgane der staatlichen Polizei, aus, um all die Menschen zu verhaften und in Konzentrationslager zu bringen, die aufgrund ihres Engagements für Demokratie, Rechtsstaat und soziale Gerechtigkeit als fähig erachtet wurden, lokal, regional oder national dem Faschismus auch nur den Anflug eines Widerstandes zu leisten. Diese Lehre hatten die Nazi-Größen aus dem Scheitern des Kapp-Putsches gelernt.

Natürlich gab es die Überlegung, erneut über einen Generalstreik dem Nazi-Spuk ein Ende zu bereiten. Doch die Lage war 1932 in Preußen und dann 1933 im Reich nicht mehr mit der Stimmung des Jahres 1920 zu vergleichen. Im Reich wie in den Ländern hatten die Demokraten die Mehrheit an Kommunisten und Nationalsozialisten verloren. Die Hoffnung gerade auch der Sozialdemokraten, mit Demokratie, Rechtsstaat und Liberalität nicht nur geistig, sondern auch wirtschaftlich letztlich Erfolg zu haben, hatte sich nicht erfüllt. Eine Solidarität der Demokraten der Siegermächte mit der sich entfaltenden Demokratie des unterlegenen Deutschland gab es nicht. All diese Erwartungen und Hoffnungen waren auf das Bitterste enttäuscht worden, die beiden Volkshälften standen sich in Hass, Verachtung, aber auch Verzweiflung gegenüber. 1932/33 war die Hoffnung auf Besserung weitgehend aufgebraucht. Die Vernichtungsinflation des Jahres 1923 und die 1929 ausbrechende und bis 1932 anhaltende Weltwirtschaftskrise hatten beim nationalkonservativen Teil der Bevölkerung den Willen zur durchgreifenden Konzentration der rechten Kräfte mit der Tendenz auf eine Diktatur geführt. Pastor Niemöller, aufgrund seines deutschnationalen Herkommens zunächst

Anhänger des Nationalsozialismus, dann in grundsätzlicher Opposition zum Regime, hat seine eigene Haltung wie die weiter Teile der Bevölkerung in einem inzwischen weltberühmten Zitat so beschrieben:

> Als die Nazis die Kommunisten holten, habe ich geschwiegen, ich war ja kein Kommunist. Als sie die Sozialisten einsperrten, habe ich geschwiegen, ich war ja kein Sozialist. Als sie die Gewerkschafter holten, habe ich geschwiegen, ich war ja kein Gewerkschafter. Als sie mich holten, gab es keinen mehr, der protestieren konnte.

Tatsächlich spiegelt diese Selbstanklage nicht die ganze Wirklichkeit wider. Hinzu kommt die Gefahr für Leib und Leben. Nach der Machtübernahme brachte die um SA- und SS-Horden ergänzte und unter Nazi-Führung vorgehende Polizei sofort mit Mord, Folter und Wegsperren die gegnerischen Stimmen zum Schweigen. Es wird von dem blanken Entsetzen in erheblichen Teilen Bevölkerung berichtet, das sich jedoch nur noch verdeckt äußern konnte, da jeder Widerstand die Gefahr des Abtransports in eines der zahlreichen Konzentrationslager zur Folge hatte. Gegen bewaffnete Horden voller Hass, aufgeblasen von jahrelanger Indoktrination und Fehlinformation, nicht mehr zurückgehalten von rechtsstaatlichen Garantien, überzeugt, dass nur Juden, Sozialdemokraten, Gewerkschafter und Kommunisten an der Lage Deutschlands schuld seien, war Widerstand ein tödliches Risiko. Der hätte spätestens durch Verweigerung der Zustimmung zum Ermächtigungsgesetz gezeigt werden müssen. Doch weder die bürgerlichen Parteien noch das katholische Zentrum waren dazu bereit. Von jetzt an konnte dem Morden nur noch aus den eigenen nationalsozialistischen Reihen oder durch die Reichswehr entgegentreten werden. Dazu zeigten sich Ansätze erst mit Beginn der außenpolitischen Abenteuer Hitlers. Davon später.

Gleichschaltung der Presse

Die Presse war bereits in den 1920er-Jahren von Hugenberg durch den Aufkauf und die organisatorische und inhaltliche Erfassung und Steuerung großer Teile der Regionalzeitungen, finanziert unter anderem von der Wirtschaftsvereinigung zur »Förderung der geistigen Wiederaufbaukräfte«, in der die Industriellen Stinnes, Thyssen, Krupp über den Deutschnationalen Hugenberg die Richtung bestimmten, stramm nach rechts getrimmt und zum Propagandainstrument gemacht worden. Sie standen jetzt hinter der

Machtergreifung, waren gleichgeschaltet. Es fehlte folglich nahezu jede kritische Begleitung der scheinbar legal ablaufenden Machtübernahme. Wer den braunen Machthabern nicht nach dem Munde schrieb oder redete, wurde entlassen, vertrieben oder ermordet.

Protest gab es selten oder nur zwischen den Zeilen. Nach der Machtergreifung erhielten die Zeitungen den Status von »Trägern öffentlicher Aufgaben«[190] zugewiesen, womit sie von einem Kontrolleur staatlichen Handelns per Gesetz zu einem Instrument staatlicher Propaganda und der Beeinflussung des Volkes im Sinne des Nationalsozialismus bestimmt wurden. Bereits im März 1933 wurde dazu als zentrale Überwachungs- und Anleitungsinstitution das Reichspropagandaministerium unter Leitung von Joseph Goebbels geschaffen. Politisch geschulte Köpfe konnten zuweilen zwischen den Zeilen versteckte Nachrichten und Meinungen lesen und sich ein Bild über die Entwicklung der politischen Landschaft machen. Die *Frankfurter Zeitung* konnte noch eine Weile etwas kritischere Berichte unterbringen.[191] Für die Massen jedoch setzte eine pausenlose Indoktrination ein, die Juden, Sozialdemokraten, Gewerkschafter und Kommunisten zu Verbrechern stempelte, die dem Volk Schaden und nichts als Schaden gebracht hätten. Zweifel verstummten.

Umso mehr wurde das Gemüt angesprochen. Nach Hitlers Rede in der Garnisonskirche in Potsdam wurde das Glockengeläut des Königsberger Doms übertragen. Alle deutschen Rundfunkstationen waren angewiesen, diese Schlussszene mit feierlichem Gebet zu senden, überall stand SA auf den Straßen und rief in Sprechchören »Sieg Heil!«. Von den Gipfeln aller deutschen Berge loderten Feuerstöße.[192] Von den Kirchtürmen läuteten die Glocken.

Die weltoffenen, kritischen, anregenden, Widerstand leistenden Eliten werden aus dem Land gejagt

Ein unendlicher Strom der bestausgebildeten, kritischen, schöpferischen, nicht selten genialen Deutschen verlässt das Land, flüchtet nach Frankreich, England, Holland, in die Türkei, die USA, nach Mexiko usw. Allen voran der Volksteil, der durch seine Weltläufigkeit, seine Begabung, Disziplin und überdurchschnittliche Bildung Deutschland eine starke Kraft gegen provinzielle Einfalt und Beschränktheit geboten hatte: die Juden. Noch konnten sie der Vernichtung entgehen, wenn sie die Überfahrt in die USA, nach England oder Israel bezahlen konnten und dort auch aufgenommen wurden. Ihre berufliche Existenz in Deutschland war ihnen unter brutalem Einsatz der Braunhemden, aber auch durch intrigante Einmischung der nachrückenden Neider in allen Berufsständen vernichtet worden.

Mit ihnen zog ein Großteil der geistigen Führungselite Deutschlands und brachte mit ihren Familien, ihrer guten Ausbildung und besten deutschen Traditionen Bereicherung für die aufnehmenden Länder. Die entsprechende Verarmung Deutschlands wirkt bis heute nach und wird ihre Folgen noch Generationen nach dem Exodus zeigen.

Der Physiker Albert Einstein, im oberschwäbischen Bad Wurzach geboren, ging als einer der Ersten. Mit die besten Naturwissenschaftler, Ärzte, Architekten, Künstler, Rechtsanwälte, Historiker, Journalisten flohen in aufnahmebereite Länder, die meisten kamen nach Ende der Nazi-Herrschaft allenfalls auf Besuch in die alte Heimat.

Der Aderlass ist in gewissem Umfang zu vergleichen mit dem Frankreichs nach der Vertreibung der Hugenotten, die, aus ihren Führungspositionen entfernt, später in einem Land wie Preußen zu einer kaum zu überschätzenden Bereicherung wurden.

Nicht zu vergessen: Es mussten auch zahlreiche führende Politiker der Linken, der Kommunisten, der Sozialdemokratie, aber auch des Zentrums und der Liberalen fliehen. Sie fehlten nach dem Einbruch der Nazi-Zeit zur Formierung des Widerstandes. Bereits im Jahr 1934 schreiben die Gewährsmänner und -frauen der SPD in ihren Berichten an den ins Exil in Prag verlegten Vorstand der Partei:

> Die Unzufriedenheit wächst gewaltig. Stimmung unserer Leute blendend. Hier fehlt nur die Mitarbeit von Führerköpfen. Doch die sind emigriert, sitzen im Gefängnis oder stehen Tag und Nacht unter Beobachtung und Bespitzelung.

Auf der Habenseite der Nationalsozialisten war nicht zu verkennen, wie glücklich zahllose, vor allem akademische Nachwuchskräfte nun in die frei werdenden Stellen der verjagten jüdischen Amtsinhaber nachrücken konnten, nachdem sie oft viele Jahre ohne ordentliche Beschäftigung bei den paramilitärischen Verbänden der SA und SS gegen geringe Entlohnung untergekommen waren. In der Industrie und Bankenwelt tat sich Ähnliches. Der Raub der jüdischen Betriebe und des jüdischen Eigentums bereicherte die sogenannte arische Oberschicht, die die frei werdenden Vorstands- und Aufsichtsratsposten besetzen konnte oder, sofern nicht dem Nationalsozialismus verfallen, auch musste.[193]

Linke Parteien verboten, bürgerlich-konservative aufgelöst

Die NSDAP betrieb nun die Beseitigung aller mit ihr konkurrierenden Parteien. Kommunisten wurden systematisch verfolgt, eingesperrt und umgebracht. Die SPD wurde im Juni 1933 verboten, dann folgte die Selbstauflösung der bürgerlichen Parteien, der Deutschnationalen Volkspartei, der Deutschen Demokratischen Partei, der Deutschen Volkspartei und zuletzt des katholischen Zentrums.

Konkordat und Zentrum

Es waren von Papen und der auf Anordnung des Vatikans nach Rom versetzte Prälat Kaas, der bisherige Vorsitzende der Zentrumsfraktion, die nun in wenigen Monaten das Konkordat zwischen dem Vatikan und dem von Hitler geführten Deutschen Reich aushandelten. Das Vertragswerk garantierte der Kirche die freie Religionsausübung und verpflichtete den Staat zur Duldung und Einrichtung katholischer Grundschulen in den deutschen Landesteilen, die noch kein Konkordat mit dem Vatikan abgeschlossen hatten. Der Vatikan seinerseits verpflichtete sich, den deutschen Staat in seinen Aktivitäten nicht zu kritisieren und die Bevölkerung zur Gefolgschaft anzuhalten.

Mit der Umorientierung des Zentrums auf Zustimmung zum Ermächtigungsgesetz und seiner Verpflichtung zur Selbstauflösung als im neuen System nicht mehr erforderlicher Partei entfernte der Vatikan einen der entscheidenden Riegel vor der Auflösung des Rechtsstaates, der Verfolgung Andersdenkender und der Gefahr der Vertreibung, Entrechtung und später Ermordung der deutschen Juden. In der Folgezeit kritisierten der Vatikan ebenso wie die deutschen Bischöfe stets nur die Behandlung der Kirche und der katholischen Gläubigen durch den Nationalsozialismus, zeigten sich jedoch bereit, die sonstigen Ziele des Regimes zu unterstützen oder zumindest zu dulden, sofern nur die Kirche in Deutschland ihren relativen Freiraum behielte. Von einer grundlegenden Auseinandersetzung mit den barbarischen Zielen und dem an den Tag gelegten Vorgehen des Regimes war nie oder selten die Rede. Das änderte nichts daran, dass erhebliche Teile des Klerus wie des Kirchenvolks ihre bisherige Skepsis, Ablehnung und Abscheu gegenüber den Nationalsozialisten bewahrten.[194]

Das Zentrum unter Führung seines Fraktionsvorsitzenden und zugleich Priesters der katholischen Kirche, des Prälaten Kaas, löste sich nach einer sehr strittigen Auseinandersetzung in der Fraktion auf. Die Partei folgte damit dem Muster der katholischen Volkspartei Italiens. Vergleichbar dem deutschen Zentrum gab es auch dort den rechten, mehr dem Bürgertum und dem Großkapital zugewandten Flügel einerseits und den in der Arbeiterschaft, in den Betrieben und Gewerkschaften verankerten linken Flügel andererseits. Im faschistischen Italien sollten die Interessen der Bürger ständestaatlich repräsentiert werden und nicht in und durch Parteien. Das entsprach der politischen Vorstellung des Vatikans, der nach der Französischen Revolution die Staatsform der republikanischen Demokratie und die politischen Vorstellungen des Liberalismus oder gar der Sozialdemokratie bekämpft hatte.

Der Kommunismus jedoch, inzwischen in Gestalt der Sowjetunion, aber auch der kommunistischen Parteien vieler Länder, hatte sich in der Vorstellung der katholischen Kirche und des Vatikans zur existenziellen Bedrohung ihres Einflusses auf Politik und Gesellschaft entwickelt.

Reichskanzler Brüning, Katholik und Parteivorsitzender der Zentrumspartei, bekam bereits frühzeitig in Berlin die Einstellung des damaligen Nuntius Pacelli und späteren Papstes Pius XII. zu spüren, der, so Brüning, »obwohl er nahezu 13 Jahre ununterbrochen in Deutschland gelebt hatte«, »weder die Grundbedingungen der deutschen Politik noch die besondere Stellung der Zentrumspartei je richtig verstanden« habe. Fest im konkordatären System stehend, glaubte er, durch Verträge zwischen dem Vatikan und den einzelnen Ländern die Interessen der Katholiken besser wahrnehmen zu können als durch die Macht katholischer Laienpolitiker. An die Stelle des Denkens Leos XIII. sei nun, so Brüning, eine starre Auffassung des zentralisierten Regierens der Katholiken der ganzen Welt durch feste Verträge getreten.

Als Brüning 1931 dem Vatikan einen Besuch abstattete, stellte Kardinal Pacelli, damals für die Außenpolitik des Vatikans zuständig, den Abschluss eines Reichskonkordats an die oberste Stelle der Wunschliste des Vatikans. Entsprechend kühl wurde die Begegnung, als Brüning Pacelli davor warnte, durch das Beharren auf einem Reichskonkordat die Pandorabüchse des »Furor Protestanticus« zu öffnen. Zur Begründung verwies Brüning auf die bereits bestehenden, mehr oder weniger flächendeckenden Konkordate mit den einzelnen deutschen Ländern. Pacelli äußerte in dem Gespräch den dringenden Wunsch, in Deutschland auf eine Regierung der Rechten hinzuarbeiten und dabei den Abschluss eines Reichskonkordats zur obersten Bedingung zu machen.[195] Dabei rügte Pacelli den Kanzler, der als Katholik einen protestantischen Kirchenvertrag abgeschlossen habe. Brüning antwortete ihm, dass dieser Vertrag dem Geist der Verfassung entspreche, auf die er als Kanzler vereidigt sei, und er »die Interessen des gläubigen Protestantismus auf der Grundlage völliger Gleichberechtigung« wahrnehmen müsse. Der Kardinalstaatssekretär Pacelli hingegen habe seine, Brünings, gesamte Politik verurteilt und erklärt, die Stellung von Kaas, der eine solche Politik billige und als Fraktionsvorsitzender stütze, sei im Vatikan nachhaltig erschüttert. Er müsse Kaas bitten, sein Amt als Vorsitzender der Zentrumspartei niederzulegen und künftig die freie Stelle des Rektors am Priesterkolleg beim Campo Santo Teutonico in Rom zu übernehmen.

Brüning versuchte bereits 1931, den Staatssekretär des Vatikans vor den künftigen Gefahren zu warnen, sollte die Kirche sich in ihren politischen Auffassungen zu stark mit dem faschistischen System identifizieren. Pacelli jedoch drängte erneut auf eine Einigung mit den Nationalsozialisten, worauf Brüning antwortete, Pacelli verkenne die Natur des Nationalsozialismus. Die Sozialdemokraten in Deutschland, so Brüning, seien zwar nicht religiös, aber doch tolerant, während er bislang noch die Überzeugung habe, dass die Nazis weder religiös noch tolerant seien.

Nach der Machtübernahme entzog nun auch in Deutschland der Vatikan der eigenen katholischen Partei, dem Zentrum, die Unterstützung und wies den Parteivorsitzenden Brüning und den Fraktionsvorsitzenden Prälat Kaas an, die Partei aufzulösen.[196] Dementsprechend erklärte das Zentrum in einer Entschließung seine Selbstauflösung wie folgt:

> Die politische Umwälzung hat das deutsche Staatsleben auf eine völlig neue Grundlage gestellt, die für eine bis vor Kurzem mögliche parteipolitische Betätigung keinen Raum mehr lässt. Die deutsche Zentrumspartei löst sich daher im Einvernehmen mit dem Herrn Reichskanzler Hitler mit sofortiger Wirkung auf.[197]

Dieser Entschluss wurde gefasst, nachdem bereits Zigtausende Mitbürger in den Konzentrationslagern ohne richterliches Gehör eingesperrt waren, nachdem ein Heer von Emigranten das Land verlassen hatte und die Zahl der Selbstmorde aus Verzweiflung über den Entzug der Existenzgrundlage, aber auch der Luft zum freien Atmen beängstigend hochgeschnellt war. Die Gleichschaltung der Presse, auch der katholischen, war bereits in die Wege geleitet.[198] Und dennoch gab die dem Papst ergebene Partei auf dessen Geheiß die Instrumente preis, die dem menschlich wie politisch in den Abgrund rasenden Karren des deutschen Staatswesens Bremsen hätten anlegen können. Gleiches galt ja auch für die liberal-bürgerlichen und konservativen Kräfte und Parteien. Es gab im Verlaufe der 12-jährigen nationalsozialistischen Gewaltherrschaft durchaus heftige Proteste aus dem katholischen Lager, auch von einzelnen Bischöfen.[199] Doch sie richteten sich selten gegen das barbarische, meist geradezu viehische Vorgehen des Regimes gegen nicht der Kirche zugehörende Menschen.

Bevor Hitler das Konkordat unterzeichnete, forderte er den Vatikan auf, sich nicht einzumischen, wenn gegen Kommunisten, Sozialisten, Juden und selbst gegen bestimmte katholische – vorwiegend linke – Organisationen hart durchgegriffen werde. Der Vatikan stimmte zu. Er schwieg, als Hitler seinen Feinden, die »zufällig« auch die Feinde der katholischen Kirche waren, noch brutaler an die Gurgel ging und die erschütternden Verfolgungen von Juden, Kommunisten und Sozialisten verschärfte.[200]

Das Verhalten des Vatikans und der Amtskirche entsprach nicht nur ihrem Vorgehen des Jahres 1922 in Italien gegenüber dem europäischen Gründer des Faschismus, Benito Mussolini. Es sollte sich auch in Österreich wiederholen, zunächst bei der Errichtung des klerikal-faschistischen Systems unter Bundeskanzler Dollfuß und später nach dem von einem Teil der Bevölkerung bejubelten Einmarsch deutscher Truppen in Österreich und dem Anschluss des Landes an Hitler-Deutschland. Auch in Spanien stellte sich die Kirche hinter das mit dem Katholizismus wie dem Faschismus eng verbundene Franco-Regime, das im Bürgerkrieg mit den Waffen der in Afrika stationierten spanischen Fremdenlegion und der Waffenhilfe aus Hitler-Deutschland und Mussolini-Italien errichtet wurde. Letztlich konnte nach dem Einmarsch deutscher Truppen in Frankreich und der Ernennung General Pétains zum Präsidenten des unbesetzten, mit dem nationalsozialistischen Regime Deutschlands eng kollaborierenden Vichy-Regime die Nähe des Vatikans und der Hierarchie der französischen Amtskirche beobachtet werden.[201]

Es kann daher kein Zweifel daran bestehen, dass die unterstützende Haltung des Vatikans gegenüber Hitler und den Nazis nicht aus einer Fehleinschätzung geboren war. Die Mission Hitlers, Mussolinis, Pétains und Francos aus Sicht des Vatikans wie des höheren Klerus war die Beseitigung des Bolschewismus mit allen zur Verfügung stehenden Mitteln. Die Unterdrückung freiheitlicher Strukturen sowie die Verfolgung von Juden, Liberalen, Sozialdemokraten und natürlich Kommunisten wurden teils gebilligt, teils in Kauf genommen.

Nacht der langen Messer: Röhm-Putsch und Reichswehr

Ein Problem der entstehenden Hitler-Diktatur konnte nicht mehr auf die lange Bank geschoben, musste sehr schnell nach der Machtergreifung gelöst werden. Die Sturmabteilungen (SA), in Standarten über das gesamte Reichsgebiet verstreut und territorial gegliedert, waren bereits 1920 als Bürgerkriegs- und Terrorarmee aufgebaut worden. Sie umfassten 1933 rund 400 000 Mann. Dazu kam die SS, die als Elite der nationalsozialistischen Bewegung in ihrem bedingungslosen Gehorsam Hitler und der nationalsozialistischen Spitze des Reiches Schutz gewähren sollte, nicht zuletzt vor Übergriffen der im innerparteilichen Kampf der Flügel möglicherweise einsetzbaren SA.

Die in der Masse jugendlichen Männer waren oft, weil sonst ohne Einkommen, als Arbeitslose der SA beigetreten. Nach Einrichtung der Diktatur beanspruchten die oberen SA-Ränge ebenso wie die Mannschaften, Kern der neuen Armee des nationalsozialistischen Deutschlands zu werden. Doch dies widersprach verständlicherweise den Interessen des gut ausgebildeten konservativen Offizierskorps der Reichswehr mit ihren 100 000 Mann. Dieses Instrument war von der Reichswehrführung stets auch als gegen eine nach links aus dem Ruder laufende Weimarer Politik gehalten und seit Entstehen der Weimarer Republik als Staat im Staate geführt worden.

Die Offiziere der Reichswehr waren keine Republikaner und keine Demokraten, wenigstens in ihrer überwältigenden Mehrheit nicht. Aus Staatsraison hatte man sich der neuen Staatsführung zur Verfügung gestellt, nicht aus Überzeugung und Vertrauen in Demokratie und Rechtsstaat. Eine Alternative war in den Jahren von 1919 an ohne das Lostreten eines blutigen Bürgerkriegs mit einiger Sicherheit nicht zu verwirklichen. Beim Versuch der Freikorps im Jahr 1920, die verhasste Republik mit Gewalt zu beseitigen, blieb die Reichswehr neutral, sie verweigerte den Einsatz gegen den Putsch von rechts. Die Freikorps wurden als Fleisch vom eigenen Fleische betrachtet, als Hilfsverbände, auf die die Reichswehr im Verteidigungsfalle meinte zurückgreifen zu müssen. Die Sympathie jedoch galt der Veränderung, ja Überwindung des »Systems Weimar«, das mit seinem Vielparteiensystem einem Neuanfang entgegenzustehen schien. Daher auch die Eingabe zahlreicher Generale an Präsident Hindenburg – spiegelbildlich zu jener der Industriellen, Banker, Großgrundbesitzer –, Hitler mit der Regierungsverantwortung zu betrauen. Doch auch in Bezug auf die neue nationalsozialistische, faschistische Staatsform hatten die maßgeblichen Köpfe der Reichswehr ihre Bedingungen gestellt. Noch hielten sie das Gewaltmonopol des Staates in Händen.

Sie forderten Hitler auf, die SA unter keinen Umständen zulasten der Reichswehr zur neuen Armee des Nazi-Reiches zu machen. Hier wurde Hitler zur Entscheidung zwischen den alten Kameraden, die ihm über ein Jahrzehnt den Aufstieg ermöglicht hatten, und der eine konservative bis monarchische Gesinnung bewahrenden Reichswehr gezwungen.

Nun hatte Hitler in seiner Landserzeit im Ersten Weltkrieg eine zunächst uneingeschränkte Hochachtung vor den Rängen der alten kaiserlichen Armee gewonnen. Für deren Anerkennung und Wohlwollen war er nach der Machtübernahme bereit, den Sprung zu wagen und die SA in die Schranken zu weisen. Das war insofern schwierig, als nach der Machtübernahme und der Verhaftung, Vertreibung und Vernichtung der Opposition nun die Frage der Ausrichtung der Parteilinie nach links oder rechts anstand. Würden sich die eher linken Kreise um den bayerischen Apotheker Strasser mit der Führung der unter dem Druck der Mannschaften, Unteroffiziere und Offiziere stehenden SA verbünden, so hätte dies für Hitlers Zukunft und dessen Umgebung brandgefährlich werden können. Hitler hätte seine oft wiederholten Versprechen an die Industriebosse, die linkslastigen Bestandteile seines Programms unter den Tisch fallen zu lassen, womöglich nicht einhalten können. Auch hätte Hitler beseitigt und durch einen Vertreter des linken Flügels ersetzt werden können. Die Machtergreifung hätte in einen Linksputsch mit entsprechend ausgerichteter Diktatur ausarten können, die den Interessen der auf Hitler setzenden Industrie zuwidergelaufen wäre.

Hitler löste das Problem mit einem blutigen Gewaltakt, einer »Nacht der langen Messer«, wie es der Volksmund nannte, auch fälschlicherweise als Röhm-Putsch bekannt geworden. Die oberen SA-Führer, zu einer Tagung in Bayern zusammengezogen, bei der eine Aussprache mit Adolf Hitler angesetzt war, wurden unter persönlicher Beteiligung Hitlers im Morgengrauen des 30. Juni 1934 von SS-Einheiten in ihren Unterkünften überfallen, abgeführt und ohne Gerichtsverfahren erschossen. Entsprechend ermordete die SS im ganzen Reichsgebiet missliebige SA-Führer. Reichswehr und Polizei übernahmen zum Teil die Entwaffnung. Die Anzahl der Mordopfer blieb Staatsgeheimnis. Es traf nahezu die gesamte obere SA-Führung. Die Witwen und Angehörigen der Ermordeten erhielten eine Rente.

Aus Anlass des großen Abrechnens wurden auch sonstige unliebsame Personen liquidiert, wie der zwischen Papen und Hitler kurz amtierende Reichskanzler von Schleicher, Gregor Strasser, der Reichswehrgeneral von Bredow, der frühere bayerische Ministerpräsident von Kahr. Die wenigsten dieser so Ermordeten hatten enge politische oder persönliche Verbindungen zum Chef der SA, Ernst Röhm, oder allgemein zur SA. Vielfach wurden nur alte Rechnungen beglichen, so etwa mit Kahr, der 1923 beim Hitler-Putsch den Putschisten die entscheidende Unterstützung verweigert hatte. Oder es wurden gefährliche Täter und Mitwisser von Anschlägen und Morden beseitigt. So wurden auch alle wichtigen Täter und Zeugen des Reichstagsbrandes aufgestöbert und erschossen.

Die Bevölkerung war vom ersten Jahr der Regierung Hitler mehr als enttäuscht. Allenthalben wurde sogar öffentlich Kritik erhoben, gelästert, Schadenfreude gezeigt.[202] Die Mordtaten des Juni/Juli 1934 fanden allerdings ein positives Echo. Die Bevölkerung fand die Nazi-Bonzen unsympathisch und begann bereits unter der mangelnden Versorgung mit Nahrungsmitteln und Bekleidung zu leiden. »Der Führer weiß nicht, was landauf, landab Sache ist. Jetzt greift er durch«, war die Stimmungslage der unkritischen bis nazigeneigten Massen. Andere wiederum sahen sich in ihrer Skepsis bestätigt. Sie trauten dem Regime allenfalls ein Überleben von wenigen Monaten zu. Widerstand wurde allenfalls von der Reichswehr erwartet, die dem Hitler-Regime trotz aller Förderung skeptisch, zum Teil ablehnend, aus der Sicht der konservativen Oberschicht oft spottend gegenüberstand.

Nach den Mordtaten wurde die Bespitzelung der Bevölkerung vorangetrieben. Bis in jedes Haus hinein wurde die Überwachung organisiert. Der Blockwart schrieb auf, mit wem man umging, woher die Briefe kamen, welche Zeitungen gehalten wurden und ob ordnungsgemäß die Hakenkreuzfahne gehisst wurde. Ein Fehltritt in Sachen Nazi-Korrektheit konnte die Entlassung aus dem Arbeitsverhältnis oder Gefängnis bedeuten. Nach der täglichen Arbeit wurden die Menschen zu Demonstrationen und Aufmärschen geschickt. Das Handaufheben zum Gruß gehörte zur Pflicht gegenüber Führer und Vaterland. Wer ausscherte, fiel dem Apparat zum Opfer, wanderte in Konzentrationslager, wurde arbeitslos. Den täglichen Terror, die Indoktrination, die Versuche des Widerstandes und die von den Gerichten für jede Unbotmäßigkeit verhängte Freiheits- bis Todesstrafe kann man in den vierteljährlichen Berichten der Sozialdemokratischen Partei Deutschlands im Exil (Sopade) in Prag nachlesen. Wohl aus keiner Diktatur sind die Lebensverhältnisse in dieser Dichte aus fast allen Schichten, der gläubigen Nazis ebenso wie der standhaltenden, zum Teil Widerstand leistenden Opposition, über die Jahre hinweg so detailliert dargestellt worden.[203]

KAPITEL 20

Hitlers außenpolitische Siege, deutscher Widerstand in England ohne Chance

Abrüstung am Ende, Aufrüstung der Reichswehr

Hitler hatte die Ziele seiner Politik in *Mein Kampf* bereits 1924 niedergelegt. Wie schon Wilhelm II., so wollte auch Hitler für Deutschland neben England als Großmacht zur See die Rolle einer Großmacht zu Land in Mittel- und Osteuropa erkämpfen. Das war bislang am Widerstand der Angelsachsen gescheitert, doch nun sollte neu angesetzt werden. Möglichst im Einvernehmen mit England wollte Hitler einerseits den Kommunismus ausrotten. Andererseits wollte er für das »Volk ohne Raum« Territorien im Osten zulasten der Sowjetunion erobern. Und er forderte Kolonien für Deutschland – Ziele, die jahrzehntelang auch die deutschen konservativen Parteien verfolgt, die der Kaiser gefordert und die als Kriegsziel formuliert worden waren.

Hitler ging forsch an die Arbeit. Als Erstes zog sich Deutschland aus der Abrüstungskonferenz des Völkerbundes zurück. Frankreich und England waren entgegen der Zusage von Ende 1932 nun doch nicht bereit, Deutschland die militärische Gleichbehandlung einzuräumen. Zugleich trat Deutschland aus dem Völkerbund aus, dem ja die Vereinigten Staaten entgegen den Wünschen Präsident Wilsons ebenfalls nicht angehörten.

Hitler-Deutschland rüstete nun in Riesenschritten auf. Die Zahl der Soldaten wurde bis Kriegsbeginn 1939 von den im Vertrag von Versailles zugestandenen 100 000 auf 1,1 Millionen Mann mehr als verzehnfacht.

Die Planung des Jahres 1933 sah zunächst 63 Divisionen für 1936, dann 102 einsatzfähige Divisionen für die Jahre 1940/41 vor. Entsprechende Erweiterungen waren für Marine und Luftwaffe vorgesehen. Die finanziellen Aufwendungen waren riesig und nur durch verdeckte Geldvermehrung zu realisieren. Die Auswirkungen erschienen zunächst positiv insofern, als bei Kriegsbeginn 1939 die Zahl der Arbeitslosen von 6 Millionen im Jahr 1932 bis auf einen Rest von nun 34 000 gesunken war. Die Aufrüstung führte zu einer extremen Verknappung der Rohstoffe, die Deutschland aufgrund der geringen Deviseneinnahmen nur unter großen Anstrengungen einführen konnte. Sehr schnell stellte sich ein großer Mangel an gut ausgebildeten

Facharbeitern ein. Die so schnell aufwachsende Wehrmacht war in Aufbau und Zusammensetzung unausgeglichen. Sie war nach dem Urteil von Sachverständigen auch 1939 wegen unvollständiger Ausrüstung noch nicht zu einem nachhaltigeren Angriffs- und Eroberungskrieg befähigt. Die nicht vorhandene Winterkleidung der Soldaten im Russlandfeldzug war eines der Beispiele hierfür. Aber auch andere Vergleiche zeigten dies. So war die Produktion Englands an Kampfflugzeugen in allen Jahren an Zahl der deutschen weit überlegen. Dies galt erst recht für die Marine.

Das Anwachsen auf die Größenordnung von über einer Million Soldaten brachte eine gewaltige Änderung der Zusammensetzung des Offiziers- und Unteroffizierskorps mit sich. Die Reichswehr war von Beginn an als Kaderarmee aufgebaut worden, die schnell erweitert werden konnte. Doch der jetzt einsetzende gewaltige Größenzuwachs veränderte den Charakter der Armee. Die neu eingestellten militärischen Führer auf Offiziers- wie Unteroffiziersebene waren nun nicht nur konservativ eingestellt, sie waren sehr häufig glühende Anhänger Adolf Hitlers, der ihnen aus der verzweifelten Perspektive der Arbeitslosigkeit herausgeholfen hatte. Hier kam es zwangsläufig zu Spannungen des skeptisch bleibenden Führungskorps der alten Reichswehr mit den jungen Offizieren der Aufwuchswehrmacht. Der Erfahrungshintergrund des Ersten Weltkrieges und der Kaiserzeit fing an zu verblassen, der neu aufsteigende Stern Hitlers erzeugte neue Loyalitäten. Das sollte nicht zuletzt zu einem Problem der konservativen Widerstandsbewegung gegen Hitler werden.

Fortlaufende Erfolge in der Außenpolitik: der rote Teppich für Hitler

Der Aufbau des nationalsozialistischen Machtapparates in Deutschland, mit dem Ziel, nach außen die Stellung einer Weltmacht zu erlangen, hätte ebenso wie in den Jahren vor 1914 auf den Widerstand der am Großen Spiel beteiligten konkurrierenden Weltmächte stoßen müssen, also Frankreichs, der alten Supermacht England und der immer stärker werdenden jungen Supermacht USA. Und so verwundert es bei einer Betrachtung der historischen Entwicklung, dass und wie vonseiten der bis zum Machtantritt Hitlers so erbitterten Gegner einer Rückgewinnung deutscher Macht nun dem Diktator geradezu der rote Teppich des Erfolges ausgerollt wurde. Alles, was der Weimarer Republik von Beginn an verweigert worden war, ließen die Westmächte Hitler, dem extrem aufrüstenden Bolschewistenfeind und Marxismusausrotter, ohne Widerstand, wenn auch zuweilen mit Murren durchgehen. So konnte

Hitler entgegen den Bestimmungen des Versailler Vertrages die Wiederherstellung der uneingeschränkten Wehrhoheit Deutschlands verkünden. Damit war die bisherige 100 000-Mann-Obergrenze der Reichswehr gesprengt. Dies geschah 1935.

Ein weiterer Erfolg kam mit der Abstimmung der Bevölkerung des Saarlands auf Rückkehr ins Reich. Die Mehrheit stimmte mit 90 Prozent für Deutschland, und nur 10 Prozent der Befragten votierten für den Verbleib bei Frankreich beziehungsweise für ein selbstständiges Saarland. Die Warnung, dass die Bevölkerung sich damit in ein Reich der Konzentrationslager und der Diktatur begebe, so die Propaganda der Gegner, fand beim Wahlvolk keinen ins Gewicht fallenden Widerhall.

Es folgte 1936 die Remilitarisierung des Rheinlandes. Die Truppen der Reichswehr bezogen an der deutsch-französischen Grenze Posten. Nach dem Versailler Vertrag sollte das linksrheinische Deutschland einschließlich eines rechtsrheinischen Streifens von 40 Kilometern Tiefe entmilitarisiert bleiben. Das reichte immerhin bis vor die Tore von Frankfurt und Stuttgart. Fortan begnügten sich die Alliierten mit den heiligen Eiden des Diktators, nur friedliche Absichten zu verfolgen. In Hitlers *Mein Kampf* waren die militärisch zu verfolgenden Ziele benannt, sie lagen im Osten und betrafen Polen, die Tschechoslowakei, vor allem aber die Sowjetunion. Wie jedermann wusste oder wissen konnte, waren die unter dem Jubel der Bevölkerung in das Rheinland einmarschierenden deutschen Truppen so schwach ausgerüstet, dass Hitler Weisung gegeben hatte, bei Aufmarsch des ersten entgegentretenden französischen Verbandes haltzumachen und die Operation abzubrechen. Dabei hatte Frankreich die kaum wehrfähige Weimarer Republik durch Bündnisse mit Polen, der Tschechoslowakei und zum Schluss sogar der früher so verhassten Sowjetunion einzuhegen versucht. Nun blieb dieses Bündnissystem Frankreichs ohne Wirkung. Die Haltung Frankreichs gegenüber dem neuen Hitler-Deutschland war wie ausgewechselt.

Deutscher Widerstand und taube Ohren in England

Die Schachpartie um die deutsche Weltmachtrolle wurde nun Zug um Zug neu eröffnet in einer auch im zeitlichen Ablauf verblüffenden Eindeutigkeit. Die Zielrichtung deutscherseits ging Richtung Osten, wo Hitler den Paten der kommunistischen Weltbewegung, die Sowjetunion, als Todfeind der kapitalistischen Welt auszuschalten gedachte. In dieser Auffassung stimmte er überein mit den regierenden Eliten in Staat, Wirtschaft und Finanzen aller westlichen Länder, also Frankreichs, Englands, der USA und nicht zuletzt des Vatikans, der in immer neuen Appellen die Beseitigung der atheistischen Macht anmahnte. Winston Churchill hatte das sowjetische Kind am liebsten schon 1917 in der Wiege ermorden wollen. Hitler traf auf die Duldung der Westmächte und fand Gefolgschaft in den Führungszirkeln von Ölfirmen wie der Royal Dutch Shell, die ihre Ölquellen am Schwarzen Meer an die Revolutionäre verloren hatten. Dass Hitler auch noch Lebensraum für das angeblich übervölkerte Deutschland, vor allem aber Rohstoffe erobern wollte und damit nur die Ukraine und Russland meinen konnte, war ernst zu nehmen, jedoch nicht von so ausschlaggebender Bedeutung. Aus der globalen Sicht Großbritanniens langfristig gefährlicher musste letztlich die Chance Deutschlands sein, im Zusammenspiel mit der bis an den Pazifik reichenden volks- und rohstoffreichen Sowjetunion eine neue transkontinentale, eurasische Machtbasis aufzubauen. Damit hätte sich erneut die Gefahr ergeben können, dass aus geopolitischer Sicht etwa eines Mackinder die Seemächte ihre von den Küsten der Ozeane ausgehende Beherrschung der Kontinente würden aufgeben müssen. Aus Sicht der englischen Geopolitik musste die Einhegung der unter Hitler heranwachsenden neuen deutschen Herausforderung ein wichtiges Element bleiben; dabei wollte man die Sowjetunion, den noch globaleren Herausforderer britischer, angelsächsischer, westlicher Gesellschaftssysteme, jedoch nicht aus den Augen verlieren. Nach uralter Staatsweisheit und ständiger Praxis strategischen Denkens musste sich in einer Lage wie nach 1933 der englischen Politik als beste aller denkbaren Strategien anbieten, die beiden Gegenspieler auf dem Kontinent erneut gegeneinander in Stellung zu bringen. Eine andere Option hätte darin bestehen können, nach dem alten Grundsatz britischer Geopolitik »If you can't beat them, join them« sich mit Deutschland zu verbünden.

Doch England ergriff keine der sich bietenden Gelegenheiten, um eine Politik gegen Hitlers Aufstieg rechtzeitig zu formulieren und umzusetzen.

Ganz im Gegenteil, entgegen den Festlegungen des Versailler Vertrages kam die englische Regierung dem Diktator mit einer der ersten, geradezu ermunternden Geste im Bereich der Seerüstung entgegen. Hitler wurde vertraglich zugesichert, dass die deutsche Kriegsmarine auf 35 Prozent der britischen Tonnage aufrüsten dürfe. Das empfand Hitler als große Anerkennung und Bestätigung, war es doch sein Ziel, eine politische und militärische Partnerschaft mit England zu erreichen, die ihm freie Hand im Osten des Kontinents lassen würde, ohne die britische Vorherrschaft in Übersee und auf den Weltmeeren anzutasten. Hitlers Barbarei innerhalb Deutschlands wurde im Ausland zwar verurteilt und als jenseits von Moral und Anstand gekennzeichnet, doch wurde nicht interveniert.

Der Einmarsch im Rheinland hätte bei der geringsten Gegenwehr Frankreichs in Verbindung mit dem Einmarsch polnischer Verbände von Osten sofort zur weltweiten Blamage Hitlers führen können. Der Oberbefehlshaber des deutschen Heeres, General von Fritsch, hatte auf Weisung Hitlers den Befehl an die einmarschierenden Truppenverbände erteilt, bei Eingreifen französischer Verbände die Aktion sofort abzubrechen. Den Truppen war deshalb auch keine scharfe Munition mitgegeben worden, um jeden Zwischenfall zu vermeiden. Die französische Regierung wusste um die Schwäche Deutschlands, und dennoch geschah nichts, um den absehbaren Sturmlauf Hitlers rechtzeitig aufzuhalten. Wirtschaftsminister Hjalmar Schacht, Mitglied der Reichsregierung, wandte sich bereits 1936 in einer Botschaft an den britischen Außenminister Anthony Eden und warnte vor für ihn undenkbaren politischen und wirtschaftlichen Vereinbarungen mit Deutschland, solange nicht zivilisierte Verhältnisse wiederhergestellt seien.[204] Es war auch Schacht, der die Engländer über die Lage im Inneren unterrichtete und ihnen mitteilte, dass in Hamburg 5000 Werftarbeiter von Blohm & Voss, die in einer Massenversammlung eine Rede Adolf Hitlers anzuhören gezwungen waren, den Saal aus Protest verlassen hätten, dass 6000 Arbeiter der Germania-Werft die Rede unterbrachen und Hitler verhöhnten. Hinterher sei es zu Schlägereien mit der SA gekommen.

Die Botschafter Englands und der USA schrieben sich damals die Finger wund, warnten vor dem Laufenlassen der nationalsozialistischen Entwicklung in Deutschland. An den Tischen und in den Salons der Botschafter versuchten zahlreiche deutsche Gesprächspartner ganz offen, die Vertreter der Westmächte für eine härtere Gangart gegen Hitlers Weg zu gewinnen. Der englische Luftwaffenattaché Graham Christie ebenso wie der amerikanische Botschafter William Dodd hatten diese Warnungen weitergegeben. Sie hofften auf Antwort in praktischer Politik und waren entsetzt, dass die Siegermächte und Unterzeichner des Versailler Vertrages es nun versäumten, rechtzeitig mit sehr geringem Aufwand Hitler zum Scheitern zu bringen. »Wir sind dabei, Selbstmord zu begehen«, schrieb Christie an Vansittart, den Chefdenker des Foreign Office. Hitler und Göring seien von nun an überzeugt, dass Machtpolitik sicher und erfolgreich sei und dass Großbritannien und Frankreich nicht marschieren würden, um Österreich oder die Tschechoslowakei zu unterstützen. Beide Botschafter wurden durch solche ersetzt, die wohlwollender über das Hitler-Reich berichteten.

Der deutsche Widerstand von 1933 bis 1945 vor verschlossenen Toren

Traumatische Erfahrungen machte der deutsche Widerstand über die Jahre bis zum Sieg der Alliierten 1945.[205] Der bereits früh einsetzende Versuch, mit der englischen Regierung zu einer abgestimmten Haltung zu kommen, scheiterte trotz zahlreicher Kontakte.[206] Die englische Regierung verfolgte Hitler gegenüber letztlich eine Politik der Ermunterung. Entsprechend ließ sie im Ergebnis die um Vernunft und deutliche Sprache bittende, ja bettelnde deutsche Opposition auflaufen. Das Verweigern jedes Zusammenspiels mit dieser gegen Hitler war so auffallend, dass die englische Regierung bei der Freigabe der Akten nach dem Zweiten Weltkrieg dafür sorgte, dass die Wahrheit nicht allzu schnell in die Geschichtsschreibung eindringen konnte. So veröffentlichte sie in den Jahren nach 1945 zunächst ausschließlich die Akten, die sich auf den deutschen Widerstand um das Attentat auf Hitler am 20. Juli 1944 bezogen. Dabei konnte auf das außerordentlich späte Attentat unmittelbar vor der sich abzeichnenden Niederlage verwiesen werden, an dem alte konservative Eliten sich beteiligt hätten, die Hitler anfänglich unterstützt und nun im allerletzten Moment vor Kriegsende ihre Haut, ihr Überleben und ihre Ehre zu retten versucht hätten.

Der für die Entscheidung zur Freigabe von Akten nach 1945 in England zuständige Historiker John Wheeler-Bennett hatte sich 1933 über Hitler noch wie folgt geäußert:

> Hitler, davon bin ich überzeugt, will keinen Krieg. Er ist in auswärtigen Angelegenheiten der Vernunft zugänglich. Er ist stark bemüht, Deutschland seine Selbstachtung zurückzugeben, und ist selbst um sein eigenes Ansehen bedacht. Er kann als das gemäßigste Mitglied seiner Partei beschrieben werden.[207]

Fünf Tage nach dem gescheiterten Attentat am 20. Juli 1944 schrieb der gleiche Mann, damals im Foreign Office in der Abteilung für die politischen Erkenntnisse der Geheimdienste zuständig, die folgenden bemerkenswerten Sätze:

> Es kann jetzt mit einiger Bestimmtheit gesagt werden, dass wir mit der jetzigen Lage besser fahren, als wenn der Anschlag vom 20. Juli erfolgreich gewesen und Hitler ermordet worden wäre. […] Durch das Scheitern des Putsches bleiben uns Unannehmlichkeiten erspart, sowohl zu Hause als auch in den Vereinigten

> Staaten, die eine solche Bewegung ausgelöst haben könnte. Die gegenwärtige Säuberung (durch die Gestapo) wird außerdem vermutlich zahlreiche Individuen aus der Szene entfernen, die uns Schwierigkeiten bereitet hätten – nicht nur im Falle eines erfolgreichen Putsches, sondern auch nach der Niederlage Nazi-Deutschlands. [...] Gestapo und SS haben uns einen beachtlichen Dienst erwiesen durch die Beseitigung einer Auswahl derer, die unzweifelhaft nach dem Krieg als »gute« Deutsche aufgetreten wären. [...] Es gereicht uns daher zum Vorteil, wenn die Säuberung fortgesetzt wird, da das Töten von Deutschen durch Deutsche uns vor vielen künftigen Unannehmlichkeiten bewahrt.[208]

Nach dem Krieg fungierte Wheeler-Bennett als britischer Herausgeber des Archivs des Deutschen Auswärtigen Amtes und überwachte die frühen Veröffentlichungen der Deutschland betreffenden Dokumente zur Auswärtigen Politik von 1946 bis 1948. Bis 1956 war er der historische Berater für das Projekt des Foreign Office zur Veröffentlichung der Archive des Auswärtigen Amtes. In dieser Eigenschaft verhinderte er die Publikation des Materials, das entweder für ihn persönlich oder das Foreign Office unvorteilhaft hätte sein können. Er sei sehr einfühlsam gewesen, was besonders belastende Papiere betraf, die die britischen Kontakte mit dem deutschen Widerstand zum Gegenstand hatten oder irgendwelche Anhaltspunkte dafür enthielten, dass die Angehörigen des deutschen Widerstands aus ethischen oder moralischen Gründen handelten.

Lord Vansittart, bis 1938 der höchste Beamte des englischen Außenamtes, nach 1938 angeblich kaltgestellter oberster Berater der Regierung seiner Majestät,[209] war der ständige Kontaktpartner des deutschen Widerstandes, der versuchte, Gehör und Widerpart gegen das verheerende Geschehen in Europa zu finden. Den Abgesandten des sich formierenden deutschen Widerstandes zeigte er die kalte Schulter, nicht zuletzt aus einer allgemein negativen Einstellung zu den Deutschen heraus, vermutlich jedoch mit verdeckt gehaltenen Überlegungen. Die Einstellung Vansittarts charakterisiert Patricia Meehan in ihrem Buch *The Unnecessary War* wie folgt:[210]

> Während des Krieges hat Vansittart im Ruhestand sein schriftstellerisches Talent, man muss schon sagen, rassistischen Angriffen auf das ganze deutsche Volk und seiner Geschichte gewidmet, und dies in einer Sprache, die eines Goebbels würdig war. Er verriet und verleumdete seine früheren deutschen diplomatischen Kollegen, mit denen er die Geheimnisse des Widerstandes geteilt hatte. Er sprach von einer Nation von Bestien: bestialisch, blutrünstig, völlig verschieden

> von allen anderen Rassen. Seine veröffentlichte Haltung goss Wasser auf die Mühlen des hocherfreuten Goebbels: »Dieser Vansittart ist für unsere Propaganda tatsächlich Goldes wert. Man müsste ihm nach dem Krieg irgendwo in Deutschland ein Denkmal setzen mit der Aufschrift: ›Dem Engländer, der der deutschen Sache im Kriege am meisten gedient hat‹.«

Hass und Verachtung der englischen Politik gegen den deutschen Widerstand, der kurz nach der Machtübernahme Hitlers sich zu formieren begann, verwundern auch heute noch. Winston Churchill etwa erklärte am 2. August 1944 im Unterhaus, es handle sich bei den Vorgängen des 20. Juli 1944 lediglich um »Ausrottungskämpfe unter den Würdenträgern des Dritten Reiches«.

Dabei war Churchill spätestens 1939 durch den Widerstandskämpfer Fabian von Schlabrendorff persönlich genauestens über die Aktivitäten des deutschen Widerstandes in Kenntnis gesetzt worden.

In den USA schrieb die *New York Times* am 9. August 1944, das Attentat erinnere an »die Atmosphäre einer finsteren Verbrecherwelt«.

Besonders empört war die Zeitung darüber, dass einige der höchsten deutschen Offiziere sich ein ganzes Jahr lang mit dem Plan beschäftigt hätten, das Oberhaupt des Staates, das doch zugleich Oberkommandierender sei, zu töten, »und dies auch noch mit einer Bombe, der typischen Waffe der Verbrecherwelt«.

Der deutsche Widerstand hatte sich wieder und wieder auch an Allen Dulles, den mit Deutschland seit 1919 bestens vertrauten Vertreter des Office of Strategic Studies der USA in Bern, gewandt, um die Politik der Alliierten im Sinne des Widerstands zu beeinflussen. Ohne Erfolg.

Die Strategie des Zurückweichens der Alliierten

Noch 1938 waren die wichtigen Kommandoebenen der Wehrmacht in den Händen von Gegnern wie Skeptikern der auf Krieg gerichteten Politik Hitlers. Es waren dies die Reichswehrgenerale, die um die Schwäche der erst langsam aufwachsenden Wehrmacht wussten, die die Kräfteverhältnisse einschätzen konnten und die ihre Lehren aus dem Ersten Weltkrieg gezogen hatten, die wussten, dass England eine das Gleichgewicht sprengende Macht auf dem Kontinent nicht werde dulden können. Generalstabschef Ludwig Beck schlug dem Oberbefehlshaber des Heeres von Brauchitsch eine Aussprache aller Kommandierenden Generale über die Kriegsplanung des Reichskanzlers vor.

Ziel sollte der gemeinsame Rücktritt der Generale sein, sofern an der Kriegsplanung festgehalten werde. Die Diskussion fand am 4. August 1938 statt und führte zu der Erkenntnis, dass ein sich in Europa ausweitender Krieg in einer nochmaligen Katastrophe Deutschlands enden werde.[211] Der Gewissheit, ein Angriff auf die Tschechoslowakei werde unvermeidlich zum militärischen Konflikt mit den Westmächten führen, widersprachen nur zwei Generale, wovon einer Hitler über die streng geheime Besprechung informierte. Die Indiskretion führte zur Entlassung Becks. Sein Nachfolger, General Franz Halder, hielt die Hitler'schen Kriegspläne ebenfalls für falsch. Das Foreign Office war informiert, dass ein deutscher Angriff gegen die Tschechoslowakei an der immer noch mangelnden Wehrmachtsausrüstung und der zahlenmäßigen Unterlegenheit der deutschen Seite scheitern müsse, vorausgesetzt, die tschechoslowakische Armee sei mit britischer und französischer Unterstützung willens, das Land zu verteidigen. Doch im Foreign Office wurde die militärische Schwäche Englands beschworen, sodass man der Regierung in Prag von einer Intervention gegen den deutschen Einmarsch dringend abriet.

Die britische Haltung muss wiederum mit Blick auf die Rüstungsplanung der Regierung in London gewürdigt werden, die spätestens seit dem Machtantritt Hitlers mit steil ansteigenden Haushaltsmitteln den Aufbau vor allem der See- und der Luftstreitkräfte konsequent auf eine spätere Auseinandersetzung hin vorantrieb. Schon im Jahr 1936 war zum Beispiel der Bau von 100 neuen Flugplätzen für die Royal Air Force beschlossen worden – ein Hinweis unter vielen auf eine langfristig neben dem Appeasement einhergehende militärische und sicher auch politische Planung gegenüber Hitler-Deutschland. Die englischen Kriegsplanungen gegen Deutschland wie Japan scheinen schon früh mit denen der Regierung Roosevelt abgesprochen worden zu sein.[212]

Der deutsche Widerstand stieß ebenso wie die drängenden Berichte der englischen Diplomaten zu Beginn der Nazi-Herrschaft und zum Teil bis zu deren Zusammenbruch offiziell auf taube Ohren. Und da man die Ermahnungen der eigenen britischen Diplomaten wohl eher als störend empfand, tauschte man 1937 das Personal aus. Das geschah nicht nur auf britischer Seite durch die Ablösung des Botschafters Eric Phipps durch Nevile Henderson, sondern auch durch Auswechseln des extrem kritischen und in der Berliner Widerstandsszene sehr beliebten amerikanischen Botschafters William Dodd durch den Nachfolger Hugh Robert Wilson.[213]

Das wiederum hatte für Hitler den Vorteil, dass er vor dem Hintergrund des Elends und der Machtlosigkeit der Weimarer Republik nun dank der

Duldung der Alliierten ohne jeden Kampf, scheinbar mühelos, von Triumph zu Triumph schreiten und zugleich dem eigenen Volk wie dem Ausland vorführen konnte, wie schwach und willenlos seine ausländischen Gegner England und Frankreich waren. Hitler schien zu wissen, wie man die Weltmachtdilettanten der Gegenseite zu behandeln hatte. Ein Balsam für die jahrzehntelang gedemütigte deutsche Seele, doch trostlos für den deutschen Widerstand und dessen Chancen, dem Verbrecher mit internationaler Hilfe in einer Zangenbewegung von innen und außen doch noch rechtzeitig das Handwerk zu legen.

So wurde nun nicht nur das Rheinland besetzt, die allgemeine Wehrpflicht eingeführt und mit unvorstellbarem Jubel die militärische Inbesitznahme und der Anschluss Österreichs an das Deutsche Reich inszeniert.

Hitler schwang sich nun zum Neugestalter Kontinentaleuropas auf. Die deutsche Opposition wartete auf ein erkennbares Zeichen, dass Großbritannien sich dem Handeln des Diktators entgegenstemmen werde. Nicht der Mut zu einer militärischen Intervention war gefordert, nur eine robustere Sprache, um der jedes Kriegsabenteuer ablehnenden deutschen Bevölkerung den Ernst der Lage vor Augen zu führen. Es genüge schon das kräftige Auf-den-Tisch-Hauen eines hochdekorierten englischen Generals oder Admirals.

Noch waren an den entscheidenden Stellen der Wehrmacht kommandierende Generale im Dienst, die den von Hitler bereits im Jahr 1937 offenbarten Kriegsplänen ablehnend gegenüberstanden. Im Auswärtigen Amt herrschte unter Staatssekretär von Weizsäcker eine Gruppe, die über die Instrumentarien dieses Amtes versuchte, auf die englische Politik Einfluss zu nehmen. Im September 1938, während der Tschechen-Krise, war die Hitler-Opposition in Deutschland ihrem Ziel ganz nah: »Die britische Regierung war informiert, dass, wenn vonseiten der Alliierten das Stichwort ›Keinen Schritt weiter‹ kommt und Hitler dennoch marschieren sollte, seine Gegner – ›die Gewehr bei Fuß standen‹ – zuschlagen würden.«

Das Foreign Office hatte die erforderlichen Informationen. Es wusste ohne Zweifel besser Bescheid über Deutschland als die Deutschen selbst, aber man wollte dort ganz offensichtlich keine Konsequenzen ziehen. London verweigerte die Kooperation mit dem Widerstand, obgleich 1938 immer wieder hohe Emissäre unter Lebensgefahr die Nachricht übermittelten, dass Vorbereitungen zur Verhaftung Hitlers getroffen seien. Wichtig sei ein die tief sitzenden Kriegsängste in Deutschland auslösendes Auftreten Großbritanniens. Doch das Gegenteil folgte. Neville Chamberlain, Premierminister des englischen Imperiums, fuhr nach München und reichte Hitler auf dem Silbertablett das Einverständnis zum Anschluss des Sudetenlandes und damit zur Zerschlagung der erst vor wenigen Jahren aus dem Fleisch der österreichisch-ungarischen Monarchie geschnittenen Tschechoslowakei.

Starke Tschechoslowakei, Aufgabe durch Westmächte

Die Tschechoslowakei, der Hitler das mehrheitlich deutsch besiedelte Sudetenland entreißen wollte, wäre nach dem Urteil deutscher Historiker wie auch ihrer Kollegen auf der Seite der Alliierten gut zu verteidigen gewesen. Das Land hatte Befestigungsanlagen an den Grenzen zu Deutschland errichtet. Die Streitkräfte waren, seit Jahren mit französischen Geldern aufgebaut, hervorragend ausgerüstet und ausgebildet. Den 35 verteidigenden tschechoslowakischen Divisionen standen damals zwanzig angriffsbereite, immer noch im Aufbau begriffene deutsche Divisionen gegenüber. Die deutsche Seite konnte aus der Unterlegenheit von 20:35 auf einen Erfolg nur unter der Bedingung setzen, dass an der Grenze zu Frankreich, dem Bündnispartner der Tschechoslowakei, nahezu alle dort stationierten deutschen Divisionen ohne Gefahr abgezogen werden konnten. Allenfalls sieben Divisionen hätte die Wehrmacht als Grenzverteidigung zurücklassen können. Ein Angriff französischer Streitkräfte gegen Deutschland hätte sofort zur Katastrophe und damit zum unübersehbaren Desaster für Hitler und seine Diktatur führen müssen.

Die Lagebeurteilung wird bestätigt in dem Bericht des britischen Generalstabschefs Edward Spears, der nach einem Besuch der Tschechoslowakei auf die erstklassige Moral der tschechoslowakischen Armee verwiesen hatte. Sie sei in der Lage, eine Million ausgebildeter Soldaten zu mobilisieren. Die Truppe sei hervorragend bewaffnet und mit Nachschub für 5 Monate Kampf ausgestattet. Der französische Verbindungsstab in Prag, so der britische Bericht, habe den Tschechen für den Fall eines deutschen Angriffs das Eingreifen französischer Truppen gegen Deutschland zugesagt. Die ganze tschechoslowakische Nation sei zum Widerstand entschlossen, das Volk so ruhig, dass man es mit eigenen Augen gesehen haben müsse, um es zu begreifen. Das strategische Kräfteverhältnis schlage völlig zugunsten der Tschechen aus. Sie hätten den Vorteil eines den Verteidiger begünstigenden Geländes, sie könnten auf der inneren Linie kämpfen und würden das Land wie ihre Hosentasche kennen. Ihre Verbindungswege zur Front seien kurz, sodass Depots und Arsenale den Nachschub sichern könnten. Zudem helfe ein Schutzwall von Befestigungsanlagen im Kampf gegen den Angreifer.

Diese Einschätzung des hohen Militärs dürfte bereits durch die Erkenntnisse aus dem Einmarsch der Wehrmacht in Österreich vom März 1938 bestätigt worden sein. Es hatten sich dort große Mängel der Wehrmachtsausrüstung offenbart. Mit schlechten Reifen und mangelhaften Schmiermitteln konnten die schweren Geschütze und Panzer der Wehrmacht Wien nicht erreichen, und selbst die leichten Panzer und Lastkraftwagen waren immer wieder auf den Aufmarschwegen ausgefallen. Die Alliierten konnten folglich davon ausgehen, dass die deutsche Führung bei entschlossenem Widerstand einen ernsthaften Kampfeinsatz kaum wagen konnte.

Doch in London behielt eine Politik des Zuwartens und langfristigen Aufrüstens die Oberhand. Dazu passte der Bericht des Stabschefs der britischen Streitkräfte, der eine Woche später vorlag. Darin heißt es:

> Wir kommen zu dem Ergebnis, dass kein Druck, den wir und unsere denkbaren Alliierten auszuüben vermögen, weder zur See noch zu Land oder in der Luft, Deutschland davon abhalten kann, in Böhmen anzugreifen, das Land zu überrennen und der tschechoslowakischen Armee eine entscheidende Niederlage beizubringen.

Diese Einschätzung eines hohen Militärs untermauerte wiederum die Appeasement-Politik des Premierministers Neville Chamberlain.

Als die Krise auf ihren Höhepunkt zusteuerte, kam es zu einer informellen Sitzung des britischen Kabinetts. Der britische Militärattaché wurde zur Beurteilung der Lage hinzugezogen – doch nicht der vor Ort beobachtende Attaché in Prag, sondern der an der britischen Botschaft in Berlin akkreditierte, der nun dem Kabinett geradezu die deutsche Propagandaversion der militärischen Lage vortrug. Nicht mehr als ein oder zwei Stippvisiten hatte dieser Offizier der Tschechoslowakei abgestattet. Er trug vor, die Moral im Lande sei niedrig, ein Großteil der Verteidigungsvorbereitungen unvollendet. Die Grenztruppen seien starr vor Angst. Vor allem an der Südgrenze seien die Tschechen sehr schlecht vorbereitet. Er berichtete von der Einschätzung seines französischen Attaché-Kollegen in Berlin, der ebenfalls große Zweifel an der Widerstandsfähigkeit der tschechischen Verteidiger hege.

Daraufhin machte der in Prag vor Ort beobachtende britische Militärattaché seinem Kollegen in Berlin die massivsten Vorwürfe. Dieser Kamerad, ein Oberst Mason-MacFarlane, sei während der Krise zweimal aus Berlin anreisend in Prag erschienen. Nach beiden Besuchen habe er pessimistische Berichte an das Kriegsamt in London geschickt.

> Ich konnte damals den ersten Bericht nicht einsehen, der auch in anderer Hinsicht voller Fehler war. Aber als ich den zweiten zu Gesicht bekam, unternahm ich sofort Schritte, um der dort vertretenen Auffassung zu widersprechen. Es ist ein Unglück, dass seine Lagebeurteilung über die tschechische Armeemoral die Handlungen der Regierung seinerzeit beeinflusste und nicht meine.

Das Foreign Office untermauerte die Falschinformation des britischen Kabinetts, indem es der tschechoslowakischen Armee lediglich 24 statt 35 Divisionen zuschrieb, der Wehrmacht hingegen 70 statt der tatsächlich einsetzbaren 20.

Nach dem Krieg und der Befreiung aus Gestapohaft erklärte der Generalstabschef der Wehrmacht, Halder, im Gespräch mit Geheimdienstoffizieren der Alliierten, die deutsche Seite habe damals nicht mehr als 22 Divisionen gegen die 35 auf tschechoslowakischer Seite einsetzen können. Allenfalls fünf oder sechs Divisionen hätten die Grenze nach Frankreich abdecken können. Der deutsche Westwall sei so schwach besetzt und ausgebaut gewesen, dass die französischen Truppen hätten durchmarschieren können. In Bezug auf den Einmarsch in die Tschechoslowakei sei die Truppenstärke zwar verbessert, doch das Transportwesen, die Nachrichtentruppe und der Nachschub seien nicht einsatzbereit gewesen.

Als Hitler sich nun anschickte, auch noch die Rest-Tschechoslowakei zu zerschlagen, versuchten Ernst von Weizsäcker und Generaloberst Ludwig Beck über die Brüder Kordt*, die britische Regierung dazu zu bewegen, härter und entschlossener gegen Hitler aufzutreten, um der deutschen Bevölkerung, die quer durch alle Schichten einen neuen Krieg rundum ablehne,[214] die Gefahr eines drohenden Waffengangs als Folge der aggressiven Außenpolitik Hitlers vor Augen zu führen. Eine solche Haltung werde der militärischen Opposition in Deutschland die moralische Rechtfertigung zur Beseitigung Hitlers geben. Es war vergebens.

Von Weizsäcker war so beunruhigt und verzweifelt, dass er seinen Freund Carl Burckhardt, damals Hoher Kommissar des Völkerbundes für Danzig, dringend bat, so rasch wie möglich nach Bern zu fahren und Verbindung mit London aufzunehmen:

---

* Beide Brüder, Erich und Theodor Kordt, waren Diplomaten des Auswärtigen Amtes. Erich Kordt war sogar persönlicher Referent bei Joachim von Ribbentrop, dem Beauftragten der NSDAP für auswärtige Politik. Theodor war Attaché an der deutschen Botschaft in London.

> Sonst riskieren wir, dass er Prag bombardiert und in Böhmen einmarschiert. Es muss etwas getan werden. Wir stehen am Abgrund. Die Engländer müssen einen energischen Offizier schicken, einen Marschall mit vielen Orden und wenig Bedenken, der notfalls laut wird und mit der Reitpeitsche auf den Tisch haut.

Doch erneut war Premierminister Chamberlain nicht bereit, die britisch-deutschen Verhältnisse durch ein die Widerständler in Deutschland ermunterndes scharfes Wort zu stören. Er setzte weiter auf die Kraft eines freundlichen Umgangs mit dem Diktator.

Dazu passten die Berichte des britischen Botschafters in Berlin, Sir Nevile Henderson, der 1937 schrieb:

> Zahlreiche der Hitler'schen Reformen und Taten, auch wenn sie die persönliche Freiheit von Gedanken, Worten und Taten verachten, beweisen doch eine hohe fortschrittliche Qualität – sie sind typische Beispiele einer benevolenten Diktatur.

Ein Jahr darauf schrieb Henderson in einem Brief an den britischen Außenminister, den Earl of Halifax:

> Ich wünschte, es wäre möglich, die *Times*, Camrose, Beaverbrook Press etc. dazu zu bringen, Hitler als Apostel des Friedens darzustellen. Man sollte Hitler so viel Kredit wie möglich geben. Er wird das letzte Wort haben. Es wäre ein Fehler, wenn unsere Presse dabeibleibt, ihn zu verunglimpfen.[215]

Sir Archibald Sinclair, der Führer der Liberalen, erklärte im Unterhaus:

> Was geht uns die schlechte Regierung eines anderen Landes an, sollten wir etwa für Pastor Niemöller oder die deutschen Juden in den Krieg ziehen?

Bemerkenswert bleibt, dass andere englische Diplomaten völlig entgegengesetzte Stimmungsbilder an die Zentrale vermittelten.[216] So schrieb Eric Phipps, der Vorgänger Hendersons, im Oktober 1934:

> Es gibt eine weitverbreitete Opposition unter den Intellektuellen, kirchlichen Kreisen, Landbesitzern und der Aristokratie, die sich aber wegen der Pressezensur nicht manifestiert.

Noch deutlicher wurde der britische Konsul in Stettin:

> Die Freiheit der Leute besteht darin, dass es ihnen gestattet ist, so laut wie irgend möglich den Führer zu preisen; jedermann weiß, dass Kritik schnurstracks ins KZ führt.

Nigel Law, ehemaliger Diplomat, schloss einen langen Brief an seinen Freund, den Außenminister Anthony Eden, mit folgenden Worten:

> Insgesamt fand ich die Deutschen niedergeschlagen, ohne Hoffnung und bedrückt von vielen Ängsten.

Auch der Generalkonsul in Hamburg berichtete 1938, die Menschen seien unzufrieden und hätten Angst vor dem Krieg. Sein Kollege in München schrieb:

> Nach der Unterzeichnung des Münchner Abkommens waren die Deutschen in ihrer Kritik plötzlich offener. Manche Leute flüsterten den Konsulatsangehörigen zu, die Partei bestehe aus einer Bande von Emporkömmlingen, und Hitler selbst sei verrückt, eine Inkarnation des Bösen.

Der Konsul in Frankfurt a. M., der seit 1930 in Deutschland auf Posten war, erklärte nach dem brutalen Vorgehen der SA-Horden gegen jüdische Geschäfte in der sogenannten »Reichskristallnacht« von 1938:

> Wenn die deutsche Regierung vom allgemeinen Wahlrecht abhinge, dann würden die Verantwortlichen jetzt von der Bühne gefegt, wenn nicht erschossen.

Die personelle Besetzung des britischen Foreign Office entsprach der Politik des Hitler-gewähren-Lassens. Anthony Eden, Secretary of Foreign Affairs von 1935 bis 1938, trat deshalb zurück, nachdem auch sein Engagement für ein härteres Vorgehen gegen die aggressive Politik Mussolinis im Mittelmeerraum und in Afrika auf taube Ohren gestoßen war.

Zu seinem Nachfolger wurde Viscount Halifax ernannt. In einer Biografie wird er als ein Mann beschrieben, der nicht an Europa interessiert sei. Er sei faul, gehe im Winter auf die Jagd und spiele im Sommer Cricket und zugleich ein wenig den Gutsherrn. Er habe das Weekend zum wichtigsten Teil seiner Woche gemacht.

Alexander Cadogan, von 1938 bis 1946 Permanent Under-Secretary for Foreign Affairs, schrieb kurz vor Kriegsbeginn über seinen damaligen Chef:

> Selbst in Zeiten der Krise verschwindet Halifax am Freitagnachmittag nach Yorkshire. Wenn er in London ist, treibt er sich herum und weiß nicht, was er mit sich anfangen soll. So ruiniert er anderer Leute Tagwerk.

Ewald von Kleist-Schmenzin, in der Kritik an Hitlers Kriegsplänen einig mit Generaloberst Beck, beschwor 1938 maßgebliche Vertreter der englischen Diplomatie und Politik, ein allseits hörbares Signal des Widerstandes gegen Hitlers Eroberungspläne zu geben. Ohne Erfolg. Die englische Führung blieb bei der Einschätzung eigener Schwäche einerseits und Hitler-Deutschlands überwältigender Stärke andererseits.

Cecil Rhodes' Stipendiat von Trott zu Solz scheitert in geheimer Mission

Einer der letzten Versuche, England zur Zusammenarbeit mit der innerdeutschen Opposition zu gewinnen, unternahm Adam von Trott zu Solz, nach dem Ersten Weltkrieg deutscher Stipendiat der Cecil-Rhodes-Stiftung. Die Stiftung, die das Ideal des britischen Weltreiches, der angelsächsischen Herrschaft sichern und ausbauen wollte, förderte über Stipendien die ihr geeignet erscheinenden Persönlichkeiten, organisierte Gesprächskreise und informelle Zusammenkünfte (Round Table) und nahm Einfluss vor allem auf die Besetzung wichtiger politischer, wirtschaftlicher, journalistischer und wissenschaftlicher Stellen in Staat und Gesellschaft. Stets kam ein beachtlicher Teil des britischen Kabinetts aus ihren Reihen. Wichtige Bankiers in Großbritannien und den USA gehörten den von Cecil Rhodes geförderten Kreisen an. Vor dem Ersten Weltkrieg gab es auch einige deutsche Stipendiaten. Adam von Trott war aufgrund der Fürsprache ehemaliger deutscher Cecil-Rhodes-Stipendiaten in die Förderung aufgenommen worden. Er besuchte als einer der wichtigsten Abgesandten des deutschen Widerstands den einflussreichen Generalsekretär der Stiftung, Lord Milner, um ihn zu einer Auflehnung gegen Hitlers Kriegspläne zu gewinnen. Es gab wohl keinen Deutschen, der zu den mit den »Deep Politics« Großbritanniens beschäftigten Persönlichkeiten so enge Verbindungen hatte aufbauen können wie Trott. Letztlich war aber auch seine Mission erfolglos, wie wir wissen. Doch dies hing nicht etwa mit Gesprächspartnern minderen Ranges zusammen. Von Trott traf mit Außenminister Lord Halifax auf dessen Landsitz zusammen. Er berichtete von den Vorbereitungen für den Abschluss des Hitler-Stalin-Paktes, der die Aufteilung Polens zwischen Deutschland und der Sowjetunion zum Gegenstand habe. Halifax bot an, bei nächster Gelegenheit ein Gespräch mit Premierminister Chamberlain zu vermitteln. Einige Wochen später konnte Trott das Gespräch in Downing Street No. 10 aufnehmen. Doch der Premierminister Englands interessierte sich nur mäßig für die Vorstellungen Trotts und hielt es für unmöglich, Hitler kurzfristig von seinem Eroberungsfeldzug abzuhalten. Trott meinte, er habe wie mit einem »halb toten Mann« gesprochen. Sein Versuch, mit Winston Churchill eine Unterredung zu führen, der in Opposition zur britischen Außenpolitik auf seine Stunde wartete, kam angeblich mit Rücksicht auf die Gefahr der Entdeckung durch die Gestapo nicht zustande. Dennoch konnten Botschaften über die Tochter Churchills übermittelt werden.

Weitere Widerstandskämpfer suchten ebenfalls noch vor dem den Zweiten Weltkrieg auslösenden Angriff auf Polen in London den Brückenschlag zur britischen Politik, darunter Carl Goerdeler, der von der Opposition als Reichskanzler vorgesehene ehemalige Bürgermeister von Leipzig, und Helmuth James Graf von Moltke. Alle diese Personen, die noch vor dem ersten Schuss des Zweiten Weltkrieges Großbritannien um ein Zusammengehen mit dem Widerstand in Deutschland baten, wurden im Zuge des 20. Juli 1944 ermordet.

KAPITEL 21

Polen, Aufmarschwege nach Osten, Hitler-Stalin-Pakt, Strategie der Angelsachsen

Hitlers militärische Operationen waren auf die beherrschende Stellung des Deutschen Reiches in Mitteleuropa und letztlich auf die Eroberung und wirtschaftliche Ausbeutung der Sowjetunion gerichtet. In der Verfolgung dieses Zieles lag der Anschluss Österreichs nahe, sofern von den Siegermächten geduldet. Der Griff nach der Tschechoslowakei einschließlich des Sudetenlandes war dann der nächste Schritt, der für das weitere Vordringen nach Osten erforderlich war.

Aus Sicht der Alliierten hätte die Tschechoslowakei mit ihrer geografischen Nähe zu den deutschen Industriezentren als eine Art britischer und französischer Flugzeugträger für den Luftkrieg gegen Deutschland genutzt werden können. Von dort hätten Kampfflugzeuge in kürzester Frist die Industrie- und Bevölkerungszentren in Sachsen, Berlin und Süddeutschland erreichen können. Ein Aufsteigen in der Tschechoslowakei, das Bombardieren strategischer Ziele in Deutschland, das Landen auf französischen Flugplätzen und der Rückflug der aufgetankten und bombenbeladenen Maschinen hätte eine zwickmühlenartige Zweifrontenlage zulasten der noch nicht erstarkten deutschen Seite ermöglicht.

Darüber hinaus hätten Gegenangriffe über die französische Grenze deutsche Divisionen binden können. Die tschechoslowakischen Streitkräfte wären in der Lage gewesen, die deutschen Divisionen mit Aussicht auf Erfolg an den Grenzen zum Stehen zu bringen.

Wie wir gesehen haben, wurde die Chance nicht genutzt. Zu Beginn seiner Amtszeit hatte Hitler Polen als Bündnispartner gewinnen wollen, um mit polnischen Truppen die Sowjetunion zu überfallen. Er hatte der polnischen Regierung die katholische, früher zu Polen gehörende Westukraine als Beute eines gemeinsam zu planenden Feldzuges angeboten. Hitler hoffte bei seinen Kriegsplanungen stets auf die Duldung durch, ja Partnerschaft mit England. Daher die wiederholte Botschaft an die Briten, Deutschland wolle die Stellung Großbritanniens in der Welt und das Britische Empire nicht infrage stellen, ja partnerschaftlich mit England zusammenarbeiten. In Aussicht gestellt wurde die doch auch von Großbritannien gewünschte

Beseitigung der Sowjetmacht, die ja die britischen imperialen Interessen bedrohe. Als Gegenleistung erwarte man die Anerkennung der führenden Stellung Deutschlands auf dem europäischen Kontinent.

Die Zielrichtung der Hitlerschen Außen- und Militärpolitik war klar erkennbar. Dies galt weniger für die Beweggründe englischen Handelns in einer Zeit, als nur ein eindeutiges, entschiedenes verbales Auftreten gegen Hitler gefordert war, keineswegs die sofortige Intervention mit militärischen Mitteln. In diesen Vorjahren des Zweiten Weltkrieges hätte auch nur die Drohung einer militärischen Intervention durch Frankreich und England zum Nachgeben oder gar Kollabieren des Nazi-Regimes führen müssen, wie der gegen Abenteuer gerichtete Widerstand der kommandierenden Generale der Wehrmacht signalisierte. So aber gab die britische Politik Hitler die Hinnahme, wenn nicht Billigung des deutschen Vordringens in die Tschechoslowakei als einem der Aufmarschräume zum Angriff gegen die Sowjetunion zu erkennen. Daraus konnte Hitler wiederum schließen, dass Großbritannien auch das weitere Vorgehen Deutschlands in Vorbereitung des Einmarsches in die Sowjetunion wenigstens dulden werde.

Die Signale mussten als Kuschen einer Weltmacht vor dem brutal operierenden Gegner, als Zeichen der Schwäche, der mangelnden Moral gedeutet werden. Schäbiger als gegenüber der Regierung der erst 2 Jahrzehnte alten tschechoslowakischen Republik konnten sich Schutzmächte wie England oder Frankreich nicht verhalten, die es auf der Münchner Konferenz sogar ablehnten, die Prager Regierung überhaupt anzuhören.

Fast noch schwerwiegender mutete die Veränderung der politischen Haltung Frankreichs an. Hatte Paris nach 1919 die Tschechoslowakei zum Hauptbündnispartner zur Eindämmung Deutschlands, aber auch der Sowjetunion aufgebaut, hatte es sogar mit Moskau ein Verteidigungsbündnis geschlossen, so wurde diese Linie nun aufgegeben. England hatte den Vorschlag Frankreichs, gemeinsam in Berlin gegen weitere Übergriffe Hitlers in Europa aufzutreten, rundweg abgelehnt.[217]

Paris trat London die Führung im Großen Spiel ab und schloss sich fortan den Vorgaben der britischen Politik an. So wurde die Tschechoslowakei als gemeinsames Bauernopfer preisgegeben.

Der erste Schlag Hitlers bestand in der Besetzung der Sudeten, der Ränder der Tschechoslowakei. Es folgte die Abspaltung der katholischen Slowakei. Der neue Staat lehnte sich an Hitler-Deutschland an. Sodann wurde die Rest-Tschechei mit Prag im Widerspruch zu den Münchner Abmachungen als Protektorat dem Deutschen Reich angegliedert und militärisch besetzt.

Polen nutzte die Gelegenheit, sich im Windschatten des deutschen Einmarsches und im Einvernehmen mit Hitler-Deutschland einen kleinen tschechischen Landzipfel jenseits der polnischen Grenze einzuverleiben.

Das erneute Dulden der Westmächte bleibt verwunderlich, es sei denn, ihre Ziele waren sehr viel weiter gesteckt. Nicht unerwähnt bleiben sollte, dass das bei der Bank von England rechtzeitig in Sicherheit gebrachte Gold der Tschechoslowakei wenige Tage nach dem Einmarsch der Wehrmacht auf ein Konto der Deutschen Reichsbank, also des Aggressorlands, übertragen und dann verkauft wurde.[218] Eine weitere Goldtransaktion aus tschechischen Beständen zugunsten Hitler-Deutschlands führte die Bank von England noch 2 Monate vor dem Überfall auf Polen aus. Beide Operationen konnten nicht ohne Wissen des Zentralbankchefs und der britischen Regierung geschehen sein.

Geopolitisches Aufräumen: Deutschland gegen Sowjetunion

Der geopolitische Betrachter der Szene fragt sich, weshalb das im Austarieren des Mächtegleichgewichts so erfahrene Großbritannien das 1918 besiegte und bis 1932 niedergehaltene Deutschland erneut aus extremer Schwäche aufwachsen ließ, ihm den Zugriff auf erhebliche Teile des europäischen Kontinents zugestand, um es dann nach eigener, intensiver Hochrüstung erneut schlagen zu müssen. Die Strategie war hochriskant, wenn nicht unverantwortlich. Doch das Kalkül wird einsehbar, führt man sich die Erfahrungen der britischen politischen Klasse seit Jahrhunderten im Lenken des global angelegten Empires vor Augen. Im Spiel der Kräfte musste Großbritannien eben nicht nur dem erneut zur potenziellen Führungsmacht auf dem Kontinent aufwachsenden Deutschland unter Nazi-Führung Paroli bieten. Zugleich war die Sowjetunion ins Kalkül zu ziehen, die den eurasischen Kontinent beherrschte und die britischen Kolonien militärisch wie ideologisch bedrohte. Da lag es nahe, die jahrtausendealte Regel der Strategie zu beachten, kriegerische Auseinandersetzungen so weit möglich nicht mit eigenen Truppen und zulasten der eigenen Staatskasse zu führen, vielmehr die Feinde sich wechselseitig schwächen und vernichten zu lassen.

Auf der Klaviatur des »Teile, um zu herrschen« war Großbritannien erfahren. Es hatte den europäischen Kontinent von der Kanalküste bis zum Ural und darüber hinaus Asien bis an den Pazifik jeweils so geordnet, dass ein die kontinentaleuropäischen Kräfte bündelnder Rivale für England nie hatte aufwachsen können. Mit russischen, preußischen, österreichischen

Armeen, meist über Geldzahlungen finanziert, hatte man das napoleonische Frankreich vom Thron einer mit England konkurrierenden Weltmacht gestoßen. Den Aufstieg Russlands zu einer sich am Pazifik festsetzenden Macht hatte man durch das Bündnis mit Japan im Japanisch-Russischen Krieg 1905 bereits verhindern können. Russlands militärisches Vordringen in Richtung Mittelmeer hatte England unterbunden, indem es zusammen mit Frankreich dem Osmanischen Reich militärischen Beistand leistete. Mit dem Krimkrieg hatte Russland das »Bis hierher und nicht weiter!«-Signal in Richtung Mittelmeer erhalten.

Den Subkontinent Indien hatte London durch das Gegeneinander-Ausspielen der indischen Großfürsten unter Kontrolle halten und ausbeuten können. Nun stand das verhasste Alternativmodell der Sowjetunion an, das von Beginn an nach der imperialen Auffassung Churchills, aber auch Chamberlains in seine Schranken verwiesen, wenn nicht gar beseitigt werden musste. Zum Kampf bot sich Hitler mit seinem grenzenlosen Hass, seiner NSDAP und dem Konsens aller Hitler tragenden Kräfte gegen den Kommunismus im Inneren wie Äußeren an. Da jedoch ein den eurasischen Raum erfolgreich erobernder Hitler aus der imperialen Sicht Englands und der inzwischen zur Weltmacht Nummer eins aufgestiegenen USA nicht hinnehmbar sein konnte, war es nur sinnvoll, ein unter Adolf Hitler wiedererstarktes Deutschland auf die Sowjetunion unter Stalins Führung anzusetzen und umgekehrt. Und so kam es ja auch.

Legt man dieses Erklärungsmuster der britischen und amerikanischen Politik zugrunde, so erscheinen die für sich betrachtet zunächst unerklärlich wirkenden Schritte britischer Politik zwar riskant, dann aber durchdacht und sinnvoll. Die Maximen der damals verfolgten Politik bestimmen bis zum heutigen Tage das Intervenieren der USA zur Verhinderung der Entstehung eines über Eurasien gebietenden Machtgebildes.[219] Deutsche wie auch russische Politik werden auch in Zukunft auf diese geopolitische Sperrzone angelsächsischer Herrschaft treffen.

Schon im Ersten Weltkrieg gelang es Großbritannien, die Partner Russland, Frankreich und USA gegen das zur Weltmacht aufstrebende Deutschland in Stellung zu bringen. Es spricht alles dafür, dass es schon 1917 das Ziel amerikanischer wie englischer Politik war, das Riesenreich Russland über Bürgerkrieg und Interventionsarmeen in kleinere Einheiten zu zerteilen.[220] Das misslang zwar, doch nach der Revolution von 1917 blieb die Aufgabe, die junge, durchaus zukunftsträchtige, den unterdrückten Kolonialvölkern Freiheit verheißende Sowjetunion als ideologischen und machtpolitischen

Herausforderer der englischen, dann auch amerikanischen Weltherrschaft einzudämmen und auszuschalten.

Das Ziel des laufenden Spiels musste die Schwächung der Sowjetunion durch Deutschland und die Schwächung Deutschlands durch die Sowjetunion sein.

Der Misserfolg 1917/18 der von den Westalliierten mit Waffen und Geld unterstützten russischen Bürgerkriegsarmeen, der Fehlschlag der Interventionstruppen Englands, Frankreichs, der Vereinigten Staaten und Japans wie auch der ebenfalls von Frankreich und den USA unterstützte Angriff polnischer Truppen und tschechischer Verbände gegen die entstehende neue Sowjetunion musste die Teilnehmer des Großen Spiels zu einem noch größeren Einsatz mit längerem Anlauf treiben. Wie bereits erwähnt, sah sich Großbritannien in seinen Herrschaftsansprüchen im Iran, in Afghanistan, Indien und im Fernen Osten nicht nur geopolitisch, sondern nun auch ideologisch bedroht. Die kolonialisierten, das heißt zur Ausbeutung unterjochten Völker mussten 1917 nach dem Jahrhundertereignis der Oktoberrevolution geradezu auf die kommunistischen Ideen einer erfolgreichen Sowjetunion fliegen und deren ideelle und materielle Unterstützung in Anspruch nehmen. Den Bastard in der Wiege zu ermorden, wie Churchill forderte, war mit den bislang eingesetzten Mitteln misslungen. Doch nun begann das Spiel mit dem aufstrebenden Faschismus Europas: Der Kommunismus sollte mit Stumpf und Stiel ausgerottet, die Sowjetunion, wenn möglich, mit einem weiteren Krieg überzogen werden von Kräften, die stärker waren als die bisherigen. Diese Auffassung findet sich bei den Oligarchen der Wall Street, es war dies die Überzeugung des Chefs der Bank von England, der an den Ölquellen interessierten Ölgesellschaften, namentlich der Royal Dutch Shell unter dessen Vorsitzendem Deterding, es war dies die Hoffnung der Führungseliten des alten Russland, die nach Frankreich, England und Deutschland emigriert waren.

Nicht zuletzt war dies auch das Herzensanliegen des Vatikans und seiner Hierarchie in allen Ländern: Kommunismus als Herrschaftsform und Sowjetunion als dessen staatliche Inkarnation waren zu vernichten. Und die Nationalsozialisten fühlten sich als die Vollstrecker des weltweiten Auftrags. Unter dieser Fahne hofften sie die Angelsachsen auf ihre Seite ziehen zu können und wurden darin zunächst auch reichlich bestätigt, nicht zuletzt durch die englische und amerikanische Presse. Schließlich wählte die Redaktion des amerikanischen Nachrichtenmagazins *Time* Adolf Hitler nicht umsonst noch 1938 zum »Mann des Jahres«, hatte er doch in wenigen Jahren unter offensichtlich wohlwollender Duldung der Siegermächte die Zwangsfesseln des Friedensvertrags von Versailles beseitigt und Deutschlands Stellung in der Welt in ungeahnte Höhen getrieben. Offensichtlich ein Genie vom Schlage eines Bismarck. Und Winston Churchill sollte ebenfalls 1938 noch zum Besten geben: »Sollte England einmal so geschlagen darniederliegen wie Deutschland nach dem Weltkrieg, dann wünschte ich mir für England einen Mann wie Adolf Hitler.«

Franco-Spanien im Kreis der faschistischen Diktaturen

Die Nachrichten des Jahres 1938 erlauben Einblick in vielfältige, für die Gestaltung des künftigen Weltkrieges wichtige Umstände. Der faschistische Diktator Mussolini hatte sich sofort nach seinem Machtantritt 1922 der allgemeinen Unterstützung durch die Westmächte erfreut. England ließ das faschistische Italien Äthiopien erobern und bewahrte Mussolini im Sicherheitsrat des Völkerbundes vor der Verurteilung. Von der Wall Street erhielt der Diktator Kredit zur Festigung seiner Diktatur. Mussolini wiederum unterstützte Hitler noch vor 1933 mit Geldmitteln, um dann zusammen mit dem deutschen Diktator den Sturz der linken demokratischen Regierung in Spanien zu betreiben. Es war die spanische Fremdenlegion unter General Franco, die aus ihren Standorten in Afrika mit von Hitler-Deutschland gestellten Flugzeugen ins Mutterland transportiert wurde, um dort die militärisch schwache Volksfront der demokratisch gewählten Regierung zu Fall zu bringen. Die USA und England verhängten gegen Spanien ein allgemeines Waffenembargo. Der amtierenden, demokratisch gewählten spanischen Regierung wurde damit der Einkauf von Waffen und Munition verwehrt. So spielte die Politik Englands, Frankreichs und der USA durchaus im Einklang mit Hitler-Deutschland und Mussolini-Italien dem Militärputsch Francos in die Hände. Dessen Ziel glich dem der Diktatoren Italiens und Deutschlands: die republikanisch-demokratische Regierung zu stürzen und dem linken Teil der Gesellschaft – mit Gewerkschaftsbewegung, Kommunisten und Sozialisten – die führenden Köpfe zu nehmen. Dafür waren alle Mittel recht, ob Vertreibung, Mord, Folter oder Konzentrationslager.

Auf die Spitze getrieben wurde das Zusammenspiel der Westmächte mit den Diktatoren insofern, als nun die englische und französische Marine zwar diejenigen Teile der spanischen Küste gegen Waffenschmuggel »sicherten«, die unter der Kontrolle der demokratischen spanischen Regierung standen, während Italien und Deutschland diejenigen Küstenstreifen unter Kontrolle hielten, die sich bereits in der Hand des Putschisten Franco befanden. Dort wurden nun Waffen, Munition und Treibstoff aus Italien und Deutschland angelandet. Zugleich leitete Mussolini das von den Vereinigten Staaten bezogene Öl an das Franco-Regime weiter. So wurde auch hier das Embargo zum Vorteil der Faschisten gezielt unterlaufen und damit die Niederlage der Regierung gesichert. Die Demokratien der westlichen Welt ließen nicht nur die Demokraten Italiens und Deutschlands, sondern nun auch Spaniens zugunsten einer faschistischen Diktatur fallen. Die französische Demokratie, im Inneren ebenfalls von faschistischen Elementen und deren Medien bedroht, schloss sich der Haltung Englands und Amerikas an.

In den konservativen Lagern aller westlichen Länder spielte das Niederringen des Kommunismus und der Sowjetunion die alles andere überragende Rolle. Die westlichen Errungenschaften der Demokratie, der Liberalität, der Rechtsstaatlichkeit wie der sozialen Gerechtigkeit wurden aus Angst vor dem Kommunismus zur Disposition gestellt. Der Faschismus kam großen Teilen der Wirtschaft und Finanz durchaus entgegen, da in den faschistisch beherrschten Staaten massive Einschnitte in das Lohnniveau möglich wurden, gegen die sich die Arbeiterschaft in einer Diktatur nicht mehr wehren konnte. So fielen in Hitler-Deutschland nach der Machtübernahme die Löhne um ein Drittel. Die gleichgeschaltete Presse verschwieg Nachrichten über die für die Arbeiter negative Entwicklung. Deren Erbitterung war entsprechend groß.

Zeitgenössische Beobachter des geopolitischen Spiels

Das Verhalten Englands und Frankreichs gab beobachtenden Zeitgenossen Rätsel auf, die Journalisten veranlasste, der großen Strategie hinter den Kulissen auf die Spur zu kommen. Der englische Journalist Robert Dell berichtete im Sommer 1937 über die britische Strategie aus der Sicht dieses Zeitraumes. Der gebürtige Engländer, der vor dem Ersten Weltkrieg längere Zeit in England für den *Manchester Guardian* geschrieben hatte, war 1918 aus Frankreich ausgewiesen worden, weil er 1917 von Fühlungnahmen der französischen Regierung mit Wien über einen vorgezogenen Waffenstillstand berichtet hatte. Ab 1937 schrieb Dell für die amerikanische Zeitschrift *The Nation* aus Genf.[221]

In seiner Beurteilung der Lage in Europa schätzte Dell den höchsten Beamten des britischen Außenamtes, Sir Robert Vansittart,[222] als den obersten Schiedsrichter der Geschicke Europas ein. Nur ausnahmsweise, wenn der

Außenminister ein Mann von sehr durchsetzungsfähigem Charakter sei und eine eigenständige Politik betreibe, ob gut oder schlecht, wie etwa Salisbury oder Curzon und Delcassé oder Poincaré in Frankreich, werde die auswärtige Politik von Politikern geführt. In aller Regel jedoch liege sie in beiden Ländern in den Händen von Beamten auf Lebenszeit. Seitdem Vansittart der ständige Chef des britischen Außenamtes sei, gestalte er die britische Außenpolitik, dienend unter welcher Marionette von Außenminister auch immer, ganz gleich, ob es sich im jeweiligen Augenblick um einen Simon, Hoare oder Eden handele. Vansittart manipuliere Eden mit bemerkenswerter Geschicklichkeit. Er erlaube ihm zu sagen, woran er vielleicht selbst glaube oder zumindest zur Hälfte glaube, um so die Öffentlichkeit über das Vorgehen und die eigentlichen Ziele britischer Politik zu täuschen.

Die Außenpolitik Frankreichs werde von Berufsbeamten gelenkt. An der Spitze des französischen Außenministeriums am Quai d'Orsay stünden ein M. Léger sowie ein M. Massigli. Letzterer verhehle unter der Hand nicht seine Hoffnung auf den Sieg Francos in Spanien. Und er glaube an die Dringlichkeit eines Einvernehmens um jeden Preis mit Mussolini. Léger folge aus Überzeugung der Politik Englands und handele entsprechend. Demzufolge sei seine Politik in Wirklichkeit die des Sir Robert Vansittart.

Wenn der englische Premierminister Baldwin erkläre, die Grenze Englands liege am Rhein, so sei das ein Gemeinplatz. Jeder Angriff auf Frankreich werde zwangsläufig Großbritannien auf den Plan rufen. Der voreilige französische Verzicht auf Positionen, die zwangsläufig auch von Großbritannien verteidigt würden, hieße zahlen für etwas, das ohne eigenen Aufwand gehalten werden könne.

Die französisch-belgische Allianz, so der Diplomat, sei Vergangenheit, die französisch-polnische Allianz habe aufgehört zu bestehen, der französisch-sowjetische Pakt sei völlig entwertet, die Kleine Entente (Tschechoslowakei, Rumänien, Serbien, Kroatien, Slowenien unter Frankreichs Führung) und die Balkan-Entente seien zerbrochen. Frankreich sei von seinen Freunden im Osten getrennt worden. In Westeuropa sei es isoliert. Dies sei, so Dell, das Ergebnis der Politik Sir Robert Vansittarts. Frankreich habe sich gefügt. Grund hierfür sei das Bedürfnis gewesen, Hitler in Zentral- und Osteuropa freie Hand zu lassen.

Dell ging in seiner Abhandlung aus dem Jahr 1937 davon aus, dass England die klassische Ausbalancierung des europäischen Mächtegleichgewichts tatsächlich aufgegeben habe. Das herkömmliche Ziel britischer Politik sei immer gewesen, das Gleichgewicht so auszurichten, dass jede Macht daran gehindert werde, sich auf dem europäischen Kontinent die Vorherrschaft zu verschaffen. Diese klassische Politik des Gleichgewichts der Mächte sei nun aufgegeben worden. Es habe zwar immer schon in der britischen Diplomatie eine Denkschule gegeben, die ein Bündnis Englands mit der stärksten Macht auf dem Kontinent befürwortet habe, doch diese Auffassung sei in aller Regel in der Minderheit geblieben und habe selten einem solchen Ziel zum Erfolg verhelfen können. Es sei vielleicht zu früh, davon auszugehen, dass ein Bündnis mit Deutschland wieder einmal Ziel britischer Politik werden könne, jedoch sei nicht zu bezweifeln, dass dies die Politik von Sir Robert Vansittart und dem neuen britischen Premierminister Neville Chamberlain sei. Prodeutsche Gefühle seien stark vertreten im Oberhaus, in der Londoner City und in der herrschenden Klasse ganz allgemein, und seltsamerweise gehörten auch einige Politiker der Linken zu den Freunden Hitlers, deren Motive allerdings ganz andere seien als die der »Tory-Nazis«. Dennoch werde ein Bündnis oder auch ein enges Einvernehmen mit Nazi-Deutschland nicht ohne starke Opposition zu haben sein. Die Minderheit sei bereits im Kabinett selbst vertreten, zum Beispiel in der Person Anthony Edens. In der Londoner City lehne eine an Zahl angeblich wachsende einflussreiche Gruppe alle finanziellen und sonstigen Konzessionen an Deutschland ab. Diese Gruppe von Bankern stehe in harter Opposition zur Bank von England und deren Gouverneur Montagu Norman, der stark pro-Nazi eingestellt sei und auf das Engste mit Dr. Schacht zusammenarbeite. In der Politik gebe es Konservative wie Winston Churchill und andere, die die auswärtige Politik der Regierung für falsch hielten. Doch man könne ja nie sicher sein, wie lange Winston Churchill an seiner Meinung festhalte.

Es sei jedoch britische Politik, England nie in Kriege zu verwickeln, wenn nicht Interessen des britischen Weltreiches berührt würden. Britische Interessen wären nicht betroffen im Falle eines Krieges zwischen Deutschland und einem der Länder östlich des Rheins. Wenn Deutschland allerdings Frankreich oder Belgien angreifen würde oder Holland, würden britische Interessen berührt. Sollte Hitler einst der Herr des größeren Teils des europäischen Kontinents werden, könne er versucht sein, dem Beispiel Napoleons zu folgen und seine Aufmerksamkeit auf England zu richten. In *Mein Kampf* heiße es einerseits, Deutschland solle derzeit nicht versuchen, eine Weltmacht zu werden, da hierzu eine Allianz mit England erforderlich sei. Andererseits habe Hitler auch geäußert, dass aus Deutschland letztlich entweder eine Weltmacht oder überhaupt nichts werde. Das Ziel der Politik Vansittarts, so Dell, sei es, Deutschland zu zwingen, eine europäische Kontinentalmacht zu sein und zu bleiben und nicht zur Weltmacht aufzusteigen. Die Rechnung liefe darauf hinaus, dass England, sollte Hitler einmal Herr des Kontinents östlich des Rheins geworden sein, dann militärisch so stark sein werde, dass ein deutscher Angriff keine Chance habe. Dann werde England in der Lage sein, ein Bündnis mit Deutschland zu britischen Bedingungen zu schließen. Dies sei der eigentliche Grund für Englands derzeitige Wiederaufrüstung.

Frankreich bliebe dann nur die Wahl, der englisch-deutschen Verbindung beizutreten. Es werde so in die Rolle einer zweitklassigen Macht unter englisch-deutscher Kontrolle abgleiten. Diese Politik, die in etwa einer Teilung der Welt in eine britische und deutsche Einflusssphäre gleichkomme, könne dann zu einer ernsthaften Bedrohung der Vereinigten Staaten von Amerika werden.

Diese Lagebeurteilung sei die einzige, die die britische Politik der vergangenen 4 Jahre erklären könne. Nur so seien die Hinnahme der deutschen Wiederaufrüstung und die Weigerung der britischen Regierung zu erklären, sich seit 1933 an irgendwelchen Interventionen gegen Deutschland zu beteiligen. So sei das englisch-deutsche Flottenabkommen zu verstehen, das Deutschland die Beherrschung der Nordsee zubillige, jedoch die Flotte so klein halte, dass damit Weltmachtpolitik nicht zu betreiben sei. So sei zu verstehen, weshalb die britische Regierung 1936 die französische Regierung dazu überredet habe, dem Marsch Hitlers in die entmilitarisierte Zone des Rheinlandes nicht entgegenzutreten. Im Übrigen gebe es Grund für den Verdacht, dass die britische Regierung von Hitlers Absichten im Voraus informiert gewesen sei, es jedoch unterlassen habe, die französische Regierung zu unterrichten.

So erkläre sich auch die britische Feindschaft gegen den französisch-sowjetischen Pakt und die britischen Aktivitäten in Richtung Spanien. So erkläre sich, weshalb das britische Foreign Office 1933 Frankreich nahegelegt habe, mit Deutschland ins Reine zu kommen, warum es Belgien ermuntert habe, das Bündnis mit Frankreich aufzugeben und zur »Neutralität« zurückzukehren, warum es die Henlein-Partei der Sudetendeutschen in der Tschechoslowakei gestützt habe, warum es Jugoslawien über den Botschafter in Belgrad ermuntert habe, sich mit Italien und Deutschland zu einigen. Großbritannien habe ja auch alles getan, um die (französische) Balkan-Entente und die Kleine Entente zu zerstören. Auf der Dardanellen-Konferenz in Montreux habe der rumänische Außenminister den britischen Delegierten ins Gesicht gesagt, sie versuchten, die Balkan-Entente zu zerstören, und er habe recht gehabt. Jedem Teilnehmer der Konferenz sei klar gewesen, dass die britische Delegation für Deutschland arbeitete.

Schlussendlich wies Dell auf einen Faktor der Politik Vansittarts hin, den er für den bedeutendsten hielt und der auch für die Mehrheit der britischen Regierung von ausschlaggebender Bedeutung war: die Feindschaft gegen Sowjetrussland und die Angst vor dem Kommunismus. Dies vor allem anderen habe einen so großen Teil der herrschenden englischen Klasse hinter die Idee einer Gemeinschaft oder eines Bündnisses mit Nazi-Deutschland gebracht. Sie seien sich bewusst gewesen, dass der faschistische Block bereits formiert war, und in ihren Herzen hätten sie den Faschismus dem Kommunismus vorgezogen. Sie zögen auch Franco der demokratischen spanischen Regierung vor, obgleich sie wüssten, dass in Spanien ein wahrhaft kommunistisches Regime keinerlei Chance habe. Es stelle sich nun die Frage, ob die Kräfte der Liberalen und der Arbeiterpartei in England rechtzeitig aufwachten, um sich den Realitäten zu stellen und ihr Land daran zu hindern, sich mit dem faschistischen Block zu vereinen. Die Anzeichen seien nicht ermutigend.

◆ ◆ ◆

So weit Dells Versuch, die Beweggründe der Außenpolitik Frankreichs und Englands vom Sommer 1937 zu erklären. Der Autor verstellt allerdings etwas den Blick auf das komplette Zielbündel der britischen Machtpolitik, indem er das wichtigste und damit letztlich bestimmende Ziel ans Ende seiner Abhandlung zieht. Die einzelnen Überlegungen und Handlungsstränge sind zwar alle zutreffend dargestellt, doch das Tableau britischer Außen- und Sicherheitspolitik ergibt nur dann einen Sinn, wenn die Bekämpfung der Sowjetunion und des Kommunismus als eine der zentralen Aufgaben einbezogen wird. Vansittart war ein erbitterter Gegner Deutschlands. Als er sich nach 1938 aus dem Foreign Office zurückzog, verfasste er nicht nur Propagandapamphlete gegen Hitler-Deutschland, sondern beschrieb ganz allgemein den durch und durch minderwertigen Charakter der Deutschen, ganz zur Begeisterung des Reichspropagandaministers Goebbels, der mit den Zitaten wiederum gegen England hetzen konnte. Nach Kriegsende verwandelte sich Vansittart sofort in einen der größten Russenhasser.[223]

Es muss hier wiederholt werden: Das am Anfang der Hitler-Herrschaft äußerst schwache und zerstrittene Deutschland hätte leicht und sofort gestoppt werden können, wenn Hitler beim Sprengen der militärischen und außenpolitischen Fesseln der Weimarer Republik auf den entschiedenen Widerstand Großbritanniens gestoßen wäre. Hitler wähnte sich bei jedem Vorgehen gegen die Sowjetunion in Übereinstimmung mit den Interessen Großbritanniens. London hatte ein grundlegendes Interesse an der Begrenzung des Einflusses der Sowjetunion mit deren bis nach Asien reichenden gemeinsamen Grenzzonen, ganz zu schweigen von dem ideologischen Gefahrenpotenzial des Kommunismus. Die Freiheitslehren von Marx und Lenin mussten für die unterdrückten und ausgebeuteten Kolonialvölker Indiens, Asiens, Afrikas umwerfend attraktiv sein, zumal sie nun auch noch gestützt wurden von einer mitten im eurasischen Kontinent gelegenen, schnell aufwachsenden potenziellen Supermacht, die von einer Seemacht wie England nur noch schwer zu beherrschen war. Folglich lag es für England nahe, seine Feinde gegeneinander zum Kampf zu stellen, um sich so ohne übermäßige eigene Opfer der Bedrohung zu entledigen.

Nur unter dieser Betrachtungsweise ergibt das ganze Machtspiel Londons auch im Zeitablauf einen Sinn. Der bisherige Ansatz, die Sowjetunion im Bürgerkrieg durch Unterstützung der Bürgerkriegsarmeen und den Einsatz britischer, amerikanischer, japanischer, französischer, tschechischer und polnischer Interventionsverbände auch geografisch zu zerreißen, war gescheitert. Es war daher sinnvoll, Hitler, der meinte, in Osteuropa den Siedlungsraum für die Überbevölkerung Deutschlands erobern zu müssen, zunächst gewähren zu lassen. Deshalb durfte Hitler-Deutschland beim Wegräumen der Hindernisse für den militärischen Aufmarsch Richtung Sowjetunion westlicherseits kein militärisch aufhaltender Widerstand geboten werden. Die durchaus logische, der englischen zunächst entgegengesetzte französische Politik des Eindämmens beider Kontrahenten, der Sowjetunion wie Hitler-Deutschlands, war diesem Ziel hinderlich und musste auf britischen Druck hin aufgegeben werden.

Hitler sollte sich zunächst auf die Duldung der Westmächte verlassen können. Sein Vorgehen war tastend und aufgrund der zugestandenen, bluffartigen Erfolge immer ausgreifender. Der Einmarsch in das entmilitarisierte Rheinland war der erste Test. Wir werden diese Haltung immer wieder wahrnehmen können. Der Einmarsch nach Österreich, die Besetzung des Sudetenlandes und die Einverleibung der Tschechei hätten, wie wir gesehen haben, jeweils zu einer durchaus erfolgreichen Intervention der Westmächte führen können. Da dies nicht geschah, fühlte sich Hitler in seinem weiteren Vorgehen sicher. Schließlich war auch Hitler ein Frontsoldat des Ersten Weltkrieges und wusste um die für Deutschland traumatischen Lehren.

Gegen den Widerstand Englands ließ sich der Aufbau einer Machtbasis im Osten unter Einbeziehung der Ukraine und vor allem der russischen Ölfelder im Süden nicht erreichen. Hitler glaubte an eine Aufteilung der Einfluss- und Verantwortungszonen. Das britische Weltreich sollte von deutscher Landnahme nicht beeinträchtigt werden. Deutschland sollte die Seemacht Englands mit dem weltumspannenden Empire nicht antasten, hoffte jedoch als Gegenleistung auf eine Duldung des Aufbaus deutscher Landmacht im Osten.

Doch ein Erfolg dieser Politik Hitler-Deutschlands musste nach dem geopolitischen Verständnis Großbritanniens auf eine beherrschende Rolle Deutschlands auf dem eurasischen Kontinent hinauslaufen, die im Prozess beizeiten und dann auch um jeden Preis verhindert werden musste. Eine eurasische Machtkonstellation, die Bevölkerung und Bodenschätze in einer Hand oder auch nur in einer kooperativen deutsch-russischen Machtstruktur hielte, hätte das Potenzial entwickeln können, nicht nur riesige Landheere, sondern auch eine die britische in den Schatten stellende Seemacht zu errichten. Die Bodenschätze wären unter Einschluss der russischen Erdöl- und Erdgasfelder, aber auch aller sonstigen Rohstoffe so gewaltig, dass dem Aufbau einer umfassenden Weltherrschaft nichts mehr im Wege hätte stehen oder gestellt werden können. Daher auch das Anspielen Dells auf die Interessen der USA, die einer derartigen Machtzusammenballung ebenfalls würden entgegentreten müssen.

Winston Churchill selbst hatte bereits 1936 in einer geheimen Rede vor dem Unterhaus auf die Grundsätze der über Jahrhunderte durchgesetzten britischen Politik verwiesen, indem er ausführte:[224]

> Über vier Jahrhunderte hat die Außenpolitik Englands die jeweils stärkste, aggressivste, vorherrschende Macht auf dem Kontinent bekämpft. […] Das bekam Philipp II. von Spanien zu spüren, das galt unter William III. und Marlborough für Ludwig XIV., dann auch für Napoleon und Wilhelm II. in Deutschland. Es wäre einfach und sehr verlockend gewesen, sich mit dem jeweils Stärkeren zu verbinden, um an den Früchten seiner Eroberungen teilzuhaben. Gleichwohl gingen wir immer auf den härteren Kurs, verbündeten uns mit den schwächeren Mächten, bildeten eine Koalition mit ihnen, besiegten und frustrierten den militärischen Tyrannen auf dem Kontinent, wer immer das war, über welche Nation er auch immer herrschte. So bewahrten wir die Freiheit Europas. […]
>
> Man beachte, dass die englische Politik keine Rücksicht darauf nimmt, um welche Nation es sich handelt, die die Vorherrschaft über Europa anstrebt. Es ist

nicht die Frage, ob es sich um Spanien, die französische Monarchie, das französische Empire, das Deutsche Reich oder das Hitler-Regime handelt. Das hat nichts zu tun mit den Staatsoberhäuptern der jeweiligen Nation; es dreht sich allein um die Frage, wer der stärkste oder potenziell dominante Tyrann ist. Daher sollten wir uns nicht darum scheren, als profranzösisch oder antideutsch beschuldigt zu werden. Unter anderen Umständen könnten wir genauso gut prodeutsch und antifranzösisch sein. Wir folgen den Gesetzen der Staatsraison und nicht einem von simplen Nebensächlichkeiten, Sympathien und Antipathien oder irgendwelchen anderen Gefühlen diktierten Kurs.

Es erhebt sich daher die Frage nach der stärksten Macht in Europa, die in einer gefährlichen und unterdrückenden Weise nach der Vorherrschaft strebt. Heute, in diesem Jahr [1936], vermutlich noch in Teilen von 1937, ist die französische Armee die stärkste in Europa. Doch niemand hat Angst vor Frankreich. Jedermann weiß, dass Frankreich in Ruhe gelassen werden will und nur um seine Selbstbestimmung besorgt ist. Jedermann weiß, dass die Franzosen friedlich, zugleich jedoch voller Angst sind. [...]

Deutschland hingegen fürchtet niemanden. Es bewaffnet sich wie nie zuvor in der deutschen Geschichte. Es wird von einer Handvoll triumphierender Desperados regiert. Sein Geld wird knapp, Unzufriedenheit schwelt unter den despotischen Herrschern. Sie werden sehr bald vor der Entscheidung stehen, dem wirtschaftlichen und finanziellen Zusammenbruch und internationalem Aufruhr ins Auge zu sehen oder in einen Krieg zu ziehen, der kein anderes Ziel, und wenn erfolgreich, auch kein anderes Ergebnis haben kann als ein germanisiertes Europa unter Kontrolle der Nazis. Deshalb schürzen sich erneut all die alten Umstände zur Entscheidung, dass unsere nationales Heil wieder einmal davon abhängt, alle Kräfte Europas zu bündeln, um die deutsche Vorherrschaft einzudämmen, zurückzuschrauben und wenn nötig zum Scheitern zu bringen. Denn glauben Sie mir, falls irgendeine dieser anderen Mächte – Spanien, Ludwig XIV., Napoleon oder Kaiser Wilhelm II. – mit unserer Hilfe die absoluten Herren Europas geworden wären, hätte sie uns am Morgen ihres Sieges ausrauben, zur Bedeutungslosigkeit und Armut verdammen können.«[225]

Die USA in Vorbereitung der Kriege in Japan und Europa

Blicken wir mit der für Großmächte typischen geopolitischen Perspektive auf das Geschehen, so sehen wir nicht nur in Großbritannien eine längerfristig angelegte massive Aufrüstung vor allem zur See und in der Luft.[226] Auch die Vereinigten Staaten beginnen bereits in den frühen 1930er-Jahren mit einer gewaltigen Aufrüstung zur letztendlich anstehenden großen Auseinandersetzung nicht nur mit Japan, sondern ganz offensichtlich auch mit den »bluffenden« Diktatoren in Europa.

Kriegsschiffe, vor allem Flugzeugträger, werden auf Kiel gelegt, deren Einsatz, so die damalige Einschätzung der zeitgenössischen Beobachter, allenfalls auf Japan gerichtet sein konnte. Japan seinerseits rüstet ebenfalls auf und versucht, möglichst ungehindert große Teile Chinas unter Kontrolle zu bringen. »Volk ohne Raum« war einer der Beweggründe, aber auch der Versuch, die japanische Rohstoffversorgung auf dem chinesischen Festland zu sichern.

Der 1933 nahezu zeitgleich mit Hitler gewählte Präsident Franklin Delano Roosevelt verkörperte den Machtanspruch des amerikanischen Kontinents. Er stammte aus wohlhabenden Verhältnissen und war als ehemaliger Senator von New York mit der global denkenden und handelnden Finanz- und Industrieelite des Landes eng vertraut. Seine Erfahrung und seine Kontakte mit der New Yorker Finanzszene hatten sich seit 1913 mit der Aufgabe eines Staatssekretärs der Marine und den dort geltenden Grundsätzen der globalen Wirkung einer Seemacht verbunden. In der Familie hatte schon einer seiner Amtsvorgänger, Teddy Roosevelt, die Ziele eines amerikanischen Weltreiches verfolgt. Sein stets griffbereiter »Großer Knüppel« (*big stick*) galt den nicht folgsamen Nationen vor allem Lateinamerikas.

Teddys Neffe Franklin Delano hatte zunächst mit der epochalen Wirtschaftskrise der Jahre 1929/32 zu kämpfen, die er im Zuge des »New Deal« mithilfe von Staatsaufträgen und Investitionen in die Infrastruktur des Landes, aber auch ganz wesentlich durch Aufträge an die Rüstungsindustrie zu bekämpfen suchte. Schon Jahre vor dem Ausbruch des Zweiten Weltkrieges hatte er sich vorgenommen, die europäischen Diktatoren, aber auch die japanische Führung mit ihren Eroberungen in Asien, nicht zuletzt in China, in die Schranken zu weisen. Er erhöhte daher weiterhin die Ausgaben vor allem für die amerikanische Marine und Luftwaffe.

Roosevelt war ebenso wie Wilhelm II. ein Anhänger des amerikanischen Marinehistorikers Mahan, der die Beherrschung der Weltmeere und der über sie verlaufenden Transportwege als das in der Geschichte der Völker alles entscheidende Merkmal einer erfolgreichen Weltmacht hielt. Das Gedankengut dieses amerikanischen Marinehistorikers beherrschte damals wie heute die Hirne der Strategen und deren Vorstellung von Geopolitik. Sie war inzwischen bei allen Großmächten und zur Großmacht befähigten Staaten zur vorherrschenden Lehre geworden. Und man wird auch für die

Folgezeit nach 1918 festhalten können, dass die warnenden Überlegungen des britischen Geografen Mackinder zum Erhalt oder Verlust von Macht die politischen Eliten in den Machtzentren in London und Washington beherrschten. Für Mackinder drohte die dem europäischen Festland vorgelagerte britische Insel zu einem Kohleklumpen zu schrumpfen, den umfangreiche Fischschwärme umkreisten.[227] Wer Eurasien beherrscht, beherrscht die Welt, macht die USA zu einer Insel inmitten der Weltmeere, verdrängt das Gespann der vergangenen Weltmacht England und der soeben zur Nummer eins aufgestiegenen USA aus der bisher so gestaltungsmächtigen Rolle.

◆ ◆ ◆

Wie der Engländer Dell, so versuchte auch der Amerikaner Drew Pearson, ebenfalls aus der Sicht des Jahres 1937, das langfristige gemeinsame Vorgehen der beiden angelsächsischen Mächte USA und Großbritannien zu beschreiben, und zwar in seinem Beitrag »Will We Blockade Japan?« für die amerikanische Zeitschrift *The Nation*.[228] Der Schwerpunkt dieses Diskussionsbeitrages galt der Politik des Präsidenten Roosevelt.

Dieser sei sich bereits kurz vor der Amtseinführung 1933 in einer Aussprache mit Außenminister Henry L. Stimson[229] darüber einig gewesen, dass Japan ganz China erobern könne, wenn es nicht in seinen imperialen Ambitionen in die Schranken gewiesen werde. Die Auffassung des Präsidenten, wie mit Japan umzugehen sei, setze sich, so Pearson, aus einer Mischung von Wilson'schem Idealismus und den eisernen Regeln des Marineministeriums zusammen. Dazu komme die erst kürzlich (1937) gewonnene Gewissheit, dass die Vereinigten Staaten dazu beitragen müssten, den Diktatoren in Europa ihre Grenzen aufzuzeigen oder aber Gefahr zu laufen, ihnen die Weltherrschaft überlassen zu müssen.[230] Diese Überzeugung sei bereits 1937 im Gedankenaustausch zwischen dem State Department in Washington und dem britischen Foreign Office zum Ausdruck gebracht worden. In völliger Übereinstimmung mit der Lagebeurteilung des amerikanischen Präsidenten habe Außenminister Hull den Briten gegenüber betont, die Demokratien der Welt hätten Hitler und Mussolini in einem so großen Umfang nachgegeben, dass diese beiden Gentlemen inzwischen meinten, alle ihre Wünsche durch schlichtes Säbelrasseln erreichen zu können.

Doch keines der Gespräche Mr. Hulls mit den Briten sei so grundlegend gewesen wie die Aussprache des amerikanischen Präsidenten mit der Leitung der Navy und dem State Department. Die Schlussfolgerungen seien den Briten übermittelt worden. Roosevelt habe seine Admirale um Rat gefragt, mit welcher Strategie das imperiale Eindringen Japans in China unterbunden werden könne. Der Vorschlag der Navy baue auf Japans Mangel an Rohstoffen und der gefährdeten Lage der Inselgruppe als den überragenden Schwächen auf. Die Admirale hätten den strategischen Ansatz einer Blockade des Inselreiches durch die Marine vorgeschlagen, gestützt entweder auf einen Beschluss des Völkerbundes oder eine Erklärung der Unterzeichnerstaaten des Neun-Staaten-Vertrages zur Nichteinmischung in die inneren Angelegenheiten Chinas. Die Überwachung des Embargos könne der britischen und amerikanischen Flotte übertragen werden. Beide seien jeweils in Singapur und Panama stationiert. Von dort könnten sie die Zufuhr aller wichtigen Rohstoffe, insbesondere von Öl, unterbinden. Japan erhalte derzeit sein Öl aus Holländisch-Ostindien, aus den Händen von Royal Dutch Shell, also einem Unternehmen Großbritanniens. Oder auch von US-amerikanischen Ölfirmen. [...] Sollte der Völkerbund die Blockade billigen, dann könne das Ergebnis vermutlich ohne Krieg erreicht werden, da amerikanische und britische Schiffe dann aus so großer Entfernung von Japan operieren könnten, dass sich keine Gelegenheit zu Auseinandersetzungen ergeben werde, die zu offenen Feindseligkeiten führen müssten. Zurzeit sei nach Einschätzung des Präsidenten die amerikanische Öffentlichkeit auf derart drastische militärische Konflikte nicht vorbereitet. Doch Außenminister Hull habe sich, so Pearson, optimistischer geäußert. In einer Bemerkung über die angeblich fehlende Bereitschaft der amerikanischen Öffentlichkeit, ein derart kriegerisches Vorgehen zu unterstützen, habe er einem Freund gegenüber geäußert: »Man kann stets darauf wetten, dass die Japaner das Falsche tun werden.« In Erwartung einer sich so entwickelnden öffentlichen Meinung habe das State Department seine Gespräche mit den Briten fortgesetzt und besonders die Idee einer Zusammenarbeit der beiden Flotten vorangetrieben. Die amerikanische Marine habe die britische dazu gedrängt, die Blockade von Singapur aus zu übernehmen, während Panama im Aufgabenbereich der Vereinigten Staaten liegen solle.

Die Einschätzung des amerikanischen Beobachters der Szene stellt die strategischen Planungen der beiden angelsächsischen Mächte bereits 2 Jahre vor Ausbruch des Zweiten Weltkrieges sehr überzeugend dar. Die Ansicht des Präsidenten F. D. Roosevelt, in der Politik geschehe nichts aus Zufall, und wenn es geschehe, könne man sicher sein, dass es auch exakt so im Voraus geplant worden sei, wird auch in diesem Fall von der weiteren Entwicklung bestätigt. Bei der historischen Aufklärung aller Abläufe hin zum Krieg wird diese Erkenntnis stets zu beachten sein, auch wenn immer wieder im Nachhinein nur begrenzt offengelegte Akten und auf Jahrzehnte erzwungene Geheimhaltung die Beweise dürftig oder durch gezielte Desinformation zweifelhaft erscheinen lassen. In den Zeugnissen der beiden Journalisten erscheint der Hinweis auf die global angelegte, später exakt so auch vollzogene Strategie des amerikanischen Präsidenten zu einer Zeit, da Hitler-Deutschland sich zwar inmitten der Aufrüstung für die europäische Auseinandersetzung befindet, aber noch nicht einmal in Österreich einmarschiert ist, von grundlegender Bedeutung. Der Hintergrund des angeblich von den USA nicht im Voraus zu erkennenden Angriffs der japanischen Flotte auf die ahnungslose, weil nicht informierte amerikanische Flotte im Hafen von Pearl Harbor wird später darzustellen sein.

In der Zeit der kritisch werdenden Jahre nach 1936 bettelten deutsche Widerstandskreise im Einvernehmen mit den höchsten Militärs der Wehrmacht um ein eindeutiges Wort des »Halt, bis hierher und nicht weiter!« der Engländer und Amerikaner, um sich so die Rechtfertigung vor dem eigenen Volk für einen hochriskanten Staatsstreich gegen Hitler und dessen Kriegspläne zu verschaffen. Krieg war in Deutschland bis in die höchsten Nazi-Kreise hinein außerordentlich unpopulär. Das wusste Hitler. Er ebenso wie die Generale der Reichswehr hatten aus dem Krieg die Lehre gezogen, dass eine Kriegsgegnerschaft Englands wie der USA unter allen Umständen vermieden werden musste. Daher die Weisung an die in das Rheinland marschierende Reichswehr, den Vormarsch bei Widerstand französischer Truppen sofort abzubrechen. Doch eine für größere Operationen nicht vorbereitete Wehrmacht marschierte nicht nur in Österreich, sondern dann auch in die hervorragend gerüstete und abwehrbereite, der deutschen Wehrmacht militärisch überlegene Tschechoslowakei ein. Die Alliierten kauften der um Hilfe suchenden tschechischen Regierung jeden Schneid ab, schauten dem Gewaltakt tatenlos zu und schanzten damit Hitler Traumerfolge zu, statt ihm zu Zeiten erst die gelbe, dann die rote Karte zu zeigen. Gleichzeitig rüsteten sowohl Großbritannien als auch die USA bereits Mitte der 1930er-Jahre vornehmlich zur See und zur Luft zum anstehenden Weltkrieg auf, der in einigen Jahren dann auf allen Seiten zig Millionen Soldaten und Zivilisten, vornehmlich Russen und Deutsche, verkrüppeln, traumatisieren und unter die Erde bringen sollte.

Im Rückblick bleibt festzuhalten, dass der amerikanische Kongress schon 1928 zusätzliche Mittel für die Navy bereitgestellt hatte. Zu dieser Zeit hatte die U. S. Navy die japanische Flotte in Umfang und Tonnage bereits überholt.

Von der Regierung Roosevelt kamen Signale, denen zufolge die USA gar auf eine Auseinandersetzung mit Großbritannien zusteuerten.[231]

Robert Dell ergänzte seine Beurteilung aus dem Jahr 1937 um weitere Beobachtungen des hinter der britischen Politik stehenden Kalküls. Er schrieb im Frühjahr 1938,[232] die Art und Weise, wie die Regierung und das Foreign Office erfolgreich die öffentliche Meinung über den tatsächlichen Ansatz und die Ziele der britischen Politik getäuscht hätten, sei einer der höchst beunruhigenden Faktoren der gegenwärtigen Lage. Britische Diplomatie müsse von ihren Taten und deren Ergebnissen her beurteilt werden, nicht von den Reden eines Eden. Er, Dell, habe eine zu hohe Meinung vom Geschick und der Intelligenz der britischen Diplomatie, um nicht davon überzeugt zu sein, dass die Ergebnisse mit Absicht angesteuert würden. Sofern die britischen Diplomaten keine Narren seien, und das seien sie nicht, bliebe als einzige Hypothese ihrer Politik, dass sie hofften, Hitler einzufangen, indem sie ihm östlich des Rheins in Europa freie Hand ließen, bis England ausreichend stark bewaffnet sei, um einen Angriff gegen das Britische Empire oder Frankreich aussichtslos zu machen und den Diktator so zum Einlenken zu zwingen. Und in der Tat, Persönlichkeiten in enger Verbindung mit den führenden Köpfen des Foreign Office gäben dies im vertraulichen Gespräch auch offen zu und rechneten mit einer Zeitspanne von 3 Jahren, bis zu der man Hitler östlich des Rheins beschäftigt halten müsse.

Frankreich und ebenso Belgien müssten gegen einen deutschen Angriff verteidigt werden, da sie Pufferstaaten zwischen England und Deutschland seien und England niemals dulden könne, französische, belgische oder holländische Häfen in deutsche Hand fallen zu lassen. Wenn Baldwin gesagt habe, »unsere Grenze verläuft am Rhein«, so sei dies auch genauso gemeint.[233] Es sei zwingend geboten, Frankreich von allen Bindungen östlich des Rheins zu lösen, sofern diese dazu führen könnten, England vorzeitig zur Intervention zu zwingen. Das bringe Frankreich in die Position einer drittklassigen Macht, die sich England und letztendlich auch England und Deutschland unterordnen werde, sofern diese beiden Länder sich verständigen könnten. Dringe Deutschland in Frankreich ein, werde England aus den bereits erwähnten Gründen stets intervenieren. Frankreich müsse für diesen Fall keine eigenen Opfer bringen, um englische Hilfe zu erhalten. Die französische Politik gleiche einem Schattenboxen, komme einem Maulwurfspiel gleich. Bereits 1935 habe J. L. Garvin, ein jahrzehntelanger Freund von Winston Churchill und Lord Fisher, dem Chef der britischen Marine, im *Observer* ausgeführt, Nazi-Deutschland sei nun britischer Feind Nummer eins. Wenig später habe er sich dann jedoch wieder als begeisterter Anhänger Hitlers und Mussolinis gezeigt. Er habe sich offen für die Schaffung eines vereinten Mitteleuropas unter deutscher Führung ausgesprochen. Solch ein Machtsystem werde mindestens 150 Millionen Menschen umfassen. In einigen Jahren würden es 200 Millionen sein. Russland mit seinen ungeheuren Ausmaßen müsse die gegen das Deutsche Reich gerichteten Abmachungen und Verträge aufgeben und seine Opposition gegen ein unter deutscher Führung stehendes vereintes Europa einstellen. Nazi-Deutschland so die Hegemonie über Europa zu verschaffen sei der ungeheuerliche Plan, der wichtigen Wirtschafts- und Finanzinteressen Englands entspreche, die Nazi-Deutschland als das Bollwerk gegen den Kommunismus begrüßten und Frankreich nur als »linkes« Land einschätzten. Vermutlich entspreche der Plan auch den Vorstellungen einiger Minister der britischen Regierung. Allerdings könne es sich auch nur um einen Testballon handeln, um die öffentliche Meinung erfahren zu können. Auf jeden Fall ergebe der Vorschlag Garvins eine logische Erklärung der gegenwärtig verfolgten britischen Außenpolitik.

Wendepunkt Polen

Hitler hatte sich zwar schon sehr früh die Eroberung großer Teile der Sowjetunion zum Ziel gesetzt, doch dazu benötigte er eine schlagkräftige Wehrmacht, die ihm erst nach und nach zur Verfügung stand, die jedoch bis hin zum Angriff gegen Polen im September 1939 noch ihre großen Schwächen hatte. Mit den militärischen und politischen Führungskräften in Deutschland wusste Hitler, dass bei einer Operation in den Tiefen des russischen Raumes letztlich die Duldung der englischen Seite zwingend notwendig war, wollte man sich nicht erneut einem für Deutschland tödlichen Zweifrontenkrieg aussetzen. Daher kam der britischen Haltung in Wort und Tat überragende Bedeutung zu. Polen selbst war bislang, wie bereits erwähnt, eingebunden in eine von Frankreich gesteuerte und vor allem finanzierte sogenannte Kleine Entente, bestehend aus der Tschechoslowakei, Rumänien und Polen. Hinzu kamen die enger gewordenen Beziehungen Frankreichs zur Sowjetunion, die in dem Beistandspakt von 1935 ihren Niederschlag gefunden hatten, jedoch inzwischen wieder unverbindlicher geworden waren.

Polen selbst verfolgte keineswegs eine nur abwartende, passive Politik. Es hatte die russische Oktoberrevolution, die ja zunächst mit einer Schwächung des Russischen Reiches einherging, genutzt, um, unterstützt von amerikanischen Bomberpiloten, bis zur ukrainischen Hauptstadt Kiew vorzudringen, in der Hoffnung, sich diese früher zu Polen gehörenden Gebiete wieder angliedern zu können. Die Operation scheiterte am nicht erwarteten Widerstand der unter Trotzki aus dem Boden gestampften Roten Armee, die die polnische Armee bis vor die Tore Warschaus zurückwarf. Ein für Polen günstiges sowjetisches Friedensangebot hatte die Warschauer Regierung zuvor auf Anraten Frankreichs und Englands abgelehnt.

In der Auseinandersetzung mit dem nach 1918 geschwächten Deutschen Reich, das nur noch über ein 100 000-Mann-Heer verfügte, versuchte Polen mit Unterstützung der Alliierten, Terrain in Schlesien zu gewinnen. Dies gelang selbst in Gebieten, deren Bevölkerung sich mit großer Mehrheit für den Verbleib bei Deutschland entschieden hatte. Das ehemalige Westpreußen wurde von den Alliierten im Versailler Vertrag Polen als sogenannter Korridor zugesprochen, der die Landverbindung Zentralpolens zur Ostsee gewährleisten sollte. Die Stadt Danzig wurde zur freien Stadt erklärt, der Aufsicht des Völkerbundes unterstellt und von britischen und polnischen Truppen besetzt. Ihre wirtschaftliche Blüte verdankte die Stadt seit alters her ihrem Hafen, dem Hauptumschlagsplatz polnischer Produkte für den Welthandel.

Rettung Polens scheitert an Ausgrenzung der Sowjetunion

Das Pokerspiel der scheinbar schwächelnden, nachgiebigen, ängstlichen Großmacht England mit den beiden Diktaturen Hitler-Deutschland und Stalin-Sowjetunion näherte sich nun dem Höhepunkt. Hitler, im Wissen um die tödliche Gefahr eines Eingreifens Englands, womöglich wie im Ersten Weltkrieg sekundiert von den Vereinigten Staaten, blieb um die Duldung seiner Aggressionspolitik durch die Westmächte bemüht. Er hoffte auf das überragende Interesse der angelsächsischen Staaten, dem Sowjetreich den Garaus zu machen. Daher suchte er bis zum Ende des Krieges den Kompromiss eines gemeinsamen oder zumindest geduldeten Vorgehens.

Um in die Sowjetunion einzudringen, benötigte er Polen als Auf- und Durchmarschgebiet. Daher zunächst das frühe Werben Hitlers um eine gemeinsame deutsch-polnische Aggression gegen die sowjetisch beherrschte Ukraine. Polen hatte abgelehnt. In der Auseinandersetzung um die Tschechoslowakei wäre die militärische Ausgangslage für Frankreich und England, die Bündnispartner Polens, außerordentlich günstig gewesen, sie war jedoch auch im Falle Polens so schlecht nicht, sofern seine Bündnispartner nur bereit gewesen wären, eine wirksame polnische Sofortverteidigung zu organisieren und umzusetzen. Die sowjetische Führung hatte England und Frankreich bereits in der Krise um die Tschechoslowakei angeboten, gemeinsame Sache zur wirksamen Abwehr der Hitlerschen Angriffspläne zu machen. Das Angebot wurde damals nicht aufgegriffen.

Um nun der Gefahr einer deutschen Invasion in Polen und darüber hinaus in die Sowjetunion wirksam entgegenzutreten, hätten der Roten Armee für den Ernstfall glaubhaft Aufmarschwege zur Westgrenze Polens eingeräumt werden müssen. Diese wiederum war die polnische Regierung nicht bereit zuzugestehen. Nach vielen ergebnislosen Gesprächen wurde eine Expertengruppe aus britischen, französischen und sowjetischen Diplomaten und Militärs benannt, die in Moskau das gemeinsame Vorgehen zur Abwehr eines Angriffs der Wehrmacht gegen Polen erörtern sollte. Die Experten kamen trotz Drängens Russlands nur extrem langsam voran. So reiste die britische Delegation ungeachtet wachsender internationaler Spannungen nicht mit dem Flugzeug, sondern per Schiff über Nord- und Ostsee und schließlich mit der Eisenbahn in die sowjetische Hauptstadt.

Letztlich stellte die sowjetische Delegation sogar fest, dass die verhandelnden britischen Diplomaten und Militärs trotz der dringenden Lage über keinerlei Abschlussvollmacht verfügten. Iwan Maiski, der sowjetische Botschafter in London, zog nach vielen Gesprächen mit sich nicht festlegen wollenden Partnern in der politischen Szene, darunter auch mit Vansittart, den für sein Land bitteren Schluss, Großbritannien wolle sich nicht wirksam mit der Sowjetunion gegen Hitler-Deutschland verbünden, vielmehr beide in einen Krieg gegeneinander treiben lassen.[234]

Hitler hingegen schlussfolgerte aus dem britischen Verhalten zunächst, dass es England letztlich doch nicht ernst sein könne mit einem wirksamen Schutz Polens, dass die kurz zuvor ausgesprochene englische Garantie für die polnische Westgrenze für den Fall eines deutschen Angriffs ebenfalls nicht ernst gemeint sein könne.

Dennoch versuchte er die denkbare Schwelle für den Eintritt Englands und Frankreichs in den großen Krieg zur Rettung Polens so niedrig wie möglich zu halten. Er forderte von Warschau zunächst das Zugeständnis eines unter deutscher Hoheit stehenden Eisenbahn- und Autobahnkorridors Richtung Ostpreußen quer durch den seit dem Versailler Vertrag zum polnischen Hoheitsgebiet erklärten Korridor. Also eine deutsche West-Ost-Achse durch die zu den Ostseehäfen führende polnische Süd-Nord-Achse. Dazu die Eingliederung der seit 1919 unter internationale Verwaltung gestellte Stadt

Danzig in das Deutsche Reich. Ansonsten sei Deutschland bereit, die bislang strittigen Grenzen Polens, wie in Versailles festgelegt, anzuerkennen.

Die deutschen Forderungen, der britischen Regierung mitgeteilt, schienen maßvoll zu sein, weshalb unter Diplomaten und politischen Beobachtern die Meinung breit vertreten war, dass aus den genannten Bedingungen nicht der Grund für einen völkermordenden Krieg unter Beteiligung der Westmächte entwickelt werden könne. Mit dem Schlagwort »Mourir pour Danzig?« wurde in Frankreich die Beistandspflicht in Zweifel gezogen, der Krieg war auch dort alles andere als populär.

Hitler fühlte sich auf der sicheren Seite, zumal eine allerdings verzögert übermittelte Note der britischen an die deutsche Regierung Verhandlungsbereitschaft der polnischen Seite anzudeuten schien. Der Termin zur Verhandlung wurde deutscherseits dann allerdings rücksichtslos knapp bemessen. Die polnische Seite lehnte die kurze Frist ab und mobilisierte ihre Truppen.

Die kompromisslose Haltung Englands, dann Frankreichs und Polens wurde wesentlich bestimmt durch eine Intervention Präsident Roosevelts, der sich vehement gegen jedes Nachgeben Polens auf die deutschen Forderungen aussprach, der der polnischen Regierung gar größere Territorialgewinne nach dem Durchstehen eines Konfliktes in Aussicht stellte. Zugleich drohte Roosevelt den Regierungen in London und Paris, die Vereinigten Staaten würden bei weiterem Nachgeben in dem mit Deutschland drohenden Krieg keine Unterstützung leisten. Die USA seien erst nach Ablauf zweier weiterer Aufrüstungsjahre in der Lage, an der Seite der Alliierten zu intervenieren. Bis dahin müsse die Last des Kampfes allein bei Frankreich und England liegen.[235] Polen lehnte weitere Verhandlungen über die deutschen Forderungen ab.

Am 22. August 1939 befahl Hitler den Angriff auf Polen für den 3. September. In der Zwischenzeit, nur einen Tag nach diesem Befehl, unterzeichneten die Außenminister Deutschlands und Russlands, Ribbentrop und Molotow, zum Erstaunen der Weltöffentlichkeit einen Nichtangriffspakt, mit der geheimen Klausel einer Aufteilung Polens und des Baltikums. Beide Staaten billigten sich wechselseitig Interessensphären zu. Aus der deutschen Botschaft in Moskau unterrichtete ein Diplomat des deutschen Widerstands die amerikanische Botschaft über die Verhandlungen und den Inhalt des Vertrages, auch dessen geheimen Teils.

Hitler folgte dann doch zunächst dem Rat Außenminister Ribbentrops, der am Ende seiner Dienstzeit als deutscher Botschafter in London nach vielen Gesprächen mit sich nicht festlegen wollenden englischen Partnern aus Politik und Regierung, darunter auch Vansittart, zu der Erkenntnis gelangt war, dass letztlich ein Konsens Nazi-Deutschlands mit Großbritannien nicht zu erreichen sei, ein deutscher Angriff auf Polen von Großbritannien nicht hingenommen werde und zum Krieg führen müsse.[236] Ribbentrop riet Hitler, angesichts der erneut drohenden großen Gefahr eines Zweifrontenkrieges die Verständigung mit der Sowjetunion in die Wege zu leiten. Von entscheidender Bedeutung sei hierbei, dass die Sowjetunion die Rohstoff-und Ernährungsprobleme des Reiches lindern könne.

Der Schwenk zum Bündnis mit dem »Bolschewismus« lief ganz offensichtlich allen Überzeugungen und Versprechungen Hitlers zuwider. Dennoch wurde der Versuch unternommen. Die geheim gehaltene Absprache der beiden Diktatoren über die Aufteilung Polens und die beiderseitigen Interessensphären ermöglichte das Vorrücken der Wehrmacht an die künftig gemeinsame Grenze zur Sowjetunion. Stalin wiederum konnte durch die Inbesitznahme der künftigen sowjetischen Teile Polens die Verteidigungslinie der Roten Armee um einige hundert Kilometer nach Westen vorschieben. Wäre es der britischen Politik nur um das Aufhalten Hitlers, die Eindämmung Nazi-Deutschlands gegangen, hätte sie bei hervorragender militärischer Ausgangslage spätestens in Sachen Tschechoslowakei intervenieren müssen.

Im Falle Polens war ein sich schnell auswirkendes Eingreifen von der östlichen Grenze Frankreichs aus kurzfristig nicht zu bewerkstelligen. Der einzige Trumpf, der gegen Hitler hätte ausgespielt werden können, wäre der politische und militärische Schulterschluss der Westmächte mit Stalin gewesen, wie er später nach dem schockartigen Eindringen der Wehrmacht weit in das russische Territorium hinein dann ja auch zustande kam. Bereits die Androhung des gemeinsamen Vorgehens gegen Hitler hätte mit einiger Sicherheit gereicht, um den Diktator zum Einlenken zu zwingen. Doch das Gegenteil einer überzeugenden und rechtzeitigen Botschaft wurde durch die nicht zu überbietende Zögerlichkeit bis Unwilligkeit der britischen Verhandlungsführung in Moskau verhindert. Allerdings hatte sich auch Polen kategorisch gegen die Einbeziehung der Sowjetunion in die Abschreckung Hitler-Deutschlands ausgesprochen.

Nach der Weigerung Polens, auf die Forderungen Hitlers einzugehen, eröffnete die deutsche Marine den Krieg mit ersten Schüssen auf den polnischen Stützpunkt Westerplatte in Danzig. Die Wehrmacht marschierte in Polen ein. Als Rechtfertigung der Aggression wurde die von deutscher Seite getürkte, Polen in die Schuhe geschobene Besetzung des deutschen Radiosenders Gleiwitz aufgeführt. Das Land wurde von deutschen Truppen bis zu der mit Stalin vereinbarten Demarkationslinie besetzt. Später nahmen auch sowjetische Truppen die der Sowjetunion zugeordneten Landstriche in Besitz. Beiden Kontrahenten war die polnische Armee nicht gewachsen.

Dem deutschen Überfall folgten die Kriegserklärungen Englands und Frankreichs. Hitler-Deutschland verschaffte sich mit dem so ungewöhnlichen Pakt mit der Sowjetrussland eine günstigere Ausgangslage sowohl für den späteren Überfall auf die Sowjetunion als auch für die anstehende militärische Auseinandersetzung mit den Westmächten. Die Gefahr des Zweifrontenkriegs war zunächst gebannt.

England zeigte sich von nun an unnachgiebig. Roosevelt hatte bereits 1937 signalisiert, dass den Diktatoren entgegengetreten werden müsse. Nazi-Deutschland stand erneut die verhängnisvolle Auseinandersetzung mit den angelsächsischen Mächten bevor, die von Tag zu Tag ihre Rüstung in einem Umfang vorantrieben, dem Deutschland auf Dauer nicht gewachsen sein konnte.

Zur strategischen Wirkung einer Blockade Hitler-Deutschlands durch Großbritannien und die USA

Deutschland steckte nun in der Falle eines langfristigen Krieges. Die für das Deutsche Reich hoffnungslose Lage, allein von der angelsächsischen Seite her betrachtet, beschrieb der aus Deutschland vertriebene Ökonom und Politiker Fritz Sternberg bereits wenige Wochen nach dem Überfall Hitlers auf Polen und den Kriegserklärungen Englands und Frankreichs. In einer umfassenden Argumentation führte er die Erfahrungen mit der englischen Blockade im Ersten Weltkrieg, vor allem aber auch die erst kürzlich in Fachzeitschriften der Wehrmacht veröffentlichten Aufsätze an.

In seinem Artikel »Wird die Blockade Erfolg haben?« vom September 1939 sagte Sternberg Hitler-Deutschland den Untergang voraus und zitierte dabei aus den Überlegungen des Generalstabes der Wehrmacht.[237] Darin hieß es, zwei Faktoren hätten den Alliierten im Weltkrieg 1914–1918 den Sieg gebracht: die Überlegenheit an Rohstoffen, Waffen und Munition sowie die Versorgung mit Nahrungsmitteln, angemessen in Menge und Qualität sowohl für die Armee als auch die Zivilbevölkerung, und das zu einer Zeit, als in Deutschland Hunger geherrscht habe. Die Blockade, Jahr für Jahr wirksamer werdend, habe den Krieg letztlich entschieden. Das sei in Deutschland unmittelbar nach dem Krieg zwar anerkannt worden, doch viele Jahre später hätten reaktionäre Gruppen und noch später die nationalsozialistische Opposition Wahlkampf mit der Masche gemacht, wonach die militärische Niederlage das Ergebnis nicht der Überlegenheit der Alliierten in Material, Personal und Nahrung, sondern Folge des »Dolchstoßes« der sozialistischen Propaganda gegen den Krieg gewesen sei, der die Moral der Soldaten an der Front untergraben habe.

Die deutsche Wehrmacht habe die Legende des Dolchstoßes geduldet, habe sie gar unterstützt, solange der Nationalsozialismus in Opposition gewesen sei, denn das habe den Nazis Rückenwind gegeben für ihre Pläne der Wiederaufrüstung und der neuerlichen Militarisierung des deutschen Volkes.

Nachdem Hitler jedoch an die Macht gelangt sei, die Wiederbewaffnung ein hohes Tempo erreicht hatte, habe die Wehrmacht nach und nach die Gefahr erkannt, die in der Legende vom Dolchstoß liege. Dieses Märchen drohe die Nation über die wirklichen Gründe der Niederlage zu täuschen; in einer Zeit, in der die Vorbereitungen auf einen neuen Krieg auf allen Gebieten vorangetrieben würden, sei der Luxus der Selbsttäuschung nicht länger zulässig. Das sei der Hintergrund eines Aufsatzes von Generalleutnant a. D. Marx, der kürzlich im *Militär-Wochenblatt* unter dem Titel »Grund aller Gründe« erschienen sei. Der Autor habe wie folgt formuliert:

> Jeden Donnerstagabend freue ich mich über die Lektüre des *Militär-Wochenblattes*, doch selten war ich so angenehm überrascht über den Artikel des Hauptmann Lenz in der Nummer 43 über den Nachschub von Nahrungsmitteln für die Truppen im Krieg. Hier endlich war die Antwort auf die Frage, warum unsere Offensive des Jahres 1918 fehlschlagen musste, ganz klar beantwortet: Unsere hungrigen Truppen ließen sich nach der Eroberung unserer Nahrungsmitteldepots nicht mehr zum Einsatz bringen.
>
> Wer immer diese Erfahrung nicht selbst gemacht hat, wird den Einfluss der Versorgung mit Nahrungsmitteln unterschätzen; er wird vermutlich nicht verstehen und daher den Zusammenbruch der Kampfmoral nicht entschuldigen. Doch noch größer ist meiner Meinung die Gefahr, dass wir weiterhin den Einfluss unterschätzen, dass wir über derartige Sorgen mit einem *Nichevo* hinweggehen, und weiterhin sagen, dass es nicht der Hunger war, der uns besiegte, nicht der Mangel an Nahrung, sondern nur die fehlende treffsichere Parole, die richtige Propaganda. Sollten wir jemals erneut unter ähnlichen Bedingungen zu kämpfen haben gegen einen Feind mit der sechsfachen Überlegenheit an Artille-

> riemunition, der doppelten Fähigkeit zur Ablösung der Truppe aus dem Kampf, gegen Soldaten, die in einem Märchenland von Nahrung und Ausrüstung leben, während wir in den letzten Jahren von verschimmeltem Brot, Rüben und Trockengemüse leben mussten, und wenn unsere Jugend nicht nur vier Jahre durchhalten und weitere Siege erkämpfen sollte, trotz der Tatsache, dass eine neue große Macht mit Millionen frischer Soldaten an der Front aufmarschierte, dann, aber nur dann würde ich sagen, dass General von Metz recht hatte zu behaupten, dass wir 1914-18 geschlagen wurden von der falschen Moral und nicht als Folge der mangelnden Ernährung.

Fritz Sternberg zitierte General Marx mit der Forderung, der Jugend müsse gesagt werden: »Die Generation von 1914 bis 1918 erreichte ungeheure Dinge, größer, als sie jemals in einem Krieg errungen wurden, doch am Ende war die Niederlage unabwendbar aufgrund von Hunger und Erschöpfung.«

Marx, der inzwischen aus dem aktiven Dienst ausgeschieden sei, stehe, so Sternberg, mit dieser Auffassung nicht allein in der Wehrmacht. Würden die Heerführer ihm nicht zustimmen, würde seine Meinung nicht im *Militär-Wochenblatt* erscheinen; im Gegenteil, die gleichen Ansichten würden auch von anderen Offizieren des aktiven Dienstes geäußert. General Thomas, Chef der Wirtschaftsabteilung im Kriegsministerium, habe in einer Rede vor der Weltwirtschaftsgesellschaft über das ziemlich akademisch klingende Thema »Krieg und Wirtschaft in der Geschichte« ausgeführt:

> Auch im Bereich des Nachschubs von Nahrungsmitteln ist es absolut notwendig, im Voraus zu planen. Die Grundlage jeder Politik im Frieden und noch mehr zu Kriegszeiten sollte die Ernährung der Bevölkerung sein. Die Ernährungslage in Kriegszeiten ist das Ergebnis der Ernährungspolitik der unmittelbar vorausgegangenen Friedensjahre. Ich muss Sie nicht an die Hungerperiode in unserer Heimat während des Weltkrieges erinnern, kann Ihnen offen sagen, dass wir den Krieg bereits verloren hatten, als wir in den Rübenwinter von 1916-17 gingen.

Im Ergebnis komme, so schlussfolgerte Sternberg, auch General Thomas zu dem Ergebnis, dass die Blockade den Ausgang des Ersten Weltkrieges entschieden habe.

Wie sei nun die Lage heute? Was unterscheide sie von den Weltkriegsjahren?, so fragte Sternberg. Zunächst müsse betont werden, dass die Folgen einer Blockade sich nicht sofort bemerkbar machten. Während des Weltkrieges hätten erst Jahre der Blockade die entscheidende Überlegenheit der Westmächte zur Geltung gebracht. Die heutige Lage [1939] weiche in vielerlei Hinsicht von der damaligen ab. Im gegenwärtigen Krieg sei die Blockade wenige Tage nach dem Beginn der Feindseligkeiten in Gang gesetzt worden, und sie sei heute bereits vollständiger, als dies im [Ersten] Weltkrieg der Fall gewesen sei. Deutsche Schiffe seien von den Weltmeeren gefegt, die englische Flotte so überlegen, dass Deutschland sie nicht herausfordern könne. Damals seien die Großmächte von der Vorstellung eines Krieges ausgegangen, der bald vorüber sein werde. Heute erwarte alle Welt einen langen Krieg. Darüber hinaus hätten Wirtschaftskrieg und wirtschaftliche Faktoren zunächst keine wichtige Rolle gespielt. Alle Kriegführenden seien wirtschaftlich unvorbereitet in den Krieg eingetreten; nur nach und nach hätten die Engländer die Werkzeuge des Wirtschaftskrieges zur Kriegswaffe der Blockade zu schmieden verstanden. Deutschland sei als belagerte Festung betrachtet worden, doch in den Jahren 1915 und 1916 habe es noch nicht unter Belagerung gestanden, weil die deutschen Importe immer noch sehr groß gewesen seien. Erst 1916, nach 2 Jahren Krieg, seien Fette, Fleisch und Brot rationiert worden.

Sternberg stellte zwei Fragen:

① Was muss Deutschland importieren?
② Welche Importe können durch die Blockade ausgeschaltet werden?

Der moderne Krieg sei ein Krieg der Maschinen und der Industrie. Deutschland sei in Europa führend in der Produktion von Industrie-, aber auch von Rüstungsgütern. Doch um diese Industrieanlagen zu versorgen, ihren Betrieb zu sichern, sei der Nachschub einer breiten Palette von Rohstoffen unabdingbar. Deutschland produziere selbst nicht mehr als zwei Drittel der benötigten Rohstoffe, der Vierjahresplan habe diese Lage nicht verbessern können, insbesondere nicht im Bereich der wichtigsten Rohstoffe. Deutschland benötige Eisenerz und Öl. Neben Kohle sei Eisenerz der wichtigste Rohstoff der Eisen- und Stahlindustrie, gleichbedeutend mit der Kriegsindustrie. Der Einsatz von Öl im modernen Krieg, in dem Flugzeuge und Panzer eine so überragende Rolle spielten, brauche nicht betont zu werden. Darüber hinaus leide Deutschland unter einem Mangel an Nahrungsmitteln. Die amtlichen Berichte zeigten, dass es selbst in Friedenszeiten rund 20 Prozent seines Bedarfs an Nahrungsmitteln importieren müsse. In Kriegszeiten verschlechtere sich die Lage aus einer Reihe von Gründen. Die landwirtschaftliche Produktion vermindere sich, weil Landarbeiter zum Wehrdienst eingezogen würden, in Kriegszeiten sich der gesamte Wirtschaftsapparat mit dem vorhandenen Anlagekapital begnügen müsse, weil die Düngemittel knapp würden, der Maschinenpark nicht ersetzt werden könne usw. Die deutschen Generale wüssten dies. In einem Artikel, »Grundlagen für eine Einschätzung der deutschen Befähigung zum Krieg«, habe ein Major Beutler geschrieben:

Kein Staat könne seiner Landwirtschaft die besten und effizientesten Arbeiter, seine Pferde und Maschinen wegnehmen und gleichwohl davon ausgehen, dass die Landwirtschaft die gleiche Menge produziere wie zuvor. In welcher Größenordnung die Verminderung der landwirtschaftlichen Produktion als Ergebnis militärischer Bedürfnisse hingenommen werden müsse, hänge von der Wirtschaftsstruktur des jeweiligen Landes ab. In Mitteleuropa werde man mit einer Minderung von mindestens 20 Prozent zu rechnen haben. Hinzu komme der in Kriegszeiten zwangsläufig erhöhte Verbrauch, den allein die größere Nachfrage der Armee verursache, und wenn man die Bedeutung von ordentlicher Verpflegung mit Nahrungsmitteln und Nahrung guter Qualität für die Moral in Rechnung stelle, müsse man eine Verminderung von weiteren 20 Prozent einkalkulieren. Anders ausgedrückt: Nur derjenige Staat sei Selbstversorger, der mindestens 40 Prozent über den Durchschnittsverbrauch von Agrarprodukten hinaus sicherstellen könne.

Doch Deutschlands landwirtschaftliche Produktion sei nicht 40 Prozent höher als der durchschnittliche Verbrauch. Im Gegenteil, es müsse selbst in Friedenszeiten 20 Prozent importieren, um die Bevölkerung angemessen zu ernähren. Statt der 140 Prozent, die die Militärökonomen verlangten, produziere Deutschland nur 80 Prozent des Solls, was bedeute, dass es im kommenden Krieg nur ein wenig mehr als die Hälfte dessen produziere, was die Soldaten, die Munitionsarbeiter und die allgemeine Bevölkerung erhalten müssten. Man dürfe natürlich nicht vergessen, dass das Land Reserven an Öl, Eisenerz und Nahrungsmitteln angelegt habe. In den ersten Monaten werde die Kriegsführung daher nicht durch das Fehlen von Material beeinträchtigt werden. Doch was werde geschehen nach einigen Monaten, wenn der Krieg sich hinziehe, sogar Jahre?

Die englische Blockade sei lediglich eine Blockade zur See, die Deutschland davon abhalte, Güter über den Atlantik oder das Mittelmeer zu beziehen. Welches Gewicht diesem Überseehandel im Vergleich zum Gesamtimport zukomme? Der Überseehandel spiele im Außenhandel Deutschlands nicht die erste Rolle im Vergleich etwa zu England. Importe aus Europa machten rund drei Fünftel des deutschen Außenhandels aus, Überseeimporte zwei Fünftel; die Blockade treffe folglich nur 40 Prozent der deutschen Importe. Doch das sei ein wichtiger Teil, und dies führe zu weiteren Folgerungen. Die englische Flotte könne den Güterstrom aus Belgien, Holland, der Schweiz und den skandinavischen Ländern nach Deutschland nicht hindern; doch England und das Britische Empire verfügten über wirtschaftliche Waffen, die sie gegen diese kleinen Nationen zur Geltung bringen könnten, um deren Export nach Deutschland so weit wie möglich zu verringern. Im Hinblick hierauf sei die Lage sehr verschieden von der des Jahres 1914. Damals sei die Wirksamkeit der Seeblockade für einige Zeit beeinträchtigt gewesen, weil die kleinen westlichen und nördlichen europäischen Staaten ihren Warenverkehr mit Deutschland erhöht hätten. Nur langsam seien sich die Alliierten dieses Umstandes bewusst geworden und hätten in langen und schwierigen Gesprächen die Verminderung des Handels Deutschlands mit diesen kleinen neutralen Ländern erreichen können. Da der Generalstab für Wirtschaft sehr sorgfältig die unmittelbaren wie mittelbaren Konsequenzen der Weltkriegsblockade studiert habe, müssten wir heute eine drastische und schnelle Verminderung des Warenverkehrs erwarten. Entsprechend werde die Seeblockade nicht nur die 40 Prozent der deutschen Überseeimporte unterbinden, sondern viel mehr.

Ganz offensichtlich werde das Dritte Reich eine Antwort auf den Wirtschaftskrieg zu finden suchen. Es werde seinen Druck gegen Osten erhöhen. Es werde so viel wie möglich aus Polen herausholen. Es werde versuchen, die südöstlichen europäischen Staaten zu zwingen, die durch die Blockade verursachten Ausfälle auszugleichen. Es werde versuchen, seine wirtschaftlichen Verbindungen mit Russland auszuweiten.

Vorausgesetzt, das Dritte Reich eroberte einen Großteil Polens und halte es für die Dauer des Krieges besetzt, inwieweit könne diese Eroberung die Auswirkungen der Blockade ausgleichen? Die Bevölkerung Polens lebe zu 80 Prozent in und von der Landwirtschaft. Das habe zu der Annahme geführt, Polen verfüge über große Überschüsse an landwirtschaftlichen Produkten. Doch das sei nicht der Fall. Polen sei in der Agrartechnik so rückständig, dass ein Überschuss nicht zur Verfügung stehe. Das Dritte Reich könne Nahrungsmittel in nennenswerten Mengen von Polen nur erhalten, wenn es die polnische Bevölkerung verhungern lasse. Doch diese Politik könne nur in den Städten wirken; sollte sie auf die Bauern angewandt werden, werde sich die landwirtschaftliche Produktion automatisch vermindern. Polen könne nicht mehr zum Ausgleich des Nahrungsmittelmangels in Deutschland beitragen, als es dies bereits 1914-1918 getan habe. Und wie stehe es mit den übrigen Rohstoffen? Polen habe Überschuss nur auf einem Gebiet, der Kohle. Hier könne die Eroberung Polens materiell Deutschland helfen.

Polens Ölförderung hingegen sei sehr gering, ebenso seine Gewinnung von Eisenerz. Die drei wichtigsten Mängel der deutschen Wirtschaft könnten mit der Eroberung von Polen nicht beseitigt werden.

Hitlers Deutschland werde daher den Druck auf die Länder Südosteuropas erhöhen. Könnte dies Deutschland von der Seeblockade unabhängig machen?

Deutschland allein, zusammen mit dem früheren Österreich, habe eine Bevölkerung von rund 75 Millionen. Wenn es in Friedenszeiten 20 Prozent seiner Nahrungsmittel einführen müsse, werde es nun gezwungen sein, Nahrung für 15 Millionen Menschen zu finden. Die Annektierung der Tschechoslowakei habe keine Änderung in Bezug auf landwirtschaftliche Ressourcen für Deutschland gebracht, denn nach den Angaben des Deutschen Instituts für Konjunkturforschung glichen sich die landwirtschaftlichen Exporte der Tschechoslowakei mit deren Importen aus. Inwieweit könnten die Defizite Deutschlands an Nahrungsmitteln durch die südosteuropäischen Staaten vermindert werden? Gehe man von der Zahl 100 als Gleichgewicht zwischen landwirtschaftlicher Ein- und Ausfuhr aus und zeige alles darüber hinaus einen Überschuss der Exporte an, so gebe das Institut die folgenden Zahlen für die südosteuropäischen Länder: Jugoslawien 106, Bulgarien 109, Rumänien 110, Ungarn 121. Wollte man eine genaue Schätzung des Ausmaßes erreichen, zu dem diese Länder Deutschland mit Nahrungsmitteln versorgen könnten, so müsste man deren Bevölkerungszahlen mit in die Rechnung einbeziehen. Nach den letzten greifbaren Zensusergebnissen liege die Bevölkerungszahl von Jugoslawien bei 14 Millionen, Bulgarien 6 Millionen, Rumänien 18 Millionen und Ungarn 8,5 Millionen. Mit seiner Bevölkerungszahl von 14 Millionen und einem Überschuss von 6 Prozent könnte Jugoslawien 840 000 Menschen zusätzlich ernähren; Bulgarien, mit 6 Millionen Menschen und einem Überschuss von 9 Prozent, 540 000 Menschen; Rumänien, mit einer Bevölkerung von 18 Millionen und einem Überschuss von 10 Prozent, 1,8 Millionen, und Ungarn, mit 8 Millionen Menschen und einem Überschuss von 21 Prozent, 1,785 Millionen. Auf der Grundlage der offiziellen deutschen Zahlen könnten diese vier Länder, wenn deren gesamter landwirtschaftlicher Überschuss nach Deutschland gehen sollte, rund 5 Millionen der 15 Millionen ernähren, für die das Reich Nahrungsmittel nicht in genügender Menge zur Verfügung stellen könne.

Wie sähe es mit den anderen Rohstoffen aus? Rumänisches Öl könnte eine gewichtige Rolle in Deutschlands Kriegswirtschaft spielen. In Friedenszeiten benötige Deutschland 6-7 Millionen Tonnen und fördere selbst nur

2,7 Millionen. Der Kriegsverbrauch jeder größeren Macht werde in Kriegszeiten als dreimal so hoch wie in Friedenszeiten geschätzt. Das bedeute für den Fall Deutschlands 15 bis 20 Millionen Tonnen. Könnte Rumänien gezwungen werden, Deutschland seine gesamte Ölproduktion zur Verfügung zu stellen, würde Deutschland die Kriegsführung ganz wesentlich erleichtert. Doch 6 Millionen Tonnen pro Jahr würden den Bedarf für einen langen Krieg nicht decken.

In Sachen Eisenerz sehe die Lage noch schlechter aus. Auf die reichen Rohstoffvorkommen Südosteuropas, besonders Jugoslawiens, sei oft hingewiesen worden. Doch würde es Dekaden dauern, um diese Rohstoffe in Größenordnungen verfügbar zu machen, die Deutschland tatsächlich helfen könnten. In Jugoslawien zum Beispiel habe die Förderung von Eisenerz im vergangenen Jahr bei ungefähr einer Million Tonnen gelegen; die deutschen Importe von Eisenerz seien jedoch zwanzigmal so groß gewesen.

Und Russland? Könne nicht Russland mit seinen ungeheuren Ressourcen die englische Blockade ausgleichen? Zur Beantwortung dieser Frage sei es leicht, die Zahlen heranzuziehen: Deutschland brauche so und so viele Millionen Tonnen. Daher würde Russlands Hilfe ausreichen, die englische Blockade zu unterlaufen.

Doch Görings Rechnungen seien in einem entscheidenden Punkt falsch. Man könne nicht die deutschen Bedürfnisse mit der russischen Produktion ausgleichen; man müsse die deutschen Bedürfnisse den russischen Exporten zur Seite stellen. Hinter Frankreich besitze Russland die größte Eisenerzförderung in Europa, fast 30 Millionen Tonnen im Jahr, doch seine Exporte lägen bei nahe null. Russland habe die größte Ölförderung in Europa – die Produktion im vergangenen Jahr sei ungefähr viermal so groß gewesen wie die von Rumänien –, doch aufgrund des viel höheren Eigenbedarfs exportiere es viel weniger als Rumänien.

Die UdSSR entwickle sich zum Industriestaat wie Deutschland; die erhöhte Produktivität seiner Landwirtschaft sei durch die Mechanisierung erreicht worden. Und Traktoren brauchten Öl, viel Öl. Russland habe einen bestimmten Überschuss an landwirtschaftlichen Produkten, doch seine Exporte an Nahrungsmitteln, die Deutschland am meisten benötige, Fleisch und Fette, seien sehr gering. Das hänge damit zusammen, dass die russischen Bauern in ihrem Widerstand gegen die Kollektivierung den größten Teil ihres Viehbestandes abgeschlachtet hätten, bevor sie den Kollektivfarmen hätten beitreten müssen. 1933 habe sich die Zahl der Rinder von 70 500 000 auf 38 400 000 verringert und die Zahl der Schweine von 26 000 000 auf

12 100 000. Die Verluste seien erst sehr spät ersetzt worden, und es werde immer noch weniger Rinder geben als 1928. Zur gleichen Zeit sei die Bevölkerung seit 1928 um 15 Millionen gewachsen, der Verbrauch entsprechend angestiegen.

Daher müsse die Frage so gestellt werden: Wird Russland seinen eigenen Verbrauch drosseln, um Deutschlands Kriegswirtschaft zu unterstützen? Er, Sternberg, halte dies für sehr unwahrscheinlich. Stalins Politik sei darauf aus, in Europa die Machtbalance sicherzustellen; er sei nicht daran interessiert, dass Hitler sich zum Beherrscher aufschwinge. Er könne einiges liefern, doch er werde nicht solche Mengen zur Verfügung stellen, dass zugleich die Macht Russlands geschwächt werde. Darüber hinaus werde die Vorbereitung auf einen Krieg in großem Umfang Russlands eigenen Bedarf an Öl, Eisenerz und Nahrungsmitteln erhöhen. Zusammenfassend könne gesagt werden: Polen könne Kohle nach Deutschland liefern, Südosteuropa könne Nahrungsmittel bereitstellen, Rumänen könne Öl beisteuern, Russland könne Öl und Nahrungsmittel stellen. Die Blockade Deutschlands werde durch diese Liefermöglichkeiten beeinträchtigt.

Doch die Blockade werde in einem langen Krieg erfolgreich sein, ebenso wie dies im letzten Krieg der Fall gewesen sei, als Deutschland Polen, Südosteuropa, einen Teil Russlands, Belgien und einen Teil Frankreichs erobert hatte. Im Endeffekt hätten diese Eroberungen nicht geholfen; Deutschland habe den Wirtschaftskrieg verloren. Die Blockade sei zwar eine Waffe, die ihre Zeit benötige; doch zeigten die Westmächte ausreichend Durchhaltevermögen, werde ihnen am Ende der Erfolg gewiss sein.

Das Große Spiel der Mächte vor und um den Zweiten Weltkrieg

Der Beginn des Zweiten Weltkrieges ist Anlass, sich einen Überblick über den bis dahin erreichten Stand des »Great Game«, des Großen Spiels der Weltmächte, zu verschaffen. Die USA rüsteten spätestens seit der Präsidentschaft Roosevelts im Gleichklang mit dem absteigenden alten Hegemon England mit Sicht auf weltweite kriegerische Auseinandersetzungen, vor allem zur See wie auch in der Luft. Es wurde neben der Atlantik- eine Pazifikflotte aufgestellt, von der die Beobachter zunächst annahmen, dass sie nur das Inselreich Japan zum Ziel haben könne. Japan war dabei, sich ein Kolonialreich auf dem chinesischen Festland zu erobern. Im Krieg gegen Russland 1905 von England unterstützt, erhielt Japan aufgrund des Vertrages von Versailles den deutschen Kolonial- und Flottenstützpunkt Tsingtau in China. In den

1930er-Jahren eroberte Japan Korea. Japan bedrohte nicht nur China selbst, sondern über China auch die Sowjetunion, die in der Mandschurei konkurrierende Interessen mit Japan verfolgte. Würden Washington und London es zulassen, dass Japan zur alles beherrschenden Macht in Asien aufsteigen könne, oder würden Japan Grenzen gesetzt, seine Macht und sein Einfluss beschnitten werden? Es fanden zwischen den politischen und militärischen Führungen der USA und Großbritanniens Gespräche statt.

In den USA wurde daran gedacht, zusammen mit Großbritannien eine Seeblockade gegen Japan in Gang zu setzen, dabei für Japan den Panamakanal zu schließen und die Magellanstraße zu sperren. Dann könnte England die Malakka-Straße und den Sueskanal sperren und den Handelsweg um das Kap der Guten Hoffnung abschneiden. Japan wäre ohne Schlupfloch blockiert. Innerhalb von 3 Monaten wäre Japan außerstande, Rohstoffe zu importieren und Fertigprodukte zu exportieren, es müsse kollabieren und werde daher um Frieden bitten. Der amerikanische Marineoffizier Ingersoll arbeitete unter dem falschem Namen Smith in London an der Feinplanung.[238] Noch lieferten die USA 70 Prozent all der Waffen und Munition, die die japanische Armee im Kampf um die Vorherrschaft in China einsetze.

Die Prioritäten Japans im Großen Spiels der Mächte bestanden zwangsläufig am Fortbestehen der Partnerschaft mit der bisherigen Supermacht England und an freundlichen Beziehungen zu den Vereinigten Staaten als dem nun mächtigsten Partner, dem neuen Hegemon. Ziel Japans musste die angelsächsische Duldung der japanischen Landnahme auf dem chinesischen Festland sein. Doch die Wahrscheinlichkeit des Überschreitens der von den Weltmächten gesetzten Grenzen war groß, daher das japanische Flirten auch mit der zweitbesten Option, der Verbindung mit Hitler-Deutschland, um der abschnürenden Seemacht der Angelsachsen zu entgehen und vielleicht gemeinsam der Sowjetunion entgegenzutreten. Ein schneller Sieg zusammen mit Deutschland über die Sowjetunion hätte für Japan einerseits den Vorteil gehabt, den wichtigsten Gegner zu Land ausschalten zu können. Andererseits musste diese Option angesichts einer drohenden Blockade der Seemächte viel zu gewagt erscheinen. Die Frage eines Zusammenspiels mit Hitler-Deutschland erübrigte sich für Japan dann aufgrund des Hitler-Stalin-Pakts.

In den Planungen der angelsächsischen Seite fanden nun erneut Erfahrungen aus dem Ersten Weltkrieg ihren Widerhall. Offensichtlich ging es jetzt auch um das Abwägen der Chancen und Risiken von Seemacht zu Landmacht. England konnte im Ersten Weltkrieg, ohne sich auf dem europäischen Festland übermäßig zu verausgaben, mit seiner weit überlegenen

Flotte Deutschland ebenso wie Österreich weiträumig von der weltweiten Zufuhr von Rohstoffen abschneiden. Wie ausgeführt, konnte Deutschland sich weder allein ernähren noch die Rohstoffe für seine Industrieproduktion ausreichend im eigenen Land oder bei befreundeten Nationen gewinnen. Es war folglich auf die Einfuhr von Nahrungsmitteln ebenso wie von Rohstoffen aus Übersee angewiesen. Doch die deutsche Handelsschifffahrt wie auch die kaiserliche Marine lagen blockadebedingt in den Häfen fest. Für einen offenen Kampf auf hoher See waren die deutschen den britischen Seestreitkräften weit unterlegen.

Die amerikanische Regierung Roosevelt ließ nach Kriegsbeginn sehr schnell auch nach außen hin deutlich werden, dass die Vereinigten Staaten auf der Seite Großbritanniens, Frankreichs und Polens stehen und diese Staaten mit Geld und Material unterstützen würden. Allerdings wurde diese Haltung vor Ausbruch des Krieges noch sorgfältig vor der Öffentlichkeit verschwiegen. Ein klares Auftreten hätte auch hier Hitler womöglich vom entscheidenden Schritt in den Todeskampf mit der Sowjetunion abhalten können. Sehr schnell liefen die amerikanischen Lieferungen an England und Frankreich, vor allem von Flugzeugen und Motoren aller Art, an. Das vom Ersten Weltkrieg her bekannte und eingespielte Marine-Konvoi-System für den geschützten Transport der Lieferungen über See wurde in Gang gesetzt.

Der Hitler-Stalin-Pakt

Der deutsch-sowjetische Nichtangriffspakt enthielt die Vereinbarung über die Aufteilung Polens. Der Pakt garantierte Deutschland die sowjetische Neutralität für den Fall einer Auseinandersetzung mit Polen, aber auch den Westmächten. Dafür wurde der Sowjetunion von Deutschland das Einverständnis gegeben, die nach der Oktoberrevolution 1917 verloren gegangenen ehemaligen baltischen Provinzen des Zarenreiches wieder der Sowjetunion einzuverleiben. Dementsprechend bestimmte das geheime Zusatzprotokoll Finnland, Estland, Lettland und das östliche Polen zum sowjetischen Interessengebiet. Die Wehrmacht rückte nun gegen den erbitterten Widerstand der polnischen Armee in Polen ein. Es folgte eine beispiellose Terrorisierung der polnischen Bevölkerung, deren Intellektuelle zur Ausrottung durch die Gestapo bestimmt waren. Die zahlreiche jüdische Bevölkerung, soweit sie nicht nach Palästina auswandern konnte, wurde von der Gestapo mittels Massenerschießungen und Giftgas vernichtet. Die obersten Kommandeure der Wehrmacht waren informiert.[239]

Die Rote Armee besetzte den der Sowjetunion zugedachten Teil. Nach der Niederlage der polnischen Streitkräfte standen sich die deutschen und sowjetischen Truppen an der durch Polen verlaufenden gemeinsamen Grenze unmittelbar gegenüber.

Das Zusammengehen Stalins mit Hitler entsetzte weltweit die Anhänger der kommunistischen Parteien, verhielt sich der Diktator doch keineswegs anders, als es den westlichen Imperialisten immer unterstellt wurde, die zu stürzen die kommunistischen Parteien angetreten waren. Doch für Stalin und das Politbüro ging es um das Überleben in dem als unvermeidlich erachteten endgültigen Kampf mit dem westlichen Lager. Stalin versuchte zu vermeiden, in einer für die Sowjetunion selbstmörderischen Aktion vorübergehend als Festlandsdegen der Angelsachsen gegen einen deutschen Aggressor benutzt zu werden und damit sein Land bis zum Zusammenbruch schwächen zu lassen.

Englands und Frankreichs Sitzkrieg

Achtundvierzig Stunden nach dem Angriff der Wehrmacht auf Polen erklärten Frankreich und Großbritannien als Bündnispartner Polens Deutschland den Krieg. Das war am 3. September 1939. Doch statt mit den zur Verfügung stehenden Kräften nun zu intervenieren, der Wehrmacht an der von deutschen Kräften entblößten Westfront während der Kämpfe in Polen in den Rücken zu fallen, wie dies 1914 mit dem sofort eingeleiteten Zweifrontenkrieg so überzeugend gelungen war, beließ Frankreich zunächst einmal ein Dreivierteljahr seine Soldaten in Bunkern und Kasernen entlang der Grenzen. Militärisch tat sich nichts auf den westlichen Schlachtfeldern. Dafür verbluteten die allein gelassenen polnischen Verbände. Die Bemühungen Hitlers, Großbritannien letztlich doch noch zur Duldung einer beherrschenden deutschen Stellung auf dem Kontinent und damit zur Hinnahme des Einmarsches in Polen zu bewegen, waren, wie zu erwarten, gescheitert.

Schließlich befahl nun Hitler den Angriff auf die westlichen Nachbarn, ließ Frankreich, Belgien und Holland überrollen. Wiederum suchte der Sieg der Wehrmacht seinesgleichen. Vereint mit den unter furchterregendem Geheul herabstoßenden Sturzkampfbombern entfalteten die Panzerverbände eine Blitzkriegstaktik, der Frankreich, der kampfstarke Feind von 1914 bis 1918, ganz offensichtlich nicht gewachsen schien. Wieder kamen Wunder auf Wunder zusammen. Die deutsche Seite wählte das panzerungünstige, dem Verteidiger Schutz bietende Waldgebirge der Ardennen für den Angriff auf

Frankreich. Französische Luftaufklärer fotografierten zwar den Aufmarsch und meldeten einen 250 Kilometer langen Stau deutscher Armeefahrzeuge in den engen und gewundenen Tälern und Straßen des Mittelgebirges und der vorgelagerten Eifel; doch das so informierte französische Hauptquartier veranlasste nichts, ließ vielmehr den Angriff an ganz anderer Stelle erwarten. Den Gegenteiliges berichtenden Luftaufklärern wurde befohlen, die Situation in den Ardennen nicht weiter zu verfolgen. 13 Prozent der Mannschaften und Offiziere waren trotz des Krieges auf Urlaub. Die Truppe war außerdem auch nicht kampfbereit aufgestellt. Die modernste Panzer- und Artillerietechnik blieb hinten im Aufmarsch stecken und stand daher zur Abwehr nicht zur Verfügung.[240]

Die Situation war völlig anders als 1914, als die Pariser Taxis die Wehrpflichtigen an die Front karrten, die in die aufgerissene Lücke des deutschen Aufmarsches hineingeworfen wurden und den deutschen Angriff zum Stehen brachten. Im Sommer 1940 erreichten die deutschen Verbände binnen 4 Wochen den englischen Kanal. Die kaum zum Kampf gekommenen englischen Verbände wurden in einer Notoperation von Calais nach England verschifft. Hitler ließ nicht eingreifen, signalisierte damit erneut Kompromissbereitschaft, hegte wohl immer noch die Hoffnung, ein Einvernehmen mit England zu erzielen. Und die über den Hitler-Stalin-Pakt ruhig gehaltene Sowjetunion fiel der Wehrmacht nicht in den Rücken.

Da England sich zum Kompromiss der Aufteilung der Weltmachtrolle über See und auf dem europäischen Kontinent nicht bereit erklärte, drohte Hitler sogar mit einer Landungsoperation auf der britischen Insel. Doch dafür reichten weder die deutschen Luftstreitkräfte noch die amphibischen Kapazitäten der Marine. Allerdings ließ sich die Drohung Nazi-Deutschlands vortrefflich zur Mobilisierung der englischen Bevölkerung nutzen.

Die deutsche Bevölkerung, noch im Sommer 1938 in Angst erstarrt vor der Gefahr eines großen Krieges, der Wiederholung des Albtraums 1914-1918, war nun zu großen Teilen beeindruckt von den nahezu ohne Opfer erreichten politischen und militärischen Erfolgen des Führers.[241] Weshalb sollte sich der geniale Mann ausgerechnet diesmal verkalkuliert haben? Kritik verstummte, die führenden Wehrmachtsgenerale des Jahres 1938, die in ihrer Mehrheit die Kriegspläne Hitlers nicht nur kritisierten, sondern aus Protest zurücktreten, ja zum Teil putschen wollten, waren aufs Neue durch das vermeintliche Genie des verachteten Gefreiten Hitler blamiert. Der Teil der Bevölkerung, der Hitler für das größte Verhängnis Deutschlands hielt – Sozialdemokraten, Kommunisten, nicht unerhebliche Teile der katholischen Kirche, die evangelische Bekennende Kirche,[242] Teile der ehemaligen Reichswehr, die nicht verblendeten Konservativen –, war schon lange verstummt. Er sah trotz des für ihn unbegreiflichen westlichen Gewährenlassens die Niederlage voraus.

In England wurde nun in der politischen Szene die Mannschaft des Appeasements ausgetauscht durch alte, im Kampf um die Erhaltung des Britischen Empires erfahrene Politiker wie Winston Churchill, der den weichenden Chamberlain ersetzte. Chamberlain seinerseits unterstützte von nun an die neue, den unerbittlichen Kampf gegen Hitler aufnehmende Politik Churchills. Im Großen Spiel der Mächte kam es zunächst nicht darauf an, lediglich den deutschen Vormarsch Hitler-Deutschlands zur Europa beherrschenden Großmacht zu verhindern. Ganz offensichtlich durfte Hitler in seinem Kampfvorhaben gegen die Sowjetunion nicht vorzeitig entmutigt werden. Nur so konnte es nämlich gelingen, die beiden der angelsächsischen Führung potenziell gefährlich werdenden Mächte sich gegenseitig schwächen und vernichten zu lassen.

Der überaus schnelle Zusammenbruch der französischen Verteidigung blieb zunächst verwunderlich. Die gut ausgebaute Maginotlinie blieb monatelang zwar besetzt, doch Deutschland angreifen sollten diese in der Verteidigungslinie festsitzenden Armeeverbände offensichtlich nicht. Die polnische Armee im Osten blieb ohne jede Unterstützung durch die westlichen Garantiemächte. Weder britische noch französische Fliegerverbände gaben den Polen Luftunterstützung.

Frankreich hatte sich der britischen Strategie in der Behandlung Hitler-Deutschlands untergeordnet. England hatte den Aufstieg Hitlers zum großen Staatsmann und Feldherrn durch Einflussnahme auf Frankreich geradezu abgesichert, hatte den von Frankreich erwünschten Widerstand gegen die deutsche Remilitarisierung des Rheinlands hintertrieben, die Tschechoslowakei wider besseres Wissen dem kampflosen Zugriff Hitlers überlassen und Polen, dem direkt kaum zu helfen war, der brutalen Besetzung Hitler-Deutschlands ausgesetzt und die sich anschließende sowjetische Beherrschung im Zuge der sich nach Deutschland vorkämpfenden Roten Armee zumindest in Kauf genommen. Das mag im Detail nicht vorauszusehen gewesen sein. Im Großen Spiel Großbritanniens und der USA war es jedoch angelegt.

Es liegt folglich auf der Hand, dass in diesem Kalkül die innerdeutsche Opposition aus Politik und Militär selbst auf höchster britischer Ebene keinerlei Chance hatte, die englische Politik zum Aufhalten Hitlers zu beeinflussen.

Frankreich, Land der verfeindeten politischen Lager

Auch in Frankreich war eine politische Landschaft entstanden, in der, wie in Deutschland, Italien und Spanien, der Konsens zwischen den linken und rechten Lagern verloren gegangen war, soweit es diesen seit der Französischen Revolution überhaupt jemals gegeben hatte. In der französischen Linken gab es wie in Deutschland die radikale Kommunistische Partei, die den Umsturz der Gesellschaftsordnung anstrebte, und die Sozialisten, die das bestehende System zugunsten der Arbeitnehmerschaft reformieren wollten, sie an den Früchten der Industrialisierung und den damit verbundenen Produktivitätsgewinnen teilhaben lassen wollten.

In Frankreich herrschte mehrfach eine Volksfrontregierung, die sich auf eine Mehrheit aus sozialdemokratischen, liberalen und kommunistischen Mitgliedern des Parlaments stützte, zuletzt 1936 unter Ministerpräsident Léon Blum. In der Regierung überwogen eindeutig die gemäßigt liberal-sozialdemokratischen Kräfte. Ebenso wie in Deutschland waren diese jedoch der blanke Schrecken der alten konservativen Eliten. Wie in Deutschland, so trat auch in Frankreich die Großindustrie, formiert hinter dem einflussreichen Comité des Forges der Montanunternehmen, für die faschistische bis monarchische Neuausrichtung des Staates und der Gesellschaft ein.[243] Gleiches galt für die katholische Kirche Frankreichs, die mit dem Vatikan die gesellschaftspolitischen Vorstellungen der Schwesterkirchen in Italien, Spanien und Deutschland teilte. In Frankreich galt bei der rechten Seite des politischen Spektrums und angesichts der Diktaturen in Italien und Deutschland der Spruch: »Lieber Hitler als Blum.« Ebenjener Léon Blum hatte sich seinerzeit als einfacher Abgeordneter der Sozialistischen Partei schon 1919 vehement gegen die Besetzung des Ruhrgebiets durch französische Truppen ausgesprochen.

In nur 4 Wochen wurden fast zwei Drittel Frankreichs von der Wehrmacht erobert und in deren Auftrag von der französischen Administration verwaltet. Das südliche, nicht besetzte Drittel unterstand einer Regierung, die in Vichy, einem Kurort der Auvergne, ihren Sitz nahm. Als Präsident von Vichy-Frankreich wurde Marschall Pétain, der französische Held des Ersten Weltkrieges und Sieger über Deutschland, erkoren, der sich der Kollaboration mit Nazi-Deutschland nicht entgegenstellte. Gefangennahme und Abtransport der jüdischen Franzosen in die späteren Konzentrations- und Vernichtungslager in Polen fanden nicht seinen Widerstand. Die deutschen Emigranten, die in nicht geringer Zahl erst in Prag, dann in Paris und schließlich in Vichy-Frankreich Asyl gefunden hatten, wurden in Konzentrationslager gesperrt und zum Teil den deutschen Behörden überstellt. Einem anderen Teil gelang die Flucht über die Pyrenäen nach Portugal.

Dass Frankreich sich so schnell geschlagen geben musste, lag nicht nur an der vorzüglichen Operation der mit ihren Panzerverbänden zur Atlantikküste stürmenden Wehrmacht, sondern auch an der fast systematisch zu nennenden zögerlichen bis sabotierenden Führung der französischen Verbände.[244] Und die hing mit der tiefen Unzufriedenheit bis Verachtung der führenden Schichten, auch großer Teile des Offizierskorps, mit der politischen und gesellschaftlichen Lage Frankreichs zusammen. Wie in Deutschland lehnten diese Schichten die Demokratie, die Parteienwirtschaft, vor allem aber die radikal eingestellte Linke ab. Nur mit, nicht gegen Nazi-Deutschland ließ sich die unterstellte grundlegende Linkslastigkeit des Landes beseitigen. Aus der Industrie forderten Stimmen lautstark, gemeinsam mit dem faschistischen Italien und Deutschland das neue, also faschistische Europa zu erbauen.[245]

Die von der Französischen Revolution formulierten Staatsziele »Freiheit, Gleichheit, Brüderlichkeit« wurden nun durch den Slogan »Arbeit, Familie, Vaterland« ersetzt.

KAPITEL 22

Hitlers Überfall auf die Sowjetunion, schnelle Siege und baldige Niederlagen

Man fragt sich, weshalb Hitler es nicht lassen konnte, den Hitler-Stalin-Pakt zu brechen und die Sowjetunion im Jahr 1941 dann doch zu überfallen. Deutschland hing angesichts der britischen Blockade von den Lieferungen der Sowjetunion ab, die ohne Unterbrechung, vertragstreu, regelmäßig und mit großer Präzision eintrafen. Deutschland erhielt vor allem Öl für Militär und Wirtschaft sowie Getreide für die Ernährung der deutschen Bevölkerung. Das Problem, auf längere Sicht gesehen, waren wohl eher die Gegenleistungen Deutschlands. Der deutsche Export war nach der Machtübernahme Hitlers drastisch zurückgegangen. Die Aufrüstung der deutschen Streitkräfte hatte für Hitler Vorrang vor allen anderen Erwägungen. Die deutschen Waren wurden zum Teil mit Ersatzstoffen hergestellt, da die importierten wertvolleren Materialien der Rüstungsproduktion vorbehalten waren. Auf diese Weise verlor die deutsche Industrie durch Einbußen an Qualität Anteile am Weltmarkt.

Deutschland war in Hinblick auf die Weltmarktbedingungen nur noch sehr begrenzt lieferfähig, und da seine Devisenreserven für die Rüstung verbraucht waren und der internationale Handel nur mit betrügerischen Tricks zulasten der Vertragspartner aufrechterhalten werden konnte, waren wirtschaftsstrategische Entscheidungen bereits spätestens ab 1936 fällig.

Es gab nur zwei mögliche Wege: entweder der zurück auf die Weltmärkte, dann aber auch Frieden in Europa, oder aber Aufrüstung und Verfolgung der alten Ziele Lebensraum und Ausraubung Osteuropas, vor allem der Sowjetunion, möglichst ohne Gegenleistung. Hitler entschied sich für die weitere Aufrüstung mit der absehbaren Folge der internationalen Zahlungsunfähigkeit aus Mangel an weltmarktfähigen Produkten.[246] Dies zusammen mit dem eingefleischten Hass gegenüber der Sowjetunion, dem Marxismus und Kommunismus und der Hoffnung auf die unterstellte Abneigung der Angelsachsen, in die europäischen Händel hineingezogen zu werden, verführten Hitler zum Angriff auf die Sowjetunion.

Ende Juni 1941 begann dieser Angriff. Zuvor musste die Wehrmacht noch den italienischen Streitkräften Mussolinis zu Hilfe kommen, die das neue großrömische Reich um das Mittelmeer herum erobern sollten, dabei jedoch wenig erfolgreich waren. Deutsche Truppen wurden zur Intervention in Jugoslawien, Griechenland und Nordafrika eingesetzt und drangen danach jahreszeitlich verspätet in schnellen Operationen in die Sowjetunion ein. Hitler sprengte erneut mit großen anfänglichen Erfolgen jede Vorstellungskraft der Generation, die den Ersten Weltkrieg und danach die Schwächen der Weimarer Republik erlebt hatte.

Ein Siegesrausch erfasste große Teile der Bevölkerung. Die, die ihn gewählt hatten, wurden in ihrer Haltung bestätigt, diejenigen, die ihm entgegenstanden, mussten die unvorstellbaren Zwischenerfolge zur Kenntnis nehmen, warteten jedoch oft schweigend und nur unter engsten Freunden offen diskutierend auf das finale Scheitern des Kriegswahnsinns. So ein Regime könne nur durch eine fulminante Niederlage abgelöst werden, der eigene Widerstand ohne Unterstützung von außen sei aussichtslos, so die Haltung auch vieler Sozialdemokraten.[247]

Die siegreichen Fanfaren und die jubelnde Berichterstattung wie auch die Bilder aus besetzten Ländern wirkten der miesen Stimmung aus täglicher Not, abgesenkten Löhnen, dem Kommandieren und Reglementieren des Alltags, den Befehlen zum Massenjubeln und Flaggenhissen, der Bespitzelung entgegen. Mit dem Volksempfänger war fast jede Wohnung der Propaganda ausgeliefert. Und die in ganz Europa stehenden deutschen Soldaten hatten das Gefühl, einem politischen wie militärischen Genie Treue und Gefolgschaft zu leisten. Dass dies nur durch das geradezu wundersame Wegtreten der bisherigen Kontrahenten des »Great Game«, des Großen Spiels um die Machtverteilung auf Erden, möglich war, konnten die Massen nicht erkennen.

Auch dass die politischen Eliten der Vereinigten Staaten mit Präsident Roosevelt die sich abzeichnende Aufteilung der Welt zugunsten der Diktatoren weder hinnehmen konnten noch wollten, wurde nur bei einer Minderheit in der Umgebung Hitlers gesehen, sehr wohl jedoch in der anhaltenden und an den Alliierten verzweifelnden innerdeutschen Opposition.

Zunächst gelang es der Wehrmacht, große Teile der grenznah stationierten sowjetischen Truppen einzukesseln und in Gefangenschaft zu führen. 3 Millionen Kriegsgefangene ließ man zu großen Teilen verhungern, waren es doch Slawen, die man nicht zulasten der deutschen Bevölkerung ernähren wollte. Später wurden Hunderttausende in der deutschen Industrie eingesetzt, mit Hungerrationen ernährt, der schnellen Vernichtung durch Überarbeitung und Unterernährung ausgesetzt.

Pearl Harbor, das Embargo und der Kriegseintritt der USA

Der amerikanische Präsident war entschlossen, die USA an der Seite Englands in den Krieg zu führen, hatte jedoch auf die kriegsfeindliche Stimmung seiner Wähler Rücksicht zu nehmen. An einen Kriegseintritt war allenfalls zu denken, wenn Japan oder Deutschland die USA ihrerseits angegriffen. Die amerikanischen Verfassungsväter hatten sehr überlegt, dem Kongress und nicht dem Präsidenten das Recht zur Kriegserklärung an einen anderen Staat übertragen. Wie in Europa, so war auch in den USA Krieg in der Regel extrem unpopulär, sodass es Präsidenten schwerfiel, die erforderliche Kongressmehrheit zu erreichen. Anders stellte sich die Verfassungslage dar, wenn auf die Kriegserklärung oder eine Kriegshandlung eines angreifenden Staates reagiert werden musste. Dann war der Präsident sofort der Oberste Befehlshaber der amerikanischen Streitkräfte. Als Regel war seit dem amerikanischen Krieg gegen Spanien aufgrund der ungeklärten Versenkung des Schlachtschiffes Maine im Hafen von Havanna festzuhalten, dass stets die Vereinigten Staaten angegriffen wurden und durch Kriegshandlungen des Präsidenten reagieren mussten.

Die Vereinigten Staaten belegten also Japan, wie lange im Voraus geplant, mit einem umfassenden Embargo gegen nahezu alle Rohstoffimporte, vor allem Öl. Die japanische Regierung versuchte in langwierigen Verhandlungen mit der US-Regierung das Embargo zu verhindern, versuchte zu ergründen, unter welchen Bedingungen die USA zum Einlenken bereit seien. Da jedoch die auf Fortführung des Krieges gegen China drängende japanische Kriegspartei die amerikanischen Bedingungen nicht hinzunehmen gewillt war, wurde in Tokio der Beschluss eines präventiven Überfalls auf die amerikanische Pazifikflotte gefasst, die seit geraumer Zeit in Pearl Harbor, einem Hafen der U. S. Navy auf Hawaii, stationiert war.

Die Pazifikflotte der USA war auf Weisung des Präsidenten frühzeitig aus ihrem angestammten Hafen San Diego an der Westküste abgezogen und in Pearl Harbor mitten im Pazifik vor Anker gelegt worden. Die Marineführung hatte sich energisch gegen diese Verlegung zur Wehr zu setzen versucht. Der Hafen galt in militärischer Hinsicht als nur schwer zu verteidigen. Übungen, bei denen ein Überraschungsangriff der japanischen Seite durchgespielt worden war, hatten die Anfälligkeit des Hafengeländes mehr als deutlich gezeigt. Doch der Präsident war sich aufgrund des Memorandums seiner Mitarbeiter gewiss, dass das verhängte Embargo mit einiger Wahrscheinlichkeit zum Krieg mit Japan führen werde, und beharrte auf der Verlegung.[248]

Die amerikanische Marine verfügte über eine den Pazifik umspannende, hochintelligente Abhörtechnik. Die Geheimkodes der japanischen Nachrichtenübermittlung waren längere Zeit vor Kriegsbeginn bereits geknackt, sowohl die des diplomatischen als auch des militärischen Funkverkehrs.[249] Die amerikanische Abwehr konnte folglich mithören, was die japanische Marine und Luftwaffe im Schilde führten, die Texte lagen mit einer geringen Zeitverzögerung aufgrund der Übersetzung ins Englische auf den Schreibtischen der militärischen und politischen Führung in Washington. Die Entzifferung der japanischen Kriegserklärung an die Vereinigten Staaten durch die Techniker der japanischen Botschaft in Washington dauerte sogar länger als die Dechiffrierung und Übersetzung des Mitschnitts der amerikanischen Abhöreinheiten. Auf amerikanischer Seite waren Ort, Datum und Uhrzeit des Angriffs auf die Flotte in Pearl Harbor daher bekannt. Die amerikanischen Abhörstationen des Pazifik fingen die Auslaufbefehle an die Schiffe und Flugzeuge der japanischen Streitmacht auf. Sie waren über den jeweiligen Standort jedes Schiffes unterrichtet. Die Horchdienste der Navy wussten, wann und wo der Angriff stattfinden würde. Zudem hatten die Japaner den Überfall im Voraus bereits mehrfach geübt.

Die amtliche amerikanische Geschichtsschreibung bleibt bei der Behauptung, die Nachrichten über den bevorstehenden Angriff auf Pearl Harbor seien von amerikanischer Seite leider nicht rechtzeitig übersetzt und weitergegeben worden. Aus den Unterlagen und Zeugenaussagen ergibt sich jedoch, dass die Marineführung sowohl das State Departement als auch das Weiße Haus exakt informiert hatte. Vergleichbare Erkenntnisse hatten auch zahlreiche andere Staaten. Auffällig erscheint auch heute noch der Umstand, dass die U. S. Navy in der Lage war, die modernen, strategisch wichtigen und extrem teuren Flugzeugträger vom Liegeplatz Pearl Harbor rechtzeitig auslaufen zu lassen, während sie nur die eher dem Verschrottungsalter nahen und eng aneinander vertäuten Schiffe dem Beschuss durch japanische Flugzeuge aussetzte. So wurde die nicht benachrichtigte amerikanische Flotte in Pearl Harbor von den japanischen Streitkräften zerstört. Mehr als 2000 amerikanische Soldaten verloren ihr Leben.

Nun waren die bisher neutralen Vereinigten Staaten offensichtlich »meuchlings« überfallen worden und hatten den größten Teil ihrer Pazifikflotte verloren. Der Angriff erschien feige, die Vereinigten Staaten durften sich dies nicht gefallen lassen. Sie waren gezwungen, sich sofort und umfassend zur Wehr zu setzen. Die Stimmung in den USA kippte unter dem kräftigen Einpeitschen vor allem der Hearst-Presse von einem Extrem ins andere.[250]

War die Einstellung der amerikanischen Wählermassen vor Pearl Harbor noch gegen jede erneute Intervention amerikanischen Militärs auf internationalen Schlachtfeldern gerichtet, so führte nun das Entsetzen über die katastrophale, kampflose Blitzniederlage der Marine zur wilden Entschlossenheit, sich gegen die hinterhältigen japanischen Kriegstreiber ab sofort energisch zur Wehr zu setzen und Rache zu nehmen.[251]

Die Regierung Roosevelt hatte Ahnungslosigkeit vorgetäuscht.[252] Allerdings hatte Kriegsminister Henry Stimson 10 Tage vor dem Angriff auf Pearl Harbor in seinem Tagebuch festgehalten:

> [Roosevelt] spielte auf das Ereignis an, dass wir vermutlich nächsten Montag angegriffen würden, und es stellte sich die Frage, was wir tun sollten. Die Frage war, wie wir sie [die Japaner] dazu bringen könnten, den ersten Schuss abzufeuern, ohne dass wir uns allzu großen Gefahren aussetzen.

Der Vermerk entspricht im Übrigen exakt den bereits im Jahr 1937 angestellten Überlegungen, wie der Kriegseintritt vonseiten Japans herbeigeführt werden könne.[253] Die wahrheitswidrige Behauptung eines unvorhersehbaren hinterhältigen Überfalls aus blauem Himmel musste nun gegen alle Widerstände, die sich aus Fakten, Zeugenaussagen, Dokumenten und Warnungen befreundeter Nationen ergaben, vor der Öffentlichkeit geheim gehalten werden. Die Angehörigen der wegen behaupteter Dienstpflichtverletzung damals disziplinär gemaßregelten Offiziere kämpften noch bis vor Kurzem vor amerikanischen Gerichten um die Rehabilitierung ihrer inzwischen meist verstorbenen Vorfahren. Vergeblich. Nachdem ein Buchautor sich die Mühe gemacht hatte, die alten Abhörspezialisten der Navy zu befragen, die die eindeutigen Signale der auf Pearl Harbor zusteuernden japanischen Verbände erfasst und auf dem Dienstweg weitergegeben hatten, versuchte erst kürzlich die US-Regierung, einen Teil der bereits zur Einsicht durch die Öffentlichkeit freigegebenen Akten im Nachhinein wieder unter Berufung auf Staatsinteressen als streng geheim zu klassifizieren und damit den Untersuchungen interessierter Historiker und Rechercheure zu entziehen.

Kriegserklärung an die Vereinigten Staaten

Die Vereinigten Staaten ließen den Krieg gegen Japan nun sehr gemächlich angehen. Das Inselreich Japan wurde nicht etwa an entscheidenden strategischen Stellen zu treffen versucht. Der amerikanische Kriegseinsatz begann in und um die an der äußersten Peripherie Japans gelegenen kleinen, kaum bewohnten Inseln, die nun über die Jahre Insel für Insel von den Marines, der Marineinfanterie, erobert wurden. Doch das eigentliche Japan blieb noch lange von größeren Kriegshandlungen verschont, wenn auch das militärisch durchgesetzte Ein- und Ausfuhrembargo sich auszuwirken begann.

Des Präsidenten Interesse galt zunächst dem tief in russisches Territorium eindringenden Deutschland, das geschwächt werden musste. Präsident Roosevelt hatte wie sein Vorgänger Wilson im Ersten Weltkrieg von Beginn an die Neutralität der USA wirtschaftlich und finanziell aufgegeben, indem er über die Pacht- und Leihlieferungen den Alliierten England und nun auch Russland Kriegsmaterial zukommen ließ. Amerikanische Kriegsschiffe begleiteten die Transporte aus den Häfen der Ostküste über den Atlantik bis zur Höhe Islands, von wo aus dann die britische Marine den Schutz übernahm. Bei dieser Gelegenheit war es schon lange vor dem Überfall der Japaner auf Pearl Harbor zum Schusswechsel amerikanischer Kriegsschiffe mit deutschen Marinebooten gekommen. So hatte am 10. April 1941 ein amerikanisches Kampfschiff ein deutsches U-Boot angegriffen und am 31. Oktober 1941 ein deutsches U-Boot ein amerikanisches Kriegsschiff versenkt, ohne dass Deutschland oder die USA sich wechselseitig den Krieg erklärt hätten. Wie in der Auseinandersetzung mit Japan, so hatte der Präsident auch deutscherseits den ersten Schritt in den Krieg erwartet. Die Lieferungen militärischer Güter im Geleitschutz amerikanischer Kriegsschiffe nach Großbritannien konnten den Anlass geben. Und in der Tat, die Kriegserklärung Hitler-Deutschlands folgte am 11. Dezember 1941. Sie bezog sich zur Begründung auf die drei Fälle, in denen US-Kriegsschiffe noch vor dem Überfall auf Pearl Harbor Kampfhandlungen gegen deutsche Kriegsschiffe begangen hatten, ohne dass die USA, deren Navy die Geleitzüge nach Großbritannien zusammen mit der britischen schützte, zuvor den Krieg erklärt hatten.

Die Kriegserklärung Hitler-Deutschlands gab dem amerikanischen Präsidenten die Möglichkeit, den Kriegsfall gegenüber Deutschland zu erklären. Die amerikanischen Medien stützten den Präsidenten, der nun mit großen Mehrheiten seine Politik der Intervention umsetzen konnte.

Aus der Sicht der Vereinigten Staaten war geopolitisch betrachtet der Kriegseintritt zwingend geboten. Die US-amerikanische Politik konnte, wollte und durfte es nicht zulassen, dass eine letztlich noch keineswegs übermäßig stark gewordene Macht sich im Falle des Sieges über Russland anschickte, zur weithin bestimmenden Supermacht in Europa, ja Eurasien zu werden.

Doch auch andersherum gesehen ergibt die angelsächsische Politik einen Sinn: Hitler-Deutschland hatte die Sowjetunion mit dem Vormarsch Richtung Moskau und Kaukasus offenbar bereits tödlich umklammert, und das schneller, als dies westlicherseits erwartet worden war. Dass bereits im Dezember 1941 der Höhepunkt der deutschen Machtausdehnung überhaupt erreicht war, mag noch zweifelhaft erschienen sein. Immerhin hatte Hitler auf der einen Seite den größten Teil Westeuropas erobert, die Leistungen der europäischen Industrie standen ihm zur Fortsetzung des Kampfes mit und ohne Kollaboration zur Verfügung.[254] Auf der anderen Seite liefen nun die Transporte aus den USA mit aller Macht an. England und Amerika verstärkten den Kampf gegen die deutschen U-Boote, deren Kode erneut, wie bereits im Ersten Weltkrieg, geknackt war.

Hitlers Armeen, von Scheinsiegen im Westen und Überraschungssiegen im Osten verwöhnt, versanken in den schlammgefrierenden Weiten Russlands. Deutsche Offensiven verendeten in den tief gestaffelten und geschickt geführten Abwehrstellungen der Roten Armee, die nun zum Gegenangriff ausholen konnte. Die materielle und personelle Überlegenheit der sowjetischen Kräfte machte sich von Tag zu Tag stärker bemerkbar. Die wirtschaftliche und technische Kraft Deutschlands hingegen reichte bei Weitem nicht aus, um das moderne Kriegsgerät in ausreichenden Massen zu produzieren und rechtzeitig an die Front zu führen. Russland kämpfte sich Mann für Mann und Panzer für Panzer, unterstützt von immer stärker werdender Artillerie und mittels des Einsatzes von Kampfflugzeugen, gegen den erst noch starken, dann immer schwächer werdenden Gegner vor. Die Rechnung ging auf: Beide waren im geopolitischen Sinn Partner des angelsächsischen Spiels geworden, indem sie sich gegenseitig vernichteten. Der amerikanische Senator Truman, der nach dem Tod Roosevelts Präsident der Vereinigten Staaten wurde, brachte die Philosophie auf den Punkt: »Wenn wir sehen, dass Deutschland gewinnt, sollten wir Russland helfen, und wenn wir sehen, dass Russland gewinnt, sollten wir Deutschland helfen. Sollen sie doch so viele töten wie nur möglich.« Und so kam es!

KAPITEL 23

Das Spiel geht auf: Hitler schwächt Sowjetunion, Sowjetunion schwächt und besiegt Deutschland

Spielstand im »Great Game« der Angelsachsen

Aus geopolitischer Sicht durften weder Großbritannien noch die Vereinigten Staaten den Kontinent Hitler-Deutschland oder der Sowjetunion überlassen. Als Festlandsdegen schwächten sich die verfeindeten Diktaturen gegenseitig. In einem so angelegten Spiel konnte die angelsächsische Seite unter Inanspruchnahme der überlegenen amerikanischen Finanz- und Wirtschaftskraft das Zünglein an der Waage der miteinander um Leben und Tod kämpfenden Diktaturen spielen. Die Gefahr eines sich mit Hitler verbündenden Japan schien zunächst groß, doch Japan war auf die Einfuhr von Rohstoffen angewiesen, die nur unter Duldung der angelsächsischen Mächte über See die Inseln erreichen konnten.

Japan besetzte trotz Warnungen aus den USA Indochina und schloss mit Deutschland unter Einbeziehung Italiens einen Dreiländerpakt, in dem die wechselseitigen Interessensphären in Pazifik, Atlantik und Indischem Ozean festgelegt wurden.

Auch die Angelsachsen setzten ihre strategischen Figuren auf das Schachbrett des Großen Spiels. Als Erstes verfügte Präsident Roosevelt bereits Jahre vor Ausbruch des Zweiten Weltkrieges die Lieferung von Militärgütern aus der Produktion seiner im Weltmaßstab überlegenen amerikanischen Industrie an England und später, nach dem Überfall Deutschlands auf die Sowjetunion, auch an diese, da in den ersten 12 Kriegsmonaten bereits die Gefahr bestand, dass sie den deutschen Blitzkrieg nicht überstehen würde. Die deutsche Wehrmacht stand vor den Toren Moskaus, sie beherrschte die Ölregion am Schwarzen Meer.

Doch auch die junge Sowjetunion konnte sich wie ehemals das zaristische Russland auf die ungeheure Tiefe ihres nach Asien reichenden Raumes verlassen, in den sie sich mit ihren Kräften zurückziehen und aus dem heraus sie Verstärkungen mobilisieren konnte.

Für die zu erwartende Auseinandersetzung mit Hitler-Deutschland war es von entscheidender Bedeutung, dass sich auch die Sowjetunion ihrerseits nicht einem Zweifrontenkrieg in Asien stellen musste. Da Japan einen Krieg auf dem chinesischen Festland mit Russland einerseits und von See her mit den Vereinigten Staaten andererseits nicht gleichzeitig überstehen konnte, konzentrierte es sich auf die Auseinandersetzung mit den USA. Die Sowjetunion wiederum erhielt unter anderem über den bei der deutschen Botschaft in Tokio ein- und ausgehenden Spion Richard Sorge die Bestätigung, dass Japan nicht die Absicht habe, in Verbindung mit Deutschland den Kampf gegen die Sowjetunion aufzunehmen.

Für Stalin war damit die Gefahr eines Zweifrontenkrieges der Roten Armee sowohl gegen Japan als auch gegen Deutschland gebannt. Die Sowjetführung konnte daher das Wagnis eingehen, die asiatische Front weitgehend zu entblößen und die frischen sibirischen und fernöstlichen Armeen gegen die bereits abgekämpften deutschen Truppen in Stellung zu bringen. Die Wehrmachtsverbände hatten sich bereits 1941, wenige Wochen nach Kriegsbeginn, im Schlamm des Herbstes und dann im tiefen Frost des russischen Winters festgefahren, ohne Winterkleidung und in weiten Teilen ohne Ersatzteile für die liegen bleibenden Fahrzeuge. Hitler-Deutschland machte erneut die Erfahrung, die bereits Napoleon zuteilgeworden war.

Das raumgreifende Vordringen in die Tiefe Russlands führte sofort zu wachsenden Problemen mit dem Nachschub – mit jedem Kilometer, der tiefer in die Sowjetunion hineinführte, nahmen auch die Schwierigkeiten bei der Lieferung von Waffen, Munition, Treibstoff, Nahrung usw. zu. Der russische Winter machte der deutschen Technik und Ausrüstung zu schaffen. Da die Nationalsozialisten in ihrem Rassenwahn Slawen wie Untermenschen behandelten, auf die Schranken des Kriegsvölkerrechts keine Rücksicht nahmen, Dörfer und Städte niederbrannten, die kommunistischen Kommissare umbrachten und die jüdische Bevölkerung ausrotteten, bekamen sie es, in der Ukraine zunächst als Befreier begrüßt, sehr schnell mit dem Hass der drangsalierten Bevölkerung zu tun.

Das brutale deutsche Vorgehen im Osten erzeugte Partisanen, die die ausgedehnten Nachschublinien über hochanfällige und dem deutschen Maschinenpark nicht angepasste Eisenbahnlinien wirksam durcheinanderbrachten. Die Erfahrung des brutalen deutschen Vorgehens gegen die Zivilbevölkerung fachte zwangsläufig den Hass und den Kampfesmut der Rotarmisten an. Ihr späteres Vorgehen gegen die bis zur Jahreswende 1944/45 vor allem außerhalb der Großstädte noch vom Krieg verschont gebliebene, meist ahnungslose deutsche Bevölkerung wird von daher etwas verständlicher. In dem Millionen von Menschen Tod, Verletzung und Kriegsgefangenschaft bringenden

3-jährigen Ringen stoppte die Rote Armee bereits im Dezember 1941 den Vormarsch der deutschen Truppen kurz vor Moskau. Es folgten die riesigen Schlachten um die Städte Stalingrad vom Sommer 1942 bis Februar 1943 und Kursk im Sommer 1943, die dem deutschen Einmarsch nach und nach ein endgültiges, todbringendes Ende setzten.

KAPITEL 24

Zweite Front im Westen, Bombardement der Bevölkerung, Zusammenbruch

Die Sowjetunion und das Ringen um die zweite Front

Die bedrängte sowjetische Seite setzte nun alles daran, die Westmächte, vor allem die USA, mit deren im Verhältnis unbegrenzten industriellen, aber auch personellen Reserven so früh wie möglich in den Kampf gegen Hitler-Deutschland einzubinden, um so die eigene, sich zu Tode kämpfende Armee zu entlasten. Stalin forderte, den Zustand des Zweifrontenkrieges zulasten Deutschlands so schnell wie möglich herzustellen, nachdem die französischen und englischen Bodentruppen den Kontinent geräumt und sich ergeben hatten oder nach Großbritannien geflüchtet waren. Die deutsche Seite besaß nur vorübergehend die taktische Luftüberlegenheit, letztlich zeigte sie sich vor allem von den Flugzeugzahlen und der Qualität des Treibstoffes her als deutlich unterlegen. So lag die Lufthoheit sehr schnell auf der englischen Seite. Schon in Dünkirchen konnte die Luftwaffe gegen die englische Übermacht nichts ausrichten. Es kam zu Bombardierungen englischer Städte, angeblich in Vorbereitung einer deutschen Landung in England. Doch die war aufgrund sowohl der nicht erreichbaren Luftüberlegenheit als auch der mangelnden Kapazität der deutschen Marine eine Illusion. Die Opfer der Bombardierung fachten den Hass der englischen Bevölkerung auf den Gegner an.

Die Ankündigung Roosevelts und Churchills, bereits 1942 eine die Sowjetarmee entlastende zweite Front in Europa aufzubauen, wurde nicht eingehalten oder konnte nicht eingehalten werden. Da sich die französische Küste in deutschen Händen befand, war eine Landungsoperation mit hohen Risiken verbunden. Die englische Luftwaffe konzentrierte ihre Operationen gegen Deutschland, nachdem die deutsche Luftwaffe Angriffe auf britische Städte und Flugplätze geflogen und dabei hohe Verluste erlitten hatte, zunächst auf das In-Schutt-und-Asche-Legen der Wohnquartiere deutscher Großstädte. Die alten Stadtkerne, deren Bausubstanz hoch entzündliches und gut brennendes Holz enthielten, wurden zum Ziel erkoren. So wurden des Nachts in die zuvor mit Leuchtsignalen gekennzeichneten Wohngebiete

Phosphorbrandbomben geworfen. Die Menschen kamen in den Flächenbränden um, vor allem aber erstickten sie durch den vom Feuersturm verursachten Sauerstoffmangel, oft sogar in den Luftschutzkellern. Die Strategie gegen die Moral der deutschen Bevölkerung war der psychologischen Kriegsführung gegen Kolonialvölker entnommen, in denen die eingeborene Bevölkerung bei Unruhen bombardiert und eingeschüchtert werden sollte. Dass die psychologische Wirkung in aller Regel das Gegenteil des erstrebten Ziels bewirkte, war angeblich im Voraus nicht zu erkennen. Der Frieden konnte nach dem Eindruck der aus der Luft in Angst und Schrecken versetzten Bevölkerung nur noch schrecklich werden, wenn schon der Krieg der Gegenseite sich gegen die Einwohner der Städte richtete und nicht gegen kriegswichtige Ziele. Es kann an dieser Stelle nicht darum gehen, moralische Urteile zu fällen. Da wären die deutschen Angriffe auf die Zivilbevölkerung von Guernica während des spanischen Bürgerkriegs und später auf London und Coventry sowie andere Städte heranzuziehen. Hier geht es um militärische Operationen, deren Wirkung leicht berechnet werden kann.

Den Sowjets mit ihren letztlich 20 Millionen Kriegstoten half die englische Bombardierung deutscher Städte überhaupt nicht, ganz im Gegenteil, sie ließ den Widerstand der deutschen Bevölkerung gegen den Sieg der Alliierten eher anwachsen, trieb die Massen im Zweifel erneut hinter die einzige möglicherweise doch zur Abwehr fähige Kraft: die eigene Regierung. Die militärischen Ziele jedoch wie Treibstofflager, die riesigen Produktionsanlagen für die Benzingewinnung aus Kohle, kurz vor dem Krieg noch mit amerikanischen Patenten und amerikanischer Hilfe aufgebaut, wurden von den angelsächsischen Luftwaffen bis kurz vor Kriegsende nicht angegriffen. Auf diese Weise konnte die Wehrmacht bei ihren Kämpfen gegen die Rote Armee noch lange uneingeschränkt auf den Nachschub aus der Heimat zurückgreifen.

Unterstellt man als Ziel der Alliierten, Sowjetrussland und Hitler-Deutschland sich wechselseitig niederkämpfen zu lassen, so fügen sich die Entscheidungen der britischen und amerikanischen Seite auch in ihrer zeitlichen Abfolge in die Logik des Vorgehens ein. Wäre das Ziel angelsächsischer Politik allein auf die Niederlage Hitler-Deutschlands gerichtet gewesen, so wäre das sofortige Bombardieren militärischer und industrieller Ziele als Gebot der Stunde erschienen, als noch nicht an den Einsatz aus Übersee landender Bodentruppen zu denken war. Doch genau dies geschah nicht.

Dieser Gedankengang scheint sich in der Debatte um die von Stalin geforderte und von den Alliierten zugesagte schnelle Eröffnung einer Zweiten

Front, am sinnvollsten an der französischen Küste, fortzusetzen. Deutschland konnte dem Zweifrontenkrieg wiederum nicht entgehen. Im Ersten Weltkrieg hatte Frankreich keine Mittel gescheut, Russland zum schnellen Aufmarsch seiner Truppen in Ostpreußen zu veranlassen. Das zaristische Russland hatte sich damals voll eingebracht mit dem entsprechenden Erfolg einer Entlastung der französischen Armee in Frankreich gegen den schnellen deutschen Aufmarsch an der Westfront. Nun forderte im Zweiten Weltkrieg die sowjetische Führung aus militärischen Gründen verständlicherweise eine Gegenleistung für den verlustreichen Kampf der Roten Armee gegen die Wehrmacht. Das konnte im Schwerpunkt nur im Anlanden amerikanischer und englischer Truppen auf dem europäischen Kontinent, möglichst noch vor Vollendung des deutschen Westwalls an der Atlantikküste, bestehen. Doch die Umsetzung des Versprechens von 1942 wurde mit Hinweis auf die in der Tat großen Schwierigkeiten einer amphibischen Landung riesiger Truppenkörper hinausgeschoben, die ja die Durchschlagskraft haben mussten, den Gegner an Land von See aus sofort aus seinen Stellungen zu treiben und dann ins Landesinnere und darüber hinaus nach Deutschland zurückzudrängen. Doch diese Landung kam eben weder 1942 noch 1943 zustande, sondern erst im Juni 1944, in den letzten 11 Monaten vor Ende des Zweiten Weltkrieges.

Zuvor gab es, wie zu erwarten, in den USA ebenso wie in England bereits anhaltende Diskussionen darüber, ob die kommunistische Sowjetunion die Vorherrschaft in Europa gewinnen dürfe und was dagegen zu unternehmen sei. Das schnelle und raumgreifende Eindringen der deutschen Blitzkriegsverbände in die Sowjetunion am Anfang des Ostfeldzuges mag den strategischen Planern Sorgen bereitet haben, Deutschland könne der Griff auf Eurasien doch gelingen. Die deutschen Siege verstärkten die zunächst vorherrschende niedrige Einschätzung sowjetischer Widerstandskraft. Doch die Wehrmacht wurde erst langsam, dann immer schneller und erfolgreicher aus dem Land getrieben. Dabei halfen die im Winter 1941 einsetzenden Lieferungen aus den USA: Panzer, Flugzeuge, Lastwagen und Nahrungsmittel. Die Dinge liefen im Osten nun gegen Deutschland und die deutschen Soldaten. Sie wurden eingekesselt, vernichtet und gerieten in immer größerer Zahl in die oft langjährige Gefangenschaft. Die Versuche, die in Stalingrad eingeschlossene Armee zu entsetzen, scheiterten an Hitlers Sturheit, im Wesentlichen aber auch an fehlenden Reserven und an der strukturellen militärischen Schwäche Deutschlands, das immer weniger in der Lage war, ausfallende Soldaten und deren Gerät zu ersetzen. Doch mit den Siegen der

Sowjetarmee begann die Stimmung in Washington und London in Besorgnis umzuschlagen, die russischen Truppen könnten mit ihrer guten Ausrüstung, großen Zahl und guten Kampfmoral tief nach Westeuropas vordringen.

Allen Dulles im Gespräch mit Vertretern des 20. Juli 1944 und mit Repräsentanten der SS

Die Vereinigten Staaten, Großbritannien und die Sowjetunion hatten sich im Frühjahr 1943 auf die bedingungslose Kapitulation Deutschlands geeinigt. Das sollte jedem der Alliierten den Anreiz nehmen, in gesonderten Friedensverhandlungen einseitige Vorteile herauszuschlagen und ein für sich einigermaßen gnädiges Ende des Mordens zulasten der Bündnispartner herbeizuführen.

In den vielen Gesprächen mit Abgesandten der deutschen Opposition zeigten die angesprochenen Vertreter der Westmächte, Engländer wie Amerikaner, keinerlei Bereitschaft, einer neuen, aus Gegnern des Nationalsozialismus gebildeten Regierung auch nur die Chance einer entgegenkommenden Behandlung einzuräumen. Um den Mord an Hitler, das Verhandeln mit dem Gegner vor dem Volk, vor allem aber auch vor den noch an allen Fronten kämpfenden Soldaten zu rechtfertigen, wäre für die Mitglieder des deutschen Widerstandes die Bereitschaft zum Entgegenkommen der Alliierten wenigstens in Andeutungen notwendig gewesen. Sie wurden zurückgewiesen. Die westlichen Alliierten beharrten auf der bedingungslosen Kapitulation.

Seit November 1942 saß der amerikanische Diplomat und Geheimdienstmann Allen Dulles, der spätere Chef der CIA und Bruder des amerikanischen Nachkriegs-Außenministers John Foster Dulles, in Bern, um von der Schweiz aus Kontakte in das ihm seit 1919 wohlbekannte Deutschland aufzunehmen. Spätestens ab Ende 1942 ging es den obersten SS-Führern um das Retten der eigenen Haut für die Zeit nach der unausweichlichen Niederlage und ganz sicher auch nach einem Sturz Adolf Hitlers.

So schickte Himmler, der Reichsführer SS, bereits im Januar 1943 über seinen Stellvertreter Walter Schellenberg den Prinzen Max von Hohenlohe-Langenburg als Abgesandten nach Bern, um mit Allen Dulles über Friedensbedingungen zu verhandeln. Zweimal trafen sich die Partner. Hohenlohe fand die Gespräche konstruktiv und berichtete später seinen Vorgesetzten, dass Dulles ihm versichert habe, Unterredungen mit den Vertretern der tatsächlichen Macht in Deutschland seien viel sinnvoller als die mit abgehalfterten Politikern, Emigranten und voreingenommenen Juden.[255] Dulles empfing mehrmals den SS-Hauptsturmführer Reinhard Spitzy ebenso wie den persönlichen Anwalt Himmlers, Carl Langbehn.

Das Feld der wechselseitigen Kontaktaufnahme der nationalsozialistischen Seite, repräsentiert durch Führer der SS, mit dem Vertreter der amerikanischen Spionage in der Schweiz ist in seinem ganzen Umfang nur unzulänglich erforscht. Der Leiter der amerikanischen Gegenspionage, Donovan, erklärte nach dem Krieg, unter welchen Bedingungen ihm die Führung dieser Einheit anvertraut worden sei. Er habe sich verpflichten müssen, unter keinen Umständen die Hintergründe von Allen Dulles und seinen sechzig engsten Freunden untersuchen zu lassen, diese Gruppe auch nie der Prozedur eines Lügendetektortests zu unterziehen. Die Betreffenden hätten Angst gehabt, dass ihre Geschäfte mit Hitlers Kumpanen hätten an die Öffentlichkeit gelangen können.[256]

Nahezu gleichzeitig wurden Friedensfühler in Richtung Großbritannien ausgestreckt. Die Mannschaft um Himmler, darunter vor allem General Schellenberg und dessen Umgebung, kontaktierte die Geheimdienst- und Außenamtsvertreter in vielen Ländern der Welt, in Schweden, Spanien, der Schweiz, um den Zweifrontenkrieg in Europa zu beenden, den Deutschland nach dem Scheitern des Ostfeldzuges nach Ansicht der intelligenteren Nazi-Führer nicht gewinnen konnte. Der Flug des Hitler-Stellvertreters Heß nach England galt dem gleichen Ziel, wobei dessen nähere Umstände unverständlicherweise noch immer der Geheimhaltung unterliegen.

Die Botschaft der SS an die Alliierten war letztlich ganz ähnlich wie die der innerdeutschen Opposition: Angebot des gemeinsamen Kampfes gegen die Sowjetunion gegen Frieden und Ausgleich mit den Westmächten. Die Alliierten gingen zwar auf die Gespräche ein, vermieden jedoch auch den Vertretern der SS gegenüber jede Zusage. In den Gesprächen der SS mit den Abgesandten der westlichen Seite wurde zuweilen ins Gespräch gebracht, dass man Hitler über eine »dritte Partei« beseitigen könne, wonach dann Himmler mit seiner Mannschaft die eigentliche Macht übernehmen und dann mit den Alliierten gemeinsame Sache machen könne.

Die Vertreter Großbritanniens wie auch der USA befanden sich bei den Gesprächen in einer komfortablen Lage. Ihre Gegenüber, ob vom Widerstand oder aus der SS-Umgebung Himmlers, standen vor der sich abzeichnenden fulminanten Niederlage Deutschlands gegen die Siegermächte in Ost und West. Sie hätten dem deutschen Widerstand Entgegenkommen signalisieren können. Die angelsächsischen Führungen hätten Bedingungen stellen können, etwa die Unabhängigkeit Polens zu gewährleisten, solange Polen noch nicht von der Sowjetarmee überrollt worden war. Die Vertreter der Alliierten hätten zur Bedingung jeglicher Gespräche mit Abgesandten der SS den sofortigen Stopp des 1943 anlaufenden industriellen Massenmordes am jüdischen Volk machen können.[257] Nichts dergleichen geschah jedoch. Die Gespräche zogen sich ergebnislos in die Länge.

Und dies wiederum dürfte der angelsächsischen Zielsetzung entsprochen haben, die zwei Riesenfliegen mit einer Klappe zu schlagen: Hitler-Deutschland mit der Sowjetunion und die Sowjetunion mit Hitler-Deutschland. Solange noch deutsche Soldaten gegen sowjetische kämpften, ging das uralte strategische Kalkül auf, das allem Anschein nach lange vor Ausbruch des Krieges Gegenstand der Planungen gewesen war.

Ein Koalitionswechsel der Westmächte mit dem Dritten Reich gegen die Sowjetunion kam also nicht zustande, wäre auch der englischen, amerikanischen und Weltöffentlichkeit nicht zu vermitteln gewesen. Dennoch machten sich zwangsläufig die angelsächsischen Führungen in London und Washington Gedanken über die geopolitischen Machtverhältnisse nach dem siegreich beendeten Krieg. Solange die sowjetische Armee noch auf eigenem Boden zu kämpfen hatte, waren die Sorgen der global denkenden Elite noch gering. Doch das änderte sich mit der wachsenden Überlegenheit der sowjetischen Militärmaschine, die nun die Wehrmacht in großen und schnellen Schlägen vor sich hertrieb. Die sowjetischen Panzer drangen Anfang Januar 1945 in Ostpreußen ein, während die Alliierten nach der bravourösen Landung an den Küsten der Normandie im Juni 1944 äußerst verlustreiche Luftlandungen in den Niederlanden ausführten oder sich in der Eifel in den Wäldern, Tälern und Berghängen des Hürtgenwaldes mit dem letzten Aufgebot der Wehrmacht herumschlugen. Ein Gelände übrigens, in dem die amerikanische Armee weder ihre Luftüberlegenheit noch ihre überwältigende Motorisierung ausspielen konnte. Doch dann ging auch der westliche Vormarsch außerordentlich schnell vonstatten. Sowjetische und amerikanische Verbände trafen sich in Torgau an der Elbe. Die Rote Armee hatte Berlin erobert. Am 8. Mai kapitulierte die Deutsche Wehrmacht unter der Führung des Hitler-Nachfolgers Dönitz.

KAPITEL 25

Holocaust und Hintergründe

Auch heute noch bleibt unfassbar, dass nicht weltweit ein Aufschrei des Entsetzens und Protestes gegen die sich abzeichnende Vernichtung der europäischen Juden zustande kam. Die Regierungen der USA und Großbritanniens waren früh informiert, der Papst ebenso wie die protestantischen Kirchen waren angesprochen, in Kenntnis gesetzt und zum Handeln aufgefordert worden. Der Papst schwieg. Churchill, Premierminister von Großbritannien, weigerte sich, das Thema auf die Tagesordnung einer Kabinettssitzung zu setzen mit der Begründung, dies werde nur den Antisemitismus im eigenen Land anstacheln. Auch Roosevelt, der amerikanische Präsident, obgleich im Detail informiert, engagierte sich nicht. Die Bomberverbände der Alliierten griffen ein zum Konzentrationslager Auschwitz gehörendes Werk an, nicht jedoch, wie gefordert, die Bahnstrecken zu den Vernichtungslagern.

Als die nationalsozialistischen Verbrecher die Mordmaschine bis zur Industrialisierung vorantrieben und mit dem Einsatz von Giftgas experimentierten, war es der SS-Mann Gerstein, der verzweifelt versuchte, dem immer schneller voranschreitenden Holocaust Einhalt zu gebieten. Über hochrangige Geistliche hoffte er, den Papst zum Einschreiten zu bewegen. Er offenbarte sich einem schwedischen Diplomaten, den er bat, seine Regierung zu informieren und für die Bekanntgabe der Ungeheuerlichkeiten zu sorgen. Der Papst schwieg, die schwedische Regierung hielt die Information zurück. Gerstein war gläubiger Christ, ein Gegner des NS-Regimes, und hatte sich, um hinter die Machenschaften der Nazis zu kommen, der SS angedient. Dort wurde er trotz anfänglicher Ablehnung wegen seines nicht NS-konformen Vorlebens letztlich doch aufgenommen. Aufgrund seiner medizinischen Kenntnisse wurde er in der Hygiene-Abteilung eingesetzt und war zum Einsatz in der weiterzuentwickelnden Technik des industriellen Mordens durch Rattengift vorgesehen.

Gersteins Hilferufe an internationale Vertrauenspersonen, dem Massenmorden entgegenzutreten, stießen auf taube Ohren. Nach Kriegsende geriet er in französische Gefangenschaft. Im Gefängnis schrieb er seine Erlebnisse nieder und wurde eines Tages tot in der Zelle aufgefunden. Als Todesursache wurde offiziell Selbstmord festgestellt. Angesichts der Persönlichkeit

Gersteins schloss die Familie den Suizid völlig aus. Eventuell war er ein Zeitzeuge, der in der Nachkriegszeit hätte unerwünscht Zeugnis ablegen können.

Dass die deutsche Opposition trotz vielfältiger Bemühungen auch in diesem Feld auf keinerlei Resonanz stieß, dürfte leider auch an innerjüdischen Auseinandersetzungen und Spannungen gelegen haben. Es waren nicht zuletzt die in der amerikanischen Arbeiter- und Gewerkschaftsbewegung engagierten Juden, die mit riesigen Demonstrationen in den Städten der USA gegen die Existenzvernichtung des Judentums durch die Nazis vorgingen, dann jedoch von den Vertretern des damaligen Zionismus bei der Organisation eines weltweiten, systematischen Boykotts Deutschlands gehindert wurden.

Besser als mit eigenen Worten wird das Dilemma in einer Abhandlung Edwin Blacks im *Reform Judaism Magazine* vom August 1999 geschildert. Darin kommen auch die heftigen internen Auseinandersetzungen der Juden in aller Welt zum Ausdruck. Blacks Artikel im Folgenden wiedergegeben werden:[258]

> Die Pogrome in Deutschland gegen die deutschen Juden erregten zwangsläufig auch im Ausland große Aufmerksamkeit. In den Vereinigten Staaten, dem Land, in dem gerade die Juden aus Osteuropa ihre bislang einzige Hoffnung sahen, regte sich bei den jüdischen Vereinigungen massiver Protest gegen das deutsche Vorgehen gegen die Glaubensbrüder. Es kam zu riesigen Protestveranstaltungen in New York, die dazu aufforderten, alle deutschen Produkte zu boykottieren. Dies bereitete den Nationalsozialisten erhebliche Sorgen, war doch die deutsche Wirtschaftsleistung vom Zugang zu den Weltmärkten abhängig und konnte die Aufrüstung der Streitkräfte nur mithilfe von Rohstoffen aus dem Ausland mit harten Devisen bewerkstelligt werden. Sollte es Hitler-Deutschland nicht gelingen, die erforderlichen Erlöse aus dem Export deutscher Waren zu erzielen, so konnte das nationalsozialistische Kalkül nicht aufgehen. Die Eroberung von Lebensraum im Osten war ebenso wenig denkbar wie die Gewinnung von Kolonien.
>
> Die jüdischen Proteste in dem so gewichtigen Land der USA zeigten Wirkung. Doch das sollte sich sehr schnell ändern. Es kam zu einem Schulterschluss zwischen der zionistischen Bewegung und den deutschen Nationalsozialisten, der einen Vertrag über den Transfer deutscher und später anderer europäischer Juden in das noch jüdisch zu besiedelnde Israel zum Gegenstand hatte. Juden konnten ihre Ausreise gegen Einzahlung beziehungsweise Übertragung ihres Vermögens erreichen. Damit wurden die deutschen und später die Juden ganz Europas systematisch ihres Wohlstands beraubt. Ein Teil ihrer Einzahlung

wurde ihnen zur Existenzgründung in Palästina ausgezahlt. Die Devisen hierfür stammten aus dem Verkauf deutscher Investitionsgüter in Palästina, die mit deutscher Reichsmark erworben worden waren. Für die jüdischen Emigranten bedeutete dies das Entkommen vor dem Holocaust. Für die Nazis bedeutete es das Schweigen der großen jüdischen, nicht nur zionistischen Organisationen. Der Deal sorgt auch heute noch weltweit für aufwühlende Gefühle in der jüdischen Gemeinde.

Im riesigen Schatten des Selbstzweifels, der die amerikanische jüdische Gemeinde nach dem Holocaust erfasst hatte, hörte man oft den Vorwurf: »Wir haben nicht genug getan.« Wir nehmen schnell den selbstbezichtigenden Vorwurf an, angsterfüllte Bürger gewesen zu sein, die es nicht wagten, in den ungewissen Vorkriegszeiten Unruhe zu stiften. Doch diese Darstellung der Geschichte ist nicht wahr. Unmittelbar nach der Machtergreifung Hitlers brachen die amerikanischen Juden einen gewaltigen Wirtschaftskrieg vom Zaun mit dem Ziel, das Nazi-Regime zu stürzen.

Nur Wochen nach Hitlers Machtübernahme, am 30. Januar 1933, verbündeten sich normalerweise miteinander konkurrierende jüdische Kräfte unter der Führung von Rabbi Stephen Wise, dem Präsidenten des American Jewish Congress, mit Louis Untermeyer, dem Kämpfer für bürgerliche Rechte, sowie den kampferprobten jüdischen Kriegsveteranen mit dem Ziel, einen durchschlagenden Boykott deutscher Waren und Dienstleistungen zu organisieren. Jeder trieb den Boykott auf seine Weise voran und achtete darauf, eine geschlossene Anti-Nazi-Koalition zustande zu bringen, die der NSDAP den wirtschaftlichen Todesstoß hätte geben sollen, einer Partei, die ganz wesentlich mit dem Versprechen angetreten war, die deutsche Wirtschaft aus den ihr angelegten Fesseln zu befreien.

Die Boykotteure wurden getragen von den schnellen Erfolgen ihres lauten, nach vorn stürmenden Feldzugs. Ihre Durchschlagskraft ergab sich aus den Protestversammlungen auf dem amerikanischen Kontinent, aus Protestplakaten und der offenen Drohung, Deutschlands Wirtschaft zu zerstören, sollten die judenfeindlichen Machenschaften des Reiches anhalten. Eine schlagkräftige Organisation aus Gewerkschaften, politischen Gruppen und Wirtschaftsvereinigungen trug die Boykottbotschaft hinein in die amerikanische Gesellschaft, aber auch ins Ausland. Von der Wirtschaftskrise gebeutelte Nationen in aller Welt gingen schnell dazu über, ihre üblichen Einkäufe in Deutschland auf andere, preiswertere Waren zu verlagern.

Die Anti-Hitler-Protestbewegung mündete am 27. März 1933 in eine gigantische Rallye zum Madison Square Garden in New York, organisiert von Rabbi

Wise und dem American Jewish Congress. Mehr als 55 000 Menschen strömten zur Protestkundgebung auf den Madison Square und die benachbarten Straßen. Zugleich fanden Versammlungen in siebzig Ballungsgebieten der USA und in Europa statt. Rundfunkanstalten übertrugen das New Yorker Ereignis in Hunderte von Städten in aller Welt.

Der Boykott brachte die Nazis, die überzeugt waren, dass Juden eine übernatürliche, internationale wirtschaftliche Macht ausüben könnten, aus der Fassung. Sie kannten den sehr wirksamen Boykott der Juden gegen den russischen Zaren Nikolaus II., um dessen Judenverfolgung zu bekämpfen, oder den Boykott gegen den Autohersteller Henry Ford, um dessen antisemitische Kampagne in den Vereinigten Staaten abzustellen. Ob nun dieser neue Boykott tatsächlich den Wirtschaftsschaden für das Reich erfolgreich auslösen konnte oder nicht, war unerheblich. Wichtig war, dass Deutschland den von Juden angeführten Boykott als die größte Gefahr für das eigene Überleben ansah und dementsprechend zu reagieren begann.

Unerbittlich die Verwundbarkeit der Nazis ausnutzend, waren Rabbi Wise und die anderen Boykottführer entschlossen, eine zusammenhängende internationale Bewegung unter dem Motto »Lasst Deutschland diesen Winter bis zur Unterwerfung aushungern« (»Starve Germany into submission this winter«) zu organisieren. Doch Hitler konnte dieses Schicksal durch das Ausspielen der Uneinigkeit innerhalb der Juden in aller Welt abwenden.

Die Gegenoffensive der Nazis begann mit einem geheimen Treffen in Berlin, genau 6 Monate nachdem die Nazis die Macht übernommen hatten, und genau zum Höhepunkt des antideutschen Boykotts.

Am 7. August 1933 wurde eine offizielle Delegation aus vier deutschen und palästinensischen Zionisten sowie einem unabhängigen jüdischen Geschäftsmann aus Palästina in ein Besprechungszimmer des Wirtschaftsministeriums in Berlin gebeten. Die jüdischen Partner wurden höflich von Hans Hartenstein begrüßt, dem Leiter der Reichsstelle für Devisenbewirtschaftung. Sie sprachen einige Zeit über Investitionen, Auswanderung und öffentliche Meinung. Doch das grundlegende Thema war der Boykott. Die Nazis wollten herausfinden, inwieweit die Zionisten bereit waren, den Boykott ins Leere laufen zu lassen. Die Zionisten wiederum wollten erfahren, inwieweit das Reich bereit war, ihnen die Rettung der deutschen Juden zu ermöglichen.

Hartenstein war dabei, das ergebnislose Treffen zu beenden, als ein Bote ein Telegramm des deutschen Konsuls in Tel Aviv, Heinrich Wolff, hereinbrachte, in dem Hartenstein einen Deal mit der Delegation der Zionisten als bestes Mittel zum Brechen des Boykotts empfohlen wurde, durch dessen Würgegriff sich das

Reich bedroht sah. Hartenstein folgte dem Rat, und das Transferübereinkommen war aus der Taufe gehoben.

Drei Tage darauf erließ das Reichswirtschaftsministerium den Erlass Nr. 54 des Jahres 1933, der die Vereinbarung beider Seiten zum Inhalt hatte.

Das Transferübereinkommen erlaubte den deutschen Juden, Deutschland zu verlassen und Teile ihres Vermögens für den Kauf deutscher Waren zu verwenden, die die zionistische Bewegung dann in Palästina oder aber auch auf dem Weltmarkt verkaufen sollte. Die deutschen Waren wurden mit den in Deutschland gesperrten jüdischen Vermögen erworben. War die Ware verkauft, erhielten die Auswanderer den Erlös ausgezahlt, abzüglich einer Verwaltungsgebühr und eines Anteils, der für den Aufbau des zionistischen Staates bestimmt war. Gemeint waren Investitionen in die industrielle Infrastruktur und für den Aufkauf von Land.

Zwei zionistische Transferverrechnungsstellen wurden eingerichtet, die eine unter Leitung des Deutschen Zionistischen Bundes in Berlin und die andere unter der Leitung der Anglo-Palestine Trust Company in Tel Aviv. Die Berliner Dienststelle kaufte mit dem gesperrten jüdischen Geld deutsche Waren.

Das Büro in Tel Aviv, genannt Haavara Trust and Transfer Office Ltd. (oder kurz: Haavara Ltd.), verkaufte diese deutschen Waren auf dem offenen Markt, nahm die Erlöse entgegen und übertrug sie den deutsch-jüdischen Emigranten, deren Geld eingesetzt worden war. Die Haavara Ltd. wurde nach dem Handelsrecht Palästinas von normalen Geschäftsleuten betrieben. Die Anteile befanden sich gänzlich im Eigentum der Anglo-Palestine Bank, der offiziellen zionistischen Finanzinstitution, die sich später in Bank Leumi umbenannte.

Mit dem Transferabkommen konnten beide, Deutschland ebenso wie die jüdische Gemeinde in Palästina, ihre wesentlichen Ziele erreichen. Das Abkommen half Deutschland, den Boykott zu torpedieren, zugleich Arbeitsplätze zu Hause zu schaffen und jüdisches Vermögen zum Ausbau der Wirtschaft im Reich zu nutzen. Es half den Zionisten, ein größeres Hindernis der fortdauernden jüdischen Einwanderung und Expansion in Palästina zu überwinden. Unter den damaligen britischen Vorschriften in Palästina konnten Juden nicht einreisen, ohne einen Vermögensnachweis über den Gegenwert von 5000 Dollar zu erbringen (Capitalist Certificate). Die Inhaberschaft über eine derart hohe Summe machte den Immigranten zu einem Kapitalisten oder Investor. Das Transferabkommen machte die Kapitalisteneinwanderung möglich, da mittellose deutsche Juden die geforderten 5000 Dollar (in Wirklichkeit das beschlagnahmte eigene Vermögen des Einwanderers) in dem Augenblick erhielten, in dem die bestimmte deutsche Ware verkauft war.

Das Transferabkommen gab »potenziellen Emigranten« die Möglichkeit, ihr Vermögen auf eigens gesperrten Bankkonten zu bewahren, an die sie nur über den Umweg des Ankaufs und Verkaufs deutscher Waren herankamen. Zwischen den aktiven und potenziellen Auswanderungskonten erwirtschaftete die Transferorganisation durch offizielle und inoffizielle Operationen geschätzte 100 Millionen Reichsmark. Je mehr die Zionisten deutsche Waren verkauften, desto mehr Juden konnten aus Deutschland entkommen und nach Palästina gelangen, und desto mehr Geld stand zum Aufbau des jüdischen Staates zur Verfügung. Der Preis für diesen kommerziell gesteuerten Exodus war das Einstellen des Wirtschaftskrieges gegen Nazi-Deutschland.

Das Transferabkommen entzweite die jüdische Welt, brachte die Vorsteher der jüdischen Gemeinden gegeneinander auf, ließ die Gefahr von Rebellion und sogar Mord und Totschlag entstehen. Bei der schmerzlichen Wahl zwischen Linderung und Rettung entschied sich der größte Teil der jüdischen Welt für die Linderung, das heißt die Inanspruchnahme des Rechtes, dort zu bleiben, wo man als freier und gleicher Bürger leben konnte. Doch die zionistische Führung verfolgte die endgültige Lösung des Antisemitismus, die Rettung durch Auswanderung in die jüdische Heimstatt Palästina.

Ein halbes Jahrhundert zuvor hatte der Visionär der Zionisten, Theodor Herzl, die Errichtung einer »jüdischen Gesellschaft« vorgesehen, die sich um die Geschäfte und Vermögen derjenigen Juden kümmern sollte, die in den künftigen jüdischen Staat auszuwandern beabsichtigten. Deren Vermögen sollte mit einem beachtlichen Preisnachlass an »ehrliche Antisemiten« verkauft werden, die dann ja in die Geschäfte der abwandernden Juden einsteigen könnten.

Die Zionisten verstanden Haavara als die von Herzl ins Auge gefasste »jüdische Gesellschaft« und den vereinbarten Transfer als Chance für eine sicherere jüdische Zukunft. So führten 40 Jahre Kampf um die Errichtung eines jüdischen Staates zu einem unversehenen, spektakulären Wendepunkt. Die zionistische Führung stand vor der schrecklichen und schwierigen Aufgabe, mit Judenhassern kaltblütige und schmerzliche Verhandlungen aufzunehmen – nicht in einer Atmosphäre von Gefühlen und Wahnsinn, vielmehr in staatsmännischer Diplomatie.

Ende April 1933 waren die gesamten Exporte des Reiches als Ergebnis des Boykotts um 10 Prozent zurückgegangen. Doch dem Wirtschaftskrieg gegen Deutschland fehlte immer noch die durchschlagende Organisation. Stephen Wise, der weltweit anerkannt war, über eine Organisation verfügte und die Absicht verfolgte, eine wirksame Kampagne unter seiner Führung zustande zu bringen, war sich im Klaren darüber, dass nur eine zentral gesteuerte Kampagne sich bestimmte deutsche Industriezweige ohne Verzettelung zum Ziel nehmen konnte. Wise dachte auch an eine Institution, die in der Lage war, jeden, der mit Deutschland Handel trieb, mit einem Boykott zu überziehen. Doch eine derartige Strategie entzweite Zionisten und Boykottbewegung. Würden die Zionisten mit Nazi-Deutschland einen Vertrag über den Tausch von Waren gegen Auswanderung abschließen, dann würde das jüdische Palästina dadurch den Boykott unterlaufen und Fragen nach den gehandelten Waren und der Herkunft des Geldes für tabu erklären müssen. Wise und seine Anhänger waren sich einig, dass diese Drohung mit Boykott die kommerziellen Verhandlungen zwischen den Zionisten und dem Hitler-Regime torpedieren würde.

Tatsächlich hatten geheime Vorgespräche, zum Teil auch Verhandlungen und selbst vorläufige »Transfer«-Abkommen im April 1933 begonnen. Als die Tatsache dieser frühen Verhandlungen bekannt wurde, spalteten sich die Zionisten entlang der Trennungslinie der Revisionisten und der Arbeiterpartei, Mapai genannt. Der Transfer entwickelte sich zum geeigneten Schlachtfeld für die bereits in Spannung miteinander befindlichen Untergliederungen des Zionismus über die künftige Wirtschafts- und Siedlungspolitik. Das Transferabkommen wurde von den Führern der Revisionisten wie Wladimir Jabotinsky ganz allgemein als ein unheiliger Pakt mit den Nazis angesehen, der im Wesentlichen nur den von der Arbeiterpartei beherrschten zionistischen Institutionen nützen würde. Protestversammlungen, grelle Schlagzeilen, öffentliche Debatten und erbitterte, in Geschrei ausartende Auseinandersetzungen brachen in zionistischen Kreisen Europas und Palästinas aus. David Ben-Gurion und andere Labour-Führer schlugen zurück, indem sie Jabotinsky als »jüdischen Hitler« und seine revisionistischen Gefolgsleute als schwarzbehemdete »Faschisten« beschimpften. Revisionisten entwickelten sich zu den entschlossensten Organisatoren des Boykotts gegen die Nazis, die jeden Juden oder Zionisten angriffen, der bereit war, mit Hitler Geschäfte zu betreiben. Alles war dadurch kompliziert geworden, dass die jüdische Palästina-Wirtschaft untrennbar mit dem Handel mit Deutschland verbunden war. Tatsächlich war Deutschland Abnehmer Nummer eins für Orangen, zugleich das Exportprodukt Nummer eins Palästinas.

Im Mittelpunkt der Auseinandersetzungen stand Chaim Arlosoroff, Vorstandsmitglied der Jewish Agency. Dieser ruhige Akademiker und Visionär entwarf den Transferplan und überwachte alle Verhandlungen mit dem Reich. So wild war die öffentliche Hysterie über das, was Transfer bedeutete und was nicht, dass Arlosoroff im Mai 1933 einer zionistischen Zeitung ein langes Interview gab, in dem er den gesamten Plan offenlegte, der nur 24 Stunden zuvor noch als »streng geheim« eingestuft worden war.

Am 16. Juni 1933 veröffentlichte die revisionistische Zeitung *Hazit Haam*, was viele als Todesdrohung erachteten: »Es wird da keine Vergebung für Leute geben, die aus Gier die Ehre ihres Volkes an Wahnsinnige und Antisemiten verkauft haben. [...] Das jüdische Volk war sich immer sicher, wen es als Verräter einzuschätzen hatte ... und es wird wissen, wie auf dieses Verbrechen zu antworten ist.« An diesem Abend gingen Chaim Arlosoroff und seine Frau Sima auf einem Sabbat-Spaziergang an der Küste des nördlichen Tel Aviv entlang an einer Stelle, wo sich heute das Hotel Hilton befindet. Zwei als Araber verkleidete Männer näherten sich dem Paar und fragten nach der Zeit. Sima war beunruhigt, doch Arlosoroff versicherte ihr: »Mach dir keine Sorgen, es sind Juden.« Wenige Augenblicke später kehrten die Männer um, einer mit einer automatischen Browning bewaffnet. Eine Kugel schlug in Arlosoroffs Brust ein und verwundete ihn tödlich. Die zwei Revisionisten wurden des Mordes angeklagt und zum Tode verurteilt, doch sie wurden später aus »technischen Gründen« freigelassen.

Die Boykottfrage entzweite auch die amerikanische jüdische Gemeinde. Die Führungen des B'nai B'rith und des American Jewish Committee, die seit Jahrzehnten einer harten jüdischen Gegenwehr das Wort geredet hatten, beugten sich den deutschen Juden, denn sie fürchteten, dass der Boykott ihre Glaubensbrüder in Deutschland der Vergeltung aussetzen würde. Die jüdischen Veteranen jedoch, die sich sehr wohl an den deutschen Feind des Ersten Weltkrieges erinnerten, ließen sich von derartigen Bedenken nicht beeindrucken. Obgleich die jüdischen Kriegsveteranen nicht über die Gelder der größeren jüdischen Organisationen verfügten, drängten sie auf den totalen Wirtschaftskrieg gegen Deutschland. Mit ihnen verband sich der angriffslustige Louis Untermeyer, Gründer einer eigenen Anti-Nazi-Organisation, der American League for the Defense of Jewish Rights.

In Deutschland wiederum lehnte die bedrängte jüdische Gemeinde jeden Boykott ab. Eindringlich appellierte sie an Freunde und Verwandte in den amerikanischen jüdischen Organisationen, doch alle Überlegungen zu Protest oder Boykott fallen zu lassen aus Sorge vor den Repressalien, die die Reichsregierung und deren Nazi-Schläger für den Fall der Anstiftung von Anti-Nazi-Aktionen angedroht hatten. Im Ergebnis taten B'nai B'rith und das American Jewish Committee alles, um den Boykott wirkungslos zu machen.

Der 18. Zionistenkongress wurde am 18. August 1933 in Prag eröffnet, nur 11 Tage nachdem das Transferabkommen in Berlin besiegelt war. Die Anhänger des Abkommens planten, die Betreiber des Boykotts zu stellen, sie in Grund und Boden zu diskutieren und gegen die Wand fahren zu lassen. Der Pakt vom 7. August sollte angenommen werden, entweder offen vor den versammelten

Delegierten oder geheim in den unter Ausschluss der Öffentlichkeit tagenden Ausschüssen. Auf jeden Fall sollte der Transfer durchgesetzt werden.

Auf dem Kongress bekämpfte Wise privat wie öffentlich das Transferabkommen. Nach mitternächtlichen Anträgen und Überraschungsabstimmungen wurde das Transferabkommen am 24. August als offizielle Politik angenommen. Allen Boykotteuren, Stephen Wise eingeschlossen, wurde zionistische Disziplin auferlegt. Trotz seines Zugehörigkeitsgefühls zum Zionismus schwor Wise, den Plan eines vereinten weltweiten Boykotts innerhalb des Rahmens des sogenannten Central Jewish Committee weiterzuverfolgen, das 2 Wochen später in Genf zum Zweiten Jüdischen Weltkongress umbenannt werden sollte.

Doch Tag für Tag wurde das Schicksal der deutschen Juden immer verzweifelter. Der Würgegriff des Nationalsozialismus in Deutschland schien unabwendbar. Europäische Antisemiten folgten überall dem Vorbild. Die Judenheit in Europa schien beendet zu sein. Das jüdische Heimatland in Palästina erschien als die einzige Alternative.

Nun wurde der 8. September zum entscheidenden Datum: Das jüdische Zentralkomitee sollte als der öffentlich weithin bekannt zu machende Zweite Jüdische Weltkongress in Genf aus der Taufe gehoben werden mit dem Ziel, Deutschland wirtschaftlich den Todesstoß zu versetzen.

Am Ende jedoch beugte sich Wise dem zionistischen Druck und gab klein bei. Der Boykott war zusammengebrochen.

Niedergeschlagen fuhr Wise nach Paris. Im Zug traf er ein 14-jähriges deutsches jüdisches Flüchtlingsmädchen, das von dem Treffen in Genf gehört hatte. Wise fragte es, ob es meinte, die Entscheidungen dort hätten geholfen oder geschadet. Ihn anschauend, antwortete das junge Mädchen: »Was sein muss, muss sein.«

In den folgenden Wochen unterdrückte Wise die Fragen der Journalisten nach der getroffenen Entscheidung. Eingedenk der Bemerkungen des Mädchens antwortete Wise schlicht: »Was sein muss, muss sein.« Es waren Entscheidungen gefallen, die nur Gott richten konnte, die nur die Geschichte rechtfertigen konnte.

Nach dem Ausbruch des Krieges am 1. September 1939 verwandelte sich die Enteignung der Juden in Vernichtung. Die Transferübereinkunft diente nun als Rettungsleine der Juden, die noch gerettet werden konnten. Die ganze Auseinandersetzung unter den jüdischen Gruppen über Haavara hörte auf. Je weniger geredet wurde, desto besser, um nicht den Nazis Grund zur Aufkündigung des Deals zu geben. Schließlich erzwang der Krieg das Ende des Transfers, doch nicht ohne dass zuvor 55 000 Juden Zuflucht in Palästina finden konnten.

Wer die Entscheidung der Zionisten, den Pakt mit Hitler zu schließen, verdammen will, hat den Luxus der späteren Einsicht. 1933 konnten die Zionisten nicht die Todeszüge, die Gaskammern und Verbrennungskammern voraussehen. Doch sie hatten verstanden, dass das Ende der Juden in Europa gekommen war. Der Schwerpunkt lag nun auf der Rettung jüdischen Lebens und der Errichtung eines jüdischen Staates.

Aus zionistischer Sicht war der Boykott ein Erfolg. Ohne ihn hätte es ein Transferabkommen nicht gegeben, das unendlich zur Stärkung der jüdischen Gemeinschaft in Palästina und der Schaffung des Staates Israel beigetragen hat. Und der Transfer wäre nicht zustande gekommen, hätten nicht die amerikanischen Juden so schnell wie geschehen, nur Tage nach der Machtübernahme Hitlers, mobilisiert. Niemand kann sagen, welche Kombination von Faktoren Hitler möglicherweise hätte stoppen können. Klar ist jedoch, dass die amerikanischen Juden der Nazi-Bedrohung nicht mit Gleichgültigkeit, Feigheit oder Unentschlossenheit entgegengetreten sind. Wir waren entschieden, mutig und einfallsreich – doch, letztlich, uneinig.

Verständnis – Verantwortung – Schuld

Dieser jüdischen Aufarbeitung des jüdisch-zionistischen Teils der Geschichte bleibt wenig zu entgegnen. Die Fakten, die Beweggründe, die Entscheidungen sind dargestellt und gewichtet worden.

Wenn es stimmt, dass der Deal zwischen dem von Schacht geführten Wirtschaftsministerium der Hitler-Regierung und der zionistischen Bewegung bereits kurz nach Machtübernahme der Nationalsozialisten in Kraft trat und danach in die Praxis umgesetzt wurde, dann wundert es wiederum nicht, dass alle sonstigen, auch deutschen, Bestrebungen, den weltweiten Protest gegen das widerwärtige, menschenverachtende Vorgehen der Nazis gegen die Juden Deutschlands und dann Ost- wie Westeuropas in Gang zu bringen, nicht von Erfolg gekrönt waren.

Theodor Herzl hat den mörderischen Nationalsozialismus nicht mehr miterlebt. Wir wissen daher auch nicht, ob er angesichts dieser Mordmaschinerie seine Äußerung, dass antisemitische Regierungen die verlässlichsten Verbündeten zur Errichtung eines Staates Israel seien, aufgegeben hätte. Ob er sich nicht doch letztlich dem vereinten Kampf aller zionistischen und nichtzionistischen Kräfte des Judentums gegen das Morden der Nazis verpflichtet gefühlt hätte, statt nur das Projekt Palästina ausschließlich mit und für die Anhänger der zionistischen Bewegung zu betreiben.[259]

Es handelt sich um tragische Geschichte. An der deutschen Verantwortung für das Geschehen bleibt nichts zu relativieren. Doch nur unter Einbeziehung der zionistischen Bewegung aller Länder hinter den Kulissen lassen sich viele Vorgänge erst im Nachhinein verstehen. So zielte die Erklärung des antisemitisch gesinnten englischen Außenministers Balfour zur Schaffung einer Heimstatt für Juden in Palästina Anfang 1917 gerade auf den Einfluss der zionistischen Bewegung in den USA.

Der amerikanische Kongress unterstützte den britischen Vorschlag, der sich im Übrigen ja auf eine Provinz bezog, die damals immer noch zum Osmanischen Reich gehörte. Die Erklärung setzte also die Zerschlagung des Riesenreiches voraus. Britische Truppen besetzten das Land und sicherten das neue britische Protektorat.

Doch nun musste nach dem Ersten Weltkrieg Grund und Boden von den in Istanbul ihre Pachterträge verzehrenden Großgrundbesitzern gekauft und den darauf arbeitenden Pachtbauern weggenommen werden. Die neue Heimstatt musste von einwandernden Juden in Besitz genommen, die Infrastruktur aufgebaut und sehr robust bis hin zum Einsatz von Terror gegen Widerstand gesichert werden.

All dies ging nur über die Auswanderung gut ausgebildeter, dem militärischen Kampf gewachsener, möglichst junger Juden. Da die westlichen Juden, auch die in Deutschland, nicht ohne Weiteres bereit waren, dem Zionismus zu folgen, und sich bislang in ihren Ländern integriert fühlten, richtete sich der Blick der zionistischen Entwickler auf Osteuropa.

So verschlossen nun die Vereinigten Staaten als das eigentlich ersehnte Einwanderungsland für osteuropäische Juden fortan ihre Grenzen. Das amerikanische Außenministerium schwenkte auf eine rabiat judenfeindlich erscheinende Linie der Verweigerung von Visa für einwandernde Juden aus Osteuropa um. Dies geschah unter dem Vorwand, die Juden Russlands seien in eine Industriegesellschaft wie die amerikanische letztlich nicht zu integrieren. Diese Einstellung wurde mit zahlreichen extrem negativen, antisemitisch wirkenden Schilderungen der amerikanischen Konsulate im ehemaligen Russland untermalt.[260] Demzufolge wendete sich der Strom der künftigen Auswanderer von den USA ab, hin zum Aufbau Israels im britischen Protektorat Palästina. Die Briten versuchten die Folgen ihrer Palästinapolitik wieder einzudämmen, wollten sie doch nach gewonnenem Krieg nun nicht die Gunst der Araber verlieren. Der Widerstand wurde israelischerseits in zähem Kampf gegen die Protektoratsmacht überwunden, auch mit Mitteln des Terrors.

Der Sperrung der USA folgte die wohl leider realistische, aber durchaus brutale Äußerung Chaim Weizmanns aus dem Jahr 1924, man könne den Staat Israel nur mit jungen, gut ausgebildeten Kräften aus dem Boden stampfen. Die Aufnahme der Getto-Bevölkerung etwa Warschaus sei ausgeschlossen. Die sozialen Folgelasten seien für einen jungen Staat nicht zu tragen.

Dann folgten 1933 der auf Vertreibung angelegte Antisemitismus der Nazis und deren Zusammenspiel mit den Zionisten, das dem erst noch entstehenden Staat einen Geldsegen zum Aufbau der Infrastruktur Israels mit deutschen Industrieprodukten verschaffte. Der vermögendere Teil der deutschen Juden konnte auf diesem Weg nach Israel auswandern.

Als Polen von Nazi-Deutschland überfallen und besetzt wurde, baten die polnischstämmigen Juden in den USA darum, ihren hungernden Verwandten – am Embargo der Alliierten vorbei – Pakete schicken zu dürfen. Die Alliierten lehnten dieses Ansinnen schroff ab mit der Begründung, Deutschland als die Polen besetzt haltende Macht sei verantwortlich für die Ernährung der dort lebenden Bevölkerung, also auch der Juden.

Doch die Israel-First-Fixierung der Zionisten, die das Ende der Juden in Europa bereits vor der Machtübernahme der Nationalsozialisten meinten feststellen zu müssen, lähmte alle Rettungsbemühungen. Der Papst ebenso wie die Regierungen der Alliierten entzogen sich vermutlich mit Hinweis auf die Uneinigkeit der Juden ihrer Verantwortung als Garanten der europäischen Zivilisation und hinderten auf zionistischen Wunsch das öffentliche Anklagen des viehischen Treibens der Nazis.

Der größte Teil der deutschen Bevölkerung war über die Verbrechen nicht informiert, zumal die Organisation in den Lagern dafür sorgte, dass außer zur Verschwiegenheit verpflichtetes SS-Personal alle erforderlichen Arbeiten von Juden selbst oder einheimischen Kräften aus Polen, Litauen und der Ukraine erledigt wurden. Im Übrigen befand sich in jedem Konzentrationslager der Nationalsozialisten eine Zweigstelle der Firma Hollerith, einer Tochter der amerikanischen IBM, mit deren Lochkarten die Juden Europas hausnummerngerecht erfasst waren, die den Weg jedes europäischen Eisenbahnwaggons steuern halfen, die alle KZ-Insassen namentlich und mit allen für Arbeit wie Tod wichtigen Daten aufführten, sodass die SS die täglichen Essens-, Arbeits- und Todeslisten erstellen konnte. Edwin Black ging in seinem Buch *IBM und der Holocaust – Die Verstrickung des Weltkonzerns in die Verbrechen der Nazis* (Berlin 2001) ausführlich darauf ein.

Diese Hintergründe an dieser Stelle mit darzustellen bedeutet nicht, die Verantwortlichen zu entschuldigen oder Verantwortung auf andere abzuladen. Wer jedoch aus der Geschichte lernen will, muss die Ungeheuerlichkeit des Gesamtgeschehens von allen Seiten her ins Visier nehmen. So wie alle Versuche des deutschen Widerstandes, Hitler rechtzeitig das Handwerk zu legen, gescheitert waren, diesem vielmehr mithilfe der Alliierten der Triumphzug zum Bilde eines alle Ziele ohne Krieg erreichenden Staatsmannes gelungen war, so geschah es auch bei der Vernichtung der europäischen Juden. Alle Bemühungen auch deutscherseits, den Nationalsozialisten in den Arm zu fallen, scheiterten. Die Protestbewegungen wurden in den USA und Großbritannien unterdrückt, das Weltgewissen eher beschwichtigt.

Diejenigen Juden und Israelis, die in den Jahren bis 1945 in Polen und Russland zur Waffe griffen, die den Warschauer Aufstand organisierten, als Partisanen gegen die Wehrmacht kämpften, die in ihrer Mehrzahl dem Zionismus kritisch gegenüberstanden, verfehlten letztlich das Ziel eines weltweiten organisierten Widerstandes und Boykotts. Und so unterblieb der gebotene Appell des Papstes an das Gewissen, schien die abwimmelnde Taktik der Staatsmänner Churchill und Roosevelt ihre Rechtfertigung zu finden.

Die unendliche Tragödie ist nicht wiedergutzumachen. Die Deutschen leiden unter der Scham für die Nazi-Jahre. Doch das sollte andere Völker nicht davon abhalten, die duldende, abwiegelnde, ein Eingreifen verhindernde Haltung ihrer eigenen Staatsmänner zu wägen und in ihr Urteil einfließen zu lassen.

KAPITEL 26

Deutschland im neuen Ost-West-Konflikt

Die drei Alliierten USA, Russland und England hatten sich in den Konferenzen von Jalta und Potsdam auf die Besetzung und Aufteilung Deutschlands in Besatzungszonen geeinigt. Es sollten vier von ihnen geschaffen werden. Die Sowjetunion erhielt den Anspruch auf rund ein Viertel Deutschlands, Frankreich erhielt die Option einer eigenen Besatzungszone. Die Verbündeten verpflichteten sich, Deutschland zu entnazifizieren und zu entmilitarisieren. Die gemeinsame Besatzungsregierung sollte aus den vier Oberkommandierenden der verbündeten Mächte gebildet werden. Deutschland sollte für den angerichteten Schaden Wiedergutmachung leisten. Das durch die Rote Armee befreite, nun sowjetisch besetzte Polen sollte eine nicht ausschließlich nach sowjetischen Wünschen gebildete Regierung erhalten. Diese sollte, ohne dass dies so deutlich formuliert worden wäre, auch Vertreter der konservativ und antisowjetisch zusammengesetzten polnischen Exilregierung in London aufnehmen. Zulasten Polens wurde der Sowjetunion zugestanden, die sowjetisch-polnische Grenze einige hundert Kilometer Richtung Westen auf die sogenannte Curzon-Linie zu verschieben und dementsprechend die deutsch-polnische Grenze an die Grenzflüsse Oder und Neiße zu verlegen. Millionen von Polen und Deutschen wurden aus ihrer Heimat vertrieben. Stalin und der britische Premierminister Churchill einigten sich informell, sozusagen auf einem Bierdeckel, über die Aufteilung ihrer in Prozentsätzen festgehaltenen Einflusssphären auf dem Balkan und im Iran, an die sich die Beteiligten, auch die Sowjetunion, bis zum Zusammenbruch der Ost-West-Konfrontation des Kalten Krieges gehalten haben.

Die wirtschaftlich haushoch überlegenen angelsächsischen Mächte hatten den Krieg auf fremdem Boden geführt und deshalb weitaus geringere Opfer erlitten als die Sowjets, die den Aggressor erst mit ungeheuren Opfern tief im eigenen Land zum Stehen bringen, dann zurückschlagen mussten. Die Rote Armee hatte die Baltischen Staaten, dann Polen überrannt und drohte die Industriegebiete Deutschlands bis hin zu Rhein und Ruhr zu besetzen.

Stalin versuchte bereits im Februar 1944, seine westlichen Partner auf eine Wiedergutmachung des durch Deutschland angerichteten Schadens zu verpflichten. Er forderte eine Summe von 10 bis 15 Milliarden Dollar in

Waren oder Devisen. Entgegen früheren Zusicherungen weigerten sich die Westmächte später, die der Sowjetunion zugesagten Reparationen auch aus ihren eigenen Besatzungszonen zu liefern. Aus ihrer Sicht sollte die tief nach Westen in die Mitte Europas vorgedrungene Sowjetunion in der Nachkriegszeit nicht mit deutscher Hilfe aus dem Schwächezustand des zwar erfolgreichen, wenn auch erschöpften Siegers zu schnell ertüchtigt werden. Die neue Konfrontation zeichnete sich ab. Die USA begannen schon im Laufe des Jahres 1945, ihre militärischen Hilfslieferungen an die Sowjetunion einzuschränken, ließen bereits beladene Frachter wieder entladen und Schiffe von der Überfahrt zurückzurufen. Die Sowjets beschwerten sich immer wieder über die mangelnde Qualität der gelieferten Kriegsware. Die einstmals als Trost für die verspätete Zweite Front in Aussicht gestellten Kredite zum Wiederaufbau des zerstörten Landes wurden nicht gewährt. Damit signalisierte das westliche Verhalten der Führung in Moskau erneut, dass strategische Hintergedanken über die Zeit nach dem Ende Hitler-Deutschlands im englisch-amerikanischen Kalkül die Oberhand gewonnen haben mussten. Die Fortsetzung des Großen Spiels um die globale Macht deutete sich in Umrissen an oder war bereits eingeleitet.

Die amerikanischen und englischen Truppen stießen nach den anfänglichen Schwierigkeiten im schnellen Vormarsch an die künftige innerdeutsche Grenze und darüber hinaus vor. Die Truppen trafen an der Elbe aufeinander. Die nach Thüringen und Sachsen und bis hinein nach Mecklenburg vorgedrungenen westlichen Armeen zogen sich im Austausch gegen die Schaffung von Sektoren der sowjetisch eroberten Hauptstadt Berlin hinter die vereinbarte Grenze zurück.

Die nach Hitlers Selbstmord gebildete Regierung unter Großadmiral Dönitz erklärte am 8. Mai 1945 die Kapitulation zunächst nur der angelsächsischen Seite gegenüber. Zuvor hatte schon am 29. April 1945 ein Obergruppenführer der SS, auch in seiner Eigenschaft als Oberbefehlshaber der Wehrmachtstruppe in Italien, mit Allen Dulles, dem Vertreter des Office of Strategic Studies in Bern und späteren CIA-Chef, die vorzeitige bedingungslose Kapitulation der deutschen Verbände in Italien vereinbart. Stalin war über dieses eigenmächtige Vorgehen empört.

Die Regierung in Washington hatte Dulles untersagt, in separate Verhandlungen einzutreten. Doch wieder zeigte sich die Selbstständigkeit des geopolitischen Spielers aus der Finanz- und Industriewelt der Vereinigten Staaten. Die Operation Sunrise, die vorgezogene Kapitulation in Italien, gab dem mit der Bankenwelt New Yorks engstens vertrauten Geheimdienstvertreter der USA in der Schweiz die Möglichkeit, die Nachkriegswelt entscheidend mit zu beeinflussen. Die deutsche Kapitulation in Italien verhinderte den von amerikanischer Seite befürchteten Rückzug der Wehrmacht aus Oberitalien in die schwer einnehmbare Alpenfestung, die Hitler sich nach den Vorstellungen der Alliierten als Überlebensrefugium erträumt haben mochte. Dulles und die ihn stützenden Kreise in Politik und Administration mussten nach der bevorstehenden totalen deutschen Niederlage ihre Ziele neu festlegen. Wer sollte in Zukunft in dem zerstörten Europa der weit vorgedrungenen Sowjetunion mit ihrer tendenziell expansiven Ideologie des Kommunismus Paroli bieten? Sollte dies den abgekämpften Briten, den noch besetzten Franzosen mit ihren starken Linksparteien allein überlassen bleiben? Und was sollte in den faschistischen Staaten Italien und Deutschland und dem mit Hitler-Deutschland kollaborierenden Vichy-Frankreich geschehen? In diesen Ländern drohte ebenso wie in Griechenland und Italien die Rache an den Faschisten, den Kollaborateuren, den Kriegsgewinnlern, denen die unterdrückte Linke die Verantwortung für die angerichtete Katastrophe vorwarf. Bürgerkriege mit einem Sieg der von Moskau unterstützten Kommunisten konnten ausbrechen, wenn nicht für das Überleben der bürgerlich-faschistischen Kräfte gesorgt wurde. Nach der Landung amerikanischer Truppen in Sizilien, dann auch im Zuge der Eroberung Italiens beklagten sich die Kräfte des Widerstands, dass allenthalben die Kollaborateure, die Faschisten Mussolinis, wieder das Sagen erhielten. Die Vereinbarungen mit der SS unter Allen Dulles sorgten für die nahtlose Übergabe der Gestapo-Listen, aus denen die zu verfolgenden linken Kräfte hervorgingen. Das englische Vorgehen in Griechenland stimmte mit dem amerikanischen in Nordafrika überein. Dort landeten die amerikanischen Truppen und beließen die Zivilverwaltung in den Händen der bisherigen Vertreter der französischen Vichy-Regierung, zur Wut General de Gaulles, der 1941 die Kapitulation verweigerte und im Exil von London aus das freie, widerständige Frankreich zu vertreten suchte. Dort blieben die von Vichy festgenommenen Flüchtlinge des spanischen Bürgerkriegs ebenso wie die deportierten Juden in ihren Gefangenenlagern.

Das Verhältnis Churchills und Roosevelts zu de Gaulle blieb deshalb bis zum Endsieg außerordentlich angespannt. De Gaulle wollte als Kommandeur der französischen Freiwilligenverbände an der Rückeroberung Frankreichs teilnehmen, was Eisenhower, der Oberbefehlshaber der Alliierten Armeen, zunächst strikt ablehnte und deshalb zunächst auf dem ihm vertrauteren früheren Vichy-General Giraud bestand. De Gaulle wollte sich bei seinem Feldzug auch auf die französische Résistance stützen, was aus amerikanischer Sicht nicht geboten war. Amerikanischer Druck führte auch dazu, dass es im Nachkriegsfrankreich eine grundlegende Auseinandersetzung über den mangelnden Widerstand des Jahres 1940 und die folgenden Kollaborationsjahre lange Zeit nicht gab.

Der deutsche militärische Geheimdienst wird in die CIA überführt

Im Übrigen musste gesichert werden, dass das militärtechnische, aber auch sonstige wertvolle Wissen und Potenzial an Menschen und Maschinen nicht in die Hand des sich abzeichnenden neuen und alten Gegners Sowjetunion fallen konnte.

So wurde als eine der ersten Maßnahmen in den letzten Tagen die Abteilung Fremde Heere Ost, die Nachrichteneinheit der deutschen Wehrmacht und SS zur Aufklärung der Sowjetunion und der östlich von Deutschland gelegenen Länder unter der Leitung General Gehlens, von der amerikanischen Seite übernommen und in die neu gegründete Central Intelligence Agency, CIA genannt, eingegliedert. Das blieb von russischer Seite zwangsläufig nicht unbemerkt, weshalb Moskau erfolgreich aus seinem »Bestand« ehemalige SS- und Wehrmachtsleute als Doppelagenten einzuschleusen begann und so den späteren BND von Beginn an in erheblichem Umfang unterwandern konnte.

Die Rattenlinie: Entsorgung der Nazi-Verbrecher

Ein großer Teil der durch Verbrechen hoch belasteten Nazi- und SS-Elite samt ihren Helfershelfern aus Polen, der Ukraine, Jugoslawien und der Sowjetunion konnte mithilfe der CIA, des Vatikans und des Internationalen Roten Kreuzes in Richtung Südamerika oder Nahost geschafft und damit der Verfolgung durch die Alliierten und späteren Auseinandersetzung in Deutschland entzogen werden. Darunter Persönlichkeiten wie der KZ-Arzt Josef Mengele, der »Schlächter von Lyon« genannte Klaus Barbie, der Holocaust-Verbrecher Adolf Eichmann, Alois Brunner und viele andere.[261] Zur Sicherung des künftigen Lebensunterhalts im Ausland war es der SS-Führung gelungen, in den letzten Kriegsmonaten mithilfe großer Industrieunternehmen erhebliche Gelder gewaschen auf ausländische Konten zu übertragen.

Die Elite der Naturwissenschaftler wurde zur Abschöpfung ihres Wissens, nicht selten auch zur Fortsetzung der Arbeit, in die USA geholt. Die Nürnberger Prozesse endeten zwar mit der Aburteilung der obersten nationalsozialistischen Führungsschicht, doch die sich anschließenden Entnazifizierungsverfahren gegen die im zweiten, dritten und vierten Glied stehenden Nazis versickerten angesichts der sich aufbauenden Spannung der westlichen Alliierten mit der Sowjetunion im Sande. Die gesamte Bevölkerung wurde zwar von den westlichen Besatzungsmächten mithilfe von ausführlichen Fragebogen überprüft und von Entnazifierungskammern in Belastete, Mitläufer und Unbelastete einzuteilen versucht. Doch die gerichtsähnlichen Verfahren schliefen sehr schnell ein, weil die Vereinigten Staaten als die nun eindeutige Supermacht auf die alten Kader nicht verzichten wollte. Man war an staatserfahrenen, militant antikommunistischen Realos interessiert, und die fanden sich vor allem in der gefallenen Elite der 12-jährigen NS-Zeit.

So zog ein Großteil der Beamten, Richter, Professoren mit wenigen Ausnahmen wieder in die Dienstzimmer ein. Die Schriften aus nationalsozialistischer Zeit wurden in sogenannten Giftschränken den Augen Neugieriger entzogen. Der im Nazi-Reich gepredigte Antikommunismus blieb erhalten und verschaffte den politisch-historisch Gefallenen des Regimes einen Schutzschirm vor der Unbill einer Auseinandersetzung mit der eigenen Vergangenheit.

Im Kanzleramt der neu entstandenen Bundesrepublik unter Konrad Adenauer konnte ein Staatssekretär Globke die Politik des Bundes, vor allem aber die vielen Personalentscheidungen auch der Geheimdienste beeinflussen, ein Mann, der in seiner Blütezeit den herrschenden Nazis die sogenannten Rassegesetze entworfen und so der Ausrottung des jüdischen Teils der deutschen Bevölkerung den Weg bereitet hatte. Die Familien der Widerstandskämpfer des 20. Juli 1944 hingegen mussten in den ersten Jahren der Bundesrepublik um Anerkennung und Rentenberechtigung kämpfen. Sie galten in rechten Kreisen noch lange als Landesverräter.

Mit geradezu traumwandlerischer Sicherheit gelang es einem Großteil der gefallenen alten Eliten, die Macht nicht in die Hände der 1933 unterlegenen Opposition fallen zu lassen, die den grandiosen Marsch Nazi-Deutschlands in den Abgrund bereits damals vorhergesehen und sich ihm entgegengestellt hatte, die untergetaucht war oder in der Emigration hatte überleben können. Zur Not half nach Gründung der westlichen Bundesrepublik stets der Hinweis auf den Verdacht der Nähe zum Kommunismus. Die Sozialdemokraten wurden mit dem Slogan »Alle Wege führen nach Moskau« diffamiert. Die Aufarbeitung der Vergangenheit verlief lange extrem gebremst, der lange Frieden nach 1945, der Einfluss der westlichen Besatzungsmächte, die Anlehnung an die Vereinigten Staaten, die Abschwächung der erlittenen Traumata, schließlich der friedliche Generationenwechsel halfen beim Auswachsen aus der engen Beschränktheit der Gesellschaft, die aus dem ehemaligen Kaiser- und Nazi-Reich hervorgegangen war.

Ganz im Gegensatz zum bitteren Anfang der Weimarer Republik halfen die Vereinigten Staaten beim Wiederaufrichten eines demokratischen Rechtsstaates. Sie schützten vor europäischen Rachevorstellungen, die Kredite des amerikanischen Marshallplans halfen Deutschland und Westeuropa bei der wirtschaftlichen Genesung.

Die erschöpfte und zerstörte Sowjetunion versuchte die ihr aus allen Teilen Deutschlands zugesagten Reparationen nun aus der kleinen sowjetischen Besatzungszone herauszuholen. Damit verzögerte und verhinderte sie den Aufstieg der späteren DDR aus den Trümmerfeldern des Weltkrieges.

KAPITEL 27

Schlussbemerkungen

Über 60 Millionen Tote hatten die an den beiden Weltkriegen beteiligten Völker zu beklagen. Schon für den Ersten Weltkrieg, den George F. Kennan als die Urkatastrophe des Jahrhunderts bezeichnete, galt, dass keines der beteiligten Völker den Krieg wollte. Es gab für den Eintritt in diesen Krieg auch keinerlei demokratische Legitimation. Die Parlamente in Großbritannien, in Frankreich wie in Russland waren über die geheimen Kriegszielvereinbarungen ihrer Regierungsspitzen nicht informiert. Gleiches galt für die überwiegende Mehrzahl der Kabinettsmitglieder. Im Glauben an den von allen Staatsoberhäuptern beschworenen Fall der Landesverteidigung gegen einen äußeren Angriff eilten die Rekruten aus Staatsraison und Pflichtgefühl dem Vaterland gegenüber zum Teil sogar freudig erregt zu den Waffen. Auf dem Gefechtsfeld erstarrten sie im Schock des industriellen Mordens. Die in den Krieg geworfenen Künstler vermittelten in ihren Werken das unvorstellbare Grauen. Die eigentliche, humane Gesinnung der Völker kam im Ersten Weltkrieg an Weihnachten 1914 in der spontanen Waffenruhe der Soldaten beider Seiten zum Ausdruck, dem Singen der Weihnachtslieder über die Schlachtgräben hinweg, gelegentlich auch im gemeinsamen Fußballspiel. Der gesunde Menschenverstand ganzer Regimenter führte zum Beispiel in den Vogesen dazu, dass, der Vernunft gehorchend und die vaterländische Pflicht verletzend, wechselseitig nur in die Luft geschossen wurde. In Frankreich meuterten große Teile des Heeres. In Russland gingen die Soldaten zur Revolution über.

Die rund 17 Millionen Toten des Ersten Weltkrieges sind nicht dem ermordeten österreichischen Thronfolger geschuldet. Auch die ihnen folgenden 50 Millionen des Zweiten Weltkrieges sind nicht für oder gegen das Kriegsziel der Einbeziehung Danzigs ins Deutsche Reich und eines das polnische Gebiet querenden deutschen Korridors gestorben. Beide Katastrophen können nur verstanden werden im Zuge des weltweiten Kampfes um die Neuverteilung von Macht. Im Ergebnis verspielte Europa mit England als der bis dahin führenden Supermacht seine Rolle. Europa wurde nach 1945 zum provinziellen Flickenteppich des nun von Washington gesteuerten angelsächsischen Weltreiches, in dem England noch die Rolle des geopolitischen Beraters und Hilfssheriffs spielen durfte. Die Regeln des Spieles um die Macht blieben die gleichen: Der Stärkste bekämpft den tatsächlichen oder zu erwartenden Herausforderer. Die Machtmittel einer Supermacht, mit Steuergeldern der unteren und mittleren Einkommen finanziert, stehen den Bruchteilen von Prozentsätzen ausmachenden Reichen des Landes zum gewaltsamen Griff auf die Schnäppchen an Bodenschätzen zur Verfügung. Sinnlose Kriege gegen kleinere Staaten sichern die weltweite Vorherrschaft.

Das Ergebnis des Buches ist nicht nur für die Deutschen mehr als ernüchternd. Deutschlands Schicksal war es, seit der Reichseinigung 1871 zur inzwischen stärksten Macht auf dem europäischen Kontinent herangewachsen zu sein. Das musste die damals nach ihrem geopolitischen Selbstverständnis noch erste Weltmacht über kurz oder lang zum Eingreifen veranlassen. Großbritannien folgte einer 400-jährigen Tradition, stets gegen die stärkste Macht auf dem europäischen Kontinent vorzugehen und dabei die zweit- und drittrangigen Mächte in den Kampf einzuspannen. Dies meinte Churchill, der eingefleischte Vorkämpfer des Britischen Empires, im Jahre 1938 in einer Rede vor dem britischen Unterhaus, die jedoch geheim gehalten wurde. Der Kampf gegen den Stärksten habe im Lauf der Jahrhunderte erst Spanien, dann Frankreich getroffen, nun treffe es zwangsläufig Hitler-Deutschland. Dabei sei der jeweilige Regent, ob Karl V. von Habsburg-Spanien, Ludwig XIV., Napoleon oder später Hitler, völlig unerheblich. Churchill dürfte in dieser Rede zynisch die Wahrheit gesagt haben. Nur vor dem Hintergrund dieser politischen Maxime, stets als Großmacht zur See bei sich einstellender Gelegenheit den Stärksten auf dem Kontinent zu schwächen, wird das Geschehen auch des Ersten Weltkrieges verständlich.

So hatte Großbritannien mit den nach langem Niederringen inzwischen als hinreichend schwach erachteten Partnern Frankreich und Russland eine Entente cordiale geschlossen, die wechselseitigen Streitpunkte im Wege des für Großbritannien nützlichen Kompromisses beigelegt und den Entente-Partnern das Erreichen ihrer geheimen Kriegsziele in Aussicht gestellt. So waren auch für die Partner Englands die Köder ausgelegt. Auf einen den Krieg auslösenden Anlass konnte England als insulare Seemacht warten. Das seit 1891 politisch, militärisch, finanziell eng verbundene Gespann Russland/Frankreich vereinbarte jeweils vor Kabinett, Parlament und Öffentlichkeit geheim gehaltene Kriegsziele, die nach Einschätzung sowohl in St. Petersburg als auch in Paris nur im Zuge eines großen europäischen Krieges zu erreichen waren. In Aussicht genommen war für Russland der Gewinn von Istanbul mit den Meerengen zwischen Schwarzem Meer und Mittelmeer, dazu Syrien mit dem heutigen Irak samt den dortigen Ölvorkommen. Zudem sollte Russland zulasten Polens seine Grenzen nach Westen in Richtung Deutschland vorverlegen dürfen. Frankreich seinerseits sollte die 1871 abgetrennte Provinz Elsass-Lothringen zurückerhalten. Die Rheinlande sollten an Frankreich fallen beziehungsweise unter französischem Einfluss zu einem Separatstaat ausgestaltet werden. Deutschland als Machtfaktor sollte vernichtet werden. Italien wurden, um es aus der bisherigen Bindung mit Deutschland und Österreich herauszulösen, die österreichischen Provinzen in Oberitalien versprochen, dazu Südtirol mit dem Brenner als Grenze zu Österreich. Nach Aufteilung des Osmanischen Reiches sollten Libyen in Nordafrika und Anatolien in der heutigen Türkei an Italien fallen. Die nie formell beschlossenen deutschen Kriegsziele hingegen sahen für den Fall eines »Siegfriedens« die Abtretung einiger militärisch oder wirtschaftlich wichtiger Landstriche in unmittelbarer Nähe zum Reichsgebiet vor.

Der Mord am österreichischen Thronfolger in Sarajewo war der Anlass, der den Vorwand lieferte, um die bisherigen europäischen Machtverhältnisse nun nach Maßgabe der geheimen Vereinbarungen zu verändern. England trat auf die Seite Frankreichs und Russlands, als feststand, dass Russland Armee und Flotte auch gegen Deutschland mobilisiert hatte und Frankreich dem, wie bereits 1891 vereinbart, auf dem Fuße folgte. Deutschland mobilisierte als letzte der Kriegsführungsmächte – ungewöhnlich für einen Staat, dem bis heute die Rolle des Angreifers unterstellt wird.

Spätestens ab Ende 1916 waren alle europäischen Staaten nicht mehr imstande, die gewaltigen Aufwendungen für den Krieg zu finanzieren. Amerikanische Banken hatten bereits mit Kriegsbeginn 1914 die Entente mit Krediten zur Finanzierung der Lieferungen amerikanischen Kriegsmaterials ausgestattet. Der Krieg wurde in den USA zu einem gewaltigen Geschäft. Ein vorzeitiger Friede hätte diesen Boom mit großen Problemen der Umstellung von Kriegs- auf Friedensproduktion abgewürgt. So konnten die New Yorker Banken ab 1916 absehbar nicht mehr mit der Bedienung ihrer Kredite durch die Schuldnerstaaten England, Frankreich und Russland rechnen. Die Gold- und Devisentöpfe waren erschöpft. Folgerichtig diskutierten die amerikanischen Banker schon frühzeitig darüber, wie sie andere Möglichkeiten zur Refinanzierung ihres Engagements eröffnen könnten. Von daher lag die Aufteilung nicht nur des Osmanischen Reiches mit seinen großen Ölvorkommen nahe. Es bot sich nun auch die ausbeutungsgeeignete Neugliederung des transkontinentalen russischen Reiches mit seinen riesigen Bodenschätzen an. Die Novemberrevolution 1917 schuf eine Lage, die diese Kredite hinfällig machen konnte. Den Revolutionären Lenin aus Zürich und Trotzki aus New York gewährte nicht nur das Deutsche Reich finanzielle

Hilfestellung. Ganz wesentlich war die Finanzierung durch einige New Yorker Banken. Dem nun einsetzenden sowjetischen Machtaufbau setzten sich russische Bürgerkriegsarmeen entgegen, die von den Westmächten sofort mit Waffen und Munition unterstützt wurden. Interventionsarmeen der USA, Großbritanniens, Frankreichs, Japans und der Tschechoslowakei griffen in die Kämpfe ein. Die Aufteilung Russlands in selbstständige Teilstaaten stand auf des Messers Schneide und hätte zu einer für die Bürgerkriegsinvestoren günstigen Ausbeutung führen können.

Als all dies auch am Widerstand der russischen Bevölkerung scheiterte und die Sowjetunion sich zu stabilisieren begann, blieb die lukrative industrielle Aufrüstung der Sowjetunion mit amerikanischem Kapital übrig. Nun blieb den amerikanischen Banken als letzte Refinanzierungsmöglichkeit der an die Entente gewährten Kredite nur die Überbürdung der Schuldenlast aller Entente-Staaten auf Deutschland in Gestalt der zahlenmäßig zunächst nicht begrenzten Reparationen.

Die auf Demokratie und Freundschaft mit den ehemaligen Feinden setzenden Demokraten der Weimarer Republik wurden wie Verbrecher behandelt und wirtschaftlich wie finanziell auf mehr als ein Jahrzehnt hängengelassen. Diese Haltung wird verständlich, wenn nicht dauerhaft Freundschaft und Frieden das Ziel der westlichen Akteure waren, vielmehr die Refinanzierung der jedes Maß überschreitenden Kriegskredite ebenso wie das Ausschalten und Niederhalten eines lästigen, weil erfolgreichen Konkurrenten im Vordergrund stand.

Nachdem es im Großen Spiel der Entente nicht gelungen war, Russland am Ende des Ersten Weltkrieges über Revolution und/oder Intervention in die Hand zu bekommen, wurden neue Instrumente zum Niederringen des von Churchill so gehassten »Bastards Sowjetunion« gesucht, »eines Kindes, das man noch in der Wiege erwürgen müsse«. Das tief verwundete und kriegsmüde Deutschland der Weimarer Republik hätte 1919 und in den Jahren danach zum Krieg gegen die Sowjetunion nicht in Stellung gebracht werden können. Hierzu eignete sich sehr viel eher die neue Bewegung faschistischer Diktatoren, denen die westlichen Wirtschafts- und Bankinteressen großes Wohlwollen entgegenbrachten. Nur so konnte das Heranwachsen der militärischen Macht eines Hitler-Deutschlands widerstandslos gelingen.

Hitler gelangte über Preußenputsch, Reichstagsbrand, Ermächtigungsgesetz, Mord und Konzentrationslager an die Macht. Der Terror des Regimes war weltweit bekannt. Dennoch schritten die Entente-Staaten nicht ein, als Hitler nach und nach die Fesseln des Versailler Vertrages sprengte, ließen ihm den beispiellosen Auf- und Ausbau der Wehrmacht zu einem kontinental-europäischen Angriffsinstrument durchgehen. Widerstandslos nahmen die Westmächte die spektakulären Bluff-Erfolge hin und machten Hitler in den Augen vieler Deutscher zum politischen Wundertäter. Dies alles, ohne einen weiteren seitens der Deutschen bis weit in die nationalsozialistische Anhängerschaft so gefürchteten Krieg auszulösen. Der deutsche Widerstand unter Einschluss der hohen Militärs traf in England bis zum Schluss auf taube Ohren. Die Optionen, ihm militärisch Widerstand zu leisten, zuletzt im Falle der durchaus verteidigungsbereiten und -fähigen Tschechoslowakei, wurden bewusst nicht genutzt. Das verbale Haltzeichen der westlichen Verbündeten gegen Hitler wurde erst aus Anlass der Bedrohung Polens in Gang gesetzt. Die frühzeitig angebotene Hilfe der Sowjetunion als einzig militärisch sofort wirksame Abschreckung gegen den Einmarsch nach Polen ließ England ins Leere laufen. Polen blieb ohne sofort wirksame westliche Unterstützung, wurde von Washington jedoch auf einen späteren größeren Gebietsgewinn vertröstet. Stalin durchschaute das Spiel Londons und Washingtons. Desgleichen Adolf Hitler. Der Hitler-Stalin-Pakt war die logische Folge. Stalin gewann Zeit gegen einen deutschen Angriff und Hitler den Aufmarschraum für die Wehrmacht. Den Kriegserklärungen Englands und Frankreichs an Deutschland folgte nichts. Frankreich wich in 5 Wochen dem Ansturm der Wehrmacht aus, die so an die Kanalküste gelangte. Wohl aus Angst vor einem größer werdenden Einfluss der Linken ließ der eher rechtsgerichtete Teil des politischen wie militärischen Spektrums Frankreichs die gebotene Verteidigung des Landes schleifen, ja sabotierte jede an die Leistung von 1914 heranreichende Anstrengung.

Hitler wurde nun für 3 Jahre durch Inaktivität des Westens der Rücken militärisch freigehalten, um gegen die Sowjetunion vorzugehen. 3 Jahre bekriegten und schwächten sich Russland und Deutschland im Interesse des geopolitisch raffiniert eingefädelten Spiels. In dieser Zeit wurde die deutsche Bevölkerung aus der Luft bombardiert, die Anlagen der Kriegsindustrie wurden zunächst geschont. Erst zur Landung im Westen wurden diese Zentren der Rüstungsindustrie ausgeschaltet. Zuvor gelangen der Roten Armee mit ungeheuren Blutopfern die Vertreibung der Wehrmacht aus dem eigenen Land und das Vordringen bis an die deutschen Grenzen.

Schließlich landeten wenige Monate vor Kriegsende die amerikanische und britische Armee an den Küsten der Normandie. Die Partie war schnell zu Ende, das Kalkül ging auf. Schon 1941 brachte der mental sehr einfach gestrickte amerikanische Präsident Truman die Philosophie des Großen Spiels auf den Punkt, indem er formulierte: »Wenn wir sehen, dass Deutschland gewinnt, sollten wir Russland helfen, und wenn wir sehen, dass Russland gewinnt, sollten wir Deutschland helfen. Sollen sie doch so viele töten wie nur möglich.«[262]

Mit der bedingungslosen Kapitulation lag Deutschland als die bislang scheinbar stärkste Macht Kontinentaleuropas, am Boden. Doch der Preis für das Hinauszögern der zweiten Front war das Vorrücken der Sowjetmacht über das östliche Europa bis zu Elbe und Donau. Dem zerstörten Russland für das Opfer von Abermillionen Toten Wiederaufbauhilfe zu gewähren wurde zwar westlicherseits zunächst in Aussicht gestellt, nach 1945 jedoch im früh entstehenden Kalten Krieg sofort fallen gelassen. Da Stalin das seit 1917 zu beobachtende Spiel des Westens vermutlich durchschaute, unterwarf er das der Wehrmacht mit riesigen Blutopfern abgerungene Osteuropa als Glacis und Wiedergutmachungspfand der Kontrolle seiner Sowjetmacht. Die damit einhergehende Einbuße der osteuropäischen Völker an Freiheit und wirtschaftlicher Kraft eignete sich wiederum hervorragend für die westliche Propaganda. Churchill, überzeugter Repräsentant des Britischen Empires, aber auch des geopolitischen Zusammenspiels Englands mit den USA, warf mitten in die noch anhaltende Welle von Bewunderung und Dankbarkeit für die Hitler-Deutschland unter unvorstellbaren Verlusten niederringenden Sowjetarmee das Stichwort vom Eisernen Vorhang in die Debatte, der sich nun über Europa herabgesenkt habe.

Das jedoch war wiederum allenfalls die halbe Wahrheit. Die Vereinigten Staaten waren im Verlauf beider Weltkriege zu der nun weltweit bestimmenden Großmacht in wirtschaftlicher, finanzieller, militärischer und – durch die faschistischen Vertreibungen – auch kultureller Hinsicht geworden. Russland in Gestalt der Sowjetunion blieb, nachdem es als Festlandsdegen der Angelsachsen gegen Deutschland gedient hatte, die stärkste Macht auf dem Kontinent.

Die Tradition britischer Politik, den Stärksten auf dem Kontinent zu jagen, nahmen nun die Vereinigten Staaten als Führungsmacht des Westens auf. Da ein Kompromiss der beiden Großmächte über die Zukunft Europas sich wie zu erwarten nicht finden ließ, konnte Deutschland nur geteilt ein bestimmtes Maß an Selbstständigkeit gewinnen. Die aus den drei westlichen Besatzungszonen gegründete Bundesrepublik rüstete auf das von der neuen Führungsmacht USA geforderte 500 000-Mann-Heer auf, das dem NATO-Bündnis unterstellt wurde. Die osteuropäischen Völker einschließlich der Deutschen in der DDR hatten sich dem Warschauer Vertrag anzugliedern und dort ihrerseits Militärkontingente zum Kampf bereitzustellen. So trugen die Völker im Osten die Folgen der Teilung Europas.

Das Spiel geht weiter. Die Akteure von »Deep Politics« verkleiden die Aktionen in Desinformationen, Propaganda, die Leibgarde von Lügen, wie Churchill es nannte. Die Wähler durchschauen das Spiel nicht, die Parlamente ebenso wenig. Bündnispartner haben nahezu kein Mitspracherecht. Mit Demokratie und Rechtsstaat hatte das alles vor und nach 1914 nichts zu tun.

Es war Präsident Wilson, der bereits während des Ersten Weltkrieges ein vernichtendes Urteil über die Drahtzieher von »Deep Politics« fällte: »Wir haben es geschafft, eine der am schlechtesten regierten, eine der vollständig kontrollierten und beherrschten Regierungen der Welt zu werden – nicht länger eine Regierung der freien Meinung, nicht länger eine Regierung aus Überzeugung und nach dem Willen der Mehrheit der Wähler, vielmehr eine von Meinung und Nötigung einer kleinen Gruppe alles beherrschender Männer.«[263] Die Erkenntnis, dass Wilson recht hatte, gewinnt inzwischen auch in Deutschland an Boden. Das uns, das eigene Volk, ebenso wie die Bürger der Welt nun auch noch bis ins Intime beschnüffelnde Ideal der europäischen Nachkriegszeit droht zu zerfallen. Umso gefährlicher droht erneut die politische wie militärische Lage eines im weltpolitischen Maßstab führungslosen Europas zu werden.

Die Würdigung der Hintergründe der beiden Weltkriege ändert nichts an deutscher Verantwortung und Schuld für begangene Verbrechen. Diese können jedoch dem Volk in seiner Gesamtheit nicht angelastet werden. Die aus dem Geschehen zu ziehenden Lehren sind für uns Deutsche je nach Standort und Funktion des Einzelnen wie der Gruppe im abgelaufenen Jahrhundert andere als für Franzosen, Amerikaner, Polen, Schweizer, Japaner und Russen. Besserung wäre nur zu erwarten, wenn die Völker das verdeckte Treiben ihrer oft durch Geld korrumpierten Führungsspitzen und im Nachhinein die Lügen, auf die man sich hat einigen können, durchschauten. Doch die in ihrer Raffinesse und Breite damals wie heute verabreichte Desinformation lässt wenig Hoffnung.

Anhang

Literaturverzeichnis

Aarons, Mark; Loftus, John: *Unholy Trinity: The Vatican, the Nazis and the Swiss Banks*, New York 1991.

Allen, Martin: *Das Himmler-Komplott 1943-45 – Die geheimen Friedensverhandlungen des Reichsführers SS mit den Briten*, Druffel, Stegen 2005.

Aron, Raymond: *Frieden und Krieg*, S. Fischer, Frankfurt 1962.

Baden, Prinz Max von: *Erinnerungen und Dokumente*, DVA, Stuttgart 1927.

Baker, Nicholson: *Menschenrauch – Wie der Zweite Weltkrieg begann und die Zivilisation endete*, Rowohlt, Hamburg 2009.

Balfour, Michael: *Der Kaiser Wilhelm II. und seine Zeit*, Propyläen, Berlin 1967.

Barnes, Harry Elmer: *The World War of 1914-1918 in Anti-War Propaganda: Revisionism*, Internet.

Bauer, Yehuda: *Freikauf von Juden?*, Jüdischer Verlag, 1996.

Benamou, Georges-Marc: *Les rebelles de l'an 40*, Laffont, Paris 2010.

Berghahn, Volker: *Sarajewo, 28. Juni 1914 – Der Untergang des alten Europa*, dtv, München 1999.

Bernhard, Ludwig: *Das System Mussolini*, Scherl, Berlin 1924.

—: *Der »Hugenberg-Konzern«*, Springer, Berlin 1928.

Black, Edwin: *The Transfer Agreement – The Dramatic Story of the Pact Between the Third Reich & Jewish Palestine*, Dialog Press, Washington 1999.

—: *IBM und der Holocaust – Die Verstrickung des Weltkonzerns in die Verbrechen der Nazis*, Propyläen, Berlin 2001.

Blom, Philipp: *Der taumelnde Kontinent, Europa 1900-1914*, Hanser, 2009.

Blum, William: *Zerstörung der Hoffnung – Bewaffnete Interventionen der USA und der DIA seit dem 2. Weltkrieg*, Zambon, Frankfurt 2008.

Bödecker, Ehrhardt: *Die Europäische Tragödie*, Hase & Köhler, Mainz 1998.

Boorstein, Edward und Regula: *Counter Revolution: U.S. Foreign Policy*, International Publishers, New York 1990.

Bracher, Karl Dietrich: *Deutschland zwischen Demokratie und Diktatur*, Scherz, Bern 1964.

—: *Die Auflösung der Weimarer Republik*, ATDG, 1978.

Braunbuch über Reichstagsbrand und Hitlerterror, 1933; Faksimile-Nachdruck, Roderberg, Frankfurt 1973.

Brecht, Arnold: *Aus nächster Nähe, Lebenserinnerungen 1884-1927*, DVA, Stuttgart 1966.

—: *Geheimdiplomatie mit Anlage: Wortlaut der in Russland veröffentlichten Geheimdokumente in geordneter Folge nebst Karten* (anonym unter Hanson, Dr. Arn. Br.), Ferd. Wyss, Bern 1918.

—: *Mit der Kraft des Geistes, Lebenserinnerungen, 1927-1967*, DVA, Stuttgart 1967.

Brüning, Heinrich: *Memoiren 1918-1934*, DVA, Stuttgart 1970.

Burg, Avraham: *Hitler besiegen*, Campus, Frankfurt 2009.

Clark, Christopher: *Die Schlafwandler – Wie Europa in den Ersten Weltkrieg zog*, DVA, München 2013.

—: *Preußen, Aufstieg und Niedergang 1600-1947*, DVA, München 2007.

Clausewitz, Carl von: *Vom Kriege*, rororo, 1963.

Craig, Gordon A.: *Über die Deutschen*, C. H. Beck, München 1982.

—: *Zwischen Krieg und Frieden*, C. H. Beck, München 1983.

Creveld, Martin Van: *Supplying War: Logistics from Wallenstein to Patton*, Cambridge 1977.

Curtius, Julius: *Bemühungen um Österreich – Das Scheitern des Zollunionsplans von 1931*, Carl Winter Universitätsverlag, Heidelberg 1847.

—: *Sechs Jahre Minister der deutschen Repulblik*, Carl Winter Universitätsverlag, Heidelberg 1948.

—: *Der Young-Plan – Entstehung und Wahrheit*, Mittelbach-Verlag, Stuttgart 1950.

Deist, Wilhelm: *Militär und Innenpolitik im Weltkrieg 1914-1918 – Quellen zur Geschichte des Parlamentarismus und der Politischen Parteien*, MGFA, Bd. I/II, Droste Verlag, Düsseldorf 1970.

Diamond, Sander A.: »Ein Amerikaner in Berlin: Aus den Papieren des Botschafters Alanson B. Houghton 1922-1925«, *Vierteljahreshefte für Zeitgeschichte*, 3 (1979).

Dickinson, Lowes G.: *The European Anarchy, 1916*, The Project Gutenberg, eBook 10333.

Docherty, Gerry; Macgregor, Jim: *Hidden History – The Secret Origins of the First World War*, Mainstream Publishing, Edinburgh 2013.

Dodd, William E.; Dodd, Martha: *Diplomat auf heißem Boden, Tagebuch des USA-Botschafters*, Verlag der Nation, Berlin 1962.

Duden, Wilhelm: *Die Wurzeln des deutsch-englischen Gegensatzes*, Diss., Hamburg 1933.

Eckardstein, Hermann Freiherr von: *Lebenserinnerungen und politische Denkwürdigkeiten*, 3 Bände, List, Leipzig 1919.

Eggert, Wolfgang: *Der Verrat am deutschen Widerstand*, Internet.

Eglau, Hans Otto: *Fritz Thyssen – Hitlers Gönner und Geisel*, Siedler, Berlin 2003.
Ehrenberg, Ilja: *Der Fall von Paris*, Verlag Volk und Welt, Berlin 1977.
Eichholtz, Dietrich: *Geschichte der deutschen Kriegswirtschaft 1939–1945*, Bände 1–3, Akademie-Verlag, Berlin 1996.
Eisenberg, Carolyn: *Drawing the Line, The American Decision to Divide Germany 1944–1945*, Cambridge University Press, Cambridge, USA, 1996.
Engdahl, F. William: *Mit der Ölwaffe zur Weltmacht – Der Weg zur neuen Weltordnung*, Böttiger Verlag, Wiesbaden 1992.
Erzberger, Mathias: *Erlebnisse im Weltkrieg*, DVA, Stuttgart 1920.

Falin, Valentin: *Die Zweite Front – Interessenkonflikte in der Anti-Hitler-Koalition*, Droemer-Knaur, München 1995.
Ferguson, Niall: *Der falsche Krieg*, DVA, Stuttgart 1999.
—: *The Pity of War 1914–1918*, Penguin Books, London 1998.
Fest, Joachim C.: *Hitler – Der Aufstieg*, Ullstein, Frankfurt 1976.
—: *Hitler – Der Führer*, Ullstein, Frankfurt 1976.
Feuchtwanger, Leon: *Der Teufel in Frankreich: Erlebnisse*, Aufbau, Berlin 1982.
Finkelstein, Norman / Birn, Ruth Bettina: Eine Nation auf dem Prüfstand, Claasen, Hildesheim 1988
Fischer, Fritz: *Bündnis der Eliten*, Droste, Düsseldorf 1978.
—: *Griff nach der Weltmacht*, Athenäum Taschenbuch, Kronberg 1977.
—: *Krieg der Illusionen – Die deutsche Politik von 1911–1914*, ATDG, 1978.
Fischer, Klaus P.: *Nazi Germany – A New History*, Barnes & Nobles, New York 1995.
Flourens, Émile: *La France Conquise – Èdouard VII et Clemenceau*, Garnier Frères, Paris 1906.
Förster, Gerhard; Groehler, Olaf (Hrsg.): *Der Zweite Weltkrieg – Dokumente*, Militärverlag der DDR, Leipzig 1989.
Forstmeier, Friedrich; Volkmann, Hans-Erich (Hrsg.): *Kriegswirtschaft und Rüstung 1939–1945*, Droste, 1977.
Frei, Bruno: *Der Hellseher – Leben und Sterben des Erik Jan Hanussen*, Prometh, Köln 1980.
Furet, Francois: *Das Ende der Illusionen – Der Kommunismus im 20. Jahrhundert*, Piper, München 1996.

Gallo, Max: *Une Histoire de la Première Guerre Mondiale – 1918: la terrible victoire*, XO Èdition, Paris 2013.
Geiss, Immanuel: *Der Lange Weg in die Katastrophe – Die Vorgeschichte des Ersten Weltkriegs 1815–1914*, Piper, München 1990.

Gittermann, Valentin: *Geschichte Russlands*, 3 Bände, Athenäum, Frankfurt 1987.

Görlitz, Walter; Quint, Herbert: *Adolf Hitler. Eine Biographie*, Steingrüben, Stuttgart 1952.

Gorschkow, Sergej G.: *Seemacht Sowjetunion*, Hoffmann & Campe, Hamburg 1978.

Gossweiler, Kurt: *Aufsätze zum Faschismus*, Band I und II, Pahl-Rugenstein, Berlin 1988.

Gosztony, Peter: *Die Rote Armee – Geschichte und Aufbau der sowjetischen Streitkräfte seit 1917*, Molden, Wien 1980.

Grenfell, Russell: *Bedingungsloser Hass – Die Deutsche Kriegsschuld und Europas Zukunft*, Schlichtenmayer, Tübingen 1955.

Groener, Wilhelm: *Lebenserinnerungen – Jugend, Generalstab, Weltkrieg, Göttingen*, Vandenhoeck & Ruprecht, 1957.

Gumbel, Emil: *Auf der Suche nach der Wahrheit – Ausgewählte Schriften*, Dietz-Verlag, Berlin 1991.

—: *Verschwörer – Zur Geschichte und Soziologie der deutschen nationalistischen Geheimbünde 1918-1924*, Nachdruck, Wunderhorn, Heidelberg 1978.

Hachmeister, Lutz; Siering, Friedemann: *Die Herren Journalisten*, Beck, 2002.

Haffner, Sebastian: *Die sieben Todsünden des Deutschen Reiches*, Nannen, Hamburg 1965.

—: *Der Teufelspakt – Fünfzig Jahre deutsch-russische Beziehungen*, rororo, Reinbeck 1968.

—: *Germany: Jekyll & Hyde. 1939 – Deutschland von innen betrachtet*, Verlag 1900, Berlin 1996.

—: *Geschichte eines Deutschen*, dtv, München 2002.

—: *Zur Zeitgeschichte*, Kindler, München 1982.

Hallgarten, Georg W. F.: *Hitler, Reichswehr und Industrie – Zur Geschichte der Jahre 1918-1933*, Deutsche Verlagsanstalt, Frankfurt a. M. 1955.

Handbuch zur Deutschen Militärgeschichte, 1648-1939, MGFA (Hrsg.) Bernard & Graefe, München 1979.

Hanson, Dr. Arn. Br. (Anonymus): *Geheimdiplomatie*. Siehe Brecht, Arnold.

Hardt, Michael; Negri, Antonio: *Empire*, Harvard 2001.

Hart, Little: *Geschichte des Zweiten Weltkriegs*, Econ, Düsseldorf 1972.

Heiden, Konrad: *Geschichte des Nationalsozialismus*, Rowohlt, Berlin 1932.

—: *Hitler*, Europaverlag, Zürich 1936.

Hentig, Hans von: *Die Besiegten – Zur Psychologie der Masse auf dem Rückzug*, dtv, 1966.

Herwarth, Hans von: *Zwischen Hitler und Stalin*, Ullstein, Frankfurt a. M. 1985.

Higham, Charles: *Trading with the Enemy – How the Allied Multinationals Supplied Nazi Germany throughout World War Two*, London 1983.
Hillgruber, Andreas: *Deutschlands Rolle in der Vorgeschichte der beiden Weltkriege*, Vandenhoek & Ruprecht, Göttingen 1967.
Hirschfeld, Gerhard; Marsh, Patrick (Hrsg.): *Kollaboration in Frankreich*, Fischer, 1991.
Hoegner, Wilhelm: *Flucht vor Hitler*, Nymphenburger, 1977.
Hofer, Walther (Hrsg.): *Der Nationalsozialismus – Dokumente 1933–1945*, Fischer, Frankfurt a. M. 1982.
Hofer, Walther: *Der Reichtagsbrand*, bearbeitet und neu herausgegeben von Alexander Bahar, Ahriman Verlag, 1992.
Hopman, Albert: *Das ereignisreiche Leben eines »Wilhelminers« – Tagebücher, Briefe, Aufzeichnungen 1901 bis 1920*, Oldenbourg Wissenschaftsverlag, 2004.
Huntington, Samuel P.: *Kampf der Kulturen*, Europaverlag, München 1997.
Hürten, Heinz: *Militär- und Innenpolitik 1918–1920 – Zwischen Revolution und Kapp-Putsch*, MGFA, 1977.
—: *Militär- und Innenpolitik 1920–1922 – Die Anfänge der Ära Seeckt*, MGFA, 1979.

Jauvert, Vincent: *L'Amérique contre de Gaulle – Histoire secrète 1961–1969*, 2000.

Kautzky, Karl: *Wie der Weltkrieg entstand*, Cassirer, Berlin 1919.
Kennan, George Frost: *Im Schatten der Atombombe – Eine Analye der amerikanisch-sowjetischen Beziehungen von 1947 bis heute*, Kiepenheuer & Witsch, 1982.
—: *Sketches From A Life*, Pantheon, New York 1989.
—: *Vom Umgang mit der kommunistischen Welt*, Steingrüben, 1964.
Kennedy, Paul M.: Aufstieg und Verfall der britischen Seemacht, Mittler, Herford/Bonn 1978.
—: *The Rise and the Fall of the Great Powers*, Random, New York 1987.
Kessler, Harry Graf: *Tagebücher 1918–1937*, Insel, 1961.
Keynes, John Maynard: *The Economic Consequences of the Peace*, 1919.
Kinzer, Stephen: *The Brothers – John Foster Dulles, Allen Dulles, and Their Secret World War*, Time Books, New York 2013.
Kissinger, Henry A.: *Das Gleichgewicht der Großmächte*, Manesse, Zürich 1986.
Klarsfeld, Serge: *Die Endlösung der Judenfrage in Belgien – Dokumente*, Beate-Klarsfeld-Foundation, New York 1975.
Kogon, Eugen: *Der SS-Staat – Das System der deutschen Konzentrationslager*, Heyne, München 1995.

Koop, Volker: *Kein Kampf um Berlin – Deutsche Politik zur Zeit der Berliner Blockade 1948/1949*, Bouvier, Bonn 1998.

Kotowski, Georg (Hrsg.): *Historisches Lesebuch 3, 1914–1933*, Fischer Bücherei des Wissens, 1968.

Král, Václav (Hrsg.): *Das Abkommen von München 1938 – Dokumente*, Hrsg.: Academia Praha, 1968.

Lacroix-Riz, Annie: *Industriels et banquiers sous l'Occupation – La collaboration économique avec le Reich et Vichy*, Armand Colin, Paris 2011.

—: *Le choix de la défaite*, Armand Colin, Paris 2010.

—: *Le Vatican, l'Europe et le Reich*, Armand Colin, Paris 2010.

Loftus, John; Aarons, Mark: *The Secret War against the Jews – How Western Espionage Betrayed the Jewish People*, Griffin, New York 1994.

Lohe, Eilert: *Heinrich Brüning*, Musterschmidt Verlag, Göttingen 1969.

Longerich, Peter: *Heinrich Himmler*, Siedler, München 2008.

Loth, Gisele: *Le dernier secret de la maison rouge*, Editions Hirlé, Saverne 1993.

Ludwig, E.: *Juli 14 – Vorabend zweier Weltkriege*, Rotten & Loenig, Hamburg 1961.

—: *Mussolinis Gespräche mit Emil Ludwig*, Zsolnay, Berlin 1932.

—: *Wilhelm der Zweite*, Rowohlt, Berlin 1925.

Lutz, Hermann: *Lord Grey und der Weltkrieg*, DVA, Berlin 1927.

Machtan, Lothar: *Die Abdankung – Wie Deutschlands gekrönte Häupter aus der Geschichte fielen*, Propyläen, Berlin 2008.

Mahan, Alfred Thayer: *Der Einfluss der Seemacht auf die Geschichte (1660–1812)*, Koehlers, Herford 1967.

Maiski, Iwan: *Memoiren eines sowjetischen Botschafters*, Dietz, Berlin 1975.

—: *Wer half Hitler?*, Rüggeberg, Wuppertal 1992.

Manhattan, Avro: *Der Vatikan und das XX. Jahrhundert*, Verlag Volk und Welt, Berlin 1958.

Maser, Werner: Adolf Hitler, das Ende der Führer-Legende, Econ, Düsseldorf 1980

Massie, Robert K.: Die Schalen des Zorns, Großbritannien, Deutschland und das Heraufziehen des Ersten Weltkrieges, Fischer, Frankfurt 1993

Matznetter, Josef (Hrsg.): *Politische Geographie*, Wissenschaftliche Buchgesellschaft, Darmstadt 1977.

McNeill, William H.: Krieg und Macht, Militär, Wirtschaft und Gesellschaft vom Altertum bis heute, C. H. Beck, München 1984

Meehan, Patricia, *The Unnecessary War, Whitehall and the German Resistance to Hitler*, Sinclair Stevenson, London 1992.

Mehring, Franz: *Gesammelte Schriften – Zur Kriegsgeschichte und Militärfrage,* Band 8, Dietz, Berlin 1976.

—: *Gesammtelte Schriften. Zur deutschen Geschichte,* Bd. 5 u. 6, Dietz, Berlin 1982.

Meissner, Otto: *Staatssekretär unter Ebert, Hindenburg, Hitler – Der Schicksalsweg des deutschen Volkes von 1918-1945, wie ich ihn erlebte,* Hoffmann und Campe, Hamburg 1950.

Michon, Georges: *The Franco-Russian Alliance 1891-1917,* London 1929.

Militärgeschichtliches Forschungsamt: *Das Deutsche Reich und der Zweite Weltkrieg – Ursachen und Voraussetzungen der deutschen Kriegspolitik,* Bd. 1-6, DVA, Stuttgart 1979 bis 1990.

Militärgeschichtliches Institut der DDR: *Wörterbuch zur deutschen Militärgeschichte,* Militärverlag, Berlin 1985.

Moltke, Helmuth von: *Die »Schuld« am Kriege,* Perseus, Basel 2001 (Originalausgabe 1919).

Morley, John: *Memorandum on Resignation August 1914,* Macmillan and Co., London 1928.

Mühlen, Norbert: *Leben und Anleihen des Dr. Hjalmar Horace Greeley Schacht,* Europa, Zürich 1938.

Müller, Georg Alexander von: *Regierte der Kaiser? – Kriegstagebücher, Aufzeichnungen und Briefe des Chefs des Marine-Kabinetts,* Musterschmidt, Göttingen 1959.

Nash, George H.: *Freedom Betrayed – Herbert Hoover's Secret History of the Second World War and Its Aftermath,* George H. Hoover Press, Stanford, California, 2011.

Neebe, Reinhard: *Großindustrie, Staat und NSDAP 1930-1933 – Paul Silverberg und der Reichsverband der Deutschen Industrie in der Krise der Weimarer Republik,* Vandenhoeck & Ruprecht, Göttingen 1981.

Nicoll, Peter, H.: *Englands Krieg gegen Deutschland,* Verlag Deutsche Hochschullehrer Zeitung, Tübingen 1963.

Nicosia, Francis R.: *Hitler und der Zionismus – Das Dritte Reich und die Palästinafrage 1933-1939,* Literatur-Report, Burg 2001.

Nolte, Ernst: *Der europäische Bürgerkrieg 1917-1945,* Herbig, München 1997.

Noske, Gustav: *Von Kiel bis Kapp,* Verlag Politik und Wirtschaft, Berlin 1920.

Olden, Rudolf: *Hindenburg oder der Geist der preußischen Armee,* Gerstenberg Verlag, Hildesheim 1982.

—: *Hitler der Eroberer,* Fischer, Frankfurt 1984.

—: *Stresemann*, Rowohlt, Berlin 1929.

Ossietzky, Carl von: *Rechenschaft – Publizistik aus den Jahren 1913–1933*, Fischer, Frankfurt 1972.

Paret, Peter (Hrsg.): *Makers of Modern Strategy, from Machiavelli to the Nuclear Age*, Princeton University Press, 1986.

Petropoulos, Jonathan: *Royals and the Reich – The Princes of Hessen in Nazi Germany*, Oxford 2006.

Ploetz: *Vertrags-Ploetz*, Teil I und II, Freiburg/Würzburg 1959.

Pool, James und Suzanne: *Hitlers Wegbereiter zur Macht – Die geheimen deutschen und internationalen Geldquellen, die Hitlers Aufstieg zur Macht ermöglichten*, Scherz, Bern und München 1979.

Preparata, Guido Giacomo: *Wer Hitler mächtig machte – Wie britisch-amerikanische Finanzeliten dem Dritten Reich den Weg bereiteten*, Perseus, Basel 2010.

Prins, Nomi: *All the President's Bankers, The Hidden Alliances That Drive American Power*, Nation Books, New York 2014.

Pross, Harry: *Dokumente zur deutschen Politik 1806–1870*, Fischer, 1963.

Quessel, Ludwig: »Englands asiatische Politik«, *Sozialistische Monatshefte*, 4. Juli 1917.

Quigley, Carroll: *Katastrophe und Hoffnung. Eine Geschichte der Welt in unserer Zeit*, Perseus, Basel 2006.

Rakenius, Gerhard W.: *Wilhelm Groener als Erster Generalquartiermeister – Die Politik der Obersten Heeresleitung 1918/19*, Boldt, Boppard 1977.

Rathenau, Walther: *Tagebuch 1907–1922*, Droste, Düsseldorf 1967.

Reinhardt, Klaus: *Die Wende vor Moskau – Das Scheitern der Strategie Hitlers im Winter 1941/ 42*, DVA, 1972.

Ribbentrop, Rudolf von: *Mein Vater Joachim von Ribbentrop*, Aares, Graz 2008.

Richter, Günter: *Friedrich von Holstein – Politiker im Schatten der Macht*, Musterschmidt, Göttingen 1969.

Riott, Patt: *The Greatest Story Never Told – Winston Churchill and the Crash of 1929*, Nanoman Press, 1994.

Rosinski, Herbert: *Die deutsche Armee*, Econ, Düsseldorf 1970.

Rößler, Hellmuth (Hrsg.): *Weltenwende 1917 – Monarchie, Weltrevolution, Demokratie*, Musterschmidt-Verlag, Göttingen 1965.

Ruchti, Jacob: *Zur Geschichte des Kriegsausbruchs nach den Amtlichen Akten der Königlich Großbritannischen Regierung*, Perseus, Basel 2001.

Rzheshevsky, Oleg: *World War II: Myths and Realities*, Progress, 1984.

Salis, J. R. von: *Die Ursachen des Ersten Weltkrieges*, Seewald, Stuttgart 1964.
Schacht, Hjalmar: *1933 – Wie eine Demokratie stirbt*, Econ, Düsseldorf 1968.
—: *Magie des Geldes*, Econ, Düsseldorf 1966.
Schellenberg, Walter: *Aufzeichnungen. Die Memoiren des letzten Geheimdienstchefs unter Hitler*, Limes, Wiesbaden 1956.
Schivelbusch, Wolfgang: *Die Kultur der Niederlage*, Fest, Berlin 2001.
—: *Faschismus, Nationalsozialismus, New Deal, 1933-1939*, Hanser, München 2005.
Scholder, Klaus: *Die Kirchen und das Dritte Reich*, Band I: 1918-1934, Propyläen, Frankfurt 1977.
Scholz, Gotthard: *Staatliche Information und Propaganda im Krieg – Das US-Committee on Public Information (1917-1919)*, Diss., Univ. Heidelberg, 1967.
Schüddekopf, Otto-Ernst: *Karl Radek in Berlin – Ein Kapitel deutsch-russischer Beziehungen im Jahre 1919*, Sonderdruck, Archiv für Sozialgeschichte, 2. Band, Hannover 1962.
Schulz, Gerhard (Hrsg.): *Partisanen und Volkskrieg – Zur Revolutionierung des Krieges im 20. Jahrhundert*, Vandenhoek & Ruprecht, Göttingen 1985.
Schuman, Frederick L.: *War and Diplomacy in the French Republic: an Inquiry into Political Motivations and the Control of Foreign Policy*, McGraw-Hill, 1931.
Segev, Tom: *Soldiers of Evil – The Commandants of the Nazi Concentration Camps*, Domino Press, 1987.
—: *The Seventh Million. The Israelis and the Holocaust*, Hill & Wang, New York 1991.
Simpson, Christopher: *Der amerikanische Bumerang – NS-Verbrecher im Sold der USA*, Ueberreuter, 1988.
Sozialdemokratische Partei Deutschlands (Sopade): *Deutschland-Berichte 1934-1940*, Verlag Petra Nettellbeck / Zweitausendeins, 1980.
Später, Jörg: *Vansittart – Britische Debatten über Deutsche und Nazis 1902-1945*, Wallstein, Göttingen 2003.
Spiel, Hilde (Hrsg.): *Der Wiener Kongress in Augenzeugenberichten*, dtv, München 1978.
Stieve, Friedrich: *Iswolski und der Weltkrieg*, Deutsche Verlagsgesellschaft für Politik und Geschichte, 1924.
Stone, Oliver / Kuznick, Peter: *The Untold History of the United States*, Gallery, New York 2012.
Streit, Christian: *Keine Kameraden – Die Wehrmacht und die sowjetischen Kriegsgefangenen 1941–1945*, DVA, Stuttgart 1978.
Suchomlinow, W. A.: *Erinnerungen*, Hobbing, Berlin 1924.
Sun Tsu: *Über die Kriegskunst – Wahrhaft siegt, wer nicht kämpft*, Marix, Wiesbaden 2005.

Sutton, Antony C.: *Wallstreet and the Rise of Adolf Hitler,* Internet, 2000.

—: *Wallstreet und der Aufstieg Hitlers,* Perseus, Basel 2008.

Swanson, David: »Pearl Harbor: A Successful War Lie«, Kapitel aus dem Buch *War is A Lie,* Internet.

Szanya, Anton: »Die Rolle der katholischen Kirche in der faschistischen Epoche«, in: *Geist und Gesellschaft – Der Freidenker,* 18 Jg., 4A/1988.

Tautz, Johannes; Bracher, Andreas: *Helmuth von Moltke (1848-1916) – Dokumente zu seinem Leben und Wirken,* Perseus, Basel 2005.

The German White Papers, full text of the Polish documents issued by the Berlin Foreign Office, with a foreword by C. Hartley Grattan, Howell, Soscin and Company, New York 1940.

Tschechoslowakische Akademie der Wissenschaften: *Das Abkommen von München 1938.*

Tschechoslowakische Diplomatische Dokumente 1937-1938, Prag 1968.

Turner, Henry A.: *Die Großunternehmer und der Aufstieg Hitlers,* Siedler, Berlin 1985.

Venner, Dominique: *Histoire de la Collaboration suivi des dictionnaires des acteurs, partis et journaux,* Pygmalion, Paris 2000.

Walz, Heinz: *Das britische Kolonialreich,* Schwab, Stuttgart 1955.

Weber, Thomas: *Hitler's First War – Adolf Hitler, The Men of the List Regiment and the First World War,* Oxford 2010.

Wegener, Bernd (Hrsg.): *Zwei Wege nach Moskau – Vom Hitler-Stalin-Pakt zum »Unternehmen Barbarossa«,* Piper, München 1991.

Weizäcker, Ernst von: *Erinnerungen,* List, München 1950.

Zayas, Alfred de: *Völkermord als Staatsgeheimnis,* Olzog, München 2011.

Zdral, Wolfgang: *Der finanzierte Aufstieg des Adolf H.,* Ueberreuter, Wien 2002.

Zentralrat der Sozialistischen Republik Deutschlands: *Allgemeiner Kongreß der Arbeiter- und Soldatenräte Deutschlands: 16. bis 21. Dezember 1918, Stenographische Berichte,* Berlin 1919.

Zuckmayer, Carl: *Deutschlandbericht für das Kriegsministerium der Vereinigten Staaten von Amerika,* Wallstein, Göttingen 2004.

—: *Geheimreport,* Wallstein, Göttingen 2002.

Anmerkungen

1 In München 1922: 12 Prozent, 1923: 40 Prozent, *The Nation,* 19.03.1924, I, S. 303.

2 John Maynard Keynes: *The Economic Consequences of the Peace,* 1919.

3 *The Nation,* 1903, II, S. 395 ff., 516.

4 Die chinesische Küste wurde in Einflusszonen aufgeteilt. England hatte sich den Yangtse-Fluss als Einflussphäre gesichert, 3000 Kilometer lang, davon 2000 Kilometer schiffbar. Der Gelbe Fluss war Deutschland zugedacht. Es gab ein stillschweigendes Einverständnis Englands und der USA, den Fernen Osten für den Handel aller Nationen offen zu halten. *The Nation,* 30.03.1899, I, S. 236; 11.05.1899, I, S. 345.

5 Wilhelm Groener: *Lebenserinnerungen,* S. 104.

6 Lowes G. Dickinson: *The European Anarchy,* 1916, S. 27 f.; The Project Gutenberg, eBook, 2003.

7 Alfred Thayer Mahan: *Der Einfluss der Seemacht auf die Geschichte 1660–1812,* 1967.

8 Victoria: »Der will Karl den Großen spielen.« Zitat aus Pierre Renouvin: *La Crise Européenne et la Première Guerre Mondiale,* S. 136

9 Émile Flourens: *La France Conquise,* Kapitel: »Èdouard VII et l'Allemagne«, 1906, S. 47 ff.

10 Ebd.

11 Lowes G. Dickinson: *The European Anarchy,* a. a. O, S. 19.

12 Wortlaut bei Georges Michon: *The Franco-Russian Alliance 1891–1917,* 1929, S. 44 f.

13 Protokolle der jährlichen Generalstabsbesprechungen für 1911/12/13 bei W. A. Suchomlinow: *Erinnerungen, 1924,* S. 254 ff. (Gleichzeitige Mobilisierung der russischen und französischen Armee; Ziel: Vernichtung der deutschen Armee).

14 G. Michon: *The Franco-Russian Alliance,* Kapitel: »Russian Loans and the 1905 Revolution«, 1929, S. 154.

15 Über die Bestechungssummen der französischen Verlagshäuser, Redaktionen aber auch der Politik berichtet aus den inzwischen geöffneten Archiven des zaristischen Finanzministeriums Lewis S. Gannet: »The Secret Corruption of the French Press«, *The Nation,* 06.02.1924, I, S. 135 ff. Weitere Einzelheiten in »How Poincaré prepared for War«, *The Nation,* 20.02.1924, I, S. 197 ff.

16 G. Michon: *The Franco-Russian Alliance,* a. a. O., S. 149 ff.

[17] Ein Ereignis, mit dem die deutsche Politik nicht gerechnet hatte. Wilhelm Groener, a. a. O., S. 135 f.

[18] Die Bahn war ursprünglich ein amerikanisches Projekt, dann ein deutsch-französisches; schließlich versuchten die deutschen Partner englische Interessen zu beteiligen. Vgl. *The Nation*, 14.11.1923, II, S. 556 ff.

[19] Zitat aus Stieve: Iswolski und der Weltkrieg, S. 178.

[20] Lewis S. Gannet: »How Poincaré prepared for War«, *The Nation*, 20.02.1924, I, S. 197 ff.

[21] Edith Durham: »The Spark of Europe's Explosion: The Sarajewo Crime«, *The Nation*, 24.03.1926, S. 318.

[22] Harry Elmer Barnes: *The World War of 1914-1918*, S. 47 nennt die Zahlen, demnach Frankreich: 910 000, mit Reservisten: 1 250 000, Deutschland: 870 000, mit Reservisten: 1 180 000, Russland geschätzt: fast das Doppelte der deutschen Stärke.

[23] Besprechung des Buches von Newton D. Baker: America at War in *The Nation*, 27.01.1932, I, S. 117 ff.

[24] »Russia's War Guilt becomes plainer«, *The Nation*, 27.01.1926, I, S. 77. unter Bezugnahme auf die Angaben im Tagebuch des Chefs der Kanzlei des Russischen Auswärtigen Amtes, Baron Schilling.

[25] Pierre Renouvin, zitiert von Max Montgelas in *The Nation*, Vol. 121, No. 3150, S. 579.

[26] Nach Wilhelm Groener (a. a. O., S. 142 f.) hat nach dem Russisch-Japanischen Krieg niemand mehr mit formellen Kriegserklärungen gerechnet. Die deutsche Kriegserklärung an Frankreich sei auf Betreiben des Auswärtigen Amtes erfolgt, um das »Notwegerecht« durch Belgien in Anspruch nehmen zu können.

[27] Chiffre-Telegramm der deutschen Botschaft London, zitiert aus Albert Hopmann: *Das Leben eines »Wilhelminers« – Tagebücher, Briefe, Aufzeichnungen 1901 bis 1920*, hier: 29.07.1914.

[28] John Viscount Morley: Memorandum on Resignation, Macmillan and Co., 1928. Das Tauziehen im Kabinett schildert Raymond Beazley: »John Morley and the War«, *The Nation*, 1929, I, S. 307.

[29] Eine Geheimgesellschaft ist nie zustande gekommen, es handelt sich eher um ein weit gespanntes Netzwerk keineswegs immer an einem Strang ziehender einflussreicher Persönlichkeiten. Vgl. auch Andreas Bummel: »Kritische Anmerkungen zur Urlegende moderner Verschwörungstheorien«, *Telepolis heise online*, 08.10.2003.

[30] Bereits im ersten der sieben Testamente ordnete Cecil Rhodes an, die Ge-

heimgesellschaft solle unter anderem auch die britische Herrschaft (rule) über die Vereinigten Staaten und Südamerika betreiben. Daher auch der große Anteil amerikanischer Studenten am Stipendienprogramm der Stiftung. »Best talents from the best families« sollten zum Studium in Oxford veranlasst und finanziert werden. Gerry Docherty und James Macgregor: *Hidden History: The Secret Origins of the First World War,* S. 210 ff.

31 Carrol Quigley: *The Anglo-American Establishment,* Books in Focus, 1981, S. 6, 15.

32 Ebd., S. 116.

33 Zum deutschen Spiegelbild vgl. von Hermann Eckardstein: *Lebenserinnerungen und politische Denkwürdigkeiten,* Bd. I, S. 179. Dazu auch Carrol Quigley, a. a. O., S. 115 f.

34 Carrol Quigley: *The Anglo-American Establishment,* a. a. O.

35 Präsident Bill Clinton, selbst Rhodes-Stipendiat, hat Quigley in seiner Inauguralansprache, jedoch auch mehrfach danach als für ihn bedeutsamen Lehrer betont. Siehe dazu Daniel Brandt: »Clinton, Quigley, and Conspiracy: What's going on here?«, *NameBase News Line,* No. 1, April-June 1993 (Internet). Magnus Brechtken geht in seinem Buch *Scharnierzeit 1895–1907. Persönlichkeitsnetze und internationale Politik in den deutsch-britisch-amerikanischen Beziehungen vor dem Ersten Weltkrieg* einer ähnlichen Fragestellung nach. Im Ergebnis bestätigt er ein gegen Deutschland gerichtetes britisch-amerikanisches Netzwerk. Dies wird anhand zweier Diplomaten auf englischer und amerikanischer Seite untersucht und dargestellt. Beide waren Mitglieder des Netzwerkes von Cecil Rhodes beziehungsweise standen mit diesem über dessen Stiftungsverwalter Lord Milner im engsten Kontakt. Die umfassendere Arbeit Quigleys war dem Autor wohl nicht bekannt.

36 Die britisch-amerikanische Propaganda verbreitete weltweit, deutsche Soldaten hätten belgischen Kindern die Hände abgehackt, kanadische Soldaten seien an Scheunentoren gekreuzigt, einer Krankenschwester die Brüste abgeschnitten worden, die Deutschen würden Fett durch das Verbrennen der eigenen Toten gewinnen usw. usf. Vgl. Besprechung des Buches von Ponsonby: *Falsehood in War* in *The Nation,* 20. 03. 1929, I, S. 335.

37 *The Saturday Review,* 24. 08. 1895. Der Artikel soll aus dem Foreign Office um Sir Eyre Crowe lanciert worden sein. Steffen Werner: »Germania esse delenda. Hundert Jahre Krieg gegen Deutschland«, Staatsbriefe, 6 (8–9), 1995

38 *The Saturday Review,* 01. 02. 1896. Autor soll der Professor der Biologie und Astrologie, Mitchell, sein. Vgl. Steffen Werner, a. a. O.

39 *The Saturday Review,* 11. 09. 1897.

40 Ausführlich: Steffen Werner in »Hundred Years of War against Germany«, *The Revisionist*, No. 4, 2003, S. 373 ff.

41 Vgl. Robert Dell: »Robert Vansittart, Europe's Arbiter«, The Nation, 24.07.1937, der Vansittart als den eigentlichen, die Außenpolitik nicht nur Großbritanniens, sondern auch Frankreichs bestimmenden Kopf hält. In *The Nation*, 18.12.1937, II, S. 685 ff. berichtet Dell in seinem Artikel »Hitler and Halifax«, Chamberlain habe Vansittart die Außenpolitik aus der Hand genommen, ihn zum diplomatischen Chefberater des Außenministers gemacht. Hierzu auch: »Behind Vansittart's Promotion«, *The Nation*, 22.01.1938, I, S. 97.

42 Nachweise bei Steffen Werner: »Hundred Years War against Germany«.

43 Die Mängel der Bismarck'schen Reichsgründung hatte Carl Schurz sehr früh erkannt. In einem Gespräch mit dem deutschen Botschafter von Eckardstein meinte er: »Ich habe für Bismarck die größte Verehrung, er war der Mann, welcher die Träume von uns 48ern verwirklicht hat. Er hat sämtliche deutschen Stämme durch Blut und Eisen zu einem mächtigen Reich vereinigt und diesem dann selbst über den schwierigsten Verhältnissen den Frieden erhalten. Ob aber sein Werk lange lebensfähig bleiben kann, ist eine andere Frage. Denn die Verfassung, welche er geschaffen hat, ist einzig und allein auf seinen eigenen Leib zugeschnitten. Danach hat aber das deutsche Volk so gut wie gar kein Mitbestimmungsrecht an seinem eigenen Schicksal. Auch wird das Volk auf diese Weise nie eine richtige politische Schulung, die ihm so sehr fehlt, erhalten können.« Aus: Herrmann Freiherr von Eckardstein: *Lebenserinnerungen und politische Denkwürdigkeiten*, Band 1, 1919, S. 111.

44 Georges Michon: *The Franco-Russian Alliance 1891-1917*, S. 289.

45 Groener, a. a. O., S. 237 berichtet unter dem 28.05.1915 über die Desertion eines tschechischen Corps.

46 Nomi Prins: *All the Presidents' Bankers*, Kapitel 2: »Bankers go to War«, S. 40 ff.

47 Walter Millis: »Morgan, Money, and War«, *The Nation*, I, S. 95 ff.

48 Manchester Guardian, 27.01.1920.

49 U.S. Congressman Oscar Callaway, *Congressional Record*, 09.02.1917, S. 2947.

50 Prins: *All the Presidents' Bankers* und hierin besonders das Kapitel »Bankers Go to War«, S. 40 ff. Calloway äußerte 1917: »An agreement was reached; the policy of the papers was bought, to be paid for by the month; an editor was furnished for each paper to properly supervise and edit information regarding the questions of preparedness, militarism, financial policies, and other things of national and international nature considered vital to the interests of the purchasers.«

51 Vgl. die zahlreichen Tagebuchaufzeichnungen Admiral Hopmanns aus den ersten Kriegswochen im Marineministerium in Berlin. Hopmann: *Aufzeichnungen*, S. 436, 452–454, 458, 459.

52 Die Wirkungen der Blockade auf die Ernährungslage von Volk wie Tierbestand vgl. Groener, a. a. O., S. 210, 347.

53 In Berlin bildeten sich im Jahr 1915 Klubs, die nach Wegen der Verständigung mit England suchten. Einen Widerhall jenseits des Kanals gab es nicht. Daher setzte sich – einen Konsens blockierend – in Deutschland die Gegenpartei mit der Forderung eines Siegfriedens mit Beute einen Konsens blockierend durch. Vgl. Groener, a. a. O., S. 254.

54 Walter Millis (»The Last War and the Next«, *The Nation*, 1936, I, S. 95 ff.) schätzt den Anteil der Kriegslieferungen am BSP der USA auf 10 Prozent. So wuchs der politische Druck, die Quelle des Wohlstands nicht abzuwürgen.

55 Oswald Garrison Villard: »The Nakedness of Colonel House«, *The Nation*, 14.04.1914, I, S. 389 ff.

56 Zitat bei Harry Elmer Barnes: *The World War of 1914–1918*, S. 72.

57 Zum Streit, ob der uneingeschränkte U-Boot-Krieg die USA zum Kriegseintritt veranlasst hatten, oder Bank- und Industrieinteressen am Fortbestand lukrativer Aufträge und dem Sieg der Alliiertenseite zur Rückzahlung der Kredite bestanden, vgl. »War Profits and Personal Devils«, *The Nation*, 22.02.1936, I, S. 89; ferner Walter Millis: »The last War and the next; Morgan Money and War«, *The Nation*, a. a. O., S. 95 ff. Die Artikel beziehen sich ganz wesentlich auf die Anhörungen im Nye-Committee des US-Kongresses.

58 Max Gallo: *1918 – la terrible victoire*, S. 99 ff.

59 »Lusitania was carrying First World War explosives from New York when sunk in May 1915, British files reveal«, *centenarynews.com* vom 02.05.2014 (Internet).

60 Neuester Stand bei Alan Davis: »Lusitania Divers Warned of Danger from War Munitons in 1982, Paper Reveal«, *theguardian.com*, 01.05.2014 (Internet).

61 Aus Janusz Piekałkiewicz: *Der Erste Weltkrieg*, in *Wikipedia* zur Lusitania.

62 Docherty und Macgregor (*Hidden History*, a. a. O., S. 203 ff.) führen die Kampagne auf Bestechungsgelder des russischen Botschafters Iswolski zurück, die der Bekämpfung französischer Politiker galten, die für Frieden mit Deutschland eintraten. Ziel sei die Inthronisierung Poincarés gewesen, der persönlich an den Bestechungsoperationen beteiligt gewesen sei.

63 Vgl. zum Chaos der auf den Krieg nicht vorbereiteten Entscheidungsträger die Aufzeichnungen Albert Hopmanns: *Das ereingnisreiche Leben eines »Wilhelminers«*, a.a.O., insbesondere S. 432 ff.

64 Die Annäherung an Großbritannien war der Traum des Reichskanzlers Bethmann-Hollweg, so der belgische Diplomat Baron Beyens. Zitiert aus Lowes G. Dickinson: *The European Anarchy*, a. a. O., S. 22.

65 So Groener, a. a. O., S. 527.

66 Tautz und Bracher: *Helmuth von Moltke 1848-1916 – Dokumente zu seinem Leben*, Brief an Bernhard von Bülow, a. a. O., S. 393 f.

67 Albert Hopman: Das ereignisreiche Leben eines »Wilhelminers« spiegelt in den täglichen Aufzeichnungen das geradezu groteske strategische wie auch tägliche taktische Durcheinander der Führung des Kaiserreiches wider, von Wilhelm II. bis in die Führungsebenen von Politik und Militär hinein. Aus den Notizen lässt sich allerdings auch nicht im Ansatz der Wille des Kaisers ableiten, einen Weltkrieg vom Zaun brechen zu wollen.

68 Wie ein roter Faden ziehe sich die Selbsttäuschung der Obersten Heeresleitung durch die Operationen hindurch, beobachtet Groener, a. a. O., S. 300.

69 Groener: *Lebenserinnerungen*, S. 205.

70 Sehr kritisch unter anderem über Bülows Nichtaufnahme des englischen Angebots eines englisch-deutschen Bündnisses 1899: Oswald Garrison Villard: »Portrait of a Chancellor«, *The Nation*, 25.02.1931, I, S. 211 ff.

71 Groener (a. a. O., S. 365) hält den Kanzler für einen überaus klaren und einsichtigen Kopf mit auffallendem Wirklichkeitssinn, der die Gefahren außen- wie innenpolitisch vorausgesehen habe.

72 *The Nation*, 10.07.1920, II, S. 30.

73 Groener, a. a. O., S. 450.

74 Groener, a. a. O., S. 462.

75 Das komplexe amerikanisch-englisch-französische Schuldengebäude im Detail bei John Carter: »Putting America in a Hole, the Lesson of the Debts«, *The Nation*, 28.07.1926, II, S. 77 ff.

76 Keynes (*The Economic Consequences of the Peace*) schätzt die abzudeckenden Pensionsleistungen auf die Hälfte der gesamten Reparationssumme.

77 Die bis zur Unterzeichnung des Versailler Vertrages gezahlten Barbeträge, Sachlieferungen, die Werte des abgetretenen Reichsgebietes (ein Fünftel), der deutschen Kolonien und der ausgelieferten Handelsflotte wurden ebenso wenig angerechnet wie die über 4000 Auslandspatente (Meissner, a. a. O., S. 32).

78 So Hjalmar Schacht in Pool, James und Suzanne: *Hitlers Wegbereiter zur Macht*, S. 341.

79 Otto Meissner: *Staatssekretär unter Ebert – Hindenburg – Hitler. Der Schicksalsweg des deutschen Volkes von 1918-1945, wie ich ihn erlebte*, Hoffmann und Campe, Hamburg 1950, S. 28. *The Nation*, 05.07.1919, II, S. 1, berichtet, die

Mitglieder der deutschen Delegation seien zur Unterschrift wie Sklaven in die Arena geführt worden.

80 Vgl. Frederick L. Schumann: *War and Diplomacy in the French Republic: an inquiry into political motivations and the control for foreign policy,* 1931; »War guilt and France«, *The Nation,* 20.01.1932, I, S. 78.

81 Auf den Vorhalt einer irischen Delegation zu seinem widersprüchlichen Verhalten auf der Friedenskonferenz 1919 soll der bereits von Krankheit gezeichnete Wilson seiner Verzweiflung Ausdruck verliehen haben. Er sei mit seinen Vorstellungen gescheitert. Wenn er diese hätte gegen den Widerstand der Europäer durchsetzen wollen, hätte er einen weiteren Krieg gegen ganz Europa führen müssen. Das wäre mit dem amerikanischen Volk nicht zu machen gewesen. Vgl. Joseph Chapiro: »Perplexities of Peace«, *The Nation,* 07.08.1943, II, S. 183 f.

82 *The Nation,* 17.05.1919, I, S. 361.

83 Groener: *Lebenserinnerungen,* S. 497.

84 Meissner, a. a. O., S. 28.

85 *The Nation* (20.12.1919, II, S. 783) urteilt: »Durch Blockade, Embargo und Zerstückelung haben die Alliierten Österreich zu einer halbtoten Nation gemacht.«

86 »Austria in Collapse«, *The Nation,* 26.01.1921, I, S. 107.

87 Zur Problemlage Armenier, Türken, Kurden, Griechen, Bulgaren etc. vgl. *The Nation,* 20.06.1923, I, S. 704 ff.

88 Hiram K. Moderwell: »Armageddon: View from Athens«, *The Nation,* 13.07.1921, S. 37.

89 Die katastrophalen türkischen Schachzüge der Siegermächte in Bezug auf Armenien schildert Paxton Hibben: »Soviet Armeni«, *The Nation,* 22.03.1922, I, S. 337 ff.

90 So Groener in *Lebenserinnerungen,* a. a. O., S. 226. Nach Premierminister Asquith war dies die sofortige Sorge Winston Churchills. Vgl. »Asquith reveals war secrets«, *The Nation,* 10.10.1928, II, S. 340 ff.

91 Eingehender Bericht von Lincoln Colcord: »The Carving or Russia«, *The Nation,* 14.06.1919, I, S. 925.

92 Siehe unten S. 290.

93 Antony Sutton: *Wall Street and the Bolshevik Revolution,* Kapitel V: »The American Red Cross Mission in Russia – 1917«.

94 Im gleichen Gebäude residierte die American International Corporation, das Sprachrohr der Gruppe. Robert Lansing, Außenminister der USA, holte sich nach der Oktoberrevolution dort Rat für das weitere Vorgehen. Der Bot-

schafter der Sowjetunion in den USA war zuvor Vizepräsident einer in dem Gebäude untergebrachten Anwaltskanzlei. Die Guaranty Trust Company der Morgans war zwar einige Hausnummern weiter entfernt, doch deren Tochter Guaranty Securities Co. war ebenfalls am Broadway 120 ansässig. Dazu die Guggenheims und der Kern von General Electric.

95 *The Nation*, 07.08.1920, II, S. 147.

96 Zu den Bedingungen vgl. den Artikel »The Latest Allied-American Dealing with Lenin«, *The Nation*, 12.07.1919, II, S. 34.

97 400 000 Russen leben als Emigranten in Frankreich, deren größter Teil militärisch ausgebildet ist und sich dem Kommando des Generals Miller unterstellt hat. *Le Crapouillot* (Zeitschrift), 1933, S. 61.

98 Zu den fortlaufenden Bestrebungen Deterdings, militärische Interventionen gegen die Sowjetunion zu organisieren, vgl. Louis Fischer: »The Moscow Trials«, *The Nation*, 14.01.1931, I, S. 41.

99 Pierre van Paasen: »Anti-Soviet Concentration in Paris«, *The Nation*, 02.12.1931, II, S. 602.

100 Kinzer und Stephen: *The Brothers*, S. 33.

101 Diamond: »Aus den Papieren des Botschafters Houghton 1922–1925«, *VfZ*, 1979, S. 444 ff. In Washington habe sowieso der Verdacht bestanden, dass die Führer der Weimarer Republik im Herzen Kommunisten seien, Salonbolschewisten, die einem kommunistischen Sieg die Bahn bereiteten.

102 Avro Manhattan: *Der Vatikan und das XX. Jahrhundert*, hierin zu Österreich: S. 208 ff., zu Spanien 78 ff.

103 Anton Szanya: *Die Rolle der katholischen Kirche in der faschistischen Epoche*.

104 »L'Eglise catholique et le nazism«, par Hansi, 13.11.2005, im Internet unter *http://atheisme.free.fr/Contributions/Catholique_nazisme.htm*.

105 Das Bankhaus Morgan vergab an Mussolini einen Kredit in Höhe von 100 Millionen Dollar zur Stabilisierung der Lira. Engdahl: *Mit der Ölwaffe zur Weltmacht*, a. a. O., S. 122 f.

106 Williamard: »Benito and I save the St. Paul; A stirring chapter in international high finance«, *The Nation*, 03.03.1926, I, S. 223 ff.

107 Die Jahrzehnte der Marines-Einsätze, die durchweg im Interesse der Wall Street geplant und realisiert wurden, beschreibt Butler in seinem Buch *War is a Racket* (deutsch: *Der Krieg ist ein Verbrechen*). Die Kinder Nicaraguas wurden zeitweise mit dem Spruch »Sonst holt euch Major Butler!« in Angst und Schrecken versetzt. *The Nation*, 23.02.1921, I, S. 278.

108 So berichtet der amerikanische Boschafter Dodd aus Berlin 1936 in einem Brief an Präsident Roosevelt, eine Clique bei ihm ein- und ausgehender

führender Industrieller der USA, jedoch auch Teile der führenden Familien Amerikas seien wild entschlossen, die amerikanische Demokratie durch ein faschistisches System zu ersetzen. Vgl. hierzu William E. Dodd: »Quotes 11 out of 1«, Liberty Tree, im Internet unter *http://quotes.liberty-tree.ca/quotes_by/william+e.+dodd.*

109 Vgl. Michael Connelly: »The American League vs. Gen. Smedley Butler. Wall Street's Failed 1934 Coup«, *Counterpunch*, 02.12.2011.

110 »Mussolini's America«, *The Nation*, 14.03.1928, I, S. 283.

111 *The Nation*, 29.03.1919, I, S. 457.

112 Vgl. Eugen S. Bagger: » Why Hungary revolted«, *The Nation*, 05.04.1919, I, S. 515–517.

113 Die oft verzweifelten Anrufe von Bürgermeistern, Landräten und Kommunalpolitikern bei den sich aus dem militärischen Chaos organisierenden Dienststellen der Reichswehr, die Arbeitsaufnahme vor Ort möglich zu machen, ergeben sich aus den Aufzeichnungen des Hauptmanns Gustav Böhm, Adjutant im preußischen Kriegsministerium, passim. Zur Lagebeurteilung vgl. auch »Quellen zur Geschichte des Parlamentarismus und der politischen Parteien« in Militär- und Innenpolitik, Bände 1918–1920, 1920–1922, passim.

114 *The Nation*, 20.03.1920, I, S. 354.

115 *The Nation*, 08.10.1924, II, S. 349.

116 Meissner (a. a. O., S. 32) spricht von 2 Prozent der Lieferverpflichtung an Holz und Kohle.

117 *The Nation*, 03.01.1923, S. 13.

118 Hierzu Prins: *All the Presidents' Bankers*, »The 1920s: Political Isolationism, Financial Internationalism«, a. a. O., S. 69 ff.

119 *Manchester Guardian*, 02.11.1922; *The Nation*, 06.12.1922, S. 608 f.

120 *The Nation*, 09.03.1921, I, S. 365 f. Die Etablissements wurden in Kaiserslautern, Landau, Ludwigshafen, Mainz, Bingen, Langenschwalbach, Hoechst, Idstein, Speyer, Diez, Siegburg und Bad Ems eingerichtet.

121 Diamond: »Aus den Papieren des Botschafters Houghton 1922–1925«, *VfZ*, 1979, S. 455. Houghton hegt aufgrund langer Gespräche den Verdacht, Stinnes arbeite insgeheim am Umsturz der Republik. Stinnes nutzt die Krise, arbeitet mit dem französischen Stahlmagnaten Creuseot-Schneider zusammen, kauft einen Großteil der deutschen Pressse auf. Vgl. *The Nation*, 22.08.1923, II, S. 213 ff.

122 Vgl. J. A. H. Hopkins: *The Nation*, Jg. 1925, I, S. 275.

123 Unendliche Details der industriellen Verflechtung finden sich bei R. William Davis: *Shadow of the Swastika. An Open Letter to all Americans*, S. 1–37.

[124] Stephen Kinzer: *The Brothers – John Foster Dulles, Allen Dulles, and Their Secret World War*, S. 49 ff.

[125] Engdahl (*Mit der Ölwaffe zur Weltmacht*, S. 128 ff.) spricht von einem »Projekt Hitler«, das in Washington und New York, doch auch in London verfolgt worden sei.

[126] Thomas Weber: *Hitler's First War.*

[127] Diamond: »Aus den Papieren des Botschafters Houghton 1922–1925«, *VfZ*, 1979, S. 452. Vgl. hierzu auch die Notiz aus dem Tagebuch des Chefs der westeuropäischen Abteilung des U.S. Department of State, W.R. Castle, vom 19.11.1922 über ein Gespräch mit Hugo Stinnes: »Die Vision von Stinnes reicht weit. Er sieht, wie der Weg gen Osten sich wieder öffnet, das Verschwinden von Polen, die deutsche wirtschaftliche Ausbeutung von Russland und Italien. Seine Absicht ist friedlich und auf Wiederaufbau gerichtet. Wird sie nicht vielleicht doch zu einem neuen Krieg führen, falls wir und der Rest der Welt nicht gewillt sind, uns unter deutsche Oberherrschaft zu begeben?« Hallgarten: *Hitler, Reichswehr und Industrie. Zur Geschichte der Jahre 1918–1933*, S. 67 f.

[128] Es war die Zeit des Ruhrkampfes unter der Regierung Cuno, eine Zeit der Turboinflation, die von Stinnes zum Aufkauf von Unternehmen genutzt wurde.

[129] So allerdings Henry A. Turner: *Die Großunternehmer und der Aufstieg Hitlers.*

[130] Antony Sutton stützt sich auf US-Quellen, zitiert aber auch die Aussage des Vizepräsidenten des Bayerischen Landtages, Auer, im Hochverratsprozess gegen Hitler, wonach im Landtag bereits seit Längerem bekannt sei, dass Hitler zum Teil von Ford finanziert werde.

[131] Konrad Heiden: *Hitler*, S. 253 ff.

[132] Heiden: *Geschichte des Nationalsozialismus*, S. 151

[133] Zitat mit Quellenangabe aus *Wikipedia* zu »Hitlerputsch«.

[134] *The Nation*, 14.03.1923, I, S. 354.

[135] Heiden: *Geschichte des Nationalsozialismus*, S. 133.

[136] Auch Otto Meissner (a. a. O., S. 34) spricht davon, dass Hitler höchstwahrscheinlich mit französischem Geld unterstützt worden sei. So auch der Bericht in *The Nation*, 14.03.1923, I, S. 296.

[137] *The Nation*, 13.06.1913, I, S. 681: Es gibt Beweise für eine französische Finanzierung kommunistischer Agitatoren.

[138] David W. Wainhouse: »Iraq: A British Preserve«, *The Nation*, 07.01.1931, I, S. 27 ff.

[139] Paxton Hibben: »The French in Syria«, *The Nation*, 23.02.1921, I, S. 287 ff.

[140] *The Nation*, 12.11.1924, II, S. 508; *The Nation*, 03.01.1923, I, S. 4.

141 Ludwig Quessel: »Englands asiatische Politik«, *Sozialistische Monatshefte,* 04.07.1917.

142 Oswals Garrison Villard: »Lansing lifts the Veil«, *The Nation,* 30.03.1921, I, S.472 ff.

143 Colonel House, engster Berater Wilsons, erhielt im Sommer 1917 Kopien aller Geheimverträge. Vgl. dazu Lincoln Colcord: »Why Wilson was defeated in Paris«, *The Nation,* 17.05.1919, I, S.782 ff.

144 Galbraith, a.a.O., S.9.

145 Davin E. Lilienthal: »Dawes: First Aid to Swindlers«, *The Nation,* 15.10.1924, II, S.414 ff. Außerdem A.H. Hopkins: »The Dawes Plan«, *The Nation,* 11.03.1925, I, S.275 ff.

146 Randolph Phillips: »The House of Morgan«, *The Nation,* 10.06.1939, I, S.663 ff.

147 Deutschland muss 1928/29 zahlungsunfähig werden, so Louis Fischer. »How America fools herself«, *The Nation,* 25.08.1926, II, S.166 ff.

148 John Galbraith: *The Great Crash – 1929,* S.10.

149 Zum Folgenden unübertroffen: John Kenneth Galbrait: *The Great Crash – 1929.*

150 Der Kurs von siebzig US-Aktien in 7 Jahren verdreifacht. *The Nation,* 14.11.1928, II, S.514 ff.

151 Charles Ponzi, Spekulant aus Boston, zur Technik des Betruges. Siehe Galbraith: *The Great Crash – 1929,* S.4–20.

152 So Engdahl: *Mit der Ölwaffe zur Weltmacht,* S.126.

153 *The Nation,* 28.07.1926, S.66.

154 Galbraith (a.a.O., S.78 ff.) beschreibt die Manipulation der wenigen großen Anlage-Pools.

155 Die Arbeitslosigkeit in den Vereinigten Staaten lag in den Jahren 1938/39 immer noch bei 12 Millionen. *The German White Paper,* 1940, S. 31, Bericht des Botschafters Potocki aus Washington, 12.01.1939. Zur massiven Aufrüstung der U.S. Navy, die der Bekämpfung der Krise diente, vgl. den Artikel »A Navy for War« in *The Nation* vom 28.02.1936.

156 Galbraith: *The Great Crash – 1929,* S. 100.

157 Vgl. *The Nation,* 16.03.1932, I, S.300.

158 Die Bevölkerung verliert den Glauben an das Wirtschaftssystem, die Jugend will neue Wege: entweder Nationalsozialismus oder Kommunismus. Weder in den USA noch in England gibt es Perspektiven. Lageschilderung durch William Harlan Hale: »From the Heart of Germany, Weimar«, *The Nation,* 18.11.1931, II, S.556.

159 Brüning konnte, verfolgt man die Darstellung in *The Nation,* Amerikaner, Engländer und vor allem Franzosen überzeugen, dass weitere Belastungen

Wirtschaft und Bevölkerung nicht zuzumuten waren. Entscheidend war das Nachgeben der amerikanischen Banken. Vgl. hierzu »End of Youngplan«, *The Nation*, 06.01.1932, I, S. 5. Des Weiteren auch Henry Raymond Mussey: »Patient Germany«, *The Nation*, 20.01.1932, I, S. 64 ff. sowie 03.02.1932, I, S. 64 ff. Zu den sozialen und politischen Auswirkungen siehe Hoegner: *Flucht vor Hitler*, S. 19 ff.

160 Verbittert erklärt Stresemann beim Beobachten des Vorbeimarsches einer SA-Abteilung gegenüber einem englischen Journalisten 1929: »Ich habe ehrlich auf Frieden und Versöhnung unter den Völkern Europas hingearbeitet. Ich habe eine deutsch-französisch-englische Verständigung gefördert, 80 Prozent der deutschen Bevölkerung hatte ich für meine Politik gewonnen, ich habe Deutschland in den Völkerbund geführt. Hätte ich nach Locarno ein einziges Zugeständnis erhalten, so würde ich mein Volk überzeugt haben … Jetzt liegt die Zukunft in den Händen der jungen Generation, die Jugend Deutschlands, die wir für den Frieden und für das neue Europa hätten gewinnen können, haben wir beide verloren. Das ist meine Tragik und ihre Schuld.« Zitat aus *Mein Vater Gustav Stresemann* (Internet).

161 Hindenburg über Hitler: »Reichskanzler will der werden? Höchstens Postminister, dann kann er mich auf den Briefmarken von hinten …«, Meissner, a. a. O., S. 65.

162 Zum Vorgang im Detail Meissner, a. a. O., S. 84 f.

163 Heinrich Brüning: *Memoiren*, a. a. O., S. 393. Vgl. auch Dodd: *Diplomat auf heißem Boden*, a. a. O., S. 259, der Hindenburg auf Gut Neudeck seine Aufwartung machte und darauf verweist, dass das zweite Gut zur Arrondierung Neudecks mit Mitteln der NSDAP gekauft und dem Präsidenten beziehungsweise Oskar von Hindenburg übereignet wurde, um so Unterstützung zu erhalten.

164 Meissner, a. a. O., S. 80.

165 Meissner, a. a. O., S. 66 f.

166 Reinhard Neebe: *Großindustrie, Staat und NSDAP 1930–1933 – Paul Silverberg und der Reichsverband der Deutschen Industrie in der Krise der Weimarer Republik*, Vandenhoeck & Ruprecht, Göttingen 1981, S. 107.

167 Die Reparationsleistungen waren auf 10 Prozent des Young-Plans herabgesetzt worden. An den Verhandlungen nahmen auf US-Seite keine Regierungsvertreter, sondern nur Banker teil. Vgl. *The Nation*, 20.07.1932, II, S. 48.

168 Alfred Kantorowicz: »The Führer Makers«, *The Nation*, 06.02.1943, I, S. 203; vgl. auch John Günther: »Who Killed the German Republic?«, *The Nation*, 10.05.1933, I, S. 526 ff.

169 *The Nation*, 14.01.1939, I, S. 51.

170 Ulrich Soénius: »Adolf Hitlers Kölner Geheimtreffen«, *Kölner Stadtanzeiger*, Leserbriefe, 04.11.1997.

171 An dem Treffen des 4. Januar 1933 zwischen Papen und Hitler im Haus des Barons Schröder sollen auch die Brüder Dulles – der eine nach dem Ende des Zweiten Weltkrieges Außenminister der USA, der andere während des Zweiten Weltkrieges in Bern Vertreter des amerikanischen Geheimdienstes und später Gründer der CIA (Central Intelligence Agency) – zugegen gewesen sein. Die Quellenlage für diese Nachricht ist insofern schwach, als die beiden Artikel der *New York Times* aus dem Jahr 1933 und 1944, in denen dies Gegenstand der Berichterstattung gewesen war, zwar zunächst in einem Fotoarchiv dokumentiert gewesen, nachträglich jedoch entfernt worden sein sollen. Es fehlen jeweils mehr als 20 Seiten. Aus Deschner: *Der Moloch*, München 1992, S. 226 f.

172 William E. Dodd: *Diplomat auf heißem Boden*, S. 389.

173 Allerdings wäre die schnelle Erfassung aller Juden, ihres Vermögens, ihre Erschöpfung oder Vergasung nicht ohne die Tochterfirma der IBM, der Hollerith-AG, möglich gewesen. Die Einrichtung war in jedem Konzentrationslager, in jeder Bank Europas vertreten. Die Firma leistete bei der Erfassung fortwährenden Beistand. Vgl. Edwin Black: *IBM und der Holocaust – Die Verstrickung des Weltkonzerns in die Verbrechen der Nazis*, 2001. Man lasse sich die temperamentvolle Darstellung Edwin Blacks auf YouTube, beispielsweise unter *http://www.youtube.com/watch?v=q4BSHe U4dso*, nicht entgehen.

174 Das gesamte Geflecht der in den 1920er-Jahren geschaffenen amerikanisch-deutschen Industrie- und Bankverbindungen und deren Duldung bis Förderung Hitlers beschreibt Sutton: *Wallstreet and the Rise of Hitler*, a. a. O., dort insbesondere in Kapitel VII: »Who Financed Adolf Hitler?«

175 Dies allerdings erst, nachdem der Versuch, ein Monopol auf sowjetisches Öl zu erhalten, am amerikanischen Widerstand gescheitert war. Zu den Hintergründen vgl. *The Nation*, 03.08.1927, II, S. 126.

176 Britannien will die Sowjetunion einkreisen, der Ring eines antisowjetischen Blocks soll geschmiedet werden, berichtet Louis Fischer aus Genf vom Völkerbundsrat: *The Nation*, 23.03.1927, I, S. 310 ff. Eine Politik intensiver Nadelstiche in London wie in China folgt. *The Nation*, 20.04.1927 und 25.05.1927.

177 Hindenburg sucht bis zum Schluss nach anderen präsentablen Kandidaten. Siehe Meissner, a. a. O., S. 158 ff.

178 Meissner, a. a. O., S. 290.

179 Konrad Heiden: *Hitler. Der Brand des Reichstages*, S. 400 f.

180 Ebd., S. 402.

181 Leserbriefe von Gisela Tecklenborg und Dr. Ilse Wofrom, *Frankfurter Allgemeine Zeitung/Sonntagszeitung*, 08.02.2008, S. 39.

182 Der Staatssekretär im Reichspräsidialamt Meissner berichtet (a. a. O., S. 293 f.) von einer Party im Hause Hanussen am Vorabend des Reichstagsbrandes, bei der der »Hellseher« nach Erlöschen des Lichts scheinbar in Trance ein riesiges Feuer, das Zeichen für eine bolschewistische Revolution, mit höchster Gefahr für das deutsche Volk, beschworen habe, dass der Führer jedoch die roten Revolutionsversuche durch blitzschnelles Handeln im Keim ersticken werde.

183 Franz Hollering: »I was an Editor in Germany II ›Fire in the Reichstag!‹«, *The Nation*, 12.02.1936, I, S. 182 ff.; vgl. *Braunbuch über Reichstagsbrand und Hitlerterror*, S. 115.

184 Fabian von Schlabrendorff: *Offiziere gegen Hitler*, Frankfurt 1959, S. 24 f.; Leserbrief HvB GEA BN.

185 Umfangreiche Schilderungen über das viehische Vorgehen der Nazi-Banden und die ablehnende, angewiderte Haltung der Bevölkerung in Deutschland hierzu: *Berichte Sopade*, Juli 1935: »Der Terror gegen die Juden«; September 1935: »Die Judenverfolgungen«. Nach der sogenannten Reichskristallnacht erschienen dann bei Sopade auch diesbezügliche Schilderungen in den Monatsberichten vom Oktober, November und Dezember 1938.

186 Die Arbeit von Tobias für den *Spiegel* wurde redigiert vom früheren Obersturmbannführer Paul Karl Schmitt alias Dr. Paul Carell. Vgl. Hofer: NZZ, 11.05.2001, S. 34.

187 Denkschrift Oberfohren: *Wer hat den Reichstag angezündet? Wie Hitler in Deutschland zur Macht kam. Hinter den Kulissen (ein deutschnationales Dokument)*, 1933.

188 Staatssekretär Meissner berichtet von einem Versuch Oberfohrens, nach der Feier in der Garnisonskirche mit Brüning zu einem gemeinsamen Vorgehen zu kommen. Das spricht eher für die spätere Beseitigung des prominenten Konservativen.

189 Zum SS-Personal beim *Spiegel* wie auch der Springer-Presse sehe man sich im Internet als Beispiele die Lebensläufe und Taten von Horst Mahnke, Georg Wolf und Paul Karl Schmidt an.

190 Begründung zum Schriftleitergesetz 1933.

191 William Zuckermann: »Anti-Semitism revives in Germany«, *The Nation*, 27.03.1935, I, S. 357.

192 Meissner, a. a. O., S. 210 f.

193 Aus der Zeit in vielen Details: Vladimir Pozner: »Progroms for Profit«, *The Nation*, 07.01.1939, I, S. 33 ff.

194 Vgl. den Deutschland-Sopade-Bericht vom November 1935: »Der Kulturkampf. Aus dem katholischen Lager«. Die Erbitterung in katholischen Kreisen wird von Tag zu Tag größer; alle erwarten irgendeine scharfe Stellungnahme von Rom aus, damit die deutschen Bischöfe endlich einmal etwas gegen die Bedrückungen unternehmen würden.

195 Ulrich Soénius: »Adolf Hitlers Kölner Geheimtreffen«, *Kölner Stadtanzeiger,* 04.11.1997. Zu Pacelli und dessen Einfluss auf die deutsche Politik der späten 1920er-Jahre vgl. Avro Manhattan: *Der Vatikan und das XX. Jahrhundert,* S. 144 ff.

196 Erschütternd ist die minutiöse und quellenreiche Aufarbeitung der Vorgänge durch Lacroix-Riz in *Le Vatican, l'Europe et le Reich,* S. 317 ff. Vgl. auch Anton Szanya: *Die Rolle der katholischen Kirche in der faschistischen Epoche;* Detlef Junker: *Die Deutsche Zentrumspartei und Hitler 1932/33.*

197 Zentralorgan des Zentrums, Germania, am 06.07.1933.

198 Der Deutschland bereisende amerikanische Journalist Richard Neuberger berichtete sehr früh über das Verbrecherregime, das bis in die kleinsten Ortschaften mit Mord und Totschlag gegen Andersdenkende vorging. Siehe hierzu seinen Artikel »The New Germany« in *The Nation,* 04.10.1933, II, S. 377. Überall entfaltete sich das Geschehen im Beobachtungskreis der örtlichen Priester; der Vatikan war also bis ins Detail informiert.

199 Die Bischöfe relativierten mit einer Erklärung vom 28.03.1933 ihre früheren Warnungen und Verbote und forderten die Gläubigen zur Treue gegenüber der rechtmäßigen Obrigkeit und zur gewissenhaften Erfüllung der staatsbürgerlichen Pflichten unter grundsätzlicher Ablehnung alles rechtswidrigen und umstürzlerischen Verhaltens auf.

200 Avro Manhattan: *Der Vatikan und das XX. Jahrhundert,* S. 163.

201 Ebd., Kapitel: »Frankreich und der Vatikan«, S. 275 ff., insbesondere aber S. 292 ff.

202 *Deutschland-Berichte der Sozialdemokratischen Partei Deutschlands,* Sopade, Jahrgang 1934, vgl. dort S. 30, 112, 301, 601; die idealistisch gesonnene nationalsozialistische Jugend bleibt nach Beobachtung aller Oppositionskräfte besorgniserregend anfällig; vgl. S. 117 f., 173.

203 John W. Gerber und Alfred Kantorowicz berichten in *The Nation* (15.05.1943, I, S. 704 ff.) in ihrem Artikel »Europe against Hitler – III. The Passive Resisters« von 12 000 Hinrichtungen und 2 Millionen Deutschen, die in Konzentrationslager geschickt wurden. Die Nazis fürchten ihr eigenes Volk mindestens so wie die eroberten und unterdrückten.

204 Patricia Meehan: *The Unnecessary War,* S. 25 ff.

205 Wolfgang Eggert: »Der Verrat der Alliierten am deutschen Widerstand«, Internet, z. B. unter *http://www.wahrheitssuche.org/alliierte.html.*

206 Eine detailierte, Namen und Verbindungen der auf Umsturz drängenden Kreise in Industrie, Wehrmacht und Kirchen aufführende Darstellung findet sich bei Heinz Pol: »Hitler's Restless Reich«, *The Nation*, 10.01.1942, I, S. 30 ff.

207 *International Affairs*, May 1933, S. 318 f.

208 British National Archives file FO 371/39062, Übersetzung Verf.

209 »Van und die Deutschen«, *Frankfurter Allgemeine Zeitung*, 12.11.2003, Blasius-Besprechung des Buches von Jörg Später: *Vansittart.*

210 Patricia Meehan: *The Unnecessary War*, a. a. O., S. 22 ff.

211 »Es ist seit einiger Zeit bekannt, dass der Generalstab Deutschland nicht für kriegsbereit hält.« *The Nation*, 11.12.1937, I, S. 631.

212 Vgl. Paul Y. Anderson: »War is in the Air«, *The Nation*, 19.02.1938, I, S. 202 ff.

213 Botschafter Dodd gibt die Einstellung des neuen englischen Botschafters Henderson wieder, wonach Deutschland Europa beherrschen und mit England die Welt kontrollieren müsse. Henderson habe gegenüber einem diplomatischen Vertreter Österreichs die Meinung vertreten, Österreich sei nazistisch, daher müsse es von Deutschland annektiert werden. Dodd, a. a. O., S. 470 f.

214 Es gibt in Deutschland eine Welle der Opposition gegen Hitler und das Nazi-Programm. Die Menschen wollen keinen Krieg und sagen dies auch offen. Unter Berufung auf viele Berichte, auch von in Deutschland lebenden Ausländern. Oswald Garrison Villard, *The Nation*, 08.10.1938, II, S. 353.

215 Nach Dodd: *Diplomat auf heißem Boden* (a. a. O., S. 463) befürwortet der englische Botschafter Henderson die italienisch-deutsche Aggression in Spanien. Wie es heiße, habe Henderson der deutschen Regierung mitgeteilt, dass England keinen Einwand erheben werde gegen den Anschluss der Tschechoslowakei. Tagebucheintrag vom 02.06.1937.

216 Der Inhalt der Berichte der britischen Diplomaten stimmt wiederum überein mit den viel detaillierteren Berichten aus Deutschland an die Exil-SPD in Prag, Sopade, 1934 und Folgejahre.

217 Robert Dell: »Chamberlain's Treason«, *The Nation*, 12.03.1938, I, S. 292 ff.

218 »Everybody's Business, Montagu Norman's Dual Role«, *The Nation*, 01.07.1939, II, S. 14 ff. Dazu: »Dubioser Transfer: Bank of England verkaufte Nazi-Gold«, FAZ-NET, 31.07.2013.

219 Vgl. Zbigniew Brzeziński: *Die einzige Weltmacht*, insbesondere Kapitel »Das Eurasische Schachbrett«, S. 53 ff.

220 So aus Gesprächen mit amerikanischen Bankkreisen berichtend: Lincoln Colcord: »Carving up Russia«, *The Nation*, 14.06.1919, I, S. 940 ff.

221 Robert Dell: »Robert Vansittart, Europe's Arbiter«, *The Nation,* 24.07.1937, II, S. 93 ff.

222 Permanent Undersecretary of State for Foreign Affairs.

223 So Maiski: *Memoiren eines Botschafters,* S. 58.

224 Winston S. Churchill: *The Second World War, Vol. I: The Gathering Storm,* Boston 1948, S. 207 ff., zitiert in Steffen Werner: »Hundred Years of War against Germany«, 2005.

225 Die Rede ist in der amerikanischen, nicht jedoch in der englischen und deutschen Ausgabe zu finden. Steffen Werner: »Germania esse delendam – Hundert Jahre Krieg gegen Deutschland«, Staatsbriefe, 6 (8–9), 1995.

226 Vgl. *The Nation,* 28.02.1934 und 12.04.1935.

227 Halford Mackinder: *Britain and the British Seas,* 1902.

228 *The Nation,* 16.10.1937, S. 394.

229 Unter Hoover Außenminister, seit 1940 unter Roosevelt Kriegsminister.

230 Gemeint sind Mussolini und Hitler.

231 Vgl. *The Nation,* 25.01.1928, S. 81.

232 Robert Dell: »Behind Vansittart's Promotion«, *The Nation,* 22.01.1938, I, S. 97 ff.

233 Stanley Baldwin, einflussreicher konservativer Politiker, zwischen 1923 und 1937 dreimal Premierminister.

234 Maiski: *Memoiren,* a. a. O., S. 474 ff.

235 Bericht des polnischen Botschafters in Washington über ein Gespräch mit dem amerikanischen Botschafter Bullit, einem engen Freund Roosevelts, über die sehr genaue Festlegung Washingtons zu der europäischen Krise: *German Whitepapers,* Seventh Document, S. 33 ff.

236 Rudolf von Ribbentrop: *Mein Vater Joachim von Ribbentrop,* S. 137 ff. Die geheime Rede Churchills 1936 vor dem Unterhaus, in der Deutschland als der nach britischer Tradition auszumachende Feind sein musste, war der deutschen Botschaft in London zugespielt worden. So Werner, a. a. O., zum Inhalt S. 399.

237 Fritz Sternberg: »Will the blockade succeed?«, *The Nation,* 23.09.1939, Band II, S. 317 ff.

238 Oswald Garrison Villard: »Issues and Men. More parallel action?«, *The Nation,* 01.10.1938. Weitere Details bei Villard, *The Nation,* 19.02.1938, I, S. 209.

239 Howard Daniel: »Mass Murder in Poland«, *The Nation,* 27.01.1940.

240 Bericht über die ohne Rückgriff auf die Bürgerkriegsstimmung nicht zu begreifenden Fehler im französischen Aufmarsch bei Heinz Pol: »Who betrayed

France«, *The Nation*, 06.07.1940, II, S. 7-10 und *The Nation*, 13.07.1940, II, S. 27-30. Hans Habe, Soldat der französischen Armee, beschreibt das Tohowabohu in dem Buch *Ob tausend fallen*. Sein Leutnant klärt ihn auf, es handle sich nicht um den Kampf Franzosen gegen Deutsche, sondern Franzose gegen Franzose. Besprechung in *The Nation*, 30.08.1941, II, S. 185 ff. Die gespaltene französische Gesellschaft wird eindruckvoll aus dem besetzten Frankreich beschrieben in »The Literature of the French Defeat«, *The Nation*, 06.12.1941, II, S. 565.

241 Die fortlaufend ermittelte Stimmung der deutschen Bevölkerung geht sehr eindrucksvoll aus den monatlichen, nach Themen, Berufsgruppen, Kirchen, Arbeiterschaft, Reichswehr, Landwirtschaft, auch regional gegliederten Berichten an den Exilvorstand der SPD in Prag hervor. Vgl. zum Beispiel Sopade 1937, S. 9 ff.; zur Wirtschaftslage 1934, S. 9 ff.

242 3000 evangelische Pfarrer weigerten sich, der neuen deutschen Kirche beizutreten. *The Nation*, 29.11.1933, II, S. 607. *The Nation* (17.01.1934, I, S. 58) schätzt 6000 Pfarrer, die der Bekennenden Kirche zugehörten.

243 »Frankreich kann nur die drohende Industriekrise bestehen, wenn es die Verfassung außer Kraft setzt und eine Diktatur nach italienischem Vorbild durchsetzt.« So der ehemalige französische Botschafter in Berlin und Mitglied des Comité des Forges, Laurent, enger Freund Präsident Millerands. *The Nation*, 19.03.1924, I, S. 299. Zum Personenkreis und der vom Comité gelenkten Presse, die nach 1933 pro Nazi-Deutschland eingestellt war, gehörte auch der auf Millerand nachfolgende französische Botschafter François-Poncet, vgl. Emil Lengyel: »Hitler and the French Press«, *The Nation*, 21.02.1934, I, S. 216 ff. Zu Antikommunismus und Aufrüstung: *The Nation*, 10.07.1935, II, S. 43.

244 M. Bloch: *Strange Defeat;* Joë Nordmann: *Aux vents de l'histoire;* Ilja Ehrenburg: *Fünf Briefe über den Fall von Paris.*

245 D. Venner: *Histoire de la Collaboration;* unendliches Material über die politischen Strukturen des konservativen Lagers mit seiner Antipathie gegen den linken inneren und den Sympathien für den damit aufräumenden Faschismus eines neuen Europa. Vgl. Annie Lacroix-Riz: *Le choix de la défaite,* für deutsche Leser gut zusammengefasst bei *www.SteinbergRecherche.com:* »Appeasement-Politik; nicht Beschwichtigung, sondern Ermunterung führt zum Krieg« (*http://www.steinbergrecherche.com/08lacroixriz.htm#Appeasement*), 01.02.2008.

246 Rudolf von Ribbentrop: *Mein Vater Joachim von Ribbentrop,* a. a. O., S. 303 zur Weigerung Hitlers, den verlässlichen Lieferungen in die Sowjetunion den gleichen Rang einzuräumen wie der Rüstungsproduktion.

247 Vgl. die vierteljährlichen, sehr genauen und ausführlichen *Deutschland-Berichte der Sozialdemokratischen Partei Deutschlands* (Sopade), 1934 bis 1940, insgesamt sieben Bände. Man suche über das Register in Band 1940 nach den vielen Nachweisen. Das Register führt getrennt auf: Personen, Orte, Betriebe und Sachen. Ein unübertroffenes Zeitdokument über alle Gruppen der Bevölkerung, Nazi-Anhänger wie Gegner in der totalen Diktatur.

248 Vgl. Memorandum der Kapitänleutnante McCollum und Knox des Office of Naval Intelligence für die Offiziere der Navy Walter Anderson und Dudley Knox, die zwei vertrauenswürdigen Militärberater Präsident Roosevelts. »The McCollum Memo: The Smoking Gun of Pearl Harbor«, im Internet unter *http://whatreallyhappened.com/WRHARTICLES/McCollum/index.html.*

249 Pearl Harbor, Mother of all Conspiracies, BBC Documentary: *Sacrifice at Pearl Harbor,* im Internet beispielsweise unter *http://whatreallyhappe ned.com/WRHARTICLES/pearl/www.geocities.com/Pentagon/6315/ pearl.html.*

250 Hitler hatte sich die Berichterstattung des Hearst-Konzerns im Herbst 1934 für 400 000 Dollar kaufen können. Vgl. R. William Davis: *The Shadow of the Swastika,* S. 2. Dazu hatte Hitler von Beginn an die Unterstützung vor *Readers Digest* und von neunzehn Großstadtzeitungen. Ebd.

251 David Swanson: »Pearl Harbor: A Successful War Lie«, Auszug aus dem Buch *War is a Lie,* im Internet unter *http://davidswanson.org/content/pearlharbor-successful-war-lie.*

252 Mark Emerson Willey: *Pearl Harbor, Mother of all Conspiracies*; Joan d'Arc: »Hartfort Van Dyke – The Truth About Pearl Harbor – The Skeleton in Uncle Sam's Closet«, im Internet unter *http://www.rense.com/general69/advance.htm.*

253 Drew Pearson: »Will We blockade Japan«, *The Nation,* 16.10.1937, II, S. 394.

254 Für Frankreich umfassend: Annie Lacroix-Riz: *Industriels et banquiers sous l'Occupation – la collaboration économique avec le Reich et Vichy,* 1999.

255 »Terror's Legacy: Schacht, Skorzeny, Allen Dulles«, *Executive Intelligence Review* 9, 16.04.2004.

256 Joseph J. Trento: *The Secret History of the CIA,* 2001, S. 478.

257 Das europaweite Schreckensgeschehen beschreibt in allen furchtbaren Details Philip S. Bernstein: »The Jews of Europe I. The Remnants of a People«, *The Nation,* 02.01.1943, I, S. 8–11.

258 Die Abhandlung nimmt Bezug auf das inzwischen auf den neuesten Stand gebrachte Buch von Edwin Black: *The Transfer Agreement – The Dramatic Story of the Pact Between the Third Reich and Jewish Palestine.*

259 Zur innerjüdischen, später innerisraelischen Aufarbeitung, aber auch Verfälschung der traumatischen Geschichte vgl. Abraham Burg: *Hitler besiegen –*

Warum Israel sich endlich vom Holocaust lösen muss, Campus Verlag, 2009. Burg war Vorsitzender der Jewish Agency und der World Zionist Organisation, 1999 bis 2003 fungierte er als Präsident der Knesset.

[260] Reuben Fink: »Visas, Immigration and Official Antisemitism«, *The Nation,* 22.06.1921, I, S. 870 ff.

[261] Christopher Simpson: *Der amerikanische Bumerang – NS-Verbrecher im Sold der USA,* Ueberreuther, 1988.

[262] *The New York Times,* 24.06.1941; *TIME Magazine,* 02.07.1951.

[263] Woodrow Wilson: *The New Freedom* (Doubleday, Page & Company, 1913), Kapitel 9: »Benevolence, or Justice?« – The Project Gutenberg, eBook.

Personenregister

C

D

E

I

J

K

N

O

P

Q

R

V

W

Y

Z

Über den Autor

Dr. Andreas von Bülow, geboren 1937 in Dresden, war von 1969 bis 1994 Mitglied des Deutschen Bundestages, unter anderem in der Parlamentarischen Kontrollkommission der Geheimdienste und als SPD-Sprecher zum Bundeshaushalt. Von 1976 bis 1980 Parlamentarischer Staatssekretär beim Bundesminister der Verteidigung, 1980 bis 1982 Bundesminister für Forschung und Technologie unter Helmut Schmidt. Nach 1994 Rechtsanwalt in Bonn und Autor mehrerer erfolgreicher Sachbücher, wie zum Beispiel *Die CIA und der 11. September* sowie *Im Namen des Staates – CIA, BND und die kriminellen Machenschaften der Geheimdienste.*